Leonard Broom
Charles M. Bonjean　合著
Dorothy H. Broom

張　承　漢　譯

社　會　學

©1990 by Wadsworth, Inc. California

本書已獲得中文版授權

SOCIOLOGY

巨流圖書公司印行

國家圖書館出版品預行編目資料

社會學／Leonard Broom, Charles M. Bonjean,
Dorothy H. Broom 合著；張承漢譯. --一版.
--臺北市：巨流，1993[民82]
　　　面；　　公分
譯自：Sociology: a core text with adapted
　　　readings
ISBN　957-732-014-7（平裝）

1. 國家-哲學, 原理
540　　　　　　　　　　　　　　　　82006842

社會學

1993 年 10 月初版一印	譯　者：張承漢
1999 年 10 月初版六印	作　者：Leonared Broom
	Charles M. Bonjean
	Dorothy H. Broom
版權所有，請勿翻印	總編輯：陳巨擘

出版者：巨流圖書公司
創辦人：熊　嶺
地　址：100 台北市博愛路 25 號 312 室
電　話：(02)2371-1031、2314-8830
傳　真：(02)2381-5823
總經銷：高雄復文圖書出版社
地　址：802 高雄市苓雅區泉州街 5 號
電　話：(07)226-1273
傳　真：(07)226-4697
郵　購：郵政劃撥帳號 41299514
ISBN：957-732-014-7

定價：新台幣 480 元

作 者 簡 介

蒲魯謀（Leonard Broom）
　　現職：澳洲國家大學高級學院榮譽教授
　　　　　美國加州大學（聖塔巴巴拉分校）研究員
　　　　　英國劍橋大學邱吉爾學院海外研究員
　　　　　澳洲社會科學院院士
　　　　　美國社會學會會員（前副會長）
　　　　　美國太平洋社會學會會員（前會長）
　　經歷：美國加州大學（洛杉磯分校）社會學系教授、系主任
　　　　　美國德州大學（奧斯汀分校）史密斯社會學講座教授
　　　　　暨社會學系主任
　　　　　行爲科學高級研究中心研究員
　　　　　甘根漢（Guggenheim）、福特及佛爾布萊特基金會
　　　　　會員
　　　　　美國「社會學評論」學刊編輯

龐　珍（Charles M. Bonjean）
　　　　　美國心理衛生哈格（Hogg）基金會副會長
　　　　　美國德州大學社會學教授

蒲魯姆（Dorothy H. Broom）
　　　　　澳洲國家大學高級講師
　　　　　澳洲流行病學及人口保健中心研究員

譯 者 簡 介

張承漢

國立台灣大學社會學系畢業

美國聖路易大學碩士

美國哈佛大學研究

曾任台灣大學社會學系暨研究所教授、系主任、所長，現旅
居海外，專事社會學之研究與寫作。

著作：《社會學》〔與郝繼隆（Albert R.O'Hara）教授合著〕
、《西洋社會思想史》（與龍冠海教授合著）、《中國
社會思想史上、下》、《組織原理》、《二十世紀的美
國社會思潮》、《社會組織與社會關係》等書，另有論
文二十餘篇。

翻譯：《社會心理學》、《社會體系》、《社會學》，另譯有齊
麥曼：〈沙樂 金的若干社會學理論〉等論文十數篇。

目　錄

中文版序

榮譽教授　蒲魯謀

　　本人所撰《社會學：附文選之核心教本》，蒙張承漢教授譯成中文，刊行問世，興奮之情，無以銘之。本書初版係與老同事塞茨尼克（Philip Selznick）教授合撰，一九五四年出版。嗣後連續發行七版，一九七五年曾據此書撰一短篇，曰《社會學要義》，惟過精簡，包羅有限，難合吾人心願，乃與龐珍及蒲魯姆兩教授合撰今版（十版），俾能取精用宏，以敷讀者需要。

　　本書已譯成多種文字，計有荷蘭文、希伯來文、日文、立陶宛文、葡萄牙文、俄文、西班牙文，以及目前德國慕尼黑大學希爾（Horst J. Helle）教授迻譯中之德文。

　　雖然本書為美國大學生而撰，然讀者不難發現理論之普遍性，以及歷史與國家間之比較資料與文獻。故細節涉獵殊廣，無論何時何地，均予涵蓋。尤於人類社會發展大勢，讀者可以據此思忖，細細玩味。故其有迻譯之價值，自不待言。

　　在迻譯過程中，張教授尚於必要之處，添加譯註，以助讀者理解，本人對其此種治學之精神與教學之貢獻，尤為欽佩。今中文版付梓在即，爰綴數語，以示賀忱。

最佳之英文社會學教本
——代譯序

一

　　自孔德（ Auguste Comte, 1798－1857 ）創立社會學迄今，已有百五十餘年歷史。期間經由各國學者之精心點染，踵事增華，行之二十世紀，社會學不只爲當代顯學，及最基本之社會科學，亦係最艱深之學科之一（另一爲史學）。此種成就，自非一人或少數人之功，實爲百餘年來，許多學者竭精殫慮、共同努力的結果。而美國社會學者，在此二十世紀之「社會學時代」，尤能各領風騷、大展才華，爲了解社會本質提供之眞知灼見，鮮爲他國學者所可比擬。從華德（ Lester Ward, 1841－1913 ）、孫末楠（ William Graham Sumner, 1840－1910 ），到帕深思（ Talcott Parsons, 1902－1979 ）、墨頓（ Robert Merton, 1910－　 ），以及其他各有所成之社會學者，指不勝屈。雖然各家每有所鍾，而其於社會學知識之發覆，人類社會眞相之揭露，目的則一。

二

　　正如蒲魯謀教授等所指出者，社會學是研究社會、團體以及社會行爲之科學，而「人之生，不能無羣」（《荀子》〈富國篇〉），所以每個人與社會學所研究者，均有直接的、深入的，不可或分或缺之關係。因之，社會學也就成了人人必讀、人人必知之科學。一個人如果不知社會學，雖也能過其一生，惟不過渾渾噩噩地「我這樣過了一生」罷了。以美國而論，遠在一九五〇年代，二千多所大專院校中，百分之九十八的課程一覽表上，列有與社會學有關之課程，三分之一的大學生於四年之內修過社會學。而今修習社會學之學生，當必更多。人們在日常言談中，政府在公共政

策之制定上，社會學的知識與術語，已是人人耳熟能詳，不可或缺的一環。

三

社會學的知識固然重要，而社會學知識之傳授與推廣，自更重要。質言之，有重要之知識，而無良好之傳授方式，則此知識，不過徒然而已。知識傳授牽涉固多，如師資、教材、方法、設備等等，缺一不可。其中又以教材之良窳為最重要。雖然社會學每年問世之作，汗牛充棟，不知凡幾，可是，仔細檢視、比較之餘，真正理想之教本，並不多見。而蒲魯謀教授等所撰之《社會學》，可能是當今西方社會，甚至全世界，最佳之教本。蓋本書之特點，至少有以下幾項：

1.指涉翔實、涵蓋廣泛。一本好的教科書，尤其是緒論性的教本，須把此一學科之知識範圍──至少主要範疇──悉納入其內容之中。蒲氏之書，即具此特質，凡是社會學之主題，無論是理論、方法、組織、制度、人口等等，網羅殆盡，巨細靡遺。

2.資料新穎，而不偏頗。社會學知識之發展，隨著時代而累積，期間新義迭出，見解不凡者，時有所聞。所以，如何把新的觀點、新的資料納入書中，自更需有選擇之能力。然而「新」不一定「真」，擇新而真者，非博覽羣籍，不克竟功，而本書即具此特色。

3.論點客觀，而不護短。蒲氏等所採用之資料，固屬周詳，而在解釋或分析上，尤能以本社會學固有之客觀立場，深入透澈，鞭辟入裏，絕無白人優越之嫌，美國文化至上之見。

4.運用國際資料比較研究，為世界體系之社會學分析開創起點。自華勒斯坦（Immanuel Wallerstein）提出其「現代世界體系」（The Modern World-System）以來，「天下一家」，已非神話，尤其在科技昌盛之今日，閉關自守，固不可能，即使不受他國影響，亦難如願。在以往，社會學之教本，多以本國社會為對象，而今，在一個世界體系之中，閉門造車，出而合轍者，鮮有可能。故借助他國資料，不僅可以比較說明其自身社會，尤可在公共政策之制定與執行上，發揮他山攻錯之效。而蒲氏等在分析上，常以他國（包括台灣）資料為比較基礎，不囿於一國之見，不偏於一族之私。

5.附文選以為輔助，並強調特殊之社會學觀點。正如蒲教授在「自序」（應蒲氏之請省略，另以中譯序代之）中所言，文選乃其書之「商標」，亦其創舉。自本書之後，附文選之作比比皆是。

6.使用相片、圖、表，輔助解釋，

以加深讀者之印象，可謂精心巧思之極。

以上所言，不過其犖犖大者，其價值、其特色，堪為典範，或不為過。

四

本書初版於一九五四年（民國四十三年），由蒲魯謀與塞茨尼克（Philip Selznick）兩人合撰。至今已三十八年，歷經十版，多次修訂。本版次(十)仍由蒲魯謀教授擔綱，龐珍（Charles M. Bonjean）與蒲魯姆（Dorothy H. Broom）兩教授參與其事。塞茨尼克教授雖然提供許多灼見，唯謙讓再三，不欲具名，原序中言之綦詳，茲不贅述。

提及本書，台灣社會學界應不陌生。遠在民國四十年代，先師陳紹馨教授於台大文學院授「社會學」時，即以此書為教本。民國五十六年，朱岑樓師譯該書之半，自行刊印。後又有一譯本，譯者不詳。今譯本為最新一版，內容與前版幾全不同。蒲魯謀教授今年高齡八十有二，依然筆耕不輟（本書譯畢後，接蒲教授最近閱讀之書籍及學刊目錄，囑分別列入補充讀物之中），其用功之精神，實令我輩汗顏。為表敬佩，謹譯此書，為其八秩晉三大壽賀。

五

我譯此書，係應蒲魯謀教授之邀。民國七十七年八月，我自美國哈佛大學研究返國，不久接蒲教授一函，以其《社會學》行將十版，欲譯中文，見詢於我。時我仍兼掌台大社會學系暨研究所行政，且一年數遷，可謂公私兩忙。尚未作答，復又來一函見詢，乃馳函奉聞：譯事雖可，唯一時無暇。次年蒲教授將原稿影印（其時尚未付梓）擲下，略閱一遍，甚合我意，乃決定迻譯。民國七十九年，我自台大提前退休，移居北美，冀一安靜、乾淨，以及「眼不見為淨」之處，讀書寫字，面壁思過。故於完成《社會組織與社會關係》一書之後，即譯此書。不意長期久坐，腰患骨刺，苦不堪言，時譯時停，越年餘始成。期間承蒲魯謀教授數函存問，巨流熊嶺先生電話慰勉，衷心銘感，無以復加。最後，尤其要特別感謝熊嶺先生。兩年前我將迻譯此書經過奉聞，熊先生欣然答應出版。巨流以出版社會學書籍為主，對於我國社會學發展，貢獻至巨。眾所周知，台灣之社會學市場有限，熊先生不計利潤，推廣知識，其在中國社會學發展史上，自應大書特書。

嚴復云：譯事三難信達雅。譯者愚魯，去此三者遠矣。唯我國社會學之發

展一向較緩，其須借鏡他國者甚夥。尤其名著之迻譯，更為迫切。故深望我年輕之社會學者，心無二用，加倍鑽研，則中國社會學之發展，庶有望焉。

本書譯成，舛誤之處恐多，唯望學界同僚，有以正之，是所至盼。

張承漢

於加拿大西安大學威頓圖書館
民國八十二年三月十五日

緒　論

這十章對於人類社會研究的緊湊緒論，涵蓋了社會學的廣泛領域。

組　織

第一章將社會學的主要理論與研究主題，提綱挈領，扼要陳述。以下之文化、社會化、社會互動，以及正式組織等四章，將此學科的主要建立成分，一一介紹。第六章把前五章所提出來的分析觀點與形式，應用於主要社會制度之上。下述三章，將研究焦點轉移到社會中最重要的分割之上：社會階層化、種族與民族、年齡與性別。我們認為，這些是最大的社會分界線。最後一章提到人口研究，並從人口壓力探討其對社會的挑戰。

本書所有內容，均含有教學之目的。每章中有四節，完備無缺，邏輯一貫，以便利讀者學習。大小標題可使讀者了解每節之內主要與次要論題之間的關係。教師於課堂之上指定一整章或一兩節研讀，端視其使用補充教材的程度而定。學生當會發現，各節與各文選都是些便利的研讀單元。

相片不只是為了裝飾。我們選擇刊出，為在激發社會學種種主題的討論與辯論。同理，圖與表有時在學習方式上，可謂傳遞資訊的最直接方法。換言之，本書雖樸實無華，但卻是作者、設計者，以及出版者才華之有意應用。

文　選

每章至少包含一篇改編之選讀文章，稱之為文選。計十九篇，其中十一篇初次出現。其他各篇以往均已選用，但在選取之時，我們已經仔細檢討，並加修訂，俾符合時效。

大多數的文選，擇自研究報告、論文或書籍，均為專門讀者而作。但我們

並未忘記，此種著作令初學者難以接受。在此種情況下，我們將原著加以重組和濃縮，將術語加以轉換，強調對於學生最為重要之處。換言之，除了極少數可以原封不動，或由於版權規定而不能改變者外，本書之文選，並非教科書中常見的重印「文章」。在未指明作者之時，則把多位作者的著作加以融合，由我們自己執筆撰述。

文選置於各節之後，以便進一步激發討論，但每一篇均能自成一格。正如各節的組織一樣，文選提供完備之學習單元，也能與其他各章相銜接。故本書的編排，適合於教學策略各有不同的教授。

文選的目的不一，有些是社會學分析的典型研究：

1-1　米爾斯：社會學的想像

4-1　高夫曼：互動禮儀

4-2　涂爾幹：自殺與社會整合

其他者，則在探討當代社會中的種種問題。

2-2　芮奧丹：蘇聯的青年——抗議與偏差

2-3　愛滋病：一種社會危機

5-2　坎特：科層「婚姻」

6-1　魏玆蔓：離婚革命

6-2　伊斯蘭教：信仰與社會

7-2　羅西：美國的游民

8-2　魏爾遜：真正的不利者

9-1　布勞黛：奉養父母係家庭壓力

研究設計在文選中有之，正文中亦有之。例如，文選 1-2〈李保：泰里街角景觀〉是黑人社區中人際關係之個案研究。文選 2-1〈格茲：突襲〉，是對峇里島（Bali，譯按：印尼一省）一宗實地事件的機智描述，並對親善（rapport）問題提出種種意見。文選 5-1〈米爾官：服從權威〉，在說明實驗法。調查研究則於文選 10-1〈美國的普查〉中，加以討論。

比較探究法

對於社會學的學生而言，了解涂爾幹所謂「只有比較，方能解釋」（1897/1957：41）的至理名言，為時永不會太早。我們覺得，比較探究在社會學教學與研究上同等重要。通覽本書，不同社會之間與同一社會之內各次級團體之間，皆有比較。此種設計，有其良好的學術與教學理由：強調社會學並非美國中層階級學術的私產，擺脫自族優越感的偏見，顯示人類社會的多樣性，並使我們自己的文化與社會之討論，明若揭火，舉世矚目。為了達到這些目標，我們對於歷史與當代之各種例子，廣為運用。

學習的扶助

除了已經提到的文選以外，我們尚有若干幫助學習的方法。每章都有內容目錄，詳細載明包含的範疇。主要名詞在其初次界定之章次處，均以粗黑字體排印之，並置於該章之末。斜體詞*或爲次級概念，或爲常見名詞，雖於日後有明確界定，但從其上下脈絡之中均可了解。所有各章之主要名詞，集於一處，置於本書之末的名詞詮釋之中，並按章次編排。

_____

＊譯按：因係常見名詞，本書未予標出，蓋從簡也。

第一章　社會學：其遺產與運用

爲了在社會現世中求生存，每個人對於家庭、工作、朋友團體、社區等種種社會情境，均獲有直接的知識。社會學家在其研究中，便常常依賴此種常識性的知識寶庫——例如，要了解民眾的社會經驗與態度時，便須從事訪問。

雖然經驗該是位良好的導師，可是，很少人有充分的經驗，以對廣泛的社會問題作成正確的通則（ generalizations ）。每個人都知道基於種族、年齡與性別所形成的偏見與歧視，但在日常生活中，他並沒有學到許多有關偏見的歷史淵源與社會基礎。沒有一個人能有充分的經驗，直接了解這些歧視的方式如何流傳與深切的感受，它們如何表現，其在團體之間有何不同，以及其是否正在消長之中。

在此等問題的探討上，社會學的研究走在常識之前，有時與一般信念相互牴觸，背道而馳。例如，過去數百年間，對於家庭的一般印象就是一種神話。三代同堂，其樂融融，並無此種家庭的黃金時代。事實上，此等家庭殊難找到。人生苦短，只有少數人能活到與其孫輩一起生活。由於產婦及嬰兒死亡率高，家中包括者不是祖父母，而可能是各種寄養者、寄宿者、學徒或僕人。兒童在青春期之前即有工作，在家庭或較廣的工作市場上，有其經濟價值。母

親之倍受重視，乃在其生育和養育兒女有經濟效益使然（ Hareven, 1982 ）。

關於現代家庭的種種錯誤觀念，也很普遍。根據一般的印象，一個現代的福利家庭，包括一位母親和數位子女。但是，印象與事實並不相符。平均福利家庭的子女數，與典型美國家庭的兩個子女人數，幾近相同（ O'Hare, 1987: 22 ）。對於此情況有錯誤觀念的人，鮮能判斷福利法對受益者是否有所幫助，而且，無論其爲知識淵博之公民或政府官吏，很少能克盡厥職，服務人羣。

社會學的任務，不是在揭穿一般的種種錯誤，而是要了解錯誤、預防錯誤，並建立起人民在日常生活中，獲得正確常識理解之思想體系。從許多人在不同情況收集的和解釋的種種觀察過程中，社會學常發展出種種概念，以澄清日常的觀念。例如，家庭是一個常識名詞，但在第六章指出，識別不同種類的家庭，卻更具意義。例如，核心家庭和擴大家庭等社會學概念，比泛泛的家庭一詞，更具精確的意義。此等概念對於不同種類的家庭如何變遷，此變遷如何與社會生活的其他方面相關連——如就業、貧窮、教育，甚至政府的決策等——就容易了解了。

本章擬從探討社會學的觀點、其淵源與應用、社會學分析的層次、主要理

論觀點，以及社會學研究的性質等方面，介紹社會學的眞相。

第一節
社會學及其應用

各種學術之能見聞於世，乃在其提出的問題及其尋找答案的方式。例如來自不同研究領域的社會科學家，在如何探討失業這個相同的普遍問題時：經濟學家可能衡量非法移民與失業之間的關連；政治學家估量失業率與選舉結果的關係；心理學家探討失業如何影響個人的自尊；而社會學家重在長期失業對於家庭關係的衝擊。就這些例子顯示出，社會學重在團體內及團體間的關係。

社會學是研究社會、團體，以及社會行爲的學科。廣義言之，社會學家在設法了解促成社會衝突與穩定的情況，增強或削弱團體的力量，以及社會變遷的來源等。其重大且具挑戰性的任務，包括發掘人類社會基本結構的種種努力。

社會學家試以種種不同之方式，達成其學術目標。有的社會學家研究小規模的社會情境，如人際關係、家庭，及小團體等。其他的社會學家則探討階級、種族、國家，以及世界體系等。除了他們的研究之外，社會學家尚有理解世界的各種不同方法。有的社會學家要發掘社會持續與穩定的原因，故強調共識與社會秩序。有的視衝突與變遷乃社會生活的主要因素，所以，著重團體與階級之間的劃分。

社會學家對於社會學發現的知識該如何應用，也仁智互見，各有不同。有的社會學家要使組織更有效率；其他的社會學家則關心如何使社會報酬作較公平的分配，較好與較安全的物質環境，甚或國家之間的和平等廣泛問題上。然仍有些其他的社會學家，除爲了解事實之外，對於應用鮮少興趣。姑不論其觀點與研究興趣如何，多數的社會學家期能對於個人、團體，以及國家之間種種關係的了解，有所貢獻。本節在探討社會學的起源，其成爲一門學術領域，以及對其在當前的種種運用等。

一、社會學的研究

社會學於一八〇〇年代，才成爲一門公認的社會思想。部分原因，在於自

然科學的成長，賦予了社會學一種科學態度；部分原因，是受十九世紀快速的經濟與社會變遷的刺激：例如工廠增加、都市成長、運輸改進，以及商業擴展等。社會學的研究，通常集中在現代的、都市的及工業的社會之上，要在了解這些社會如何形成、如何變遷，以及與其他社會如何不同。

(一) 社會學的起源

在歐洲的封建社會，社會生活集中在由領主控制的經濟自主之莊園制度上。個人的職業與地位，如自由人或農奴，均係世襲，生活代代如此。而向傳統權威的挑戰和工業資本主義之興起，導致了封建體制之崩潰。農奴的義務解除了，但生計的傳統來源卻喪失了，許多人離鄉背井，遷往快速成長的都市，這便是早期資本主義企業的所在地。這些窮無立錐的勞工，為工業提供了自主勞力，但廠主卻未像領主一樣對之負起照顧的責任。企業家根據其工廠的需要而雇用、而解雇（Moore, 1951: 420-421, 425-427）。

一七九一年阿波卡戰役時的拿破崙軍隊。
常備軍是重大社會變遷的表現，並激發了社會之研究。

工業革命將社區、親屬、固定地位、宗教等社會認同的傳統來源，連根拔起。此外，新的社會組織：科層制度（bureaucracy），創造了新的社會安排——常備軍隊、公司、大的政府——並促成溝通與運輸方面的進步。而社會觀察家，在設法了解此種與傳統社會的戲劇性決裂，於是一個茫然若失的未來，便爲衆所周知的社會學奠定了基礎。

(二) 社會學的出現

孔德（Auguste Comte, 1798－1857）這位數學家和哲學家，可能是第一位提出一門各別新的社會科學，稱爲「社會物理學」（social physics）。嗣後，他創造了「社會學」（sociology）一詞。孔德要創立一門學術，以發展種種社會理論與法則，以及社會行爲，並用以改進社會。許多其他學者在試圖了解十九世紀及二十世紀巨大之社會轉變上，對於此一新學科形成之貢獻，亦功不可沒。

馬克思（Karl Marx, 1818－1883）、涂爾幹（Emile Durkheim, 1858－1917）及韋伯（Max Weber, 1864－1920）均堅信，社會界像自然界一樣，有其模式可循，且可透過系統的、客觀的調查方法，得以了解（Du-verger, 1961/1964: 12－34）。馬克思強調衝突的種種模式，而涂爾幹重在促使社會穩定的各種過程。韋伯將馬克思的觀念詳加闡釋，並探討社會凝聚（social cohesion）的來源。他們的觀念，均與彼時的大衆問題及男女個別的私人痛苦有關（Mills, 1959: 6）。

社會哲學與科學均是現代社會學的基礎。就一門科學而言，社會學是由科學調查的基本觀念與價值所提供之知識而來。然而，與研究動物或無機物的學者所不同者，研究人類的學者能對其調查的經驗與社會過程，身歷其境。因此，社會學不僅有賴於系統的觀察，且賴於對日常生活作技巧的、和諧的解釋所得到的領悟，以及其發現對於人類意義的一種感受性。今日的社會學是一門科學，「畢竟，其主要關心者：人類的主題是什麼——人類情況的本身。」（Berger, 1963: 167）

許多人類情況的形勢，無法肉眼可見或加以測量——例如，員工的士氣。所謂士氣高昂，係在員工對於監督或長官的信心十足，願意參預組織生活，且感到其對組織目標有所貢獻時，表現之。但要使此觀念更爲精實，並找出影響士氣的因素，則個人旣需要一些測量團體內士氣高低之方法，以便與其他團體作比較，又需要一些

於超過工作時間時，測量士氣改變的途徑。士氣不能直接測量，但其表現與力量，可從直接見到的事件上顯示出來。曠工與轉業、違規、病假數、加班工作之意願，以及其他的動作或態度等，均可加以測量，以顯示士氣的高昂或消沉。**經驗指標**（ empirical indicator ）是對於個人、團體或社會存在的一些看不見的特徵，而可使之加以觀察的標誌。

二、社會學的應用

傳統上，大多數的社會學家受聘於學院或大學，從事於教學、研究，及指導研究之工作。他們大多數的研究，稱爲基本研究（ basic research ），蓋研究的目標在增加有關社會及社會行爲的知識。例如，他們要了解都市中的住宅區是否更加整合或隔離，或家庭爲什麼在貧窮線上來回波動。

基本研究常用於重要的社會問題，或用於組織與個人的需要上。今日的社會情況，使從事應用的研究者所要問的問題是：如果精神病患早些離開醫院，在自己的社區中接受院外照顧，其復元是否更爲快些？休閒性的電視節目對學生的學校課業有何影響？近年來，美國的公私立組織在尋找此等問題的答案上，已經花費十多億美金（ Abt, 1980 ）

。社會學的應用方式甚多：(1)提供社會政策，(2)評估社會計畫，(3)爲公私立組織提供臨床實務、諮商或研究工作。（ Rossi, 1981 ）

㈠ 提供社會政策

社會學家經常服務於全國、州及地方性的委員會及顧問團體。就全國而言，社會學家已經是國家動亂顧問委員會、猥褻及色情委員會、總統處理老年問題委員會、人口及美國未來委員會等等機構的一員。就委員會的成員而言，社會學家依據其基本研究的知識，澄清種種問題、確認根本原因、矯正流行的不當觀念，並介紹社會對策及計畫的種種指導方針。

就短期而言，總統委員會的種種建議，經常遭到政治上的反對，只有少數很快變成立法或付諸實施（ Tutchings, 1979 ）。然就長期而言，社會學家在製造輿論和改變公共政策上，已經扮演重要角色。在以後幾章討論社會學的應用時，有一個凸出的例子，便是社會學家對於種族之爭的長期貢獻。

在美國準備將種族隔離的障礙取消之前，大多數的社會學家早已反對種族偏見與歧視。他們在教室之中爲廣泛的人權改變而舖路。他們的研究與教學指出種族理論的虛妄，消除刻板的印象，

並揭穿偏見的社會與文化淵源。崇尚自由與平等的美國人，爲什麼對黑人否定此種價值？孟代爾（Gunnar Myrdal）的《美國窘境》（An American Dilemma, 1944）一書，使大多數的人對於種族主義及壓迫的殘存觀念有所了解。基於多年來許多社會科學家的研究，該書說明了堅持美國信仰中有基督與民主原則的美國人，如何同時對於黑人持有偏見，並予以歧視。

孟氏此書與其他社會科學家的著作及證詞，對社會政策的重大轉變，貢獻匪淺。其中影響到法院的判決——最著名的是「布朗對抗教育理事會」 *(Brown v. Board of Education, 1954)* —— 命令全國廢除學校隔離政策。由於社會學家對於事務了解透澈，故支持一九六四年的民權法案（Civil Rights Act of 1964）：禁止在公共場所，如旅館、餐廳、戲院等處歧視黑人。對於歧視原因與影響具有權威性之研究，爲廣大的行動計畫，提供了種種指導方針（Williams, 1947, 1977）。如一九六〇年代，社會學家及其他之學者，應用研究以發現早期的學習環境，對於未來教育及工作成就的重要性。因此，他們幫助政府奠定計畫基礎，例如學前（Head Start，譯按：學習愈早愈佳）計畫是。

(二) 評估社會計畫

評估研究（Evaluation research）在發現一項計畫或政策所達成者，是否爲其原有之意圖。各種基金會及行政人員可利用此等研究，以助其決定計畫之是否繼續、擴大或結束。評估性的研究，對於社會計畫中基本過程了解，亦有所幫助，並影響計畫應如何改變所做之決定（Anderson and Ball 1980: 3-4）。例如，對於美國糧券計畫（food stamp program）的評估研究發現，該計畫增加了有關家庭的食物，使其免於飢餓（Davis, 1982）。但另一項評估研究發現，該計畫能造成營養不良，而非增進營養。作者們審愼地指出，他們的發現，「不應視爲對於食物所得的補貼價值，作一般性的負面解釋，而是對美國社會中收入不平等的一項證明」（Gregario and Marshall, 1984: 1144）。此外，此一發現指出，糧券計畫之外，尚須對消費者及健康教育多作重視。以食物分配作爲減少貧窮的計畫，需要加以擴大，包括其他社會機構的行動。

(三) 社會學的事業

大多數的社會學家在學院及大學充任教師與研究員。但在學術之外，受僱於組織及個人以助其達成目標的人數，

正在增加之中。調查研究與行銷公司，僱用許多從事研究的社會學家，政府機構、非營利組織，以及私人公司亦然。政策研究與評估，逐漸由受僱的研究單位來執行，以檢討特殊的計畫或答覆特定的問題。例如，各種基金會及政府機構撥款給社會學家與其他的社會科學家，俾從事游民之研究，並支持各種社區機構的工作，以改進游民的生活情況，減少其人數。因為多數游民窮無立錐，所需孔急，其尋求幫助之可能性極微，故研究者建議派遣衛生人員，驅車分發資訊，並即時加以照顧。（Baumann and Grigsby, 1988: 30）

有些社會學家也受僱於個人，擔任顧問、觀護員、青年工作員，以及老人問題專家。其從事實際的工作頗晚，但最近，他們在輔助性工作上的不斷參預，使其成立了新的組織，如社會學實務協會（Sociologioal Practical Association）。美國社會學會尚制定一項專業性的證照計畫，並發行一本專業性的刊物：《社會學實務季刊》（Sociological Practice Quarterly）。

談到對於人的關懷，社會學的目的之一，就是把個人的痛苦與其社會脈絡加以關連。在文選 1-1，米爾斯（C. Wright Mills, 1916-1962）即在闡明此一任務。他指出，「社會學的想像」（the sociological imagination）可對社會問題提供一種特殊的探究方法，而社會科學家的任務，是在將個人問題轉化為社會議題。個人痛苦與公共議題間的區別及其彼此關係，乃了解社會學觀點的關鍵所在。

文選 1-1

米爾斯：
社會學的想像

Source: Reprinted (verbatim) from *The Sociological Imagination* by C. Wright Mills. Copyright © 1959 by Oxford University Press, Inc.; renewed 1987 by Yaraslava Mills. Reprinted by permission of the publisher. (Heads inserted by editor.)

美國社會學家米爾斯（C. Wright Mills），世稱其「一位烏托邦改革家」（a utopian reformer 見 Wallerstein, 1968: 364；亦見 Horowitz, 1983）、「天生的偏激分子」（Tilman, 1984），也有許多人稱其為馬克思主義者。但他與正統的馬克思主義者迥然不同。他的思想確

受馬克思著作的影響，但也受他人的影響，尤其是韋伯（Max Weber）、韋布倫（Thorstein Veblen）及米德（George Herbert Mead）。他在民主與社會主義價值之宣揚上，確是一位偏激分子。他反對其所謂之傳統社會科學的狹隘性（narrowness）。米爾斯在其《社會學的想像》一書中，主張一種由古典社會理論與社會史產生的務實社會科學，俾了解今日之社會，並加深對於大眾行爲的認識。他認爲，社會學的想像應在個人經歷的社會生活，與在整個社會層面上發揮作用的重大歷史力量之間，建立起一座理解的橋樑。

✻ 使 命 ✻

社會學的想像，能使抱有此種觀念之人，根據想像對各式各樣人的內在生活及外在事業之意義，了解較大的歷史景象。能使他意識到個人在其日常經驗的起伏中，何以常常對其社會職位（social position）意識產生錯誤。在彼一起伏不定的經驗中，現代社會的架構得以尋獲，而在此一架構中，各式各樣人的心理學也爲之建立。使用此種方法，個人的憂慮不安，便可集中在明顯的痛苦之上，而大眾的冷淡便可變成對於大眾問題的關懷。

此一想像的第一個成果——及社會科學使之具體表現的第一個教訓——是個人只有把自己置於其時代之中，方能了解自己的經驗，衡量自己的命運，而且只有了解其環境中之一切人，方能知道自己的生活機會。在許多方面，它是一種可怕的教訓；在許多方面，也是一種多采多姿的教訓。對於人在努力進取或自甘墮落、痛苦或歡樂、喜悅的殘酷或理性的甜蜜等方面的能力極限，我們並不清楚，但在我們的時代，我們卻知道「人性」（human nature）的極限無遠弗屆。我們已經知道，在若干社會，人一代一代的活下去；他生活在自己的天地裏，也生活在某一歷史的順序中。就其生活的事實而言，他對此社會之塑造及其歷史過程均有貢獻，縱使他由社會而形成，並受社會史的驅使而顯得微不足道。

社會學的想像，能使我們掌握歷史與一生經歷，以及兩者間在社會中之關係。那便是它的任務與使命。認識此一任務與使命，是古典社會分析家的標誌。它是斯賓塞（Herbert Spencer）——誇大的、累贅的、廣泛的特徵；羅斯（A. Ross）——高雅的、拮難的、正直的特徵；是孔德、涂爾幹（Emile Durkheim）的特徵；也是曼海姆（Karl Mannheim）頭緒紛紜，精微有致的特徵。凡此特徵，在馬

克思的思想上同樣高雅有致、表現優異。它是了解韋布倫睿智與諷譏之洞察線索；是了解史姆彼得（Joseph Schumpeter）現實多面結構的源流；是李奎（E. H. Lecky）心理總覽的基礎，同樣是韋伯深奧與透澈之所在。它是當代研究個人與社會的最佳標誌。

社會研究倘於社會中之平生經歷、歷史，以及其交錯等問題，不作解答，則其學術歷程即未完成。不論古典社會分析家所探究的特殊問題為何，其探究社會事實之特徵是狹是廣，凡對工作鍥而不捨之人，則必會不斷地追問三個問題：

1.此一特殊之整體社會結構為何？其主要成分為何？成分彼此如何關連？它與其他許多不同之社會秩序有何不同？社會中之任何特殊性，對其延續與變遷有何意義？

2.此一社會在人類歷史中位居何處？導致社會變遷的機制為何？其在整個人類發展中的地位為何？其意義又為何？我們所探討的任何特殊性，如何影響其運行當中的歷史階段？又如何受其影響？此一階段的主要特徵為何？其與其他階段有何不同？其創造歷史的特殊方法為何？

3.在此一社會與此一階段，男男女女顯示的類別為何？現有者為那幾類？

行將表現者有那些？其選擇與形成、解放與壓抑、敏感與忽視等方式為何？在此社會之此階段，我們所觀察之行為與性格展現的「人性」為何？在我們所探究的社會中，每一特性對於「人性」的意義何在？

無論關心之點是強權大國，或是一種小的文學心境、一個家庭、一個人、一項信條——這些均是優秀的社會分析家所要問的問題。他們是社會中典型人類研究的知識軸心人物——而它們則是社會學想像者必然要提出的問題。蓋想像就是由一種觀點轉換到另種觀點的能力——從政治的到心理的；從對一個單獨家庭之調查，到對世界各國預算之比較評估；從神學派別到軍事設施；從石油工業之考慮到當代詩的研究。其範疇從最非人性的與遙遠的轉變，到人類自我最親密性之探索能力——以及了解兩者的關係。在其運用之背後，永遠有種了解社會中個人的社會與歷史意義之衝動，以及其所具特質與生存之時代意義。

簡言之，這就是何以藉著社會學的想像，人現在可以掌握世上所進行的一切，並了解他們所發生的種種，以為社會中個人經歷與歷史的交叉轉捩點。大部分當代人的自我意識，依據對社會相對性與歷史權力轉變的不變理解，把自

己視爲一個永遠的陌生人，或至少是一個局外人。社會學的想像是此種自我意識最圓滿的形式。運用此種想像，即使智能平庸之人，亦常會對於似曾相識之事，恍然大悟，澈底了然。不論對錯，他們常常感到，現在能使自己有適當的去處、堅定的評估、綜合的取向。從前認爲是正確的舊決定，現在對他們而言，不過愚不可及而已。其令人驚異的能力再度躍然心胸。他們獲得了一種新的思考方式，經歷了對價值的重新評估：總之，由於他們的反省與感覺能力，因而體會到社會科學的文化意義。

※ 個人的痛苦與大衆爭議 ※

社會學想像發揮作用的明顯特徵，也許是在「個人的環境痛苦與社會結構的大衆爭議」之間。此種特徵是社會學想像的主要利器，及社會科學中所有古典著作的特性。

痛苦發生在個人的人格之中，及其與他人直接關係的範圍之內。痛苦必與其自我有關，與其直接的及個人了解的有限社會生活領域亦有關。因此，痛苦的表示與解除，存在於此 —— 經驗實體個人的內心，及其直接環境的範圍之內 —— 個人的經驗及某種程度的自願活動，直接發生於社會環境之中。痛苦是私事：個人感覺其珍惜的價值受到威脅。

爭議涉及的事物廣泛，超越了個人的狹隘環境及其內在的生活範疇。爭議必與整個歷史社會中制度的許多此種環境之組織有關，與各種環境重疊、貫穿，以形成社會與歷史生活大結構之種種方式有關。爭議是公事：大衆感覺珍惜之價值受到威脅。價值究竟爲何？其受威脅的眞相如何？常有爭辯。此種爭辯如只因其有爭辯性，則爭辯常無重點。其與普遍的痛苦不同的是，爭辯不能依據常人直接的、日常的環境而作完善的界定。事實上，爭議常涉及制度安排中的危機，也常涉及馬克思主義所謂之「矛盾」或「對立」。

依據此等說法看失業，則當一個十萬人口之都市中只有一人失業，此失業便是其個人的痛苦。要解決其問題，我們可注意其品格、技能，以及其目前的機會。但當一個有五千萬人之國家，其中一千五百萬男性失業，這便是一個爭議所在。我們不可能希望在對個人提供機會的範圍內解決之。蓋機會的整個結構瓦解了，對於此問題之正確說明及其可能解決之範圍，我們就要考慮社會的經濟與政治制度，而非僅止於個人的情況與品格。

茲看戰爭，在戰爭發生時，個人的問題也許是如何忍辱偷生，或如何死得

其所；如何從中發財；如何爬到軍事機構的安全高位；或如何有助於戰爭的結果。簡言之，根據個人的價值尋找一種情況，從中保全生命，或丹青留名、永垂不朽。但戰爭的結構問題與其原因有關；與何種人可以加以驅使有關；與其對於經濟和政治、家庭與宗教制度的影響有關；與許多國家的漫不負責有關。

再看婚姻，男女在婚姻中可能遭遇到種種個人的痛苦，但當結婚最初四年之離婚率每千人約達二五○時，這便是一個結構問題的指標，與婚姻及家庭制度，以及支持它的其他制度有關。

再看大都會──大都市之可怖、美麗、醜陋、壯觀的伸展。對許多上層階級者而言，個人對於「都市問題」之解決方式，不外乎在市中心區擁有一幢地下有私人停車場的公寓。在四十英里之外、方圓百畝之間，擁有一幢希爾式（ Henry Hill ）的房子和愛克堡式（ Garrett Eckbo ）的花園。在這兩處控制得宜的環境中──每邊各有少數人員，並以直升飛機連繫之──大多數人可以解決由都市事實所造成的許多問題。這一切雖然完善周全，但卻不能解決由都市之結構事實所造成的大眾問題。對於此一奇妙的怪物如何處理？把它劃成分散的單位、並將住宅與工作連在一起？原封不動、另加整修？或在疏散之後將其炸毀，而根據新的計畫在新的地方重建新的都市？那些計畫該當如何？誰來決定並完成選擇的計畫？這些都是結構的議題；面對並解決這些議題，則需要我們考慮影響深遠之政治與經濟問題。

在經濟的周詳計畫範圍內發生的不景氣、失業問題，靠個人解決，則了無可能。在戰爭乃國家體制之固有成分，及世界工業化程度不均造成的，一般人在其有限的環境中，無力──或有或無精神病學之助──解決此種體制，或因缺乏體制而加在他身上的痛苦。在家庭將婦女變成親愛的小奴隸，男人是主要供給者，以及其對男人的持續依賴之制度上，婚姻美滿問題單靠私人解決，依舊不能奏效。大都會的過度發展及汽車充斥擁擠，乃社會過度發展的必然性，就此而言，都市生活問題不能靠個人的靈敏與私人財富而解決。

我已經指出，我們在一般的和特定的情況中所經歷的一切，常常是由於結構轉變所造成的。因此，要了解許多個人情況之改變，則需要看此種情況以外的種種因素。而此種結構變遷的數量與多樣性，隨著我們生活其中之制度與其他制度愈交融，彼此連接愈盤根錯節，而不斷地增加。了解社會結構之觀念，並能靈活的應用，便能在一個大的不同

環境中找出此種關連。要能做到這一點，便須具備社會學的想像。

結　論

社會科學家的政治任務像任何自由派的教育家一樣，是繼續不斷地將個人的痛苦轉移到大眾問題之上。而將大眾問題轉移到對各式各樣人的人類意義之上。在米爾斯著作中所顯示的任務——作為一位教育家，乃至其一生經歷——即在於此種社會學的想像。

第二節
分析層次

社會學家從人際的、團體的、全社會的，以及世界體系等四個層次，探究社會生活。為幫助組織吾人的思想以對此種觀點有所了解，表 1-1 將此等層次及其要素摘要列出，並舉例說明。各層次逐步繁雜，涉及之人亦多，但它們並未劃地自限，自加孤立。反之，彼此關連，相互糾結，而對其相互關係之研究，乃社會學分析的一個重要部分。

有時，社會學家使用兩層次，而非四層次之分析結構。因此，**個體分析**（ micro analysis ）主要涉及個人或小團體。而**總體分析**（ macro analysis ）則重在較大的社會結構與過程，如制度、社會、主要社會趨勢，以及國際合作與衝突等。事實上，同樣的社會情況，均可從總體觀或個體觀加以研究。探討政府科層制度（ bureaucracy ）中的員工關係，是一種個體分析，因其重在個人及人際關係。探討同一體制的組

表 1-1　社會學的分析層次

層　次	要　　素	例　　子
人 際 的	模式互動	一場網球賽
	角色行為	教練—球員
	社會等級	士官—士兵
	人際網絡	大學同學
團 體 的	初級團體	友誼圈
	組織	醫院
	團體關係	工人——經理
全社會的	制度	宗教
	社會模式	奴役
	階級與階層	中產階級
	都市與社區	墨西哥市
世界體系	國際關係	聯合國
	多國組織	國際電話電報公司
	環球制度	回教
	世界互賴	石油生產

織特性——其權威模式、專業化程度，及目標——則是一種總體分析，因其涉及社會結構而非各別成員。然而，一項澈底的研究，宜包括個體與總體兩方面的分析，因為員工間的互動受組織形式及其政策之影響。

一、人際層次

人際關係是兩個人或多人之間的一種社會連繫，如朋友與朋友、領袖與隨從、鄰居與鄰居之間的關係是。「人際」（ interpersonal ）意指「人與人之間」（ between persons ），但其關係是親密或眞誠，則不在內。關係也許友善或敵對、親近或疏遠、深入或膚淺，不一而足。

在現代社會中，日常生活受許多人際際遇之影響。有的際遇簡短而不重要，如飛機乘客與服務員之間的互動，或顧客與店員之間的來往等。其他的則對個人意義重大——例如：家人、朋友或同事之間的關係等。社會學家在找出人際關係的基本模式，並了解其與社會生活其他方面的種種關連。

使人發展滿意的關係、並維繫此種關係之情況，以及阻礙發展此種關係的情況，乃社會學的基本旨趣。對此問題的一項研究，已摘錄於文選 1-2 。主要在分析華盛頓黑人區中的友誼特質。

該研究指出經濟剝奪如何造成貧乏的人際關係。雖然，泰里街角的黑人有意藉交友而使生活賦予意義，但黑人區生活的不穩與不安，並未使其社會連繫成為一種深入而持久的關係。其關係成之也速，毀之也快。

黑人區的生活，並不鼓勵由穩定關係產生的自信、自重，及社會技能。如果人能增進工作技能，繼續就業；如果能長居一地，足可使其覺得下月或明年不再遷徙；如果其朋友能不無故消失，這些基本的情況，能使人際關係更加穩定。

較大的團體，如商業、工會、大學及教會等，能限制、助長，並塑造人際關係。學生與教授之間的關係，可能受班級大小及大學目標的影響——例如，以教學為重的小型文理學院，或以研究為主的大型州立大學，對之均有影響。有些公司鼓勵工人之間及員工之間建立輕鬆的、非正式的關係，而其他之公司，則將互動限制在眼前的任務之上。

二、團體層次

次一分析層次，討論團體與團體關係。一個**團體**是不拘數目的一羣人，由共同的興趣或彼此的依賴結合在一起，且由於關係與期望之不同，而與他人涇渭分明、判然有別。團體可包括兩個

人、全部家庭成員，或一個國家。一所大學為一個團體，因其有種種界線、辨認成員的方法，及與其他大學相區別的象徵。團體能夠組織嚴密而穩定，如美國的最高法院；也能變幻不定、轉瞬即逝，如宴會中之賓客或一場抗議示威。

僅在某些方面相同之人，並非必然形成一個社會團體。如在年齡、職業、或娛樂興趣方面有共同特徵的人，稱之為統計聚體或**社會類屬**（ social category ）。有時，此種類屬確能變成社會團體。老年人就是一個由社會類屬變成社會團體的例子。老人隨年齡增長而自覺性高，因此公私立機構對老人可能形成或接受的團體，日漸重視（ Pratt, 1976 ）。像「美國退休人協會」（ American Association of Retired Persons ）等政治性壓力團體，便為老人利益而遊說。老人辯護團體（ advocacy groups ）預期，隨著人口中老人的增加，此等團體日益強大，而且其對政策、立法、醫療、社會安全，以及其他計劃之影響，已顯而易見。當一種社會類屬（ 在此一例子中，指年屆退休之人 ）形成團體時，此等問題便為之產生。

三、全社會層次

雖然整個國家可以視為一個團體，此一大的實體，最好從不同的分析層次加以研究。第三個**全社會分析**（ societal analysis ）層次，在探討整個社區或社會。此一層次的分析，在究明社會秩序與社會衝突中的廣泛模式。有些社會，以持續而顯明的社會組織模式為特徵，如美國內戰之前南方的奴隸制度。其他社會，則環繞宗教教義，組成國家政治社區。例如，伊斯蘭教對伊朗社會之影響，無遠弗屆，遍及各方。

在許多社會中，親屬是最重要的社會連繫（ social bond ），而家庭則是社會組織的基礎。家庭工廠與家庭農場是以親屬為基礎的經濟活動實例。僅在公司出現之前的數十年間，美國及西方社會的許多商業及大多數農場，悉由家庭經營。當家庭是主要社會團體、生產物資、執行宗教任務，並對其成員的公共行為負責時，則此等社會便是**家庭型**的（ familistic ）社會。在一個家庭型的社會裏，親戚相互依賴，彼此給予心理上之支持，財物援助與指導。因為家庭本身的聲望有高有低，故對其成員的社會名譽有決定性之影響。因此，家庭的利益——財富、榮譽、緜延——與個人的利益與顧慮不可或分。然而，當代的美國社會，幾乎接近個人型（ individualistic ）而非家庭型。人們所關心的是增進其個人利益，滿足其自

己欲望，而非尊敬祖先，顯揚家聲。

把整個社會描述爲家庭型或宗教型，要在強調秩序與穩定，但穩定可能包含著未來衝突與變遷的種子。例如，美國在內戰之前，南方的社會秩序係以種族隔離及對奴隸的壓榨、剝削爲基礎。但內戰使奴隸秩序爲之瓦解，而尋找種族平等，依然是美國社會的一種行動力量。

四、世界體系

許多社會組織、社會趨勢，以及關係，均超過了單獨的社會界限。第四個分析層次，係從無所不包的**世界體系**（ world system ）探討人類的活動。此種分析將注意力放在國家、跨國公司、國際聯盟，以及合作機構等體系互動要素間的關係上，如世界衛生組織。一個**體系**（ system ）是相關成分的一種網絡，將成分孤立起來探究，則無由了解。

馬克思與韋伯，均從世界體系觀點看主要的社會問題。馬克思深信，資本主義國家在重組其他國家的經濟活動，以符合其自己的需要。韋伯所關心者，是社會之內或一國之外，基督新教與資本主義之間的關係。

兩國之間的關係能影響到其他之社會，主要強權間的衝突，很少在其疆界之內發生。國際關係也可確定社會內事務的優先次序及政策。例如，美蘇兩國軍事力量的高度支出，造成了重大的經濟負荷，並影響到兩國的內政計畫。美國用在防衛上的支出，幾乎占其國民生產總額的百分之七，（前）蘇聯則在百分之十到十五之間。相形之下，日本占百分之一，而加拿大占百分之二‧五（ Stockholm International Peace Research Institute Yearbook, 1987: 131 ）。

小國內部的政治運動，也能影響強權之間的關係。好戰的伊朗宗教領袖得權之後，對於國際同盟及世界經濟關係，立即有所改變。跨國公司的種種方針，也能因其龐大的活動而影響到所在國之人民。

有些社會學家，視現今的世界體系係由「衝突的力量而構成，由緊張而結合，由每個團體爲尋求自身的永久利益而決裂」（ Wallerstein, 1974: 347 ）。此等團體包括一個由支配性國家形成的**核心**（ core ，如美國、前蘇聯、日本以及西歐等主要工業化國家），由依賴國家或第三世界國家形成的**邊陲**（ periphery ，如非洲、亞洲和南美洲最貧窮的國家），及對來自核心國家的壓力加以抵制或轉變的**緩衝**（ buffer ）國家（如巴西、以色列、愛爾

蘭、西班牙等）。

　　正因世界體系的觀點鼓勵國家間動
態交互關係之研究，故也強調對權力轉
換作歷史分析。從歷史觀之，當運輸、
科技、政治與經濟力量改變權力的均衡
之後，國家地位便由核心變成邊陲或緩
衝。在十九世紀初期，大英帝國是一個
核心國家，而美國雖然不再是殖民地，
有時仍爲一邊陲或緩衝國家。在當代社
會中，經濟力量由國家及國家資本轉變
到相互依賴的跨國公司，世界體系的核
心與邊陲要素，便在改變之中（Walton,
1986: Chap. 7）。例如，西方國家的公
司，爲逃避高的勞工成本和種種規章之
限制，便將生產及裝配設備移至第三世
界國家。因此，公司在世界體系中便占
有重要地位（見第五章，第四節）。

五、各層次間的交互關係

　　社會與大組織不能離開小團體及人
際關係而存在；它們包括全部的層次。
所以，一項綜合性的分析包含所有四個
層次的研究：即人際的、團體的、全社
會的及世界的等四個層次。每一層次的
活動，係對其他層次所生力量之反應，
並能影響其他層次上的種種活動。從此
一討論中顯示，對於一個層次作分析而
不考慮到其他層次，則如隔靴搔癢，鮮
有可能。例如，泰里街角上黑人間的人

有毒之廢棄物乃世界體系之日常用品，
危害之大令人髮指。在西方國家一噸之
處理費用在數千美元，卻在第三世界國
家的海灘被浪冲走。

際關係，由於在團體及全社會層次上缺
乏機會而受到影響與限制（見文選
1－2）。美國公司的興起，產生了一
種整體社會組織的新模式。諸如宗教狂
熱般的社會模式，影響到許多其他世界
體系要素間的關係。

　　對於愛滋病（AIDS）流行的反
應，顯示出各層次上的活動如何密切地
彼此影響。醫學院、研究室、製藥工
業、醫學雜誌、醫院病房、醫生辦公室
等，一致把愛滋病定爲一種不同的社會
現象。從人際層次而論，有些醫護人員
因怕身受感染，對於愛滋病患勉強診
治。此等恐懼引起了團體層次上的反
應；地方性和全國性的組織因而形成，

以對公眾（the public）提供資訊，支持受害者，並為研究與照顧病患籌募基金。疾病控制中心擁有疾病不斷擴散的紀錄。大學和製藥實驗室的研究人員，則在研究和試驗可能的藥物治療。由於個人與團體之間利害的衝突，政府立法機構和國會（全社會層）正在確定受害者、僱主，以及公私保險業者的權利與責任。此等立法與合法的決策，又回到團體與個人層次之上，影響到愛滋病患能否保有工作，或接受保險賠償，以及醫院應如何組織，人事該如何安排。

就世界體系的層次而言，國際聯合與衝突，使了解此種疾病的起源與性質之進展，為之複雜。一個國家的醫療進步受到其他國家詳細審查，是採用，是拒絕，係基於不同的國家利益與標準。愛滋病患的醫療與社會待遇，一國之內及國家之間皆不相同。然而國際合作與競爭仍在尋求此種流行病的免疫與治療。在過去的數百年間，社會組織變遷的趨勢，係由小規模的（個體的）社會模式，逐漸變為較大的（總體的）社會形式。

文選 1-2

李保：
泰里街角景觀

Source: Abridged and adapted from Elliot Liebow, *Tally's Corner: A Study of Negro Streetcorner Men* (Boston: Little, Brown, 1967), Chap. 6. Copyright 1967 by Little, Brown and Company. Published in this form by permission of the author and publisher.

位於華盛頓市中心繁華地段上的「新政外賣店」，乃一鄰里食品店和餐飲之處，是李保（Elliot Liebow）對二十四位黑人男子的日常生活，作參預觀察研究的起點。研究之對象，既非無業游民，也無固定之工作，而是些臨時的非技術工人，常處於失業狀態。雖然此一實地研究成於一九六二及六三年，但此個體分析，對於遭受經濟困乏和長期歧視之男人間的友誼關係，提供種種真知灼見，其用於類似之團體，亦確切允當，包括今日的游民在內。

儘管他們四處游蕩、飄泊不定，每個人都有一個人際關係網絡，常似親戚關係，縱使可能沒有親戚關連存在。此網絡並非意味著是一種單獨的一致團體；反之，包含些鬆散的、變換莫測的相互關係。友誼瞬息建立，而其所顯露的意義，如果在較穩定的環境中發展，可能會更加緩慢。為使其關係賦有意義與深度，他們有時虛構親戚聯繫，或想像交往已久。然而，由於關係深度在過去與現在均告缺乏，故這些友誼來之快，去之也速。

※ 朋友與網絡 ※

　　街角世界也許比大多數的其他地方，更須靠人面對面的關係表現之。在街角之上，每個人有其自己的人際聯結網絡；像男與男，及男與女關係的網絡安排，其中以特殊的選擇方式依附於特定之人。

　　此網絡的邊緣，便是情緒上關係淡薄之人，例如他常見的鄰人，在街上相遇，除了點頭或說聲「嗨」以外，便一無所知。對這些人的種種反應，僅限於簡單的招呼而已。

　　在關係的中心，是他認識和喜歡之人，如膠似漆，「難捨難分」（uptight）＊：是他的「死黨」要好或最好的朋友、女朋友，有時尚有真假難分

之親戚關係。這些人就是他每天或多或少會面對面與之接觸，並於必要或危機時要求緊急幫助、安慰或支持的人。在友誼的名義下，實物、服務彼此交換。通常他去找他們，他們也來找他。他們對他所提供的服務，與其同類之他人一樣，無分軒輊，並把他視為一個獨特之人，而他對待他們亦復如此。他們是他的觀眾，也是他的演員同事。

　　就是與這些男女在一起，他消磨了清醒而無工作時的光陰，喝酒、跳舞、性交、裝聾賣傻、自作聰明，在外賣店或街角之上打發時光；他們無所不談，卻言不及義。談哲學或克雷（Cassius Clay，即阿里〔Muhammad Ali〕），談女孩子的天性，或談如果有個每週六十美元的穩定職業，無解雇之虞，他會如何工作等等。

　　友誼有時繫於親屬關係，有時繫於溯至童年時期的長期來往。其他的親密友誼係基於地方性，像街角本身，不是由人從外面帶進來的。此等友誼建立在鄰居或同事的關係之上，或建立在共同經驗或其他事務之上，或由於一種特殊方式使兩個人在一起的情境上。

　　一般而言，親密友誼，從已經與其

＊此字的用法與非貧民區「親密」（hip）一字的意義不同。

私人關係網絡有關連者發展而來：親戚、住在同一地區並在街上或公共場所游蕩之男男女女，以及同事等。結果街角上的人和同一批人反覆交往：他可能結交一位朋友、鄰居及親戚的同事，或一個朋友、同事及鄰居的親戚。

❋ 親屬模型 ❋

這些重疊關係的明顯特徵之一，是親屬與友誼之模糊不清。在街角上的大多數男女，彼此並無關連，只有少數人在當地有親屬關係。可是，親屬關係常可加以捏造，以解釋、說明，甚或證實關係之存在。一個人可以親屬開始而建立友誼，或反過來以友誼開始而建立親屬關係。

假親屬關係的最普遍形式，即眾所周知之「金蘭之交」（ going for brothers ）。簡言之，指兩個人同意對外以兄弟相稱，彼此交往以弟兄相待。金蘭之交似為友誼的一種特例，朋友關係中的權利、義務、期望及忠實，可以不必避諱，任所欲求。

有些親屬關係，只有在個人網絡中的最重要成員才能分辨真假。部分是因為，兩個人是否為真兄真弟或僅係金蘭之交，並不重要。在人們與兩個人的互動中，最要了解的是他們說其為兄弟，他們是否真為兄弟，則無關宏旨。

假的親屬結在某些男女關係中也可發現。「形同堂（表）兄妹」可作為浪漫之愛或性關係之擋箭牌。這才是「形同堂（表）兄妹」背後的中心目的。有一種說法是：「這位女士（或男士）與我是好朋友，但我們不是情人。」搬出堂（表）兄妹不可結婚的禁忌，形同堂（表）兄妹便可使無關之男女建立起親密的友誼，而無須威脅到其實際的愛情或性接觸。它是一種對兩性親密關係中存有愛情，或性滿足的公開否認。

有時，假親屬尚賴模稜兩可的關係結構之加強與借助。偶爾一個人會聽到：「他叫她姐妹」，或「他們以兄弟姐妹相稱」，或「他們情同手足」。這種情形在一個男人的小女兒與一位已婚女性住在一起時，最為常見。為了照顧他的女兒，這位婦人有時當然要做大姐應做之事。對於發揮一種作用的人稱之為姐妹，則用此稱呼作掩護，便很容易採取行動。模稜的關係表現趨於特定，就可以簡化，解釋的需要就減少了。也可以消除對於此種關係性質的公開懷疑。在這方面，情同手足也許有同樣的效應。像在情同手足的情況下，他們是否真為兄弟姐妹，並不重要，而事實是，他們以此相稱。我們必須假定，這位婦人的丈夫知道他們彼此清白相持。但因他們以兄妹相稱，丈夫的利益與地

位，並未因爲綠帽壓頂，危若纍卵。

✳ 互　助 ✳

　　大多數的友誼，建立在個人天天相見與面對面的關係或情境之中，這些關係由金錢、物質、服務及情緒支持之交換而滋長、而維繫。從幾分錢到兩三元的小額借貸，不時周轉。雖然借貸無需記錄，事實上，債權人則記得一清二楚，在需要時，或友誼破裂時，即予討還。

　　每一個人在其網絡之中均扮演一個重要的助人或受助角色。因爲朋友之間多數的合作，以基本的日常活動爲中心，故朋友在其身體與情緒之安全感上，格外重要。一個人的朋友愈多，或相信自己的朋友多，同時其對此友誼愈深切，其自尊愈大，而他認爲，自別人眼中看到對他的尊重亦愈大。

　　安全與自尊的追求，促其將朋友與友誼的知覺浪漫化。他要把相識之人視爲朋友，不僅是朋友，而且是密友、夥伴、知己、甚或弟兄。他情願把金錢、物品、服務、及情緒支持等活動，與朋友共，敞之而無憾，並且基於需要而非根據報酬彼此交換。他要相信其友誼源遠流長、堅實不易。他了解，他的朋友亦了解，唯其相互信賴，他們彼此之忠實，方能無邊無涯，永世不渝。

　　朋友之間的一切順利無阻，友誼即可如膠似漆。但要求過大並堅持己見，則友誼面對危機或利益衝突時，就非經常堅定不移了。此乃衆所周知之事，無庸贅言。朋友之間幫助與慰藉的信誓旦旦，就一個層次看，固應誠懇履行與接受，但從另一層次看，充分了解朋友的有限資源及其自利的需要，則每個人還是應有求人不如求己的準備。

　　實際上，友誼不是一種比生命更爲貴重的關係。此種認識，有時表現在對所有所謂朋友者之背離與捐棄。因此，友誼是一種無所不在的互助與支持體系，也許並不可信。

✳ 不　穩 ✳

　　對於友誼的估量，有如朗朗晴天，變幻莫測。因此，對朋友與友誼的態度總是轉變，經常矛盾，有時對立。一會兒友誼幾乎神聖無比；一會兒又是利用之所在：「朋友只有通財之義時才好。」

　　這些轉變與顯然的矛盾，起自同一個事實：構成個人網絡的種種關係，可能隨時處於發展或衰退之不同階段。它們的建立，係由於邂逅，可加深男男女女之關係，使其快樂，而在壓力之下，這些關係破裂可以得到同樣的快樂。

　　整個的情況，就是一種連鎖的、重

疊的網絡，縱橫交織，盤根錯節，其中朋友不斷轉換，彼此職位，時有交替。此種改變反映在鄰居、親屬、家庭及家屬關係之上——實際上，係在街角世界的整個社會結構上，而此結構大都建立在個人網絡之初級與面對面的關係上。

❀ 虛與委蛇 ❀

靠經濟、社會及心理力量維繫個人網絡之穩定，是友誼本身的內在弱點。無論是原因，是結果，或兩者皆然，事實是：友誼並非經常根植於長期的結合之中。朋友間在其結合之前，也無需了解彼此以往之種種。人可能認為——有時會說——他與某人的友誼，可溯至若干年前，甚或青梅竹馬、兩小無猜，但非經常如此。實則他們的關係幾乎完全基於現實。一個人對他朋友現在的環境與交往，可能瞭若指掌，而別的則所知有限。

他只要看看自己，就可知道朋友以往的種種主要來歷。他知道他的朋友主要由女性親屬養大，並對這些女性愛憐不已，他教以愛人與敬畏上帝，他受過的正式教育不多，他的工作技能屈指可數，且在不同之城鎮、都市工作過，在他工作過的一兩個城鎮中，他曾經生過一個孩子，可能從未見面；他初

到此地，因為有一位叔父或姑媽在此，因為他遇到他的女朋友，因為他聽到這個工作，或因為他被警察或別人通緝。但對朋友的詳情細節，則一無所知。他不知道是朋友的母親、祖母或姑媽把朋友養大，上過幾年學，住過和工作過的城鎮與都市有那些，在那裡有些什麼經驗。凡此種種，多從偶爾的交談或閒蕩中得悉，但大多數的詳情並未觸及。尤其是深藏不露可作為秘密思想，或私人希望與恐懼的交換籌碼時，更不輕易吐實。

因此，友誼看似兩人間的一種關係，就重要意義而言，他們彼此保留，並未推心置腹，至誠相待。對於過去與現在的了解不夠，友誼極易受到自我利益或外在力量的破壞。

認識此種弱點，再加上友誼在安全與自尊上之重要性，確是關係浪漫化、關係提升，將別人視之為邂逅而提高為友誼，並將友誼提高為親密友誼等推力的一種主要來源。也許就是這種位於背後之推力，將不可告人的過去，委之於前所未有的關係之上，並借親屬（情同手足）骨架支持此種極度需要的關係。友誼好似一種期望的人工產物，一種希望的關係，兩個人間的私人協議，其行動「好像」（as if）是個人之間的真正關係，實則不然。

結　論

李保的研究，説明了一種個案研究中豐富的、描述的資料，如何能在人際分析層次上建立起種種通則。而各層次之間的相互關係，亦明若揭火。泰里街角上註定失敗的友誼，不能僅以人際關係之失敗了解之。這些失敗可追溯到與其他制度上之關連，尤其是經濟情況，使低層階級之男子在履行其經濟義務的能力上，束手無策。

第三節
社會學的觀點

雖然多數社會學家的一般取向一致，可是他們卻強調社會生活的不同面向。他們選擇一種理論探究法，希望從中獲得正確的知識，或有較深的洞察能力，或作為建設性社會行動的一種較佳指南。他們有關社會生活的種種假設，及其對社會生活的看法，即其**理論觀點**（ theoretical perspective ）。有些社會學家相信，社會現世最好以個人、團體或社會間的衝突解釋之；其他的社會學家則認為，了解何者使社會與團體結合在一起更為重要。有些社會學家在尋找持久而有秩序的個人或團體行為模式；其他的則注重種種變遷的過程。

本節介紹三種主要的論點：共識、衝突，與符號互動（ consensus, con-flict, and symbolic interaction ）。它們對於社會生活提出不同的假設，對於研究與分析提供可資選擇的起點，並對社會如何運行提出不同之解釋。共識論與衝突論可用於一切的分析層次，而符號互動的探究，主要集中在個體層次之上。

一、共　識

共識觀強調社會穩定、相互依存，以及共同觀念的持續不變。持此種看法的社會學家發現，對社會生活最有意義的解釋，在社會凝聚的基本來源：共同的觀念、共同的傳統，以及了解世界的共同方式。這些社會秩序的要素歸結為一個原則：團體之所以結合在一起，乃因有共識，及從最重要的問題到日常生活的一般細節上，基本規則與價值一致使然。第二章所要討論的文化（ cul-ture ）研究，即係此種觀點的基礎。一個社會的文化，指明了何謂正當行

為，及順從此種行為的報酬與違背此種行動的懲罰。就程度而言，文化價值藉社會化（socialization）而代代相傳，歷久不衰，如此社會便趨向於共識與穩定。就此一意義而言，文化的持續性是保守的，但在下一章中，我們也可看到文化本身是動態的，而且不斷變遷。

共識觀把主要的社會變遷，視之為態度、信仰及個人與團體間關係的逐漸轉換。因此，此種觀點強調穩定，並且指出：許多變遷的建議，如不考慮現有的社會安排與共有的價值，則必敗無疑。例如，對美國社會大衆宣揚社會主義之觀念，便與個人主義及自由企業的普遍信念，背道而馳。許多美國人不僅反對社會主義，而且反對任何有社會主義價值的人。根據一九八七年的一次調查發現，全美國百分之四十八的成年人認為，一位大學教授自認是共產黨員者，即應予解聘，對此不置可否者占百分之五（Davis and Smith, 1987: 117）。

㈠ 模式變數

共識觀強調的觀念是個人、團體與社會之間的關係，循着界定完善之模式進行。並重視這些社會組織的模式如何彼此關連，相互增強，以及如何對於社會穩定有所貢獻。帕深思（Talcott Parsons 1902–1979）選出四種基本的模式，並以對比之方式加以說明。這四種基本的成對模式——成就與先賦、普遍與特殊、工具與抒情、特定與擴散——便稱之為**模式變數**（pattern variables; Parsons, 1951: 45–67; Parsons, and Shils, 1951: 76–91）。

成就（achievement）或根據表現以對個人或組織表示尊重，是一種明顯的美國社會模式，影響到經濟、政治，以及教育體系的性質。**先賦**（ascription）或根據預定的標誌（他們是誰，而非其有何貢獻）對個人或組織表示尊重，在美國社會占有一席之地，但別的社會則對先賦標準更加重視。例如在伊斯蘭教社會，性別就是一個較為重要的標籤。在美國，種族依然重要，但不如南非那樣普遍。在美國早期，家世比較重要。

包括美國在內的若干社會，強調基於一般規則或原理的**普遍**（universalistic）模式，可一律用於全體成員，毫無例外。相對地，特殊模式（particularistic patterns）承認個人的要求應予特別考慮。多數的美國學院及大學，對申請入學者採用劃一的規定。如果校友的子女或特殊的運動員受到額外的待遇，則普遍性的標準，便遭違背。

現代美國社會學的發展，受帕深思（1902
－1979）與米爾斯（1916－1962）著作之
影響，對比明鮮，截然爲二。帕深思分析
有助於社會體系穩定的諸面相，並以功能
論爲分析方式。米爾斯批評帕深思的「巨
型論」，並提出一種批判與務實的社會學
，以確認衝突之來源與社會變遷的原因。

　　工具（ instrumental ）行動是種
合理而實際的行動。大學生腦中清楚知
道該做什麼，便有了一種工具性取向。
而對於大學的一切了解不清，對於新經
驗與機會隨機反應的學生，則有一種**抒
情**（ expressive ）取向。抒情的滿足
來自行動與反應的本身，而非得自一個
明確目標之達成，如得到好的成績，或
能夠畢業。

　　一方面，當義務之界定明確而有限
制時，便有了**特定性**（ specificity ）。
例如，立訂契約的各方，均希望確定其
責任是什麼，義務又是什麼。另一方
面，**擴散性**（ diffuseness ）的特點在
關係的開放而不限定。在家庭式的社會
中，各種模式傾向於擴散。當大的商業
與大政府取代了傳統的家庭功能時，如
工作與教育，則更多的規則與法令，限
制了非正式的互動。

　　沒有一種對比模式，能夠具體設

定。它們變幻莫測，難以捉摸，在真實的生活情況下，並非嚴格地遵行一種模式或另種模式。

(二) 功能論

帕深思是共識觀的知名人物之一。他深信，社會秩序之維繫，必須社會中多數人有共同類似之價值。他也認為，對於社會和其他團體發展文化模式，殊為重要，此等模式至少可維持最低之秩序，並對其成員作種種合理要求，否則會導致社會脫序與衝突。

帕深思的理論取向，係共識觀的一個例子，即眾所周知的**功能論**（functionalism），它把社會組織，視為由相互關連之成分所構成的體系，意欲決定社會功能，或成分彼此有何益處，對體系整體有何貢獻。也在尋找減少衝突的社會成分。在此方面，涂爾幹所作的一項深入研究指出，宗教之有助於社會凝聚，乃因其鼓勵之共同信仰與實務，將人結合成一個單一的道德羣體，（moral community），可謂一脈相承（Durkheim, 1912/1947）。可資識別並有意發揮之功能，謂之**顯功能**（manifest functions）。例如，懲處罪犯的顯功能，在減少犯罪的行為。而**潛功能**（latent functions）則是在表面之下，大多數的社會成員既未認

識，亦非有意之功能（Merton, 1967: 117）。懲罰罪犯，對於守法的社區有加強團結之額外潛功能。認識潛功能是社會學分析勝過常識的另一種方式。

此種社會秩序觀，也考慮到不能配合一起的體系成分，和分裂體系的種種力量──換言之，即其**反功能**（dysfunctions）。例如，韋伯在比較不同社會的宗教與經濟之後立論指出，羅馬天主教不能促進資本主義的發展，因為它否定，至少認為得救與世俗的財物無關（Weber, 1904/1930）。但他認為，基督新教，尤其是喀爾文教義，與資本主義彼此增強，因為基督新教承認由辛勤工作得到的現世成功，乃個人成為上帝選民的一個指標。因此，在韋伯的觀點看來，基督新教對資本主義有其功能，而天主教則有反功能。涂爾幹及韋伯所作之有名研究，將於第六章〈制度〉之中加以討論。

二、衝　突

與共識觀比較之下，**衝突觀**（conflict perspective）堅信，社會組織最重要的一面，是有些團體受其他團體的主宰與剝削。由此觀點而言，社會是一個實際的和潛在的衝突場所。衝突理論家並未忽略共識與社會互賴，但他們認為，許多廣泛持有的態度與信仰，為有

權勢之團體所強行與操縱。例如，馬克思視宗教為「人民的鴉片」（the opium of the people），乃上層階級用來維護現有社會安排的一種工具。傳統的與當代的理論家所重視的是：誰控制稀有之資源，誰從不均的分配中獲得利益。

(一) 衝突與社會變遷

財富、爭取資源，以及對工人的經濟剝削等，並非社會衝突的唯一來源。權力與權威是更為重要的稀少資源（Dahrendorf, 1959）。因此，社會成員間的基本差別，在於是統治者抑是被統治者。當然，統治者的興趣在維持現狀，由此他們可以得到利益。然而，被統治者也許認為，權力與權威的重分配對他們有利。在衝突理論家看來，一個社會的合法體系，是有財有勢者用以保護及擴大自己特權的一種政治手段，而非解決衝突和維護秩序的一種合理工具（Chambliss, 1975: 5; Dalton, 1985）。

衝突理論家重在造成不滿與衝突情況的認識。如果衝突引起財富、資源、權力或權威的重分配，新統治者與被統治者之聯盟可能出現，創造出新的利益團體，於是另一場權力鬥爭賡續而來。衝突觀吸引支持變遷者的原因有二：第一，它指出變遷的可能性，尤其是有能力向現有制度挑戰團體的產生。例如，藉抗議、宣傳與訴訟，美國婦女與少數民族在其社會經濟地位上，有了重大改進。第二，衝突觀指出，權力策略的轉換，可以改變社會史。這些論題在馬克思的著作中極其明顯，他是將衝突模型用於社會研究上的始作俑者。

馬克思辯稱，在資本主義之下，擁有財產、財富與權力的資本家，與除了勞力便一無所有的工人之間，有一種根本上的利益衝突。他主張以政治革命終止資本家對於工人的剝削，並創造社會主義的社會，在此種新的社會中，農場與工廠由全體所有，而非僅為少數人獨占。今天以馬克思傳統從事衝突分析的學者，即眾所周知的新馬克思主義者。

(二) 批判論

有些當代的理論家像馬克思一樣，將衝突取向由科學的描述與解釋，帶進公共政策與社會倫理的範圍之內。他們相信，社會理論應揭發剝削性的社會安排，並將人民由壓迫中解放出來。此種衝突理論之擴大，即所謂批判理論（critical theory）。德國社會學家哈伯瑪斯（Jurgen Habermas）相信，人可以透過「溝通的行動」（communicative action）由壓迫中解放出來

（Habermas, 1984）。他的理想是，一個社會中所有團體之人，「毫無曲解的溝通……並透過不受外界限制和強制的辯論，調和其差異」（Turner, 1986: 197）。

雖然馬克思與哈伯瑪斯均建議改變社會的基本形式，其他之批判理論家，卻放眼於社會中剝削與衝突的特定實例。他們關心的問題，如美國制度化的種族主義（institutionalized racism）——對於存在經濟、法律、政府、教育，以及宗教等方面維繫種族隔離的實際行爲，雖經常無意於此，然却蕭規曹隨，因襲不變。例如，金融機構忽視少數民族的購屋者，它們不在市中心少數民族居住的地區投資，卻在市郊加倍擴充，這些地區只有少數的黑人才住得起（Walton 1986: 143）。報紙記者使用銀行的紀錄資料發現，亞特蘭大（Atlanta）的貸款者對白人抵押及房屋修繕貸款，超過黑人五倍之多。類似不平等之事件，在芝加哥、華盛頓、丹佛，及巴爾提摩均曾出現（Newsweek, May16, 1988: 44）。銀行也許並非有意依據種族而予以差別待遇，結果因否定少數民族的平等機會，造成居住地區的隔離。

(三) 共識抑衝突？

以上所述，重在共識論與衝突論之間的差異。直到最近，主張此兩種觀點的人受到強烈地反對；而他們之間的差異，也未完全解決（Milner 1987）。然而在今天，社會學的著作得自此兩種觀點的意見與研究發現者，逐日增加。茲以觀點不同的社會學家，對於如何解釋：何以有人富裕這個問題原因的種種答案爲例。當問一組美國人口樣本：爲什麼有人富裕時，回答者均認爲是個人的魄力與財富的繼承（Kluegel and Smith, 1986）。以個人魄力解釋之，則支持一種階層化的功能論，認爲要使人爭取社會的最重要地位，不平等是必要的。以財富繼承的理由解釋之，則與衝突觀點並無二致。衝突觀點認爲，財富集中在極少數的家庭之中，他們會利用財富以獲得更多之財富與權力，但卻苦了別人。這些資料與解釋，將於文選1-3〈統計表的說明〉中詳細討論。

幾乎就在一個世紀之前，齊穆爾（Georg Simmel, 1858-1915）發現，有些衝突形式可以增進社會的團結與整合，並可使社會作有次序地變遷。當代的社會學家也指出，暴力、異議，及其他形式之衝突，有助於社會問題之揭發。它們非但不會導致廣泛長久的分裂，反而可以促成正面的社會變遷，整合社會體系，並對新情況有較大的彈性

和適應性(Coser, 1956; Stern, 1978)。

三、符號互動

社會學家把衝突觀與共識觀，主要用於總體層次之上，但將社會作最後分析之後，當可發現其由各別之人所組成。**符號互動論**（ Symbolic interactionism ）之理論觀，著重在種種社會過程，並試以個人為專注之中心所在（ Blumer, 1969b ）。

符號互動論者認為，社會事實之核心，是行動之人試圖了解社會情境，並賦予意義。個人對於社會現世之反應，係以自己的動作與他人的動作如何解釋為基礎。經驗透過互動而獲得意義（即其符號特性）。例如，同樣一件禮物，可以解釋是一種友誼的表示，也可說是一種賄賂。符號互動論所注重者，係發生在社會較大單位中的個人本位過程（ person centered processes ）。

結構觀──或共識、或衝突──設計出一種社會意象，以個人係受對其發生作用的力量，其社會背景，以及其所屬團體之控制。互動論者研究社會生活的觀點，係從行動者如何使經驗賦有意義，及如何應付環境的立場上出發。因此，符號互動論者，重在特定情境之脈絡中研究行為的重要性，並善用個案研究法及參預觀察。詳見文選 1-2〈李保：泰里街角景觀〉。

衝突觀與符號互動觀，言及許多相同的基本問題。它們對把社會形象看作穩定的，自我更新的，對其成員能施以共同塑造的，大不以為然。只要人們從共識觀中得到的社會現世是種限制的、錯誤的，批判論便振振有辭。另一方面，對社會組織與文化不加分析，則社會知識便不能進步；儘管有人不喜歡社會結合，並以棄之而後快，可是有必要了解把社會結合在一起的是什麼。

文選 1-3

統計表的說明

Source: Suggested by W. Allen Wallis and Harry V. Roberts, *Statistics: A New Approach* (New York: Free Press, 1956), pp. 270–274.

統計表是一種省力的設計。在一份設計完整之統計表上，其數字資料，比用若干段文字說明其如何，更加容易了解。統計表不只是一種數字表；它是一種各種因素彼此相關之敘說方式。在表

1-2 中，此等因素是致富原因及其對美國人的重要性。

統計表可用百分比或數字表示之，而數字可用種種單位，或千萬，或百萬表示之。本表資料以百分比表示之——即每百人的比率。

❀ 統計表的構造 ❀

一份好的統計表，須有清楚的指標。如果你細讀這些指標，便可避免不必要的工作與困擾。在表的中心之外，是表示統計表主要特性的種種標示。此種編排，可對每一種特性依次探討。如果你學會了解這些標記，便會知道如何解釋在本書、其他的書及刊物上的種種表格。

1.標題 表 1-2 的標題，說明了其將一九八〇年美國成人如何評定致富原因重要性的資料，加以總結。也說明了資料已按重要性，分成種種高低層次。

2.附註 附註 a 在告訴讀者：表中資料，是由電話調查代表整個美國成年人口的 2,212 名美國人。也指出了，只有 1,507 名受訪者回答了表上的問題。附註 b 在解釋重要性的平均層次如何計算。附註 a 指整個表格，而附註 b 僅指單一的一行。

3.資料來源註 每一個表必須註明引用資訊之來源，除非是作者最初的研究。本表資料來源的附註指出，資料來自一九八六年出版的一個大型研究。在原始來源的表格中，尚包括其他資訊；所以，來源註釋說：表是從原表「改編」而來。此種說明應置何處並無定規，但或在表中或在文中均應予以說明。

4.標目或項目 標目可識別各行中之資訊；在表左之項目，區別不平等之不同原因，行由上向下讀，列由左而右讀。既如此，各列總數大約為百分之百。第三列與第六列，因為四捨五入，故不等於百分之百。

5.邊緣 在看一個表上的數字時，由外向內最得要領。先看邊緣上的概數，通常可在右邊一行之最下一列，或兩者中間找到。在此表中的邊緣數，以粗黑字型印刷，置於右邊一行。在書上的例子中，第四行顯示每一個致富原因重要性的平均分數。第四行由上向下讀，便可了解原因係照重要性的次序排列之。

6.單元 為作詳細比較，須細觀表面上數字所在之各個單元。例如表上顯示，當以重要性分數的平均層次作為等級標準時，「欺詐及盡情奪取」得分最後，但如果以百分比評價，用「很重要」作標準，則「走運與適得其位」位

表 1-2　美國成人對致富原因重要性高低之看法
1980[a]

致　富　原　因	百 分 比			
	很重要	有 些 重 要	不重要	重要性之平均層次 [b]
	（第一行）	（第 二 行）	（第三行）	（第四行）
項目別　（第一列）個人魄力與冒險意願	64	31	5	1.9
（第二列）繼承家業	64	29	7	1.9
（第三列）工作努力與進取	60	32	9	1.8
（第四列）政治影響，或「勢力」	47	41	12	1.4
（第五列）能力大或智慧高	46	42	12	1.3
（第六列）美國的經濟體制允許剝削窮人	29	39	33	1.0
（第七列）欺詐及盡情奪取	27	40	33	0.9
（第八列）走運與適得其位	26	43	31	0.9

附註：a 對選出的 2,212 名代表全國十八歲以上的美國人，作電話訪問。請回答者評估表上所問每個項目的重要性，作爲何以「美國有富人」（人數＝1,507，可用資料）的原因。
　　　b 平均重要性，由依據「很重要」＝2，「有些重要」＝1，「不重要」＝0，計算之均數決定之。

Source: Adapted with permission from James R. Kluegel and Eliot R. Smith, *Beliefs about Inequality: Americans' Views of What Is and What Ought to Be* (New York: Aldine De Gruyter, 1986), Table 4.1 and pp. 2, 76–77. Copyright © 1986 by James R. Kluegel and Eliot R. Smith.

列最後（勉強）。

❋ 由表上找事實 ❋

係由本表發現的若干重要事實：

1. 美國成年人視爲三種「最重要」的致富原因是：「個人魄力與冒險意願」、「繼承家業」及「工作努力與進取」。

2. 兩種次要原因是：「政治影響」或「勢力」，及「能力大或智慧高」。

❋ 解釋事實 ❋

根據對每個原因普遍受支持之程度，而詳列等第的原因表，實際上固然引人入勝，但社會學的解釋，卻更能迭出新義，鞭辟入裏。社會學家視列出之原因，係對不平等作一般性解釋，或不平等理論的可能指標。

在六個最重要的原因當中，第一、三、五項符合功能論的觀點。個人也許會假設：如果人們相信個人的魄力、工作努力，與能力是致富之道，則他們也會工作努力，並設法獲得職位所需、而對社會又極其重要的知識與技術。

另一方面，第二、四、六諸項指出，美國人也相信繼承金錢、政治影響以及剝奪窮人的利益，也是致富的原因。這些原因反映出衝突論的觀點，即財富能使有權之人犧牲他人而獲得更多之財富。因此，有財有權之人能造成一個比公平社會所需或期望的更多不平

等。

但社會學家也提出忠告：信念並非永遠反映社會真相。任何一個有魄力、能進取及有能力的人，在社會中成就其「美國夢」是一種神話嗎？或者「美國夢」可以其他類型之資料加以支持嗎？衝突理論者辯稱，那是一種神話，而且神話由那些控制財富，及控制維繫現狀價值與信仰者，使之綿延不斷，萬古常存。本表及以此為根據的研究，不在試圖解答此等主要問題。它卻能澄清爭論中的種種問題，並指出一種提供答案之證據。

第四節
研究過程

本章前三節討論到主要的社會學觀點，並提及許多社會研究的發現。現在我們擬對社會研究的過程，作一簡單的探討。理論與研究有着相同之目標：描述（description）與解釋（explanation）。對於事物之描述，在說明它像什麼，如多大、多老、多少，誰做什麼。社會學的描述通常是對事實的一種報告，是對人、團體或社會特徵的一種撮要。例如，壽命長短可根據下列之問題作多種描述：壽命的平均長度，生存的趨勢，或生存的性別差異等。一般而言，生在二十世紀的美國，生命超過了七十歲，比百年前的祖先長壽許多。平均而言，女人比男人長壽。

但是，了解發生什麼，卻並未說明為什麼發生。為什麼壽命延長？為什麼女人比男人長壽？對於「為什麼」這些問題的答案，即是解釋。女人比男人長壽，因為男人暴露在職業病及災害中比較多，因為男女生理差異，因為女人更

會照顧自己，或由於其他原因。這些暫定的解釋，可指出何處去尋找答案，疑問（假設）之系統說明，以及尋找統計上的關連。而且尋找解釋，尚有種種實際上之原因：例如壽命延長，我們需要知道的是為什麼有差別存在，而不只是差別是什麼。

可是，有時描述性資訊本身所表現者，極有用處。例如在一八○○年代，一位匈牙利醫生賽米爾維茲（Ignaz Semmelweis）發現，如果他在接觸產婦之前用消毒水洗手，她們便不會感染分娩熱（Childbed fever）。他找出了產婦死亡與不潔之間的關連，但他不知道發燒是由細菌引起的。他知道無論是什麼引起的，消毒能預防發燒。在他採取行動之前，不需要等候解釋。兩年之內，他的發現把分娩熱死亡率由百分之十六降到百分之一。賽氏發現了一項重要關連，也說明了一種工作上的假設。後來，細菌學家確定了發燒的原因，他的觀察方獲得一項科學的解釋。

研究通常是一種繁複的過程，從存疑到暫時性的答案，到修正答案，到等待新的資訊，以對新證據重新組織，林林總總，不一而足。我們大都願意研究過程遵循嚴格規則規定的系列步驟，但卻很少如此單純。反之，研究過程是一種持續的過程，包括可以測驗的觀念、經久的證據、深入的分析，以及具有遠見的解釋。本節探討研究者在調查中經歷的種種步驟，以及在研究中產生的若干倫理問題。

一、研究過程中的步驟

社會學家根據其提出的問題，及尋找之資訊，使用多種研究策略與技術。他們的證據來源，包括問卷與訪問，官方統計與政府的檔案分析，個人文件之研究，如日記、信札，以及在實驗室與現實中，對個人行為的觀察與面對面的互動。無論其主題或方法為何，在理想上，研究過程可以透過若干明確階段而加以探索，見圖 1-1 及以下之討論。我們把圖做成圓形，以強調研究過程的不斷回饋。

㈠ 選擇問題

社會學家像他人一樣，藉提出問題而探討問題。例如，父母知道兒童由模仿而學習，便可能得到一個結論：孩子在觀看電視暴力節目之後，會更加逞強好鬥。此種印象，可能使他們去問其他的父母，他們的孩子是否也如此。雖然如此一問，既無系統，又無重點，但為父母者所獲得之資訊，可以之指導自己的行為。一位決定調

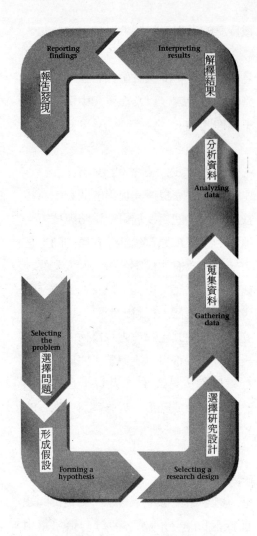

圖1－1　研究過程

查電視暴力影響兒童行為的社會學家，可以把父母的觀察，變成一種陳述：「在其他相等之情況下，浸淫於大眾媒介中之暴力節目增加，則會導致觀眾間侵略行為之增加。」現在，問題的說明方式，能引導研究之進行。其次是一項理論命題（ theoretical proposition ），即是把兩個或多個普通概念連在一起的陳述，由正確的實據加以支持或予以否定。此等命題便是理論的建材，而理論通常包括兩個或兩個以上之命題。在目前的例子中，大眾媒介的暴力與攻擊都是普通概念，意指種類廣泛的行為。

理論命題形成之後，社會學家便檢閱種種科學文獻，俾了解從前研究者做了些什麼。在目前的例子中，他們會發現，大多數有關媒介暴力影響的研究，是在實驗中進行的。例如實驗發現，兒童不僅模仿其成人偶像的攻擊行為，且在其觀看電視暴力之後，尚可表現其他方式之攻擊行為（ Bandura Ross, and Ross, 1961, 1963 ）。另一項實驗研究，是把看職業拳擊比賽和看徑賽影片之被實驗者的行為，加以比較。結果發現，觀看職業拳賽者的行為，更具攻擊性（ Berkowitz, 1965 ）。

檢閱有關研究的各種報告，可幫助社會學家抓緊主題，並擬定一個適當的研究設計。人為的實驗情況，可使研究者控制一些可能影響暴力的因素，但我們必須要問：此等研究的發現，在社會現實中能否站得住，可能影響行為的大

多數事件又在何處。此一問題，便引發電視上的職業拳賽和凶殺之間可能關連的一次調查研究（Phillips, 1983）。現在，我們循此研究以說明研究的過程。

(二) 形成假設

因為凶殺率因時而異，故凶殺數可作為一種主要的變數。所謂變數，即在人、物、事方面，價值不同的一種特性。另一個主要變數是引人觸目的職業拳賽。費利普斯（Phillips）設計出一種研究，以發現兩變數之間是否關連。職業拳賽稱之為**自變數**（independent variable），因為它能影響凶殺率，凶殺率則是**應變數**（dependent variable）；即凶殺率至少部分與職業拳賽有關。主張兩個或多個變數之間有種關係的測驗陳述，稱為**假設**（hypothesis）：即其他情況不變，電視播映重量級拳擊比賽，凶殺率會隨之提高。

(三) 選擇一項研究設計

利用一項精確周詳的假設，研究者可以制定出一種**研究設計**（research design）。它是一項計畫或策略，能回答研究所質疑的種種問題。一般研究設計的類型有三：個案研究、調查，與實驗。

1.個案研究 如果研究者預期研究的社會行為不易了解，或者從前沒有人作過此種研究，則形成一個假設或確定重要的自變數，也許有所困難。因此，有些研究設計，旨在得到概念，而非對之加以測驗。通常對一種情境或單位，需要一段時間作深入探討的**個案研究**（case study），最能符合此一目的。文選 1-2，對街角男子間之友誼研究，可以說明此種研究設計。個案研究除用直接觀察外，也可用問卷、訪問，以及從人口普查到自傳等現存紀錄。由於個案研究是一個樣本，其發現只能推論到極為相似之個案，且須謹慎小心，不失偏頗。當然，並非每一個街角團體表現相同之特徵，不過個案研究能指導未來之研究。

2.調查 雖然個案研究之設計，在描述一個社會單位或情境的許多特性，而**調查**（surveys）則在叙述許多個人或組織的少數特性。例如民意調查，意在預測選舉，評估政客的知名度，或了解公眾對於主要社會及政治問題的意向。可是，除了小團體之外，不可能詢問每一個人的意見。當然，人口普查（census）例外，其對象包括一國之內的每一個人。文選 10-1〈美國的普查〉，即在說明此一持續調查之歷史與工作。其他機構也在設法調查全部個案。例如，國家衛生統計中心存有美國

凶殺數字的各種紀錄。我們知道,這些資料在電視暴力研究上,曾加以運用。

然而,多數的研究需要利用一個**樣本**(sample),即選取較少的個人或事件,以代表整個的類屬。樣本普通分為兩類:(1)隨機選樣(random probability samples),其中研究者所關心的每一個人、家戶或組織,都有同樣包括在內的機會;(2)限額選樣(quota samples),其中對某類之人(依年齡、性別、地區等等)或組織(依年齡、地區、規模)加以選取,以代表研究的整個母體(population)。隨機選樣最常採用,因為整個母體的資料,不可能對研究問題有關的全部特性,均有用處。

3.**實驗** **實驗**是控制最為嚴謹的研究設計,其中相互比較的實驗對象,在各方面完全相同,唯有一個因素例外。這個因素即實驗變數(experimental variable)。此種設計,意在控制可能影響結果的其他因素。如果成功,研究者可以確信,其發現的差異,可能是由於實驗變數之功。當然,還是試圖決定電視上的職業拳賽,和凶殺間是否有關的研究目的之一。文選 5-1〈米爾官:服從權威〉,對此種研究設計,有詳細描述。

(四) 蒐集資料

依據研究設計,社會學家運用三種主要的資料蒐集技術:直接觀察研究對象,口頭報告,及現存檔案。

1.**直接觀察** 在重大的社會行為發生時,常有可能加以觀察,並依據研究目的觀看人的活動,以蒐集資料。然而,觀察費時,代價昂貴。李保用了一年的時間與華盛頓的一羣黑人在一起,才詳細記錄下他們的互動。當觀察者成為其所研究之社會情況的一部分時,此種研究稱之為**參預觀察**(participant observation)。如果研究者的參預,可能影響被觀察者的行為,則觀察者必須與當時的情況保持距離。

2.**口頭報告** 許多社會學的資訊,不能直接觀察。罪犯或偏差行為是社會學探討的適當主題,但顯然地,它們需要其他的資料蒐集技術。有時詢問是獲得有用資訊的最佳方式,而許多社會研究,也以問卷和訪問為依據。兩者的主要差別,在回答者的答案是書面的抑口頭的。

3.**現存檔案** 有些研究所需的資料,不能由最初的調查蒐集。研究歷史趨勢或過去事件的學者,顯然須依賴早期保存下來的資料進行。在其他的情況下,可能根本不需要了解應由「何處行動」(即開始蒐集資料),因為充分的資

料已經獲得。因此，有些社會學家在圖書館、私人收藏室，或在報社、工會、公司的檔案中，研究各種文獻。人口普查統計、日記、自傳、小說、相片、報紙或雜誌文章，及教會、學校、監獄與其他組織案卷中之資料，都可能由中獲得很有價值的資訊。研究使用的資料，原為其他目的而編纂者，此研究謂之次級分析（secondary analyses）。

(五) 分析資料：職業拳擊賽

在對電視播送職業拳賽，與凶殺之間關係的種種研究中，研究者選擇重量級的冠軍比賽。因為此種比賽，通常最能吸引電視觀眾。他從電視播送拳賽與賽後數日內發生凶殺的數字紀錄，蒐集資料。

決定一個假設是否得到支持，對於蒐集到的資料，需要作一番審慎而批判的檢討。費利普斯研究一九七三年至一九七八年之間十八場重量級職業拳賽的日期，及美國每天凶殺數字之統計。凶殺於拳賽後第三天達到高峯，第四天稍降。為使假設之測驗更加澈底，並設法予以控制，研究者蒐集並分析之資料，見表1-3。

首先，研究者估計在無職業拳賽時的預期凶殺數（見表1-3，第二行）。獲得預期頻率最簡單的方法，是於當年把年凶殺平均數除以三百六十五天。可是，暴力犯罪的分配並不均勻，多集中在一年的特定時間，一月的特定幾天。這些差別可在計算預期頻率時加以考慮，詳見第二行。研究者然後以拳賽三天後發生凶殺的實際數（見第一行），與這些數字相比較。有十三場拳賽之後，凶殺數比預期者為高（實際的和預期的凶殺之間，有一種明顯的差別），只有五場拳賽之後，凶殺數比預期者較少，負差以減號表示之，正差從略。

研究者必須決定，實際的差別是大抑小。解答此問題的一個方法，是比較實際的和預期的凶殺數間，正負差的平均大小。詳見表1-3的結果。在平均正差（比預期之凶殺為多）時，你會發現，凶殺比預期的多出十一以上。負差的平均數（比預期之凶殺為少）不到三。

由此可以認為：殺人的增加是由於大眾媒介播送拳賽的衝擊嗎？也許拳賽只影響在現場觀看比賽的人，而透過大眾媒介觀賞之人，則無動於衷。果真如此，則一個人不可認為，大眾媒介之暴力，正在引起凶殺之增加（Phillips, 1983: 563）。

控制變數（control variables）與統計程序，對其他可能影響結果的因

表 1-3　電視播出職業拳擊比賽後美國凶殺案之變動
1973-1978[a]

比　　賽　　者	實際凶殺	「預期」凶殺[b]	實際減去「預期」[b]	在美國以外舉行	晚間新聞播報嗎？
福爾曼對弗瑞賽	55	42	13	是	是
福爾曼對羅曼	46	49	-3	是	否
福爾曼對諾頓	55	54	1	是	否
阿里對福爾曼	102	82	20	是	是
阿里對魏普迺	44	47	-3	否	是
阿里對賴爾	54	47	7	否	是
阿里對巴格迺	106	83	23	是	否
阿里對弗瑞賽	108	82	26	是	是
阿里對庫曼	54	45	9	是	否
阿里對楊格	41	44	-3	否	否
阿里對杜恩	50	41	9	是	是
阿里對諾頓	64	53	11	否	是
阿里對愛萬斯塔	36	42	-6	否	否
阿里對施弗斯	66	67	-1	否	否
史賓克斯對阿里	89	79	10	否	是
何姆斯對諾頓	53	49	4	否	否
阿里對史賓克斯	59	52	7	否	是
何姆斯對愛萬斯塔	52	50	2	否	否
X̄（平均）萬	63	56			

a 拳賽三天之後
b 數目最接近總數

Source: Adapted from David Phillips, ''The Impact of Mass Media Violence on U.S. Homicides,'' American Sociological Review 48 (1983): Table 2, p. 563.

素，可以排除。例如，凶殺受日、月、年或假期的影響。在第二行計算預期值時，曾加考慮。再者，凶殺之增加，也許是由於實地觀賞比賽。第四行對此加以控制，指出拳賽是在美國舉行抑在他國舉行。當然，先要假定不可能有許多美國人赴國外觀賞拳賽。雖然，在一場國外拳賽三天後凶殺平均超過十二，但接著在美國舉行拳賽之後，凶殺平均上升不到三。這些結果似乎顯示，大眾媒介播送拳賽對於凶殺數目之影響，比個人的經驗更加重要。

職業拳賽對於凶殺率有衝擊之最初假設，從表 1-3 其餘的資訊中，可以得到進一步的支持。如果喧騰的職業拳賽影響到凶殺數，個人可以認為，令人觸目的宣傳應可影響凶殺率。由第五行的資料顯示，確屬如此。晚間新聞播報拳賽，凶殺數平均會增加十一以上，而未經大事宣揚的拳賽，凶殺數平均上升極微，尚不及三。

(六) 解釋結果

一旦資料分成種種類別之後，接著列表與分析，此時我們開始解釋結果，並測驗假設。基於以上所提出的證據，變數之間的假設關係，似可得到支持，即「其他情況不變，電視播送重量級拳賽後，凶殺數量接著增加。」測驗假設要更充分，研究者應重複研究，也許可在不同時間、不同國家進行。要測驗更屬一般性的理論命題，他們應對不同形式之電視暴力和攻擊行為，另作研究設計。

對基於同一理論命題的不同假設，作過測驗之後，我們方可評估命題一般化的程度，尚有多遠。支持命題的各種研究愈多，命題愈普遍。理論愈普遍，則對敍述和解釋社會行為愈有用，最後尚能為社會政策提供知識。如果只發現職業拳賽與攻擊行為有關，而與其他形式的電視暴力無關，則控制電視暴力的爭論，除了單純的管理之外，少能服人。

(七) 報告發現

因為科學研究永遠是假定性的，並須時作修正，故研究發現必須公開發表。一份令人滿意的科學報告，必須清楚而完整地說明其假設與研究程序，並提出結論，使他人可以探討與重複研究。一種對問題更正確的陳述，一個較好的樣本，或較佳之控制，可以在乍見具體可靠的情況下，對於研究發現提出懷疑。再則，較早的結論可因精確的研究與進一步的證據而增強。例如，兩個研究者使用同樣的資料，重複研究費利普斯對於職業拳賽與凶殺關係之探討（ Baron and Reiss, 1985 ）。他們使用進一步的統計控制，結果認為，證據並未支持電視播送職業拳賽，會導致凶殺增加之假設。根據第二個研究，重量級拳賽與凶殺之間的明顯關係，也許是由於職業拳賽的日程，恰被安排在凶殺最多的那個月之前舉行。在最初的研究分析中，十八場拳賽中的十一場，是在當月一或十五號後的三天之內舉行。在這幾天，即使沒有電視播送拳賽，凶殺率仍有最高之趨勢。

何以電視播送之職業拳賽與凶殺的

增加，大約在一個月的同一時間發生？第二個研究指出，主辦單位有意把拳王爭霸戰安排在接近發薪之日，以便增加觀眾；並有各種更多的經濟交易（包括賭博）在這個時期進行，致使人之情緒起伏不定，難以捉摸。雖然，凶殺與職業拳賽可能同時發生，也許不是職業拳賽影響凶殺，但正確言之，兩者皆受其他事件之影響：經濟交易。如果第二個研究正確，則職業拳賽與凶殺之間的關係，可能虛張聲勢，與事實不符。此一例子，說明了真假關係之間的差別。如果兩個變數確屬相關，則第三個研究也不能對此關係作重大地改變。當原有變數中的改變來源，被發現是其他因素時，則**假關係**便被揭穿。

爭論尚未就此止住。正因較早的發現可能由隨後的研究而有待商榷，其結論則可能因進一步的研究與證據而得到加強。為了反應電視暴力與凶殺間關係研究之質疑，費利普斯及其同事再度分析職業拳賽與凶殺之資料。這一次，他們把原先之樣本加以擴大，包括一九七九年四次額外的重量級大賽。他們使用更為嚴格的統計控制，以排除凶殺率在假期之間及當月特定時間的不規則影響。基於第三次的研究，研究者宣佈，職業拳賽與凶殺之間的關係，比第一次研究發現者，更加强而有力（ Phillips and Bollen, 1985: 366 ）。

有關媒介暴力對於實際暴力的影響，依然爭論不休。雖然研究者對其相反之結論加以維護，但他們都同意，爭論之解決，遙遙無期。科學的目的，不在發現絕對的與最終的答案，而在提供暫時性的結論。的確，對於社會現象提出最後的答案，鮮有可能，除非沒有發明，沒有社會衝突，以及沒有全面的社會變遷。

二、研究與實務中之倫理

倫理（ ethics ）或評定道德的責任與義務，並決定對錯能影響社會生活的所有面，包括在科學的探究在內。物理學家關心的，是核子力量的破壞面與核子能源和平用途之間的平衡。生理學家必須衡量，新知識的價值對於實驗室中之動物所造成的痛苦。但因社會學家及其他社會科學家研究人類，因此，他們面對着一大堆的問題。

㈠ 社會研究的代價

多數的研究計畫，在金錢與時間上均有預算。支持者與研究者計算自己的成本，但也計算研究對象的代價。用掉研究對象時間的任何研究，都能使其有所損失。而且，人可能被問之問題所苦惱，或覺得他們的隱私受到侵害。尤其

是在實驗室中之實驗，有時會遇到不快的身心經驗，如遭受電擊（見文選 5-1〈米爾官：服從權威〉）。

研究者及其機構，必須決定研究的目標是否足以造成研究對象的不快。人對於有關利益與危險的重視，大都依據其背景與經驗（Rivlin and Timpane, 1975: 4-5）。從事研究者所強調的益處，來自社會現象的知識，或對社會政策的效果有更正確的估計。其他有法律或倫理傾向的人，更可能注意研究對象的自由、隱私或自主性、可能蒙受的危險。例如，他們注意到在一種社會實驗中的控制對象，並未給予其實驗組應得之可能益處。再如，一項為發現財力資助，對出獄犯人的生活過渡期是否有所幫助而設計的社會實驗，被選為控制組（譯按：即被研究之對象）的人，並未獲得資助。研究者的結論指出，對出獄犯人給予少量金錢，如果未因此而減少其尋找就業的動機，則可能減少將來再度被捕之可能性（Rossi, Berk, and Lenihan, 1980）。對於某些有前科之人給予金錢資助，而他人則無，合於倫理嗎？

大學及其他研究機構設有評議委員會，對涉及人類對象的特定研究建議，考量其相對之成本與利害。他們可以要求研究者修改研究程序，有時或放棄研

研究者與被研究者或隱私侵犯者？圖為年輕的實地研究員瑪格麗特·米德（Margaret Mead, 1901-1978）在阿德米拉提羣島（Admirality Islands）中之馬奴斯（Manus）島，從事研究工作。

研究計畫。專業學會，如美國社會學會（1984）與研究評議學會（1982），對於此等決定，已建立起種種標準。

(二) 研究對象該被欺騙？

有時研究者因研究計畫的目的而欺騙研究對象，以防其行為有所改變。參預觀察者面臨此一問題為最大：他們應該隱瞞研究，以使研究對象的表現順乎自然，不加扭曲？韓福瑞斯（Humphreys）對同性戀者的研究（1970），即牽涉到研究者的作為是那些在公共場所表現性行為者的幫凶。他隱瞞從事研究的事實，對於許多被認為不道德之行為，可說是助紂為虐。他從研究對象的汽車牌照上知道其身分，因之侵犯了研究對象的祕密。現今的研究標準，不許隱私遭到如此侵害。

在其他型式的研究中，倫理問題較為單純，但問題依舊是：在欺騙行為證實之後，有多少與研究目標有關之報告可以發表？例如，一位白人記者要體驗做黑人的感覺，經由醫療使皮膚變黑之後，假裝黑人（Griffin, 1960/1977）。在他而言，欺騙是必要的。如果人們已經知道他是白人，自不會以黑人相待，則此種改變殆無意義。他的喬裝得逞，感受到白人對他的虐待，和黑人彼此──甚至對陌生人──之支持。

葛瑞汾（Griffin）的報告：〈黑人像我〉（Black Like Me）是一部有價值的社會文獻。其欺騙行為除了傷及自己之外，未損及任何人。然而，有經驗的研究者通常會勸告：隱瞞個人身分，既不值得，且在多數情形下，亦無必要。

對犯人作實地研究，千萬別假裝是「他們其中的一員」，因為他們會弄假成真，加以考驗，如此不是陷入此種寧願放棄的「參預」觀察，便是暴露身分，承受較大的不利後果。你必須讓犯人知道你是誰：如果做得技巧適當，則不會破壞研究計畫。（Polsky, 1967/1969: 117）

與研究對象建立親善關係與獲得其信賴，乃「適當」做法的兩要素。

(三) 保密與發現的運用

從研究設計到最後報告，在研究計畫的每一個步驟中，研究者必然面對如何保護被研究者的祕密問題。對協助計畫並資助資料蒐集者而言，他們對研究對象知之甚詳，具有權威，其保密尤其重要。在大規模調查研究中，將結果以簡明的統計報導，回答者可以確信其隱私不致外漏，但在小團體、組織或社區方面之研究，則難保隱密不被洩漏。研

究對象的姓名有時加以竄改，但此權宜之計，並非經常奏效。

此外，研究者必須考慮到研究結果的可能應用。研究發現能傷害研究對象嗎？他們也需確定，研究結果的出版方式不會破壞人的信用，或使其尷尬，或侵害其隱私。允許研究者對之研究的團體，顯然不願研究結果的應用，對其成員有害。一個團體之被研究，乃由於較高權威所作之決定，如多數的評鑑研究是。故在研究過程的進行中，團體應有表示觀點的機會。

主要名詞

成就 achievement

個案研究 case study

控制變數 control variable

擴散性 diffuseness

評鑑研究 evaluation research

家庭型的 familistic

假設 hypothesis

人際的 interpersonal

顯功能 manifest functions

特殊性的 particularistic

研究設計 research design

全社會分析 societal analysis

假關係 spurious relationship

體系 system

世界體系 world system

先賦 ascription

衝突觀 conflict perspective

核心 core

反功能 dysfunction

實驗 experiment

功能論 functionalism

自變數 independent variable

潛功能 latent functions

個體分析 micro analysis

模式變數 pattern variables

樣本 sample

社會學 sociology

調查 surveys

理論觀 theoretical perspective

緩衝 buffer

共識觀 consensus perspective

應變數 dependent variable

經驗指標 empirical indicator

抒情的 expressive

團體 group

工具的 instrumental

總體分析 macro analysis

參預觀察 participant observation

邊陲 periphery

社會類屬 social category

特定性 specificity

符號互動論 symbolic interactionism

普遍性的 universalistic

補充讀物

American Sociological Association. 1984. Careers in Sociology. Washington, D. C. A description of careers for which training in sociology is especially valuable.

Barnes, J. A. 1979. *Who Should Know What : Social Science Privacy and Ethics.* New York : Penguin. An examination of ethical issues in social inquiry from the perspective of different groups-scientists, citizens, sponsors, and gatekeepers.

Berger, Peter L. 1963. *Invitation to Sociology.* Garden City, N. Y: Doubleday. A humanistic essay showing how sociology offers an awareness of the social world as well as how the reader relates to that world.

Freeman, Howard E., Russell R. Dynes Peter H. Rossi, and William F. Whyte (eds.). 1983. *Applied Sociology.* San Francisco : Jossey-Bass. An exploration of the relationship between basic and applied sociology, the contexts within which applied work is carried out, and the education and training of applied sociologists.

Gerth, Hans, and C. Wright Mills, eds. 1958. *From Max Weber : Essays in Sociology.* New York: Oxford University Press. A collection identifying the major themes in the writings of a founding sociological thinker.

Giddens, Anthony. 1984. *The Constitution of Society : Outline of the Theory of Structuration.* Oxford: Polity Press.

Merton, Robert K. 1967. *On Theoretical Sociology : Five Essays Old and New.* New York : Free Press. An examination of the functional perspective, the nature of middle-range theories, and the relationships between social theory and social research.

Mills, C. Wright. 1959/1970. *The Sociological Imagination.* Oxford : Oxford University. A conflict perspective that addresses both private troubles and social issues and suggests the types of questions that sociologists should seek to answer.

Smelser, Neil J. (ed). 1988. *Handbook of Sociology.* Newbury Park, Calif : Sage Publications. A survey of major approaches and issues in contemporary sociology.

Turner, Jonathan H. 1990. *The Structure of Sociological Theory.* 5th ed. Belmont, Calif. : Wadsworth. Analyses of the major theoretical perspectives discussed in this and later chapters.

第二章 文化

在去動物園遊覽時，我們多半會被大猿所迷惑，因爲從牠們，我們可看到自己。我們對其機警、靈敏、彼此反應，以及檢視物體的專心，驚訝弗置。猿猴互相整裝、母親保護幼兒、幼猿嬉中取樂，成猿轉身推撞。明顯地，這些是社會動物，即使在動物園的人爲環境中，亦復如此。

但無論我們對人與猿之間的類似如何深刻，巨大的分隔依然存在。本章或廣泛言之，本書主要在專門了解分隔中人類這邊的一切：人類文化與人類社會。在社會學中，**文化**的定義比一般用法更爲廣泛，包括社會團體一切共有的方式：思想、信仰、理解及感覺之方法，這些均由各種社會團體而獲得，並代代相傳，綿延不絕。（Kroeber & Kluckhohn, 1963; Williams, 1960 ）。共有的思想、信仰、理解及感覺，表現在理想、迷信、邏輯及刻板印象之上，也表現在文字、音樂、視覺藝術，甚至粗糙藝術的創作上，以及從箭頭到飛機的科技創造上。

本章第一節探討兩個相關的主題：(1)使文化發展的人類特性，由此人類生存方有可能而且必要；(2)人類與文化的發展。第二節將三個也互相關連的主題集合在一起：(1)符號研究，文化的建材；(2)語言角色，爲文化的一部分，亦是人類互動的工具；(3)指導人類社會行爲的社會價值與規範。第三節討論廣泛的文化差異，包括社會間的文化差異及社會內的文化分歧。第四節探討文化變遷及文化與社會組織之間的關係。

第一節
文化的出現

研究動物行爲的學者，稱爲動物行爲學家（ethologists）。他們強調，動物行爲是習得的、抑是本能的，其彼此溝通的能力，其彼此依賴的程度，以及其爲社會生物等，各有不同，差異極大。在對其周圍環境的調適鬥爭中，某些生物個體，自始即能獨立奮鬥、自求生存。例如，海龜自破殼見日之時起，便須自力更生。牠們天生就能越過沙灘，走向大海。由於受螃蟹及鳥類的攻擊，雖然有許多死於沙灘或葬身海底，但海龜仍能生存下來，因爲每年有大量龜卵孵出。

與海龜不同的是幼象，牠們依賴社會團體的時間頗長。在其他大象的陪伴下，幼象學到謀生的技能。經過一段時間之後，牠們對象鼻的運用，靈活自如。幼象之能成為有能力、能自足之動物，母親及象羣中其他雌象之保護與指導，殊為重要。若非如此，幼象當不能長大成熟。

在動物的王國中，需要照顧與保護的程度上，海龜與象相去甚遠。幼猿對於團體的依賴，尤甚於幼象。而人類在能自我照顧之前，依賴團體之時間更長。幼猿稍予幫助，即可抓緊行動中的成猿，而在人類，嬰兒必須托著、抱著，方能依附在成人身旁；嬰猿無須協助即能找到母猿的乳房，而新生之人類嬰兒，則必須改變姿勢並指導他才能找到母親的乳房；必須加以保護與幫助，其最基本的生存，方得維持。

人類依賴期的延長與必要，說明了兒童與其社會團體成員親近的住在一起，尚須若干年之久，並持續不斷的相互動。在此一誠摯深切的社會環境中，他們是團體方式的忠實觀察者，學習社會技能，及社會生活的指導方針。在幼童易受影響之觀察與參預團體活動期間，團體便有充分的機會，將其文化傳遞於下一代。

一、早期的人類與文化

雖然從遺傳學的研究顯示，黑猩猩與人類的遺傳物質有百分之九十八相同；但生物學家同意，現代巨猿並非現代人的祖先，人是自己演化路線的產物。自人與猿從共同的祖先之樹分道揚鑣、各自西東，估計少則四百萬年，多則一千萬年（ Napier and Napier, 1985: 29 ）。

約在四百萬年之前，即有「清楚的證據顯示，在製造工具與腦部擴張超過了我們的近親非洲猿的水準」之前，小的人類前身（ prehumans ）即可身體直立，以腳行路，不用抓握（ Stringer, 1984: 59 ）。直立姿勢，可使雙手自由活動，對動物日後製造工具可以「預先適應」（ preadapted ）。手的彈性增加，拇指與其他手指可靈活對應。尤其重要、並與其他改變有關的是，腦的容量與複雜性增加，這是人類前身及人類演化的關鍵所在（ Institute of Human Origins, 1987 ）。

大約二百萬年前，在演化分支上出現了先於現代人類之數種人類：直立人（ Homo erectus ）與巧手人（ Homo habilis ），均隸於動物中較大類別的人屬（ Homo ）。其中也包括現代的聰慧人（ Homo sapiens ）。從重新整理的化石遺體上顯示，直立人看來極

早期的人類拿著未來的面孔

像人類，只是比現代人的頭扁腦小而已。正如一位人類學家所言：「如果一位直立人坐上你搭的公共汽車，顯然的，對於他的一切會稱奇不已。」（Delson, 1985: 114）。

㈠ 過去的線索

在考古學家和古生物學家（研究以往生活方式的學者）探究我們祖先的遺體時，其找到的古代骨骼遠比博物館展出的爲多。他們要把先人的身體特徵重新組織，在可能範圍之內，尚包括生物的種種行爲。如果他們幸運，找到好的標本，就可估計其身高與體態，腦殼的形狀與容量，因之可以了解腦的大小。同時，他們也尋找生物如何生存的種種線索：工具、用火的證據、動物骨骼的形狀，或洞穴或野外營區住過一段時間的證據。所有的東西均不能忽略。有一種研究史前食物的方式，是探索糞石（coprolites）及人類糞便化石，由此可以得知其常吃的是些什麼食物，因之可以了解史前人如何以採集、覓物、狩獵去適應環境。

然而，有些線索中斷了，因爲物質的東西，轉瞬之間，腐朽無蹤。用木料與骨頭製造的工具，動物藏身的住所與衣物，以及用來攜帶和儲藏食物的用具 —— 如葫蘆瓢、皮袋與籃子 —— 很難抗拒時間的腐蝕。

可是，其他以人類巧思與計畫製造的產品，則可延續千萬年。石器及石製武器幾乎永不腐朽。因爲此等工具可能是男性使用，因此對於過去的解釋，也許有性別上之偏見。早期人類在大規模的狩獵行動中，不是僅由男性參預，故稱之爲狩獵與採集更爲恰適。女性對於食物的供應，貢獻甚多。她們用挖掘工具，探查可食之物，並收集各種蛋類、昆蟲、蜥蜴及其他小動物、果實、可食的葉子及穀類。即使在現代，獵者與採者幾乎不斷地在收集食物。他們摘果實、集果核，追逐可食的獵物、自窩中取蛋，翻木覓食，殺爬蟲等。他們在走路或工作時，吃掉一些食物，但大部攜回與團體分享（Gould, 1969; Lee,

1968）。住在海岸之居民，可以發現豐富的海產、爬蟲、兩棲生物及鳥類，而且唾手可得、不必遠求。史前居民留下的貝殼丘及殘骨，乃原始海岸經濟的明證（Sauer, 1981: 109－112）。

㈡ 手與腦

製造好的工具，需要眼與手的良好搭配，最好的工匠在其所製造的工具上，精進有致，推陳出新。數千年來，製造工具的人類，頭腦變大而敏銳，尤其以在控制語言與眼手搭配方面為然。人類腦與手關連之處，與頸部以下身體的其他部位一樣重要（ Napier and Napier, 1985: 38 ）。製造工具的文化成就與生物發展，彼此激盪，呈向上螺旋狀之旋轉，而表現在製造工具技能上的才華，乃人類遺傳的一部分。但是，人類製造工具的遺傳與鳥造巢不同。某類之鳥以同一方式造同樣之巢，無一例外。每一類鳥「有規畫」地「印出」相同之巢。然而，人腦卻不會為造刀而演化出一個計畫，更遑論石刀了。其演化者，乃一般之才能，如手工的靈敏，以及對某一物體（如石頭）動手之前，能做出何物的想像能力。這些才能表現在許多不同之技巧上，用於許多不同的工作與問題上，有些與製造工具無關。

人類才智的靈活性──解決新問題的能力是此種特性之一──把人與其他生物加以分離。不同的氣候固能引起新的挑戰，而各種新的文化適應，亦踵隨而來。例如，用火及最終控制火的能力，即說明了在與其他動物的競爭上，優勢在握；在營區與洞穴中安全較大，在寒冷的天氣及冰河時代冰河的移推中，生存機會大增。因此，文化的適應力，即人類的標誌，增加了人類在地球上居住的空間。

二、人類優勢

由化石的紀錄顯示，現代人類在十多萬年前即開始取代直立人。那時候，內安得塔爾人（ Neanderthal ，現代人類的一支）廣佈於歐洲、北非及部分亞洲地區。也許是在五萬年之後，冰河由歐洲消退，現代的大腦人類便支配一切。

從他們成功的幾個例子中，可以指出大腦人類有些什麼成就。人類工匠發明並製做了複雜的工具，如縫衣用的針與弓箭。這些都是文化進步的物質產品。在洞穴的牆壁上，才華洋溢、訓練有素的藝術家，創作出大幅繪畫。我們對此種裝飾藝術的意義，就不甚了然，也許有宗教或巫術的意義，也許是對重大事件的有意記錄，也許是為藝術而藝術，以享受創作的喜悅。不論其目的何

法國拉斯考克斯（Lascaux）舊石器時代的洞壁畫。

(一) 溝 通

由於姿勢和聲音表達能力的發展，我們的祖先可能「談到」他們工作的方法，如製作工具，藉以使彼此間的溝通技術，更爲精進。他們對於溝通和接受訊息能力的增長，使人類行爲的力量和彈性，大爲擴展。經驗可以保存，日後傳遞，例如，在下一季水果與紅果實成熟前的下一獵狩季節傳遞。人類逐漸能超越現在，想到未來。由於長期記憶範圍之改進，他們便能擴展時間觀念，先越過年，再超過代。這些精密的時間連結力，乃人類之特色，是一切人類文化的主要特徵。

其他動物是否有語言及文化的爭議，引發了前人類之間溝通的量與質的問題。荒野上的黑猩猩，能發出十二種聲音或兩種絕然不同的聲音，以幫助團體尋找食物的位置、警告危險或召喚失蹤者。牠們也能用一種眞正的溝通意向，以表示其社會（及反社會）的種種互動。使用聾啞人的標準語言，可以教導黑猩猩少數符號手勢，對教師及動物學者而言，均是種令人印象深刻之成就。但這並非說，荒野上的黑猩猩能發出大量的聲音和手勢詞彙，使其能創造文化。

因爲動物能彼此溝通，有些研究動物行爲的學者，喜歡將文化的定義加以

在，現代的藝術家及評論家，已對之加以研究，並且稱羨不已。

錯綜複雜之發明的不斷增加，有其長遠的目的與影響。在人類豢養動物及種植植物時，便增加了征服環境及維持大量人口的能力。一萬年前，中東地區便有數千人居住的永久村落；西元前三千年，有了城牆圍繞的都市，人口數千。居民使用帶輪的車輛和耕犁、開鑿灌漑溝渠、研究天文、發明文字。創造這一切的人類，是唯一生存下來的人類。除了現有的人類——即我們——之外，其他種類的人，均消失無蹤。

擴大，認爲其他動物有應用工具與傳遞習得資訊的能力（Cavalli、Sforza and Feldman, 1981: 3-4）。然而，人類溝通的巨大力量，乃是人與動物分隔的主要差別所在。只有人類能創造和運用符號（symbols）——如文字，能使人類在時空遙遠之處學到的資訊，加以傳遞。人經由一種共同的文化，可從某人處學到第二手資訊，乃至第三手資訊，雖然此人不在面前，甚至素不相識。同時，資訊也可加以質疑、修正，並用於不同場合——換言之，概括化了（generalized）。就目前所知，別的動物均無此種能力。書寫是長距離文化溝通的一個極端例子，但眞正的符號溝通，遠在書寫出現之前。總之，人的溝通與猿的溝通之間的質量差異，及人的文化與猿的「文化」之間的不同，差異極大，不可同日而語。

㈡ 共同演化

從在地球上長期生活的觀點而言，所有的人類成就，都是在極短時間之內完成的。這些都是快速演化的社會動物之創作。他們獲致形成和保存觀念（長期記憶）的廣大才能，並經由說寫符號（文化創作），將此觀念傳遞他人。觀念的記憶與共有，變成了建設和改進的團體資源。腦的發展可使人類創造文化。對於一切社會行爲的生物基礎作系統研究的**社會生物學**（Sociobiology）堅信，此種影響尚可及於其他方面，即文化的演化可能影響生物的改變（Lumsden and Wilson, 1983）。社會生物學家認爲，多數的人類行爲，可以由遺傳淘汰的過程解釋之，其中適應最好的人，子孫較多，對演化過程的影響較強（Dowkins, 1975; Wilson, 1975）。

共同演化（coevolution）一詞，是生態學家和其他生物學家，在研究同一環境中之不同有機體如何彼此影響與相互演化時用之。兩個完全相互依存的共同演化例子，是昆蟲與花卉、牛與細菌。昆蟲吃花卉，同時授以花粉。牛帶有大腸菌，可以消化所食之青草，並使牠們能吃不消化的食物（Foley, 1984: 6）。就人類而言，共同演化重在兩種發展的相互關係，彼此互動與相互增強（Lumsden and Wilson, 1983: 206）。一種是人類成爲現代人的生物演化。第二是文化演化。文化的與生物的變遷同時進行，並且持續不斷地彼此影響。「這即是說，文化不是加到一種高尚的，或實際上就是高尚的動物身上，而是此種動物本身的生產成分，而且是主要的成分」（Geertz, 1966/1973: 47）。

人類共同演化的研究，位居科學探究的邊緣。共同演化假定，生物演化與文化發展之間，遺傳基因與文化之間的明確關連，可以建立。然而，共同演化的證據，尚賴於遺傳學、生理學、心理學，以及一切其他科學在了解人類方面的主要進展。以當前的知識言，科學家僅能指出人類生物學與文化的種種變遷，這些變遷大約同時發生，且確也有些相關。他們尚不能說明遺傳的關連為何，如何發生，對於未來能保證些什麼。

第二節
符號、語言及價值

為複雜而持續溝通所創造與運用之符號能力，也許是人類與其他動物的主要分野。構成語言的符號，乃文化的基本建材。本節要討論符號的類型，語言塑造文化並受文化塑造的方法，符號中含有的文化價值，指導社會生活的規範，以及實地完成的第一手研究等。

一、符號的類型

符號是代表或表示其他事物的事物。「愛」字是一種符號，代表兩個人間或家庭團體內的一種特定關係。也可代表一種理想化的關係。使用符號者，以其使用之方式賦予它意義；即一種符號的意義，自始就是社會的。

雖然文字是最普遍的符號，動作或物體也可為符號。向某人吐口水或作出威脅姿態，即有象徵的意義。事實上，它比「我恨你」這幾個字，更能溝通觀念與意向。劃定國界的一條河，有社會的意義，由地圖上的一條線象徵之。

符號可分成兩種主要類型：指示的與抒情的（Sapir, 1934）。指出特定事物者，稱為**指示符號**（referential symbols）。「國旗」一字係指——即指向——一類特殊之物。另一方面，**抒情符號**可激起較廣的聯想。一面國旗不只是一種物質的東西；尚寓意感情與社會意義。對於忠貞的國民而言，國旗暗含認同與愛國主義的立國精神與感情之抽象觀念。美國人依據禮儀規範對待國旗，規定如何及何時展示國旗。規範規定當國旗破舊不堪使用時，應予銷毀，最好私下鄭重地予以焚毀。對敵人而言，同一面國旗代表一個卑鄙的國家，

表2-1　兩種符號類型

觀念或物體	指示的（表示的）	抒情的（意含的）
居　　　所	「屋」字	「家」字
旗　　　幟	暴風警報	國家象徵
十　字　架	交叉路標	基督教象徵
法　　　律	一項犯罪定義	正義的理想

公開的焚毀，以此象徵動作，表示其深惡痛絕。因此，焚燒國旗的動作，可以表示兩種截然不同的情操。

同理，一個字可以是指示的，也可以是抒情的（見表2-1）。「敎授」一字，係指一個人在大學的全體敎師中占有一席之地，但同一個字可以包涵權威與學識，或心不在焉的刻板印象。「十字架」一字，表示線條的安排，但也含有宗敎殉道及基督敎之意。指示特定之物時，自由女神像是一種指示符號。一九八六年自由女神像百年紀念期間，曾以移民在美國歷史中，才能表現之抒情符號，公開慶祝。

抒情（意含的）符號，因規定與加強一個社會的共同理想，故在社會生活中扮演一個特殊角色。家（home）對於結構表示感情，因爲個人性質的經驗，由中產生。屋（house）可以爲任何住所，即使空屋亦然；其指意狹窄，與個人或團體認同無關。當房地產經紀人稱其出售之屋爲家時，有意或無意之間，應用了更有情緒意義的字眼。

二、語言與文化

語言通常僅被認爲是表示觀念、感情及溝通消息的一種方法。就此種常識觀點而言，任何語言可以傳遞任何觀念。雖然使用的名稱與聲音不同，但有名稱所指之物和表現的思想，基本上，假定是同一回事。語言學家和人類學家對於此種語言觀點，不表苟同。他們認爲，語言不僅是思想的一種工具，而且是思想本身不可或缺的部分（Whorf, 1940/1956）。它不只是現存物體標示的一種集合體：語言從經驗之中「構成」物體。不同語言不只是對同一訊息的不同編碼，對個人能溝通的訊息，甚至個人可以思考的思想也有模塑作用。

語言是「社會現實」的指南。……人並非單獨生活在客觀世界之中，也非單獨生活在一般所了解的社會活動的世界之中，而是受特殊語言之左右，此語言已成為其社會的表示媒介（Sapir, 1929/1958: 162）。

雖然，此一陳述對語言的影響有所誇大，但卻指明：它是文化影響吾人思考方式最重要的方法之一。試想「意外」（accident）一字，係指運氣欠佳，非人所能控制的偶發事件。因此，在公路上死亡稱之為意外，無論由於道路設計不良、路上坑洞、車輛毛病、酒醉駕車、司機「打情罵俏」或任何其他原因均是。使用英國人常用的中性字——「撞車」（crash），便會留下一些問題：發生什麼事，誰或者什麼應予以譴責。

核武政策的批評者認為，支持核子戰略者所用之語言，使人（包括戰略家本身）對其名詞背後的殘酷事實，無動於衷。「在極其理性的社會場所，他們以冷靜、關心的語言，談論氫彈的爆炸威力和無數的死亡。城市中正在買賣洋芋片；不會被毀滅，而是被除掉而已。」（Hilgartner et al., 1983: 209）。

語言使我們對世界上的某些特徵，更加敏感。在英文中，一個動詞必須有時式（tense）——過去式、現在式或未來式。在霍皮人（Hopi，譯按：印地安人的一支，居美國亞利桑納州東北部，納瓦霍保留地中部和多色沙漠邊緣一帶，原名莫基人）中，動詞的形式是根據資訊的來源，而非行動的時間（Whorf, 1940/1956: 217）。霍皮人稱呼一種行動，必須指出此行動是否基於直接經驗、信仰或期望，或有關經驗的一種通則。一個霍皮人恰巧看到一個男孩在跑，便用一個表示直接觀察的名詞，可譯為「他正在跑」或「他跑」。一個霍皮人相信一個男孩正在跑，但無直接證據，便使用表示期望的字，以指過去、現在或未來的行動。最後，說話的人知道一位男孩有跑的習慣，如在一場遊戲之中，便使用表示一般化的字。與說英語不同的是，霍皮人說話時必須永遠了解資訊的來源，但對特定的時式，則無須關注。

三、語言與地位

日本語言在指示人際關係中不同態度的動詞形式上，比許多其他語言更加明確。一種對聽者表示謙遜的態度；另一種表示禮貌；第三種顯示「坦白的」或「突兀的」態度（Shodara, 1962: 31－32）。這些形式之表示，需說話

的人知道聽者的地位：坦白的形式用於卑下之人，禮貌形式用於同輩，對於高尚之人，則用謙遜方式。有些歐洲語言在正式的與親密的說話風格上，也加以區別。例如，法國人用代名詞組合 Vous-tu，而德國人則用 Sie-du。在對兒童、家人和密友說話時，用更親密的字（tu, du）。在美國，對彼此相知不深的人直呼其名，然而，正式的稱呼——先生、夫人、小姐、女士，尤其是對年長者或地位重要的人說話時用之，以示尊敬。

性別歧視

英語是一種有彈性而活潑的語言，說英語的人時予改變，習以為常。與法國不同的是，說英語的國家，沒有保守的學術機構，試以立法限制語言的用法，並對抗來自其他語言中種種名詞的介入。傳統上，英文中「男人」一字，用指一切人的簡單方式，相當於「人類」一字。同理，「他」字指男女兩性之人均可。例如，（英國）皇家人類學會發行的學術刊物「人」（Man），最近令男女兩性的學者，均感不快。正如在第一節指出的，人類一屬的生物學名詞「人」（Homo），是拉丁語的「人」（Man）。然而，兩性中的女權主義者均認為，此等語言有礙平等，

將其用法加以改變，蓋其忽視婦女的存在。此種改變影響頗廣，以後許多出版商與大學印行各種指南，以幫助作者獲得一種無偏見的語言。有幾位批評家辯稱，在性別歧視未有意提出之時，已經爭議纍纍，不勝枚舉。但反對男性式的用法，不只是理念或個人的偏好而已。研究發現，即使說話之人或作者，用「人」字指兩性時，人通常解釋「人」，僅指男性而言（Martyna, 1980）。兩性分庭抗禮，現在已經廣被接納，僅在幾年之前，寫作引文以男性為主的情況，似已過時。在英語中，從偏好男性到性別中立的快速改變，顯示出語言正在不斷地反應變遷的價值。

四、文化價值

華盛頓的越戰紀念碑，被嚴厲地指控是抒情的象徵主義。捐軀的英靈，羅列其上，代表一種悲慘的國家經驗和對越戰退伍軍人的忽視。到紀念碑前的遊覽者，可以找到並撫摸親友的名字。對於千萬人而言，紀念碑代表一種共同價值，克服並治癒了使國家團結陷於不安的極度分裂。

文化價值（cultural value）是一種大多數人共有的信仰或感覺，同時是社區或團體認同的一種重要成分。效率、個人主義、平等及自由，乃價值的

例子，對於人們的生活方式，其怎樣被統治，以及其感覺值得之事等，有著強烈地影響。

(一) 主要的美國文化價值

下列各項，是社會學家所認知的主要文化價值，對於美國人的決策與選擇方式，有指導作用（ Williams, 1970: 452-498 ）。雖然下列各項是在三十年前完成的，大多數在經歷一個快速的政治與社會變遷期間後，仍能屹立不搖。這表明了美國的價值體系頗為穩定，但下述價值的相對力量，卻有盛有衰。

(1) 成就與成功，尤以在職業或專業方面為然。

(2) 生產活動與工作。

(3) 以基督教倫理為基礎的道德取向。

(4) 人道取向，包括對他人的關懷，及痛苦時伸出援手。

(5) 效率與實際。

(6) 對未來的進步與信心。

(7) 物質享受。

(8) 平等，至少機會平等。

(9) 一般規則無分軒輊，用於所有人的普遍倫理。

(10) 擺脫外在的與任意的束縛。

(11) 對於科學與理性應用的信心，超過傳統。

(12) 順從及對他人的贊許。

(13) 國家主義及愛國主義。

(14) 在權力分配及衝突解決上，主張民主。

(15) 自主的和負責的人格發展。

多數的美國價值，反應在第一章所討論的模式變數上。例如，成就與成功，生產活動與工作，以及物質享受均指出，優勢的美國模式是成就而非先賦。同理，將一般規則無分軒輊用於所有之人，反應出一種普遍的而非特殊的模式。

(二) 價值衝突

文化價值是對行為的一般化指南，而非控制行為的絕對清晰而嚴格之規則。價值的交互作用，包含著緊張與衝突的種子。在一種價值與另種價值相互牴觸或有所限制時，價值衝突便由之而生。例如，個人的自主性常與效率及實際情況，兩相齟齬。

英國式的美國傳統，視隱私為個人自主及自由方面的重要價值，不可侵犯。只要個人不製造危險或干擾別人，在社區視線之外的家居生活如何，與他人無關。隱私權可從「人的房屋乃其城堡」之格言中見之。無論朋友或陌生人，未經允許不可擅入，甚至警察之侵

越戰紀念碑：療痛石

入，亦得持有法院的搜索票。

美國憲法的第三及第四修正案，即在保護隱私的價值。第三修正案禁止在平時把家屋徵作軍事用途，除非經過主人同意。即使在戰時，此種用途必須「依法律規定」行之。第四修正案確保「人民在個人、房舍、文件上的安全，不可作無理的搜查與侵占。」

但價值沒有絕對的。隱私正在遭受侵害之中，不僅受以往的敵人——閒話與窺探的破壞，而且受電子竊聽及電腦資料銀行的干擾，而這些，卻代表與商業管理及自由企業有關的效率及務實之價值。任何一位使用信用卡的人，當公司調查所謂之「信用值」時，都會犧牲一些隱私。一旦資訊存入資料銀行，申請人便自動將其個人資訊呈顯於陌生人面前，比有意的或可能需要的還多。更重要的是，當隱私及個人的自主與社區的廣大事務牴觸時，便失去其優越性，如戰時徵兵登記，或規定申報所得稅的法律（ Mead and Metranx, 1965/1974: 83-87; Moore, 1984: 274-275 ）。抑有進者，如果公民「拒絕合作」，則隱私可能變成反社會的了，尤其是當他們目睹意外或嚴重犯罪的發生，而不提供協助或通知警察時為然。

五、規　範

一般之文化價值，由在特殊情況下

指導行為的**規範**（ Norm ）表示之。有些規範用於日常的活動，而其他的則用於極少發生的場合。在一場美國式的葬禮中，多數送喪者不明舉止進退，因之需要一位專家，所謂葬儀「指導員」。這與在許多文化中之呼天搶地，號啕悲慟，恰成強烈對比，如中東地區的婦女喪夫時，儀式式的慟哭。

文化規範之最重要者，如禁止殺人、肉體虐待、亂倫等，稱之為民德（ Mores ），由法律規定之，在一切社會中，如有違背，必招懲處（ Sumner, 1906 / 1960: 48 ）。因此，道德一字與民德之出處相同，並不意外（民德 mores，其單數為 mos，很少使用）。社會風俗 —— 如穿衣規定 —— 是較輕的規範，稱之為**民俗**（ folkways ）。對於民俗的感受，沒有對民德來得強烈，對民俗的順從大多因人而異。

當訪問一處禮拜場所時，可以看到正式禮儀恭順唯謹，而違背穿著禮儀之人，則被禁止入內。國外觀光客不知表裡，也許無須遵守規則。在某些國家，婦女進入教堂之前，須把頭遮蓋，窮人雖然不悅，倒也能忍耐。伊斯蘭教國家的風俗較嚴，但非永遠頑強不變。參觀者須在寺院外面脫鞋，許多寺院也提供拖鞋。非信徒進入最為神聖之處所，有些冒險，尤以聖日為然。因此，特殊的情況能決定規範之是否應用，用於何人，對違背之懲處為時多久。

外交人員，包括指導外交禮儀細節之專家，均受禮儀規則之限制，其中包含年資高低，接待的優先次序，在正式宴會上坐在何處，身旁何人，誰先離席等。這些建立完整的規範，對來自許多文化背景的外交官間的互動，有圓通之作用，即使彼此強烈敵對，亦不例外。如無此種禮儀規範，則互動可能陷入零亂，無所遵循，而外交事務亦必不能執行。

六、實地研究與親善

大部分有關風俗與信仰的第一手研究，在西方社會可視為合法之活動而被接受。但對種種次文化（ subcultures ）的研究，如貨車司機或青年幫會，大都賴於研究者與之建立信賴與信任的能力。在第一章文選 1-2 的泰里街角研究，係由一白人研究員所進行者，他在贏得黑人低層階級的鄰里信任前，必須小心翼翼，長期努力。沒有此種親善關係，研究者不可能獲得正確的反應，即使簡單的問題亦然。有了此種親善關係，研究者方能洞悉文化，並獲得根本上的了解。

在前文文化或外國文化中從事實地研究時，通曉其語言與訪問技巧之嫻

熟,仍嫌不足,而建立親善的關係,可能是一項長久而艱困的任務。然而,偶發事件有時能使疑惑冰消瓦解,在短短的時間內建立起良好的關係。第二章文選 2-1 的〈格茲:突襲〉,即描述在巴里島(Bali)上的此種實地經驗,民族學家很幸運地獲致親善的關係,使其研究順利進行。

文選 2-1

格茲:突襲

Source: Abridged and adapted from Clifford Geertz, ''Deep Play: Notes on the Balinese Cockfight.'' Reprinted by permission of *Daedalus*, Journal of the American Academy of Arts and Sciences, ''Myth, Symbol and Culture,'' Winter 1972, Vol. 101, No. 1, Cambridge, Massachusetts. Also published as pp. 412–453 in *The Interpretation of Cultures: Selected Essays* (New York: Basic Books, 1973).

通常成功之實地研究,需要獲得個人之信任,這需要小心翼翼,長期努力。個人應該如何進行,並無定規可循。贏得別人的親善,是一種人際技巧與個人作風,是一種藝術而非一門科學。在任何文化中,實地研究者的地位,像是位不請自到的客人,其目的,對被研究者的生活少有助益。許多對實地研究有偏好的團體,對此活動,小心翼翼,惟恐有失,而研究者發現,與人接近,日益困難。在此一例子中,親善是一種獨特事件之僥倖結果,再加上實地工作者克利夫·格茲(Clifford and Hildred Storey Geertz)夫婦的才智雙全,經驗豐富所致。

一九五八年四月初,我與內子抵達瘧疾盛行、閉塞狐疑的巴里村。作為人類學家,這正是我們想要研究的地方。該村面積狹小,村民約五百人,地處偏僻,自成一個世界。我們是侵入者、專

業人員，而村民對待我們，就像巴里人對待人似乎永遠不是其生活的一部分一樣：好像無視於我們的存在。對他們而言，及對我們自己也有些是：我們微不足道，是幽靈、是隱形人。

除了房東和村長，每個人對我們均視若無睹，只有巴里人才做得出來。當我們漫步街頭、徘徊不定，愁緒難遣，渴望快樂一下時，人們在我們背後數碼之遙，以凝視的眼光看了過來，視線卻放在一塊石頭或一棵樹上。幾乎沒有人向我們問候；但也沒有人向我們橫眉豎眼、怒目相向，或有任何不快的言語，這已令人心滿意足了。如果我們大著膽子接近某人（在此種氣氛之下，一個人儘量迴避），他雖漫不經心，但一定動身離去。如果坐在他身旁或倚在牆上把他困住，他則一言不發或喃喃而語。對巴里人而言，不說話——即「是」的意思。他們的舉動，好似我們並不存在，事實上，此種行動即在告訴我們，我們確不存在。

如我所言，在巴里，這種情形稀鬆平常。我在印尼的其他地方及最近我在莫洛哥（ Morocco ），每當到了一個新村子，人們便從四面八方傾巢而出，對我上下仔細打量，常使人有種過分小心之感。在巴里人的村子，至少不是在觀光地區，從來無人注意我。你初次遇到一位巴里人時，他似乎了無接近之意，便悠悠然揚長「而去」。

我夫婦倆依然處於挫折的飄泊階段，在你快要懷疑到究竟是否真的存在時，沮喪之感湧上心頭，然而在我們抵達後十幾天，在廣場上舉行了一場為籌建新學校的募款鬥雞表演。

在印尼的巴里，除了少數情況外，鬥雞是違法的，大部分是由於清教教義之虛無造作。精英分子視鬥雞為「原始的」、「倒退的」、「不進步的」現象。總之，與禮儀之邦，名實不符。至於其他難堪之事——抽鴉片、乞討或露乳——尚未有系統地加以禁止。

當然，像禁酒期間飲酒，或今日之吸食大麻煙、鬥雞，都是「巴里人的生活方式」之一，行之有年，樂此不疲。警察（至少在 1958 年，幾乎均非巴里人，而是爪哇人）時常作突擊檢查，沒收雞與繫於雞腿上之距鐵，懲罰少數幾個人，偶爾把其中為首者置於烈日之下，曝曬一日，以為教訓。可是即或偶爾有人因此而亡，也無法令其收斂。

結果，鬥雞通常在村子一角的隱密之處，以半公開的方式進行。可是，這一次，也許是因為募款建學校，而政府又不能支應，也許因為最近極少突檢，也許因為賄款已經奉上，他們認為，不妨在中央廣場上碰碰運氣，引來更多和

更熱心之觀衆，而不會引起執法者的注意。

　　他們錯了。鬥至第三回合時，數以百計的人，包括與衆不同的我夫婦倆，圍著圓圈融成一體，從實際的意義而言，好像一個超機體（superorganism）。此時一車警察，手持機槍，呼嘯而至。觀衆中尖叫之聲四起，警察跳下汽車，躍進圓圈中央，開始搖槍示警，就像電影中的歹徒一般，只是未開火而已。這個超機體在羣衆四散之後，瞬間瓦解。人們沿街鼠竄，頭也不回，消失於牆角之間，爬到高台之下，疊羅在柳條屏風之後，或急忙爬到椰子樹上。繫有距鐵的鬥雞，因鐵片銳利，或割斷雞之腳趾，或貫穿雞之腳心，於是到處奔竄；一時煙塵四起，驚慌不已。

　　基於既有的人類學原理：「危機之時」（When in Rome），走爲上策，我夫婦稍作遲疑，即拔腿狂奔。因爲我們站在圈子北邊，於是面北直奔村子大街，而與我們的住處背道而馳。跑至半途停了下來，另一個人突然躲進一幢建築物——他自己的、空無一人——我們尾追而至，因爲在我們的前面，除了稻田、曠野和高大的火山之外，一無所有。當我們三人爭先恐後進入院子，他的妻子——顯然先前也是這樣逃回來的——擺出一張桌子、一塊桌布、三張椅子、三個杯茶，我們未作交談即逕行坐下，開始喝茶，驚心動魄，始漸恢復。

　　不一會，一位警察直入院內尋找村長（村長安排此次鬥雞，但他卻並未一直待在現場。警察來時，他跑到河邊，解開沙龍圍裙，跳入河中。當警察發現他坐在那裡用水澆頭時，他辯稱，鬥雞時他在洗澡，未曾注意此事。警察自不肯信其所言，罰他三百塊盧比亞〔rupiah——印尼之貨幣單位〕，錢由全村集體募捐）。警察在院子裡看到我夫婦倆是對「白人」，先是一怔，然後似有所悟。在他稍爲鎮定之後，大概是問我們在那裡做什麼。我們這位相交五分鐘的主人，即刻爲我們辯解，並熱心的說明我們是誰，爲什麼到那裡，詳盡正確，正合我意。一個多星期來，很少與人交談，如今與一位救了我的房東和村長的人交談，著實令人驚奇。他說我們有充分權利留在那裡，並注視著這位倨傲的爪哇人。我們是美國教授；政府對我們作過清查；我們到此研究文化；我們要寫一本有關巴里的書，好讓美國人了解巴里；我們整個下午在此喝茶，並討論有關文化事務，不知道鬥雞之事。警察知難而退。過了相當長的一會，雖然迷惑而茫然，但卻可以逃過一劫，沒有被監禁，我們夫婦亦然。

　　第二天早晨，全村竟是一個完全不

同的世界。不只是我們不再被視若無睹，突然間我們成了眾所關注的焦點，成了熱情洋溢、興趣、尤其是消遣的對象。村子中的每個人都知道，我們像別人一樣溜之大吉，逃之夭夭。他們一再問及此事（我必須仔仔細細敘說經過，一天下來多達五十次），柔順而富於情感，但卻堅定地揶揄我們：「爲什麼你不站在那裡，告訴警察你們是誰？」「爲什麼你們不告訴警察你們只看不賭？」「你們眞怕那幾枝槍？」世界上最鎮定自若的人，卻一遍遍興致勃勃地嘲弄我們的倉皇而逃，他們所要的，是我們驚慌失措的面部表情。但更重要的是，我們並未索性地「打退堂鼓」（他們也知道此點），致使每個人興奮不已，甚至更加驚奇，因而宣稱我們具有傑出的遊客身分，但也表示，我們現在與同村之人，仍不能團結一致、休戚相關。

在巴里，受到奚落，即是被接納。就我們與社區的關係而言，這是個轉捩點，我們確實打進他們的社區之中。整個村子張開了歡迎之臂，這可能前從未有，但卻來得非常之快。在一次對不良行爲的突襲中被捕或幾乎被捕，對於達到人類學實地研究、親善之神祕需要，也許不是一般性的神丹妙藥，但對我而言，則功效昭著。

第三節
文化差異

「我們的秉賦天生，生活則千差萬別，但最後……卻生活於一種之中。」（Geertz, 1966/1973: 45）。生活之可能多采多姿，乃因爲人類已經進化成一種唯一具有彈性的社會動物，能學習語言、規範及社會中的種種價值。所有的人都有身心能力，能適應任何重大的文化差異，但大多數人在一種單一的文化範疇之內，渡過一生。

一、文化的多樣性

文化在指導人類行爲的方式上，千差萬別，各有不同。從語言到姿態，從財產所有權法到作愛的方式，從大的（與小的）觀念到好的（與壞的）禮貌，世界上的種種文化，提供無數的選擇。你可能發現許多外國風俗很有道

理，甚或有吸引力——如身裹長布，或同時擁有一個以上之配偶。其他之風俗，如少男少女的割禮儀式，均非吾人經驗所及，對他們的痛苦只能想像而已。以美國標準而言，沒有男性親屬「保護」，婦女不可出現在公共場所，是種過份限制。但在沙烏地阿拉伯，它卻是正確的規範行為。可是，在不久之前的美國上流社會，一位女伴（chaperone）參加青年人的宴會，就在保護未婚婦女和少女的名節，因為她們不許單獨赴約。

為了解文化差異的巨大範圍，社會科學家已設法發現**文化普遍性**（cultural universals），即一切文化均有的特性。每一個社會必須以一種或另種方式處理許多問題或達成任務，但文化很少提供相同的解決方法。多數的社會，似乎只對少數的基本規範問題，有著相似的答案。

> 沒有文化不分善惡的容忍在團體內說謊、偷竊、暴力……。沒有文化把痛苦視為其本身的目的，而賦予一種價值……。所有文化都明確地指出：永遠不與人溝通，或對其衝動生活不常作某種程度控制的人，都是反常之人。（Kluckhohn, 1962a: 294-295）。

上述之引證，必須小心識別：「團體內……不分善惡的說謊」不能容忍，但在某種特殊環境下，為了團體利益而說謊，則可容忍；「以痛苦作為其本身的目的」不被接受，但以痛苦作為其對崇高主義的一種犧牲，則可以接受。

表示主要情緒狀態的面部表情，所有文化皆相似，雖然相似性有其生物的而非文化的基礎（Ekman, 1980）。幾乎所有的民族都喜歡吃糖、討厭骯髒、外婚，這些好惡也可能有一種生物基礎（Lumsden and Wilson, 1983: 148）。從廣大的選擇範圍內，永遠不斷的挑選。在某些文化中，吃狗吃貓稀鬆平常，而在其他文化，則不僅令人厭惡，而且極不道德，因為狗與貓和人共處，形同親屬。從選擇的範圍內加以挑選之過程，乃文化變異性、文化變遷，有時是文化衝突的原因。

在一般觀念上，待客殷勤似乎是一種文化普遍性，但其特定方式卻每有不同。在多數的文化中，客人過夜，須予睡眠之處。在格陵蘭西北部的愛斯基摩人，卻有少見之借妻風俗。一個人可以將妻子借給朋友過夜，暫時換妻乃屬常見（Murdock, 1934: 213）。一位妻子只要獲得丈夫同意，即可與另一男人同牀共眠，如此可以保持他的性權利，但待客之道比性的獨享更有價值。有一

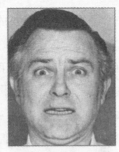
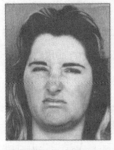

人的普遍表情。達爾文（Charles R. Darwin, 1809－1882）在《人與動物的情緒表現》（1872）一書中認爲，人的主要情緒，普遍表現在面部外表之上，而表現則是演化的結果。當代的研究支持達爾文所謂普遍表現的論點，而拒絕接受情緒的面部表情，每種文化各不相同之相反觀念（Paul Ekman編《達爾文與面部表情》，New York: Academic Press, 1973，尤以第三章爲然）。這些像片選自Ekman的研究。

個故事說，一位客人（一位失敗的人類學家？）謝絕了朋友的性款待，結果因侮辱男女主人而被殺。無論其爲事實抑出自虛構，故事在強調待客之道對於賓主所加的義務。在美國文化中，如果我們接受他人邀宴，或外出時借住朋友家，總希望俟時報答，以求心安。不能禮尙往來，則可能危及彼此關係。

許多人類問題，其可能解決或有待解決的範圍極大，但其他問題的解決，則受物質環境、人口規模、物理學法則，或科技發展水準之限制。傳統的北極愛斯基摩人，以雪與獸皮蓋屋，因爲當地無他物可用。

在此種限制之下，文化代表從現實目的與手段中選擇的結果。「所有的文化，對於由人類生物及人類情境所造成的根本相同問題，選定不同的答案」（Kluckhohn, 1962b: 317）。換言之，有類似問題的文化，由於選擇的結果，對於此等問題發展出不同之解決辦法。團體生活的基本特徵，如領導、人際交換，與團體認同，由於特殊社會之演化及對其機會與挑戰之反應，而有不同之表現方式。

二、自族優越感

對於其他民族生活方式的容忍價值與知識好奇心，乃世界大同的眞正標

誌。但即使對其他民族最能接受的人，仍然受對奇異文化的了解與重視程度所限制。由於我們是受時空與文化指揮的習慣動物，故總以自己的標準衡量他人的文化。把其他的文化實務看作有點奇怪者，即有幾分自族優越感，但只因其非我族類，故對其他民族的信仰與實務帶有懷疑與敵對，則是另一回事。此種從類別上擯斥其他文化，並視之低級或怪異者，顯然是種自族優越感。**自族優越感**（ethnocentrism）是一種價值體系，否定其他文化的卓越性，並鼓勵對在不同傳統中教養之人，加以排斥。

最極端的自族優越感，表現在納粹德國的時代，以自封之「支配種族」（master race）為國家政策。希特勒及其屬僚建立了一個組織嚴密的宣傳機構，教導德國人接受並參加攻擊猶太人、吉普賽人及殘障者的行動。納粹黨認為，大規模的屠殺乃「理所當然」，他們的目的，在使德國純粹是一個北歐人或雅利安人的國家。這些虛偽的科學說辭，應用於適合政府目的或官員的衝動。在戰爭期間，納粹宣傳家頒贈日本人榮譽雅利安人的身分，以加強與之同盟的團結。

納粹德國的宣傳部長高畢爾（Joseph Goebbels），禁止德國演奏爵士樂。根據一位擅長爵士樂及公民自由的作家說：

> （高畢爾）稱爵士樂為「美國黑人的叢林音樂」。高畢爾的一位助理在「史提田」（Stettin）日報上解釋說：「只有在某些叢林中的黑人如此狂熱，德國人中沒有黑人，搖擺狂熱的喧囂，必須禁止」。（Hentoff, 1987: 25）。

依據過分簡化及類屬假設的自族優越感，稱為**刻板印象**（stereotypes）。在刻板印象的過程中，對於由各年齡層次、教育背景，和職業構成之少數人，悉以幾個特徵描述之。在美國奴役與隔離之黑暗時期，有自族優越感的白種人，對其虐待黑人行為的合理解釋，在以黑人凡事判斷不足，不能慎思熟慮為刻板印象。有利的刻板印象，通常歸於自己的團體。相同的特質，其為正為負，悉在於個人對之談論時所選用之字義與語調：猶太人精明，美國人遠慮，猶太人吝嗇，喀爾文信徒節儉（cf. Merton, 1949/1957: 428-429）。

就溫和方式言之，自族優越感比文化短視（cultural nearsightedness）稍佳。像本書因為使用「美國人」（American）一字指美利堅合眾國的公民，即可能遭到指摘，認為是一種自族優越感。拉丁美洲人對以此字泛指

孫末楠（1840－1910）强調風俗的保守影響力。他在政治與經濟問題上，也是一位忠誠的保守者。在社會科學中，也許其知名的一章之標題是來自《民俗》（Folkways, 1906）一書；「民德能使任何事情正確，並能阻止任何事情受到責難。」

美洲所有國家的公民，可能痛恨不已。許多拉丁美洲人稱美國人為北美人，意將加拿大及美國公民混為一談。但除了「美國人」（American）一字外，沒有一個單獨的、便利的字，像加拿大人（Canadian）、墨西哥人（Mexican），用以表示一位美利堅合衆國的公民。

三、文化相對論

「在一時間與空間的民德，其中每一件事必須以那個時間與空間來證明其正當性。『好』的民德，是對情境適應良好的民德，『壞』的民德，是對情境不適應的民德」（Sumner, 1906/1960: 65）。引自孫末楠（William Graham Sumner, 1840－1910）的這一段話，表示出文化相對論的觀念，與自族優越感背道而馳。文化相對論（cultural relativism）堅信，評價文化或規範之好壞，並無普遍標準。每種文化必須以其自己的語意了解之。因此，一種風俗只有在作為文化的一部分時，以其對此文化之貢獻評價之。

要理解一項特殊的實務表現，無論是吃人肉或電視廣告，社會科學家所考慮的，是它如何與其文化相契合，或其對社會有何功能。在比較不同文化如何解決類似問題上，此種功能觀點，經常

運用。文化相對論鼓勵對外國的生活方式，採取容忍態度，也鼓勵人要有以他人的語意了解他人的意願。雖然其對社會科學與人類了解很重要，但有兩點需要審慎：

1. 雖然文化相對論似乎指出，確認對於全體人類都好的價值，了無可能。文化相對論本身，卻基於此種價值。此種價值——尊重文化差異——意指所有的人應得到尊重，乃因其為人，而非因其生於此一社會或彼一社會。

2. 文化價值應以其自己的脈絡判斷之。然而，正如在文化普遍性中指出的，有幾個道德項目，為一切文化所共有。

四、文化內的差異

許多複雜的社會，包含許多民族的、區域的，及職業的次文化，其價值與規範不同，有時且有衝突。高度複雜的社會，也許分疆劃界各占山頭，以防缺乏一種通盤的文化。然而，一個複雜社會的國家文化，如美國者，可認為有若干方式：(1)包括所有的次文化，雖然分歧依舊；(2)包括種種次文化的共同要素；(3)限於優勢團體或大多數人的價值與態度。

一個次文化（ subculture ）是一種明顯的生活方式，與主文化（ domi-nant culture ）多有共同之處，但與之相異之處，亦極易區別。次文化包括一些主文化的價值，但也有其自己的價值或風俗，對其成員的整個生活有重大地影響與區別。文化模式並不構成次文化，除非其對態度與生活方式有一般性的影響，並能傳遞一種認同的特殊意義。在現代社會中，次文化可能基於性別或年齡集團，性喜好或同為偏差行為者，或使一個次人口（ subpopulation ）幾近分割的任何特徵，如膚色或民族背景等。

一種次文化也許基於一種職業，其對日常生活之影響，則超過工作。一位領薪店員的工作、生活，與木匠或公車司機，截然不同。但如果工作的責任與活動不影響店員日常生活的其他方面，工作自非一種次文化的來源。相形之下，像礦工、警察、貨車司機、軍人、娼妓、太空人等，極可能發展出次文化。他們的工作趨勢，使其本人、家庭，與其他方面之工作者相隔離。他們的工作時間表，與朝九晚五式的例行方式（譯按：俗稱白領階級），並不相符。他們也許長時離家，工作之後，可能與同行集會結社，另有來往。

例如貨車司機，在對付警察、路況，以及一般車輛的司機方面，問題相同。在休息站及民眾波段無線電通訊網

上（譯按：指政府撥給私人使用之無線電通訊頻段），他們交換有關法律罰則、裝備、過夜設備，以及共同經濟問題的消息。他們發展出一種清楚的次文化跡象：一種特殊化的字彙、共有的態度，以及識別誰是同儕、誰是外人的種種方法。他們的家人在工作者定期外出期間，學習配合種種例行性的工作，並將活動集中在家庭團聚的時間。

習於汽車房屋生活的人，他們共有一種次文化，以便與住屋者及居公寓者兩相分別。次文化包含者，遠過於擁有一輛特殊的汽車。像貨車的司機一樣，擁有汽車房屋者彼此極易溝通，並有自己的「管理方式」（handles）。在他們之間，有關路線與停車場的大量資訊，不斷流傳，這是他們慣常見面之地，也是年年漫長寒冬，或夏季社區重建之處。有些團體在參加現代「蓬車」（wagon trains）一起旅遊之後，利用汽車住屋，參加每夜舉行的集合或者宗教進修會（religious retreats）。

(一) 民族次文化

像美國這樣的移民社會，並沒有一個單純的民族根基文化，如日本然。但許多民族次文化，卻能反映出美國的移民史。在殖民過程的初期，民族次文化最為顯著。移民集中的社區，有其自己的商店、公共組織，及宗教制度，有助於其原有文化之保存。在少數民族成為歧視與偏見的對象時，由於與主社會之衝突，遂發展出種種方法，以對抗日常的生活壓力。對抗能加強民族的自尊心，重視對少數民族成員的保護，並能延續民族次文化的生存。在第二次世界大戰期間，許多年輕的墨西哥裔美國人，稱自己為帕丘口（Pachucos，譯按：為一青少年幫派）。他們肆無忌憚，到處橫行，以其墨西哥傳統而自負，並以穿著寬肩衣、高腰褲和鴨尾髮型，招搖過市，以示其與眾不同。英裔美人認為，這種裝扮怪異可笑。因為帕丘口之外表，乃一種偏差行為之標誌，故稱之為「流氓」（hoodlums）。報紙對之作激情的報導，稱其為「歹徒」（gangsters; McLemore and Romo, 1985: 19; Turmer and Surace, 1956）。但多數族裔攻擊的穿著樣式，是民族次文化中，青年次文化的表層而已。

(二) 偏差次文化

文化界定，力敵萬鈞，能以特定之行為、習慣，或實務為基礎，使多數人與其他之人判若為二。個人、團體或次文化之被認為偏差者，乃在其表現之行為違背社會規範；或主文化成員界定次

團體的行為，與其自身價值，南轅北轍，背道而馳（詳見第四章標籤論）。

偏差次文化，種類繁多，不一而足，包括男女同性戀者、吸毒者，以及基督教基本教義派之次文化。青年偏差次文化包括龐克族（punks）、飛車騎士、工業流氓（skinheads，譯按：指青年的勞動階層，蓄短髮，著工人褲及吊帶，穿平頭釘靴，常在街頭滋事鬥毆）、時髦子弟，以及搖滾樂手。這些「西方的」次文化，在(前)蘇聯青年中已有同道。蘇聯政府初期所壓制的許多活動，現在不認為非法。然而，卻刺激了青年的極端愛國主義與保守力量的反彈。有些青年採取暴力手段，清除「蘇聯社會中的一切外來因素，主要是西方時尚的追隨者」（Riordan, 1988: 564）。蘇聯社會中之青年次文化，及其對社會變遷的含義，將於文選 2-2 ：〈蘇聯青年：抗議與偏差〉中討論之。

(三) 過失即偏差

為深入了解稱之為少年過失（juvenile delinquency）的複雜問題與行為，社會學家探討了一系列之研究方法。早期的芝加哥研究，把低層階級的過失行為，與貧民區的社會情況及傳統相提並論；在貧民區的環境中，過失文化代代相傳（Shaw and Mckay,

1969）。依據此一觀點，貧民區的男孩生長在一種偏差的、幫會控制的文化之中，擯棄自律與社區責任等傳統的中層階級價值。犯過的男孩，對於「長期目標、計畫活動與預定時間，或只能透過練習、思考和研讀，方能獲得之知識與技能等之種種活動，了無興趣」（Cohen, 1955: 30）。當有過失次文化背景的男孩，與中層階級的學校及其他中層階級機構接觸時，如政府機構與大僱主，遭遇的是指摘與拒絕。他們反應強烈，對中層階級文化的象徵與標準，迎頭痛擊。為了彌補受創的自尊，便採用了犯罪幫派目標的反文化（counterculture）。

過失次文化能同時發揮對抗內外敵人的功能，即可憎之中層階級者，及苦惱的內在無力感與低度的自尊心。藉建立一種反文化——一套可資選擇的地位標準，以達成之。（Bordua, 1961: 125）

雖然犯過的幫會文化，排斥中層階級規範，但並不是說男孩忠於下層階級。幫派對其身分認同的界定狹小，重視自己，藐視一切，包括威脅其「地盤」（turf）的其他幫派。像其他青年同輩團體一樣，犯過罪幫派對忠於內團體與團體團結，極其重視。

此種低層階級的過失觀，固然洞察入微，卓然不俗，但對於過失文化與社會特徵之說明，卻不完整。它並未論及中層階級的青年過失；對於許多貧民區的少年男女從未犯罪的事實，也未說明（Kobrin, 1971）。也未能說明蘇聯的偏差與犯罪次文化，或解釋何以大多數的蘇聯青年像大多數美國青年一樣，都是「沈默的大衆」。不過，正如文選2-2所顯示者，在反對傳統權威上，獨立的青年文化在社會主義社會及資本主義社會，能同時生根發芽。

文選 2-2

芮奧丹：
蘇聯的青年 — 抗議與偏差

Source: Abridged and adapted from Jim Riordan, ''Soviet Youth: Pioneers of Change,'' *Soviet Studies* 40 (1988): pp. 556–572.

多年來，(前)蘇聯青年受到蘇聯共產主義青年團（The Young Communist League）之重大影響。這個官方組織包括年齡在十四到二十八歲之間的大多數青年。青年團當局，對於青年之種種設施，諸如戲院、俱樂部、媒體以及運動場等，悉加控制。其目的在教導青年堅守黨的路線和爲國服務。直到一九七〇年代，一些從事未經核准活動的人，成立了非法之俱樂部，並祕密集會。包括搖滾樂及其附屬文化之廣大行爲，因而被官方定之爲偏差行爲。由於許多青年團員對於權威之幻滅和懷疑，蘇聯共產主義青年團之影響，大有江河日下、氣息奄奄之勢。本文選對於(前)蘇聯文化與社會偏差的三個方面：「公開」抗議、極端的愛國主義和非法行爲，略加概述。

自一九八五年戈巴契夫（Mikhail Gorbachev）執政以來，蘇聯的領導准許遭受壓制或隱瞞之社會運動存在。在一部名為「青年難為」（It Isn't Easy to Be Young）的拉脫維亞影片中，一位小伙子說：「青年問題久已存在，但卻遭到壓制……我們受到保護，為得是不要對我們自己知道的太多。」

透過電視節目的影響，現在青年人能直接抗拒官員，並表達已有之社會抗議。他們能找到領袖，並與新青年運動的種種觀念相認同。報紙上對於種種被忽視的問題，作了嚴肅之分析。「青年難為」一片，以青年公開談論他們的問題、懷疑官方價值、抗議官方要求（包括在阿富汗服役），或僅僅要求其不同之權利等為號召。

一位蘇聯的搖滾樂評論員寫道：「搖滾樂早在一九七〇年代，即成為青年音樂的主流。首先是由於其純粹的『青春朝氣』，其次是由於缺乏其他音樂之開放。搖滾樂確定了許多青年次文化之要素，如流行、衣著與生活方式，並非偶然」。

當一九七〇年代末期，蘇聯與西方之緊張緩和之後，各種西方青年次文化，像時髦與搖滾樂手、嬉皮與同性戀者、龐克族與飆車騎士、足球與冰上曲棍球迷，都可在蘇聯青年中間找到熱情的模仿者。他們的衣著裁製，品質優良、設計高雅，有時具備健美、種族主義者，及半法西斯的意識型態。許多青年對於蘇聯之意識型態，與老一代之人有種對抗的態度；講蘇俄式的英語，為自己起一個外國名字，如查理、賽克斯、弗倫洒、史大開，並將其居住地區改名為好萊塢、加州、五角大廈等。

結果引起了官方組織的廣泛不滿，也造成對官方組織之蔑視。於是對於廣大之偏差活動，日益警惕，尤以使用藥物、幫派械鬥，及足球幫派間的爭鬥為然。對於西方普普（pop）音樂新旋律之傾心——從重金屬搖滾樂（heavy metal，譯按：以音量大或誇張演奏為其特質）與龐克搖滾樂，到霹靂舞與牙買加音樂（reggae，譯按：1960年代初期流行之音樂，吸收加勒比海地區之音樂和美國的藍調旋律而成）——迫使官方改變態度。

西化之蘇聯團體與原西方團體，迥然不同。他們可能採用西方名稱（像搖滾樂手、龐克、嬉皮、重金屬搖滾樂）與外表的裝飾，甚至經驗一種「精神吸引力」，但他們的渴望、生活方式與根基，經常判然有別。他們不願住在蘇聯式的西方社會；像一九六〇年代西方青年所要的一樣，他們要求參預政策與社

會制定之權利，要扮演一種有意義的角色，而大勢所趨，使此種參預更加明確，更可實現。

❋ 極端愛國團體 ❋

新解放也在其他青年中，產生一種極端愛國的、保守的激烈反應，決心對抗此種解放。最近幾年來，主要城市內外的青年，組成祕密的保安團，與他們所了解之反社會與反蘇聯行為相格鬥。

「高尚的」保安團（反貪污、反科層制，及反濫用職權之官吏），與「愛國的」惡棍幫之間的界線，常不明顯。「危害社會之人」，似是他們的大敵，但邪惡行為的定義，卻不相同，行動的目的與方法，自亦有別。一個崇拜藍波作風（譯按：為正義之英勇行為）之盧伯瑞（Lyubery）青年團體，野心勃勃，以整個社會為己任，他們主張以暴力達到目的。而在其暴力下所犧牲者，多為西化的青年。再者，他們對於成員施以嚴格之訓練，要求入會測驗（如痛毆龐克族），並有一種層系結構，有的領袖為從前之軍人。

盧伯瑞是一個莫斯科工業郊區的名稱。該地之不良少年，多年來一直恐嚇脅迫附近之市中心地區。目前，他們四處尋找受害之對象（如遠在七百英里之外的列寧格勒），以及在別的城市找尋西方之模仿者。這些少男強硬分子，都是堅定的清教徒。他們不喝酒、不抽煙、不吸食藥物，在體操方面，他們從事自己創造的種種戰鬥性運動。

盧伯瑞自認是真正蘇聯價值與生活方式之捍衛者。他們的「愛國心」，在把一切外國要素澈底清除，主要是西方時尚之追隨者。他們反對「穿著任何帶鏈掛鎖或有外國標誌的染髮者，及帶給國家恥辱者……任何一個看似抗議者」。他們毒打龐克族、嬉皮及重音樂與霹靂舞迷。在問及他們何以對這些人恐嚇威迫時，一位少年答道：「我們要把所有的嬉皮、龐克族，及噪音音樂迷，自社會中清除，因為他們使蘇聯生活蒙羞。」在伏爾戈格勒（Volgograd），幫派分子發現年輕女子與該市工作的義大利人外出，即將其頭髮剃光。

他們認為，政府為種種社會罪惡所繫，裹足不前，許多「阿富汗英雄」（阿富汗戰爭之退伍軍人）成立了自己的退伍軍人組織——藍色特攻隊、傘兵、及國際軍人協會，從事其成員所謂之「對青年作軍事愛國教育」。此意味著，對不與他們有同樣愛國狂與道德觀的人，有時予以痛毆。

❋ 違法者 ❋

由於現在公開接觸的機會大為增加，蘇聯青年之間，出現一種新的信心。然而，有些青年團體，包括許多地下的搖滾樂團，情願祕密活動，因為生怕屈從當局而失去同好，就像西方的龐克運動一樣。有些則必須保持祕密，因其活動涉及非法情事，如吸食藥物、怠惰，或唱「冒犯的」抒情歌曲。最引人注目的非法青年團體，是主張同情法西斯的團體。

老年人在讀到一羣龐克族，每週寫給一位青年的一封信表示其對法西斯主義之精神嚮往時，怒不可抑。這些讀者，一方面對於搖滾樂迷與龐克族之間未加區別，另一方面，對於叛國者與法西斯信徒亦不加分辨。有一份印刷物指出：「這批人（龐克族）在出生時就該槍斃」。一個以英文自稱「壞孩子」的搖滾樂團，散發一捲祕密音樂帶，以抒情方式高唱「殺掉所有之共產黨徒，蘇聯共產主義青年團也不能免」。在莫斯科的報紙上刊出反叛青年幫派之信函，他們公開自稱為納粹分子，在蘇聯，確信這是最能震撼長者的褻瀆行為。

在西方，無政府主義的反叛搖滾樂團，如性槍（ Sex Pistols ）、鐵女郎（ Iron Maiden ），及黑安息（ Black Sabbath ）等，其意圖可能在引起震撼和對他們的關注，而非主動地宣傳法西斯理念。蘇聯共產黨青年團書記米朗諾柯（ Mironenko ）承認，冷酷的敎化、虛偽、雙重標準，以及大眾媒體的嚴格壟斷，不僅在許多青少年間產生了冷漠，而且把他們推上極端：造成「如果眞理報（ Pravda ）支持，我就反對」的併發症。一位英國記者說，坐在莫斯科戲院看「莫斯科保衛戰」時，每次希特勒出現在銀幕上，就聽到少年們的歡呼聲不斷。

蘇聯的新聞媒體，描述五官端正之青年，穿著模仿納粹之制服，但他們並無納粹之意識型態，從未讀過納粹的文學。其他方面談到支持納粹觀念的有「金青年」（ golden youth ），他們都是黨、國及軍事官員等特權分子的子弟。法西斯組織的成員，在莫斯科咖啡廳聚會時，夾克之內帶著希特勒之徽章，有時穿著黑色制服。

極右分子在全國性的壓力團體中，培植其乖張不順之首腦人物。在莫斯科，僅汎亞特（ Pamyat ，譯按：為一右派團體）即擁有兩萬成員，另在其他三十個城市有分部。《眞理報》警告說：對於非正式之結合可能採取行動，其中包括流氓與煽動者，蓋其在高喊萬歲之愛國主義掩護下，從事沙文式或反猶太之說教活動。全國性的騷亂抗議行動，使《眞理報》辯解道：黨要增進社會主義

民主和普遍之自治，而非鼓勵西方的自由主義。

在一九八○年代，蘇聯的鮮事猶如一九六○年代的西方：反抗明顯而有政治性。對於道德權威諷刺式的懷疑，逐漸令人相信：權威也許是絕對的邪惡。戈巴契夫的政策，使團體在追求自身的利益時不信權威：自我肯定與堅持己見，沒有代用品。

蘇聯青年人的極端保守主義，甚至仇外，與西方頗具大同觀的、都市的，以及中層階級的抗議，恰成強烈對比。蘇聯的青年運動，可能分歧不一，卻不只以特權青年為基礎。而在西方，學生偏激分子在「成為」保守的股票經紀人，甚至克里姆林宮專家方面，有一種不安的習性。

第四節
文化變遷

認為任何一個社會能絕對地穩定，有其固定的與不變的傳統，代代循環遞嬗，這種看法，並不實際。所有的文化均屬變動不居，即使社會獨立在靜如止水的環境之中亦然。雖然人類的記憶是種突出而有力的資源，而兩個人以相同方式記憶傳統，則了無可能。況且有些人喜歡冒險，以不同方式做事——即興而為。所以，若是在細節方面，文化必然變遷。然而，日積月累的小變遷，可使社會價值與科技重新詮釋，可使社會結構作較大改變。

外在壓力也能引起文化變遷。好動的人類住在一個變動不居的地球上。氣候的變遷，改變了植物與動物的分佈，迫使人類以其生活方式適應新的情境。最後的冰河時期，對於在溫和氣候中進化之生物，威脅到其生存。所幸對現代人類而言，我們的祖先在對付惡劣天氣上，藉改進工具、武器、衣、住而有戲劇性的改變。同時，在繪畫、彫刻，甚至在語言溝通的藝術創作上，如花似錦，美景一片。

文化與其他文化接觸，也會引起變遷。不同的觀念、價值與實務，可能加以接受，以為解決問題之選擇方式，但常將其形式加以變更。此種把文化傳

送至另種文化之過程，稱爲文化擴散（cultural diffusion）。變遷的過程甚少平穩，而適應可能造成人民的價值與生活方式上的重大轉變。近幾十年來，科技方面的快速變遷，及對傳統標準與價值的質疑，在各種事務中，屢見不鮮，已是常態。很少其他文化像西方文明的美國那樣重視變遷，很少文化把變遷與進步等量齊觀。把文化當作動態過程來研究，已包含在前述各節之中，強調的是演化的和比較的觀點。最後一節探討革新、文化與社會組織的互相依存，以及外在影響的衝擊。

一、創新與文化失調

創新並非始自隔靴搔癢，它們是從社會既有的文化資源中成長。每一種創新，均以從前的知識總體爲依據。汽車的發展，可以說明既有知識如何重組而成一種新的模式，這種科技創建過程，使一項主要發明，登峯造極。牛頓（Isaac Newton, 1642-1727）早於一六八〇年初，即建議製造蒸氣車，但能動的蒸氣車直到一八〇〇年代方建造完成。當賽爾丹（George B. Selden）將若干主要原理與內燃機引擎結合，而製造一個工作模型時，於一八九五年獲得一張汽車基本設計之特許狀。圖2-1顯示，發明之謂新，其意在將已用於

其他目的之各種成分，作新的組合。

達文西（Leonardo da Vinci, 1452-1519）發明了許多機器，直到數百年後，方能實際運行，因爲當時的技術設備與物質，無法把他的觀念變成事實。他設計直昇飛機、潛水伕呼吸器、銀幕擴影投射器，以及其他的發明等等。但在他的一生之中，處理原料和生產動力的必要科技，卻受限制或根本缺乏。可是，在達文西的科學與工程卓見中，樣樣俱備，一應俱全。

將近五個世紀之後，「這些計畫無須改變，即能實現，因爲不僅繪圖極其清晰……而且機器本身正確無誤，由其設計製造的模型，功效順利，了無窒礙」（Heydenreich, 1951：7-8）。結果，達文西的發明可視爲科技知識之累積，而後由他人再發明。創新很少能超越時代。在基本的科技有適當的發展之後，新發展的可能性與機會，方爲明顯。因此，基本上，同樣的發明可以單獨進行，而且幾乎由若干人同時進行。新科技的應用，增加神速——例如：電腦發明之後，其使用勢如破竹，無遠弗屆。

社會學家早已察覺，變遷之發生速率不一，即使在文化的相關部分之間，步調亦難一致。例如，雖然工業科技與工程師教育互依互賴，但兩個範疇中的

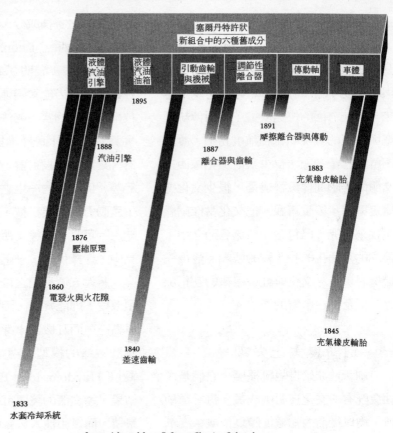

圖2-1　汽車的發明，由早期發展的一種創新

Source: Adapted from F. Stuart Chapin, *Cultural Change* (New York: Appleton-Century-Crofts, 1928), p. 336.

變遷，並非自動攜手並進。工業可能增加技術人員之需要，而學校因無再訓練之教師，而無法供應。此一需要對學校體制與其訓練方法之適應，帶來壓力。但適應過程，常會遭遇一種失調的過渡期。創新與文化適應之間的延誤稱為**文化失調**（ culture lag ，見 Ogburn 1922/1950: 200-213 ）。文化失調觀強調技術知識，有時指物質文化（ material culture ）與調適科技變遷的方

法，即所謂適應文化（ adaptive cul-ture ）之間的斷層。

　　八十多年來，汽車在商業上之出現，其對許多社會之好壞影響，比任何其他的發明為大。除了戰爭之外，其對人類生命造成的死傷，比任何人為的產品都多。它改變了都市中的居住模式；為提供空間開闢公路及建停車場而改變了土地的利用；其成為就業及整體經濟的一種主要特質，並使全世界的資源為之改變，為之枯竭；它引發了與汽車本身有關的一套新規範，以及從求愛到金錢的儲蓄與花費的每一樣事。擁有一輛汽車，是年齡地位的一種象徵、富有的一種表示、營生的一種方法，以及人生在世的一種主要需要與願望。

　　雖然汽車控制了整個經濟的與社會的大觀，但適應文化僅能部分應付其為數眾多的挑戰。在試圖控制危險的與酒醉駕車、強迫限制速度、節省資源，以及增進安全設計上，便遭遇到種種的利益衝突。例如，汽車製造商在估量設計改變時，會考慮到成本如何，以低生產成本，較高價格，或增加銷售，何時方能獲利。有時，他們要問，汽車出事的存活有多少，但生命卻很少出現在資產負債表上，除非在保險費及訴訟上顯示出來。適合短期利潤的美國公司文化，與由消費者團體要求安全、可靠與經濟

所代表的公民文化，常有牴觸。這些敵對規範間的鬥爭，經常變成一種政治手段，或訴之於法。因此，對於汽車適應文化的失調，部分可用較大文化的不同部分間，價值衝突解釋之。

　　文化失調問題，從前未曾如此急迫。愛因斯坦（ Albert Einstein, 1879－1955 ）對於核子科技與管理，及控制核子力量間的失調，有肯切地說明：「 原子的爆炸威力，已經改變了拯救吾人思考方式的每一件事……因此，我們走向前所未有的大災難。」雖然愛因斯坦所恐懼的災難尚未發生，我們的思考方式也未作重大改變，至少就短期而言，例如一九八六年蘇聯車洛比（ Chernobyl ）的核子爆炸，除了增加建立新核子電廠的阻力外，對適應文化並沒有太多的影響。很少有證據顯示，它已影響到控制核子力量的適應改變或新的研究，更遑論核子武器了。文化失調之大，一如往昔，例如，美國核子管制委員會的官員們，依然計畫核子災難發生後的疏散工作，就像發生傳統的自然災害一樣。適應文化（ 吾人思考之方式 ）並沒有應付原子力量的重大挑戰，及核子災害的威脅。

二、文化與社會組織

　　文化與社會組織脣齒相依。**社會組**

織或個人與團體關係的持久模式，乃由文化規則（見第四章）指導之社會互動適應的結果。家庭是社會組織的一個單位，但多數的家庭行為由文化所支配。社會組織係指團體內相互關係的模式；文化乃指支配行為的價值與規範。一個社會，如果其成員間的關係與其所屬之家庭密不可分，便稱之為家庭型（familistic）社會。此種家庭型社會的文化，其所包含的種種價值，均強調家庭的重要性在其他團體之上。此處有一個具體的例子，可以說明文化與社會組織如何關連：當繼嗣由男方計算（一種社會組織原理），而姓氏持續受到高度重視（一種文化要素）時，一對夫妻必然要直到生出一男或兩男為止。日本人重視男性繼承，故常收養一子，以女婿或一男性親戚為佳。因此，他們以適應其社會組織來滿足其文化價值。

(一) 坦那拉的例子

文化與社會組織之相互關係，並非固定不變，變遷可始於任何一方。在非洲東岸外的馬達加斯加（Madagascar）島上，對於山地部落所作之有名研究，說明了文化接觸與變遷，如何影響坦那拉（Tanala）社會（Linton, 1933, 1936: 348–355）。坦那拉人原賴旱稻為生，先擇一藪之地，披荊斬棘，以火焚之，闢為平地，種植旱稻。收成一兩次之後，土地失其沃度，必須棄耕。俟村莊周圍沃地利用殆盡，則遷往他處，而任土地荊棘再生。

在此種體制之下，土地非個人所有，由整個村莊控制，而聯合家庭（joint family，即在一共同首長領導之下的若干家戶）乃社會組織的主要單位。聯合家庭的成員集體工作，闢地收穫所得，歸其所有。聯合家庭的首長，將收成所得於各家之間加以分配，各家財富大致相等。森林中之收穫，如獵物，則歸獲得者所有。

可是，當另種文化的一個部落教導他們種植水稻的不同技術時，坦那拉人的文化與社會組織便發生了重大變動。水稻所需面積小，單戶即可種植。與種植旱稻不同的是，種植水稻的土地可以連續使用。換言之，種植的技術散布於坦那拉人之間。此種採自其他民族的新文化模式，稱為涵化（acculturation）。

土地私有觀念雖然漸次普及，但適於水稻種植的土地，卻為數有限。結果，有的坦那拉人成為地主，有的則無立錐之地。擁有水稻耕地者，不再披荊斬棘，也不想村莊遷徙，於是自立門戶。無水稻耕地者，繼續其旱稻種植，必須深入叢林，夜不歸宿，因之亦自立

門戶，另起爐灶。

　　由種旱稻改種水稻，爲社會組織帶來了主要之變遷：聯合家庭的重要性降低，各別住戶的重要性增加，村落之位置固定。隨著這些社會組織的變遷，坦那拉人的文化價值，亦爲之改變。土地因其本身具有價值而被占領，不是因爲全村的暫時利用而如此。

　　有時，認識和了解一個遙遠社會的變遷，比我們自己文化中之變遷更加容易。以下之討論，在說明電腦正在改變後工業社會中的社會組織與文化的一些方式。

(二) 電腦次文化

　　電腦的設計與製造，所需人數極少。然而，幾乎每個人都認識電腦。大多數人爲了遊戲，或當打字機，或當帳簿，已經用過電腦。美國的個人電腦，估計爲八百萬台，許多人的工作與休閒生活，均與電腦有關。電腦業已影響到態度、價值與生活方式，並改變了社會關係的模式。

　　對於專用電腦者而言，電腦是日常活動的焦點；他們生活在電腦次文化之中——一種由電腦控制並到處是其他使用電腦人員的世界。使用者運用種種技術字彙和專門術語，對陌生者而言，酷似一種外國語言（如 baud, hacker,

boot up ）。使用特殊品牌電腦的人，自成團體。透過電話聯線，成員不曾謀面，即可形成團體，並可經由電腦之應用而發現共同之興趣。在他們對電腦次文化愈陷愈深之際，其他社會關係，甚至家庭關係都可能受到影響。高爾夫寡婦，無獨有偶，又有了電腦寡婦或鰥夫（譯按：意指丈夫酷愛高爾夫球，置妻子於不顧，如寡婦然。如今愛電腦者，置妻或夫於不顧，故謂寡婦或鰥夫）。簡言之，電腦次文化已經影響到社會組織，造成團體的團結與排外。

　　電腦次文化也包括偏差次文化。使用電腦的犯罪，從侵犯個人隱私到偷竊和毀壞公物，無所不有。惡作劇者和存心破壞者，將「病毒」引進電腦網路之中，有時會造成重大損失與慘痛代價。偵察電腦犯罪的法律系統和技術，趕不上電腦科技的日新月異，及其廣泛之運用。討厭的惡作劇與公然破壞之間的區別，尚未納入民德之中。

　　一項對四百多位各年齡層、各種背景之電腦使用者所作之社會學研究，以探討「人與技術對象互動時，所發展出來的感情與涉入的深度」（ Turkle, 1984: vii ）。因爲電腦及電腦使用日新月異，它們是「一種正在形成中的文化」（ Turkle, p.9 ）。最初，電腦由高級技術專家運用與控制，但融入大眾

文化之後，電腦人人會用，只要稍事了解，即可知其如何操作。電腦之重要，不只在表現計算的能力及提供大量資訊，而在人與電腦互動時，改變了思維方式，在某些例子中，能改變他們對自己的想法（ Turkle, 1984 ）。果真早期製造工具的活動，在數千年前進入人類腦子的演化之中，則也許世世代代與電腦經常而深入的互動，可以扮演一個類似共同演化的角色。無論共同演化存在與否，從現在開始，電腦對文化演化及社會的組織，將有重大影響。

三、壓力下的文化

截然不同之文化間的接觸、氣候之重大轉變、新疾病的傳入、快速的人口變遷等，均能動搖社會及其文化的基礎。現代的幾次主要移民，已經把不同背景的人聚合在一起，他們必須重新思考祖先的信仰，調適外國的風俗與價值，以及應付種種從未想過的問題。

(一) 文化衝突與文化震驚

在人們看到其根深蒂固的信仰與價值被侵犯時，很可能感受到**文化震驚**（ culture shock ）：一種困惑、焦慮與挫折的感覺。當強烈的個人感情與期望，同相反的文化定義牴觸時，人們便覺得徬徨無依，不知所措。

一九八五年住在加州的一位日本婦人，因為跳水自殺而溺斃其兩個子女。她獲救了，而美國的法律體制卻進退維谷，不知所措。在日本，父母自殺而賠上孩子的生命，稀鬆平常，了無驚奇。日本的文化認為，父母自殺時，與其留下子女受辱，不如攜之同歸於盡，更加仁慈。日本的法律認同此種文化慣例，即使父母得救，懲罰亦甚輕微（ John I. Kitsuse, personal communication, 1987 ）。然而在加州，情況則迥然不同。此婦女被控以危害兒童、意外謀殺兩條人命，可以判處極刑。在日本寬大處理的犯法行為，在美國則認定是謀殺。熟悉日本文化的人，懇求法庭對這位母親從輕發落，並作精神輔導。而其他的美國人對此建議大惑不解，當他們聞聽本案在日本如何處理時，頓有文化震驚之感。

檢察官稱，「不應有文化抗辯之事」。被告律師同意，美國的審判標準應用於移民所在的國家（即美國），而他的案子則強調被告的精神狀態。法院的決定考慮到她的問題所在，判她有期徒刑一年，緩刑五年，旋即釋放。因為法院認為，其等候審判的期間已經達到服刑的時間。日本的民德與法律標準並未直接考慮，而美國的法律實務卻得以遵循。美國的法律體制承認心理疾病是

一種減刑條件。因此，兩種文化在如何界定殺人上的衝突，卻達成了類似的結果。日本文化表明，此種殺人行為為道德所允許，而美國的法律體制認為是種偏差行為，係從心理疾病方面解釋。

(二) 文化定義與愛滋病

愛滋病之流行，已顯示出文化的緊張與衝突，打擊到社會的核心。美國人對於治療許多疾病的醫療科學能力，久具信心。現在很顯然的，對於愛滋病治療不能立竿見影，使許多人對於醫療體制失去信心。此種信心的喪失是文化震驚的一個例子。不能了解疾病的真相，便把焦點轉向受害者──多數是在社會主流之外的同性戀者和注射藥物者。

重建信心及減少恐懼的積極社會行動，已因愛滋病與偏差行為之糾纏不清，受到阻礙。政府機構發展社會政策，以容忍流行病與幫助患者的步調緩慢下來。文選2－3：〈愛滋病：一種社會危機〉，顯示出流行病的社會與文化界定，如何妨礙建設性政策之發展。

文選 2 － 3

愛滋病：一種社會危機

Sources: This adaptation depends especially on the following: Dennis Altman, *AIDS in the Mind of America: The Social, Political and Psychological Impact of a New Epidemic,* (New York: Doubleday, 1985); Allan M. Brandt, *No Magic Bullet: A Social History of Venereal Disease in the United States Since 1880,* exp. ed. (New York: Oxford University Press, 1987); Robert S. Gottfried, *The Black Death: Natural and Human Disaster in Medieval Europe* (New York: Free Press, 1985); Howard B. Kaplan, Robert J. Johnson, Carol A. Bailey, and William Simon, "The Sociological Study of AIDS: A Critical Review of the Literature and Suggested Research Agenda," *Journal of Health and Social Behavior,* 28 (1987): pp. 140–157; "What Science Knows about AIDS," *Scientific American,* (October, 1988): pp. 2–152; "In Time of Plague," *Social Research,* 55 (1988): pp. 123–530; "Report fo the Presidential Commission on the Human Immunodeficiency Virus (HIV) Epidemic" (June 1988).

社會對於傳染病之反應方式，可顯示出其最為強烈的社會與道德價值……愛滋病就是社會制度對於一種生物危機如何反應的自然實驗。（Brandt, 1988: A6）

在近代，尚無其他疾病引起如此之挫折、忿恨與焦慮，或要求衛生專業人員，要更有同情心、智慧、無私與真誠。（Fineberg, 1988: 132）

❋ 歷史上的瘟疫 ❋

　　後天性免疫不全症候羣（愛滋病），通常稱爲一種瘟疫，以喚起十四世紀席捲歐洲，使大約三分之一人口死亡之黑死病的恐怖印象。與傳染快速的黑死病及其他瘟疫不同的是，造成愛滋病的病毒——後天性免疫不全症候羣，需要多年，方會發病致死。此種病毒能侵蝕免疫系統——身體抵抗感染的能力，而人的死亡，並非起於愛滋病本身，而是由許多與此病有關之併發症造成的。

　　一九一八年至一九一九年的流行感冒，有半數的世界人口被感染，僅數個月之內，就死亡二千萬人，比第一次世界大戰死亡之總數還多。在二十世紀之初，梅毒流行，美國成年男子有百分之十被傳染。

　　這些傳染病，每一種都曾造成恐慌，相信是上帝在懲罰罪惡之社會，尋找替罪羔羊。就黑死病而言，許多地方的猶太人遭到攻擊與謀殺。指摘他們在井中下毒，造成傳染，而罔顧他們喝同樣的水，死亡率與他人相同的事實。無人知道黑死病是由藏在老鼠及其他齧齒動物身上的跳蚤所帶之細菌造成的。僥倖生還者迷惑，社會制度混亂，而人口衰退，長達一個世紀之久。

　　在二十世紀初梅毒流行之時，妓女備受指摘，醫生們爭論，如果丈夫被傳染，是否該通知他的妻子。有些醫生認爲，梅毒能藉馬桶座或茶杯之接觸而傳染，於是美國海軍把艦艇上的門把手取下，以保護水手之健康。凡此與事實均有出入。在流行性感冒期間，警察戴上面罩，而殯葬人員，勉強埋葬流行感冒之犧牲者。愛滋病之流行，也掀起了恐慌與替罪羔羊的類似反應。

❋ 現代瘟疫 ❋

　　愛滋病之傳染，已被認爲是一種醫學危機、一種公共衛生危機，以及一種人口危機，其實尚不只此。愛滋病是一種醫學危機，乃因其突然之間遍佈全球，使醫學界措手不及。在美國，愛滋病於一九八一年首先發現。儘管最新研究技術之應用，及獲致病毒特徵上之卓越成就，但無論在生物控制或供應免疫之疫苗上，均無發現。沒有「魔術子彈」（ magic bullet ）能有效根治。現有之治療，只能減少痛苦，維持個人幾個月的生命，使死亡延後一段時日而已。

　　愛滋病是一種公共衛生危機，因其爲一種「慢」性病毒，患者了無感覺，不知身帶絕症，故於無意中將此病加以蔓延。衛生官員只能估計感染之數量、易於感染之人數，以及增加之比率。在發病率高的地區，衛生資源幾已用之殆

盡，而傳染依然不可遏阻。

愛滋病之為一種人口危機，不僅因為感染人數多，而因為此病多集中於青年之中。大多數死於愛滋病的人，年齡不到四十。因此，在每個人壽終正寢之前，多年之生命消失無蹤，而社會則失去了相當大的生產潛力。在一九九〇年代之初，將有二十五萬美國人死於愛滋病，而每年的直接損失約百億美元（ Beardsley, 1988 ），間接損失為數更大。一位經濟學家估計，一位愛滋病患的死亡，代表一生中可以賺到的五十萬美金，付諸東流（ Ann Scitovsky 引 Garrison, 1989 ）。以此方式表示人類的悲劇，固然俗氣，但卻指出了愛滋病造成社會負擔的一種方式。

三個問題的範圍——醫學、公共衛生及人口——受文化價值的約制。文化價值能界定疾病與經常的衝突行為，以及病患及一般大眾的種種價值。在以往，美國人相信，醫學力量可以延年益壽，但此信心，卻因不能很快克服愛滋病而動搖。全國只得開始為短期內無藥可救之事實而掙扎。各社區逐漸組織自己，以對付日益擴大的感染。在高感染地區的同性戀社羣，如舊金山，動員其資源以幫助受感染者，並教導此等團體改變其危險之習慣，成效已甚昭著。因為沒有生物的解決辦法，疾病控制唯賴

非正式的社會政策及澈底的社區動員了。但有真知灼見的社會行動，由於文化的限定和社會條件而延誤、曲解，致使最易罹患此病之人，無法接近主要的教育與衛生設施。

沒有一個國家整裝待發，準備迎接愛滋病的挑戰，而美國在文化上之準備尤差。大多數的早期病患——男同性戀者和靜脈藥物注射者——備受污衊，主文化視其為偏差行為者，摒除於主流社會的保護設施以外。上述兩類人的種種社會特徵，又使其自絕於人。男同性戀者有一種共同次文化、詞彙，以及相互識別的線索，以便保護自己，免受「正直」社區之制裁。靜脈藥物注射者在買賣、偷竊、準備及使用藥物上，也有一種次文化。因為與藥物有關之行為是違法行為，故其次文化尚包括對付執法人員。至於同性戀者，因其偏差行為與傳統社會南轅北轍，兩者衝突，屢見不鮮。此外，許多靜脈藥物注射者為黑人或西裔貧民，所以受到主流社會的進一步擯棄。他們因所屬之民族、食用藥物和愛滋病而遭到羞辱，有些自以為是者，大聲疾呼，以為此病只是對有罪行為之懲罰。

在病毒確認與測試病毒的設計出現之前，許多人由於輸血而感染。其中許多有血友病（ hemophilia ），它是需

要經常輸血的一種非接觸性傳染，及無藥可救之出血性疾病。有些學校採取之行動與科學知識背道而馳。它們勒令患有血友病及愛滋病之學童退學。因此，像男同性戀與靜脈藥物注射者一樣，罹患愛滋病之血友病患，也被視為行為不檢，罪有應得。在有些人的眼裡，只要患此疾病，即是一種恥辱，有足夠理由將其自社會互動與公共照顧中逐出。

愛滋病是一種全球性的疾病，但其程度僅及猜測而已。其中已患病者約在五百萬到一千萬之間（Mann et al., 1988: 82）。至少在非洲及加勒比海地區，經常由異性交媾而傳播。因此，那些地區比只集中在極為孤立之人口的國家，蔓延更加迅速。在第三世界，由於缺乏調查設施與公共衛生專業人員，對於疾病蔓延的知識，茫然無知，而其控制，則由於貧窮和費用昂貴之醫藥、醫療工作人員，以及診斷設施之缺乏，而阻礙重重。對於愛滋病的忽視，在開發中之國家比第一世界國家尤甚，蓋後者有充分資源教育民眾。在每人年收入不到三百美金的國家，即使驗血，亦昂貴無比。然而在西方國家，血液供應照例需予篩檢，但在大部分的非洲地區，洵非可能。例如在烏干達，捐助之血液可能不加篩檢，而輸血則是「俄國輪賭的一種怪異形式」（Steele-Perkins,

1987: 17。譯按：烏干達是前蘇聯扶植的國家，受其影響極大。輸血乃以一人之血輸入另一人之體，酷似轉盤賭博）。

❉ 對抗流行性病 ❉

直到美國衛生署長打破官方禁忌，美國政府方把流行病視為一個醫藥問題。雷根政府並未教導人民用保險套保護自己，因為如此做，似有默許反常之性行為或雜交，甚或用作避孕之工具。雖然，眾所周知，病毒常由共用不潔之針頭而傳染，有些城市與州政府，拒絕提供消毒針頭，假定提供，則無異鼓勵非法使用藥物。教導藥物使用者採用針頭的實驗計畫，俾減少愛滋病之蔓延，經常受到挫折與延誤。對待藥物使用者之設施不當，使無力給付治療費者在獲得治療之前，須待數月之久。因此，藥物使用者依然滯留街頭，惡習難改，繼續暴露在招致病毒或蔓延病毒的環境之中。

儘管美國的傳染率比西歐國家與澳洲為高，但在對抗傳染性疾病方面，依然落後。蓋鼓勵夫妻婚姻間之傳統性行為與禁止強暴之種種規範，對於對抗愛滋病之蔓延，效果不彰。雖然，不用藥物之異性戀者感染率低，而此病卻已在其中滋長擴散，無處躲藏。不使用藥物

焚毀的房子：社區對於由輸血
而感染後天性免疫不全症候羣
之兒童，加以誣衊與懲罰。

之白人異性戀者，危險性低，但此事實，並未使他們對於高的危險行為，望而卻步，免於感染。

一九八九年美國人感染愛滋病的分佈是：同性戀與雙性戀之男性超過百分之七十；靜脈注射者（異性戀之男或女）為百分之十七；同性戀或雙性戀而又使用靜脈藥物注射者，占百分之八；愛滋病患之異性戀伴侶或其他危險性高的人，占百分之四；無其他危險因素，僅因過去輸血而遭感染者，占百分之二；嬰兒出生前即受感染者，為數極微。雖然他們的人口不多，而妓女尤其危險，因為其中許多亦是靜脈藥物注射者，且嫖客對於使用保險套興趣缺缺。

黑人與西裔美人的感染，可能比非西裔之白人高出二倍。然而，「白人視愛滋病是一種少數團體的疾病，正如黑人與西裔美人視愛滋病是白人同性戀者之疾病一樣，其危險與短視，同出一轍。」（Fineberg, 1988: 131）。

社會與醫藥對付傳染病之能力，必須考慮到一個事實：在工業化國家，病毒之傳染大都經由污穢的行為而進行，此時，主要受感染之人口被主流社會所擯棄。羞辱與孤立，妨礙了有效的與人道的公共衛生措施。即使生物科學發現免疫疫苗或一種有效的治療方式，疾病之控制，依然有賴於患者與一般大眾，改變文化定義與社會行為。

主要名詞

涵化 acculturation

文化普遍性 cultural universal

文化失調 culture lag

自族優越感 ethnocentrism

民德 mores

社會組織 social organization

次文化 subculture

共同演化 coevolution

文化價值 cultural value

文化震驚 culture shock

抒情符號 expressive symbol

規範 norms

社會生物學 sociobiology

符號 symbol

文化相對論 cultural relativism

文化 culture

偏差者 deviant

民俗 folkways

指示符號 referential symbol

刻板印象 stereotypes

補充讀物

Caldwell, John C. et al. 1989. "The Social Context of AIDS in Subsaharan Africa." *Population and Development Review*, Vol. 15, No. 2.

Gans, Herbert. 1974. *Popular Culture and High Culture : An Analysis and Evaluation of Taste*. New York: Basic Books. An overview of the debate over mass culture versus high culture in contemporary society.

Geertz, Clifford. 1973. *The Interpretation of Cultures*. New York : Basic Books. A collection of essays treating culture as a symbolic system and a defining feature of humanity.

Hall, Edward T. 1959. *The Silent Language*. Garden City, N. Y. : Doubleday. A cross-cultural approach to nonverbal aspects of communication.

Hebdige, Dick. 1979. *Subculture : The Meaning of Style*. London: Methuen. An analysis of youth countercultures and alternative subcultures in several societies.

Lumsden, Charles J., and Edward O. Wilson. 1983. *Promethean Fire : Reflections on the Orign of Mild*. Cambridge, Mass. : Harvard University. Human evolution from a sociobiological perspective.

Pfeiffer, John E. 1986. *The Emergence of Humanity*. 4th ed. New York : Harper & Row. A survey of the scientific fields and discoveries that contribute to understanding human evolution.

Turkle, Sherry. 1984. *The Second Self : Computers and the Human Spirit*. New York : Simon and Schuster. A study of social, cultural, and psychological adaptation to a new technology.

第三章 社會化

合羣性（sociability）是人類生活的一種特徵，與生俱來。通常自嬰兒出生時起，與其互動之人即環繞左右。但如果剝奪嬰兒與人互動的機會，則其生活眞相如何？此一問題，部分可以兒童早年與人隔離的幾個不尋常事例解答之。當隔離延長、人類接觸極其有限時，這些兒童便不能發展成爲完整之人，不能參與正常的社會生活。安娜（Anna）就是一個「孤兒」的有名例子。

　　安娜的生母，心智不全，對她僅能給予有限的照顧。其母將她單獨放在二樓的一個房間內，直到六歲方被發現。發現時，她是否能看或聽，使人懷疑（Davis, 1940: 555）。「她不會說話，且無走路的能力，沒有表情，即使食物擺在她的面前，也無力自食，並且不懂清潔」（Davis, 1947: 434）。從社會上及情緒上看，不過是嬰孩而已。

　　福利機構把安娜放在一個鄉村之家，有著良好的營養和照顧，身體開始成長。但照顧他的護士尚有其他三百位病人有待照料，因此，安娜仍少有或沒有社會接觸。九個月之後，她被安置在一個寄養家庭，在此，得到了身體和情緒上的照顧，以及其需要的重視。這是她初次在一個正常的社會環境中生活，故發育迅速。僅三個月，她即可以單獨走路，對養母的指示有所反應，並能認識人，但仍不會說話。不到一年，她再度遷徙，這次到一處特殊學校，接受專家之專門指導。漸漸地，她開始說話，各種官能也發揮了協調作用。在此種指導之下，她不斷地進步，直到十歲死於敗血症時爲止。

　　如果安娜活到成年，其生活將如何？她能成爲一個正常的人嗎？我們不能肯定，但在她被隔離後的數年之內，確也有所發展。我們確知，社會隔離愈長，則愈不可能改變。

　　從安娜的故事顯示，人類有機體只有在社會環境之中，方能成爲完全的人。沒有長期而親密的社會關係，嬰兒不會成爲一個社會兒童，而兒童也不會成爲一位有能力的成人。雖然，健康的新生兒有潛力成爲其出生社會的一分子，嬰兒卻不會自動變成了解其文化傳統、學到如何參預社會生活的人。透過**社會化**（socialization），此種了解即可一清二楚。社會化是成爲社會人的複雜、且終其一生的過程，使人能在生命歷程的不同階段，適應新的情境。

　　本章第一及第二兩節在回顧社會化的過程，與第二章所討論的文化與人類有機體的共同演化，有所關連。第三及第四節討論童年期、青年期，及成年期社會化如何進行。

第一節
社會化的過程

社會化實際上是兩種過程合而為一。第一，社會化是兒童學習成為其社會有力成員的過程。透過社會化，一種文化才能代代相傳，社會因此才能長久。其次，社會化也是發展一種自我（self）的過程。使生長在社會中的人，逐漸獲得認同感，多種特殊的個人特質，自我概念，以及對於自我之意識。因此，社會化創造和改變個人的人格，從生到死，以一貫之。雖然社會學家把文化傳遞與個人自我的形成，加以區別，此兩者實乃一體之兩面。

社會化涉及到主動的學習。在這一方面，其與生物有機體自動發展的**成熟**（maturation）不同。在安娜的飲食及身體照顧改進時，她的身體開始成熟，但在社會上或情緒上未見發展，直到被送至寄養家庭，人們有時間與她互動時為止。在成熟的過程中，兒童約兩歲便可控制便溺；在此年齡之前開始入廁訓練，則少有可能。隨著日益的成熟，社會化可教導兒童社會上的適當入廁習慣。因此，社會化與成熟兩個過程，齊頭並進。

一、社會化的基礎

人比其他生物的依賴期較長，而廣泛深入的社會化，即在嬰兒和童年的依賴期中進行。經由長期演化，人的才能與團體生活的需要，便融入人類之中（Pfeiffer, 1985）。但每一代和每一個人，必須學習在特定時空中如何具有社會性。複雜的人類行為，必須在社會環境中習得，它不會自動出現。

安娜是一個沒有人類接觸的極端例子。但即使未受到嚴重疏忽的兒童，其在社會及身體上，也會受到傷害。例如，孤兒院中的身體接觸與社會刺激少，有一項研究即在探討院中嬰兒進步的情形。研究者把他們的發展情況，與兩組非孤兒院的嬰兒及一組由另一機構扶養之嬰兒相比較，並用一種所謂發展商數（development quotient）測量法，評估六種個人才能的成長情形。這六種是：知覺、身體控制、社會關係、記憶力，與物體的關係，以及智力等（Spitz, 1945 and 1947/1964）。

孤兒院的物質環境，明亮整潔，食衣及醫療水準均高。然而，除了餵奶時間外，嬰兒與其他嬰兒及成人完全隔離。沒有人跟他們遊戲、說話、摟抱、甚至彼此不相見面。他們住的情況，即研究者所謂之「單獨監禁」（solitary confinement）。孤兒院的嬰兒，出生

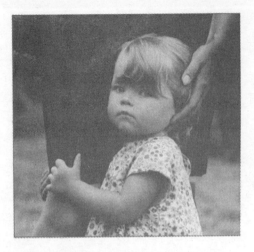

人類依賴期的延長，使深入之社會化才
有可能，而且必要。

四個月內的發展商數為一二四，在四組
嬰兒中，名列第二。第一年內，其平均
發展商數便降到七二，而其他各組的發
展商數不變。第二年終，孤兒院嬰兒的
平均發展商數降到四五，「達到了低能
兒」的標準（Spitz, 1964: 418）。

　　另一組在機構中撫養的嬰兒，是一
所監獄的托兒所，母親是在犯罪時懷孕
的。托兒所中的物質設備，與孤兒院幾
乎完全相同，但在托兒所中，嬰兒一誕
生，母親的照顧即無微不至。這些嬰兒
的發展商數為一○二，比孤兒院四個月
大的嬰兒稍低。可是當孤兒院嬰兒的發
展商數急劇下降之際，托兒所嬰兒的發
展商數，卻微升至一○五（Spitz,

1964: 405）。

　　研究結束兩年後，再對孤兒院的嬰
兒加以觀察。在觀察的二至四歲的二十
一位孩童中，只有五人無須幫助可以走
路，一位可以自己穿衣，只有一位說話
成句。大多數只認識幾個字，或者根本
不會說話。相形之下，在托兒所中受到
關心與照顧的所有幼童，能走、能跑、
幾乎均會說話，其發展商數正常，甚或
在水準之上。總之，嬰兒期缺乏刺激與
接觸，似乎能妨礙嬰兒學習能力的發
展，但人的關懷與社會互動，能補救機
構中撫養的不足。

　　安娜和孤兒院中的嬰孩被孤立，且
被剝奪一切情緒上的接觸。可是在偏遠
的蓋特梅藍（Guatemalan）村養育
的嬰孩，則有一種不同的孤立。為了保
護嬰兒免遭「凶眼」（evil eye，譯
按：意指望之會遭惡運）之災，母親不
和他們說話、遊戲、不脫光他們的衣
服，不離開他們居住的無窗茅屋。唯撫
愛、餵食則有之。起初，這些兒童在行
動協調和心理發展上，會受到障礙，但
被帶進村子的社會生活中後，他們開始
急起直追，發展神速，到了十一歲，便
沒有早期被孤立的不良影響（Kagan,
1973: 41-43）。即使受到的刺激不
多，這些嬰兒仍可從母親處獲得身體上
的接觸和情緒上的舒暢。在身體上被孤

立，但非情緒上被剝奪。此一研究指出，如果身體接觸與情緒支持自始不斷，日後擴大社會接觸，則能彌補早年所造成的孤立。

二、社會生活的資源

　　社會化的特殊內涵，就像人類文化一樣，變幻莫測，分歧不一。但不論其情況為何，每個人必須得到社會生活的基本資源。這些資源包括語言、紀律、技能、抱負及角色。資源對人們提供基本資訊，舉凡他們是誰、對其期望為何、如何達成社會期盼、在年齡與性別上何種行為適當、如何與他人相處等，均包括在內。社會化也提供種種工具，從最簡單的社會語言，到最精細和最複雜的行為規則，以便於社會成員的互動。由此而言，這些資源顯而易見，無須說明；我們視之為當然之事，即成功社會化之標誌。

㈠ 語　言

　　人的學習能力與語言的接受力直接有關。語言能使人思索做過的一切事務，苦心孤詣，並當作普通觀念傳給他人。語言也可用於表達感情、價值與態度。不僅口頭語言是社會化的工具（有時，文字與姿勢語言亦然），且能把資訊轉成口頭符號，以幫助人們記憶。一

項在實驗室的研究，讓兒童觀看一部影片，然後要他們模仿片中所看到的動作。有的兒童僅須仔細觀看影片，其他的兒童，尚須將觀看時所見之一切加以描述。觀看時需口頭描述的兒童，其所記憶者比其他兒童，多出甚多（ Bandura, 1969: 221 ）。

　　雖然世界上的語言各有不同，任何社會均期望其成員能語言練達，通暢無阻，而童年早期最重要的任務，就是習得語言。語言習得的過程，最好始於周歲之前，到了三歲，多數兒童對於語言能運用自如（ Eimas, 1985: 46 ）。在全世界對嬰兒所作的研究中顯示，嬰兒與生俱有區別言語成分，並使不同聲音具有意義之能力（ Eimas, 1985 ）。這種能力使其無須正式訓練，即會學習說話，而學習算術或讀書的技巧，則需正式訓練。

　　因為所有的正常幼兒，無須特殊訓練即可學習說話，又因一切語言系統的複雜性，故有些語言學家認為，人類天生即有熟練語言結構之準備（ Chomsky, 1975 ）。然而，社會對幼兒如何及何時學習說話的意見上，卻仁智互見。因此，在成人及兒童該怎樣對嬰兒說話，亦有不同。例如，美國中層階級的白人對嬰兒說話時，使用的字語簡單，且不斷重複。他們主動地鼓勵嬰

兒，以自己的聲調與姿態發音。而新幾內亞的卡路里（Kaluli）族相信，嬰兒不會發出有意義的聲音，或了解對他們所說的一切。因此，稍大的兒童與成人，通常不對嬰兒說話。然而，嬰兒聽到了許多談話，有的與他們有關，因此，即使無人「幫助」他們學習，或對其不成熟予以體諒，他們卻在學習說話（Ochs and Shieffelin, 1984）。

㈡ 技 能

　　為了與他人相處的需要，必然會花費許多時間去學習種種相處之道。在尋覓的經濟時期，教導兒童的技能不外乎尋找和認識食物來源的位置，及製作種種挖掘、採集與狩獵的工具。在現代社會，每個人至少需要讀寫和計算的技能，雖然有些人對此種最基本知識，從未獲得。駕車的能力，在許多地方人人必備。烹飪或公開演講之能力，只是某些團體中之某些成員的必要技能。一項技能的獲得，如讀書，稱之為「為社會化而社會化」，因為其在未來學習上，擔負了大部分責任。某些早期學習的計畫（如學前運用法）承認，成功的正規教育，需要基本技能的良好基礎。

㈢ 紀 律

　　衝動控制不當或無紀律的行為，不顧未來後果，只求目前滿足，可能引起社會關係之破裂。個人透過社會化，學習包括基本紀律的種種規範，使衝動從社會上加以有組織之壓制。在日常的談話中，除非交談者知道、並尊重輪流說話的非正式規範，否則談話便無法進行。無紀律的談話行為，如經常斷人話題，可能得到立即的自我表現，但卻很快地限制了溝通，中斷了有次序的交換行為。攻擊性行為常與衝動無法澈底控制有關。人之行為所以中規中矩，意在獲得社會的嘉許，與顧及未來的前途。學習紀律不難，可以徹底內化，甚至能改變一個人的生理反應。例如，許多慣於黎明即起的人，無論有事無事，到時便醒；許多對於社會不允之事，下不得手，理即在此。一個人吃了禁食之物，可能病體難支。違背社會禁例，雖美色當前，可能也陽萎不舉。有些在安迪斯山（Andes，譯按：位於南美洲西部）飛機失事的飢餓生還者，不食同機罹難乘客之肉，雖然人肉能使之生還。他們不認為食人肉不對，而是不能克服當時的慘狀。蓋紀律深入人心，縈繞在懷。兩位生還者自收音機聽到援救的一切希望放棄之後，迫於無奈而食人肉。在冰凍絕望的高山上掙扎了兩個月期間，逐漸克服了內心的矛盾。他們在食朋友之前，先吃陌生人，在

吃認得的身體部位之前，如手指，先食不完全認識的部位。飢餓的威脅迫使他們忘卻對紀律的反應（Read, 1975）。

四 抱　負

社會化灌輸社會價值，不僅在控制衝動，而且在引發個人的抱負。因為紀律嚴峻難以接受，就短期而言，不含報酬，抱負可以幫助個人達成目標。每個社會均提供多種目標，使其成員發揮抱負，以達成之。但抱負可能限制、也可能擴大個人的前途。教導女孩以婚姻與母道作唯一抱負者，不可能為豐富的職業收入而選擇教育，如果她們後半生的抱負或環境改變，則欲獲得適當訓練，為時晚矣。

抱負與個人所佔之種種地位有關，而地位又因性別、年齡、團體成員身分或家庭背景等因素，而每有不同。佃農之子與銀行家之子，對其未來生活發展所受之鼓勵不同。部分因為每個家庭投資在青年人準備工作上的資源不一，部分因為現有的生活乃其發展之典範。小男孩常被鼓勵作消防隊員或警察，但如果他生在專業之家，則可能改變抱負，其訂定的目標與家中男性的工作，更加雷同。

五 角色與地位

人經由社會化可以學到種種角色（roles），即與特殊社會地位有關之權利、責任與行為。一個社會地位（status）是社會體系中的一個位置：例如「學生」、「教授」、「母親」、「女兒」，均係社會地位。這些地位把人安置在社會之中：如母親與女兒安排在家庭之中，學生與教授安置於教室之內。一種社會角色被認為是適合某一地位的行為。一旦我們知道某人的地位，我們便知道在某種社會情境中，對他或她的許多期望是什麼，因為權利、義務（角色）與地位相關連。有的地位正式而明確。例如，一位電腦技師與公司簽契約，可能就是一份工作說明。但對於「情人」地位，卻無此種詳細說明。不同地位之上，也會附加非正式的權利與義務。秘書對其上司的各種私事，兼顧併籌，如泡咖啡或代購家庭禮物等。

幼童對於其重要人物，如父母、兄姊，或醫生之角色，加以嘗試，即在主動參預學習角色的內容。其他的兒童與成人，很快鼓勵他們扮演社會認為適合其未來生活之角色。玩娃娃的小女孩，開始學習母親的角色內容，但同齡的男孩，則可能教以玩其他玩具，玩娃娃會被人嘲笑。現在的情形與以往有所不

同，今天許多父母給子女同樣的玩具。在這兩個例子中，兒童的角色學習不只是角色而已；也包括關於文化價值與規範的資訊在內。最重要的角色，通常成爲個人自我感或身分的一部分。此一過程將於第二節「社會我」中討論之。

三、社會化的機構

凡有助於社會化過程之進行者，謂之社會化的機構（ agents of sociali-zation ）。在社會化過程中，許多人牽涉其間，一般而言，社會化機構的範圍隨著兒童年齡增長而擴大。與學前兒童有深入接觸之人，爲數甚少：如父母、其他親密的家庭成員、甚或是褓母，或托兒所中極少數的兒童及成人。及至學齡期，通常同伴就重要了，而兒童也參預較大的班級、學校及鄰里團體。學校是一個主要的社會化機構。宗教制度對於社會化亦有所助益。

㈠ 大衆媒體

大衆媒體，尤其是電視，是社會化的有力機構。兒童看電視的時間比在敎室的時間還多。各種著作的出版，包括學校敎科書及兒童故事書，常常有意對年輕讀者社會化。此外，兒童社會化可以在不知不覺中進行。在文選 3-1 ：〈兒童圖畫書係性相的社會化者〉，敍述若干對得獎圖畫書中之性相如何描繪，所做之研究。

在同質的社會中，各種對於個人社會化的團體，有其共同之價值，社會化使個人有人生本如此之感。每一階段與下一階段自然銜接，經驗與有意義的、可資預測的模式，絲絲入扣。不同的學習方法和不同之社會化機構，彼此挹注，直到個人終其一生。

在異質的社會中，像西方之工業國家，其特徵在民族、宗敎、區域以及職業的分歧。因此在社會化過程中，不同價值的團體，你爭我奪，互別苗頭。在電視與父母給予子女的觀念與價值衝突時，他們可說是社會化的競爭機構。電視廣告與家庭敎導節儉與管束之價值，永遠背道而馳。最近，父母與電子音樂界的衝突，已成爲全美國的爭議焦點。關心此問題的父母相信，有些唱片與錄影帶強調暴力與性。美國的父母利益團體，與一家主要唱片公司間的談判，使該公司同意在唱片上置於有關性、濫用藥物或暴力等歌詞的明確警語。然而，雙方對此妥協均不滿意，衝突勢將繼續下去（ Downey, 1985: J1 ）。

許多父母及敎育家，均對電視的衝擊表示憂慮。他們擔心大量的暴力，甚至在兒童節目（如卡通）中都可發現，會造成兒童攻擊和反社會的行爲。他們

的關心似乎受到班都拉（ Bandura ）實驗之支持，其中兒童模仿影片中成人的攻擊行為。但有些電視節目，則介紹社會期望的行為。例如：「芝蔴街」（ Sesame Street ）與「羅吉斯先生的鄰居」（ Mr. Rogers' Neighborhood ），即在鼓勵合作、容忍與扶持之態度，並增進語言及數字的技巧。

因此，電視對兒童是好是壞？此一問題尚無定論。由對二十三個研究電視影響各類童年成就的評論指出，電視影響雖小，而看電視的次數，可能與節目內容一樣的重要：

電子褓姆

> 每周看電視十小時，實際上，對於成就可能稍有助益。超過十小時，每周增至三十五或四十小時，成就即會降低，過此水準，多看電視顯然對進一步的衝擊不大。
> （ Williams et al., 1983: 343 ）

電視節目類別不一，不同的兒童看電視的環境亦極不同。當電視作為電子褓姆時，某些節目的可能益處，不會因為家中有他人在而加強。兒童對於恐怖與攻擊性的節目，必須單獨去了悟。但如果成人偶而與兒童一起看電視，並討論觀看的內容情節，他們可以強化正面的啟示和認識，如此，電視可以教導和幫助解釋暴力與破壞性的行為。

(二) 機構衝突

同輩價值，有時與家庭價值相牴觸。此種情形，可用移民的子女說明之。移民的子女面對兩套價值，一套為其父母所有，一套為其移入的社會所有。例如，移到澳洲的希臘移民，對其少年子女，尤其女兒，異常嚴格。他們深信，少女約會只有在女伴陪同下方可前往。但希臘少女的朋友可能認為，此等限制幼稚可笑，乃與之共謀，以逃避

父母的管束（Bottomley, 1983）。大社會的價值在家中，或在民族社區中遭遇反對，兒童對此價值可能一知半解，或對於應遵行那一個團體的規範而惴惴不安。一個人處於兩種文化，而兩者均未對其作澈底之社會化，是謂之邊際人（marginal）。邊際性並非必定是種不利的因素。處在兩種文化中的人，可能對兩種文化的整合，均能卓然有成，並可能凡事選擇敏銳，可以引發對不同文化的創造與容忍。

兒童在學校與家中所學，可能有所牴觸，或者家庭可能在敏感事物上控制兒童的教育。例如，許多教育家相信，學校是青年學習有關性與避孕的適當場所，並可以討論他們的性能力。由於愛滋病之增長，像保守大將庫普（C. Everett Koop，譯按：美國前衛生署長）都敦促學校要扮演一個主動角色。但有些父母認為，此等教育侵犯了他們的權利，他們乃兒童性資訊的唯一來源。

社會化的方法不一，涉及之人不同，且在不同環境之下進行。社會化可能是有意的或無意的，正式的或非正式的。通常社會化是在面對面的情況下進行，但也可以透過信札、圖書或大眾媒體而在遙遠的地方進行。被社會化者可能積極或消極，願意或不願意參預此種過程。多數的社會化，都是在不知不覺的情況下，一個人影響另一個人。也可能是在壓迫，甚至粗暴的情形下進行的，雙方均感壓力重重，衝突不已。有時，社會化是有意為被社會化者的利益而為之，如父母對子女社會化，乃欲其成龍成鳳，出人頭地。社會化也可能對社會化者有利，如毒販子教導別人吸食和販賣麻醉藥，以便謀取暴利。

人終其一生，不斷學習、改變、發展和適應。但非所有的個人改變，均涉及社會化；有時人適應其生活環境之改變，無須社會界定的期望或角色之指引（Kerckhoff, 1983：ix-xix）。例如，嬰兒誕生時，成人便教導年齡稍長之子女如何做一個好哥哥或好姊姊。但如果子女死亡，生存的子女該如何表現，則少有教導（Rosen, 1986）。

兒童圖畫書
係性相的社會化者

Sources: The original study discussion is drawn from Lenore J. Weitzman, Deborah Eifler, Elizabeth Hokada, and Catherine Ross, "Sex-Role Socialization in Picture Books for Preschool Children," *American Journal of Sociology* 77 (1972): pp. 1125–1150. The replications reported are from Richard Kolbe and Joseph C. LaVoie, "Sex-Role Stereotyping in Preschool Children's Picture Books," *Social Psychology Quarterly* 44 (1981): pp. 369–374; and J. Allen Williams, Jr., JoEtta A. Vernon, Martha C. Williams, and Karen Malecha, "Sex Role Socialization in Picture Books: An Update," *Social Science Quarterly* 68 (1987): pp. 148–156. This adaptation was written with the collaboration of Robert D. Benford.

圖畫書在指示兒童了解其他男孩與女孩做什麼、說什麼，與感覺什麼；什麼是對，什麼是錯；以及社會對他們的期望是什麼。書中提供兒童種種角色模範，以及在他們長大時，能夠和應該像什麼的種種形象。兒童圖畫書不但反映文化價值，而且教導兒童接受這些價值。

此處的三篇研究報告，在探討「最好」的兒童圖畫書如何處理性相（gender）問題。這些書都是考德喀特獎（Caldecott）的得主，是由美國圖書館協會頒發給當年最著名的圖畫書。此一獎牌是學前圖書夢寐以求之獎賞，得獎之書，美國各兒童圖書館幾乎均予訂購。雖然這些研究的動機在關心對待女孩的不當，可是由分析顯示，這些書對男孩、對女孩，均不是好的性相社會化者。

第一個研究報導自一九三八年開始頒獎，到一九七一年考德喀特獎得主之統計分析（Weitzman et al., 1972）。研究者也探討了紐伯瑞獎（Newbery Award）的得主及小金書（Little Golden Books）。紐伯瑞獎由美國圖書館協會頒發給最好之學齡兒童讀物。小金書則以出售超過三百萬冊者為選擇對象。這

些書的價格低廉，比昂貴之考德喀特或紐伯瑞得獎之書，銷路更廣。研究者也研究各種禮儀或其他「規定」行為的書。多數的一般兒童讀物，僅在暗示性相角色。規定性的讀物，意在指導男孩與女孩之行為。在三個補充樣本中之發現，與考德喀特樣本之發現極其接近。後來有兩個重複原有研究之研究，旨在探討最近兒童讀物中之性相表現。

❊ 女性被動、隱密 ❊

在第一個研究所探討的兒童讀物中，女性大都隱而不顯。大多數的書與男孩、男人或雄性動物有關，且絕大多數討論男性的冒險行為。即使有女性出現，也常扮演無關緊要的角色，卑微無聞，亦如往昔。從一九六七年到一九七一年，十八個考德喀特獎得主及第二名的樣本中，男性插圖二六一幀，相形之下，女性只有二十三幅，其比率為十一比一。在包含明顯的動物性相之處，雄雌性之比率為九十九比一。

讀過這些書——最常見之讀物——的兒童，便有種印象：女孩不太重要，因為書中很少提到她們。少數幾個出現的女孩，對於消除女孩與女人不重要之印象，助益不多。她們備受貶抑，其活動，不外是在一個角落靜靜地玩耍，裝午餐，及揮手說再見。書中有些女孩與

婦女從未開口。在圖畫書中，允許女人表示愛、關注、助人之種種活動，為數甚少。書中一再表示男孩與男人是行動的領袖人物，而女孩與女人乃被動之觀望者、男性一切行動的支持者。

因此，為什麼有許多小女孩情願以男性自居，就不難了然了；但如果與男性認同，則面臨一種窘境。希望安靜、漂亮之女孩，便無選擇之餘地。她們必須選擇拋棄自己的性相，或放棄所喜歡之行為與氣質。此種刻板式之僵化，對小男孩亦有限制。他們可能感到時時須受無懼無畏、機智之約束。女孩可以自由表示某些情緒，但男孩卻不許哭泣或表示恐懼。正如圖畫書中的少數巾幗英雄有一個男孩名字或為外國公主，在圖畫書中唯一哭泣的「男孩」卻是動物：青蛙、蟾蜍及驢子。

❊ 角色模範 ❊

成人模範是圖畫書社會化方面的另一個要素。男孩與女孩在觀察男人與女人之後，學到其長大時對他們的期望是什麼。他們可能與同一性別的成人認同，並設法與之言行一致，亦步亦趨。因此，角色模範不僅提供兒童自己的未來形象，且能塑造其抱負與目標。

成年婦女在兒童讀物中之形象，已被刻板化，且受限制。在最初的考德喀

不同的性相地位

特獎得主中，沒有一位婦女有工作或職業。當最早的研究在一九七〇年代之初進行時，婦女在勞動市場上占百分之四十，幾近三千萬婦女在外工作；可是，在圖畫書中之婦女，只是母親與妻子而已。事實上，美國百分之九十的婦女，在其一生中的某一時期，從事勞動工作。

因為在考德喀特獎之例子中，沒有一位婦女有職業，魏茲蔓及其同事乃研究明顯規定行為的圖書，以了解這些書期望於男孩與女孩的職業是什麼。有兩本相當流行的書，教導一個男孩的是：

一位滅火的消防隊員。
一位贏得多場球賽之棒球員。
一位助人到遠處旅遊的巴士司機。

一位車內有警笛的警察。
一位趕牛之牛仔。
一位救人一命的醫生。
一位帶你遨遊四海的水手。
一位穿梭雲霄之飛機駕駛。
一位裝瘋賣傻的小丑。
一位管理動物園的園長。
一位駕著大紅色牽引機的農夫。
一位電視節目中的大明星。
一位住在太空站上的太空人。
一位有一天位極全國的總統（加强語氣）。

教導一位女孩的是：

一位穿著白色制服的護士。
一位飛翔各地之空中小姐。

一位翩翩起舞的芭蕾舞星。

一位最好的糖果店老闆。

一位穿著件件漂亮衣裳的模特兒。

一位電影與電視節目的大明星。

一位打字無誤之秘書。

一位手繪綠樹、白雲及碧湖的畫家。

一位有一天在護理學校任教的教師。

一位灌唱片的歌星。

一位最新款式之服裝設計師。

一位走向紅色地毯一端的新娘。

一位有一天長大後成爲家庭主婦。

一位有自己子女的母親（加强語氣）。

鼓勵小女孩，要看起來亮麗，服侍他人。對於女孩而言，這種啓示是：婦女的眞正功能在作護士、秘書、家庭主婦、母親或空中小姐等方面的服務工作。小男孩的最終理想是一國的總統。對女孩而言，作新娘、家庭主婦與母親乃人生之極致。書中文字並未提到男孩能成爲新郎、丈夫與父親。

兒童讀物中提到的母親形象，與現實少有關連。其提到做母親的工作，是種專心一致、終生不渝的工作，雖然對大多數婦女而言，它是一種奉獻，必須與其他責任同時完成，俟子女長大之後，才可減輕。可是在她們不做有酬的工作或無酬之家事時，眞正的母親則在開車、讀（寫）書、投票、送子女去旅行、算賬、從事義務工作、整理花圃、修理家具、活躍地方政壇，並屬於婦女選舉聯盟與母姊會的一員。圖畫書中的母親，永遠圍繞著房屋轉，雖然她常被畫得整齊大方，衣著高雅，根本不適合做家事，而對其責任的挑戰與困難，從來沒有描繪。這些圖畫書對於父親與丈夫的眞實形象，也未提及。父親對於照顧子女、洗碗、煮飯、淸潔或採購等日常義務，從未施以援手。

※ 1970 與 80 年代有所改變嗎？ ※

魏茲蔓與其同事的最初研究，以及種種類似的研究，喚醒了女權運動者，她們組織團體，大聲疾呼，意圖改變兒童圖畫書中的性別歧視。她們對出版商施加壓力，要求中止此種刻板作風，並成立新的出版公司，以達到印行無性別歧視與替換讀物之特殊目的。有了這些努力，及一九七○與八○年代的婦女運動，我們方可指望今日的圖畫書，對於兒童提供一種更爲平等之性相觀。

然而，對一九七二年到一九七九年間的考德喀特獎得主及第二名所作的一項研究，卻發現此等現象少有改變。雖然自一九七二年之後，女性在圖畫書中較爲常見，但仍然以性別歧視方式描繪

之。除了兩書之外，一九七〇年代圖書書中所描繪之男女，與早期之圖畫書多無差別：男童冒險而主動，女童美麗而愛助人（Kolbe and LaVoie, 1981）。

研究者認為，作者與插圖者之性別，可能使性相描述上有所差異。但刻板的描繪，則不因其為男或女而有所不同。然而，男性插圖員繪製的女性圖畫可能較多。

一項新的研究發現，在一九八〇年到一九八五年的考德喀特獎得主及第二名中，女性的可見度已有某些改善（Williams et al., 1987）。如表 3-1 中所顯示者，表現女性插圖之百分比與書中有主要女性特徵之比例日趨接近。

可是，儘管女性的可見度日增，這些書仍以有限的方式描述之。「女性常以依賴、順從、關懷、被動，更可能對別人提供服務等方式出現，而男性則更可能以獨立、競爭、堅定、創造，以及主動等方式出現。」女性似乎「開始走出家庭，但尚未進入勞動市場」（Williams et al., 1987: 154）。不僅婦女無事業目標，而且也沒有女性模範以為進取之對象。在一九八〇年代全部的二十四本（得獎）書中，有一位婦女在外工作，她是一位女侍……。在這一套書中，只有二位成年男子由衷表現出溫柔之情，其中之一還是隻老鼠，我

表 3-1　兒童圖畫書中性相的可見度

	1967-1971[a]	1972-197[b]	1980-1985[b]
圖畫書			
合計	18	29	24
無女性特徵之百分比	33	28	12
有主要女性特徵之百分比	11	24	33
表示女孩或婦女插圖之百分比	19	33	42
表示雌性動物或物體插圖之百分比	7	24	29

[a]From J. Allen Williams et al., ''Sex-Role Socialization in Picture Books: An Update,'' *Social Science Quarterly* 68 (1987), pp. 148–156; based on Lenore J. Weitzman et al., ''Sex-Role Socialization in Picture Books for Preschool Children,'' *American Journal of Sociology* 77 (1972): pp. 1125–1150; copyright © 1972 by University of Chicago Press.
[b]From J. Allen Williams et al., 1987.

們又怎能期望男人有類似之表示？（ Williams et al., 1987: 155 ）

第二節
社會自我

第一節探討的是，透過社會化過程而傳遞的文化基本要素。但人不僅透過社會化而學習事務；也能成爲獨特的個體。本節我們將集中在社會化的另外一面：自我的塑造。

自我（ self ）是一個英文字，原爲「相同」（ same ）或「同一」（ identical ）之義。係指一種獨特的、持久的身分而言。我們每個人都有一種「眞我」（ real self ）之感，我們在感覺與行爲之間加以區別，使「眞我有好壞之具體表現」，這些與「眞正的客我」（ real me ）無關（ Turner, 1976: 989 ）。自我是一個人的思想、行動與情緒之來源。自我的內涵，不一而足，但其由互動形成的過程，則無例外。

一、自我概念

每個人均有許多面相：身體的、情緒的、道德的、和社會的。凡此一切，對於我們每個人有做爲一個人的觀念，即**自我概念**，均有所貢獻。在自我概念的形成中，我們把自我當作一個對象，想像它是別人所觀察到的一個各別的實體。大多數的社會研究，把自我概念分成兩個主要向度（ dimensions ）：身分與自我評價（ Gecas, 1982: 4 ）。

(一) 身 分（ identity ）

社會**角色**，尤其是在某一時期對個人最爲重要的角色，是身分的主要部分。每個女孩都是女兒，每個男孩都是兒子。對大多數人而言，作爲父母的子女，是身分的一個重要要素。身分的某些方面，持續一生。例如，了解自己是男或女的性別身分，發展頗早，而且似是個人身分的中心要素，雖然在人生過程中，有時比他時更加重要。但因個人的情境與生俱易，故身分並不固定。當個人學習種種新角色，或現有角色的要件有所變化時，身分便由之而發展、而改變。一個忙於工作的人，可能把其身分放在職業之上，但退休之後，其作爲祖父的角色，便成爲其身分的重心所在。

態度、抱負，與價值，也能改變自我概念的內涵，對於何種角色重要、角色的感受如何，均有影響。例如，一個志在取得博士學位的學生，可能焚膏繼晷，晝夜研讀；而一個志在繼承家庭事業的學生，則於學業可能敷衍了事，不會重視。作為一個有成的學者，是前一學生認同的重要所在，而達到家庭的期望，可能是後一學生的中心目標。

(二) 自我評價

除了身分之外，人對於自己有種種感覺，或對於自以為如何的人，作種種評價。自我評價有兩個基礎：一是能力感，一是價值感（Gecas, 1982: 5）。前者指人對其做為表現如何的感覺，在其角色中之效果如何。譬如說：「我是個好木匠」或「我希望是位好父親」，均是自我評價的表現。自我評價的第二基礎與個人特質有關：如誠實、忠貞、勇氣等。兩種自我評價的發展要素，均以自我評估與他人的反應為根據。

(三) 我是誰？

詹森（Lyndon B. Johnson）在就任美國總統之前，曾對自己作如下的描述：

> 我是一位自由人、美國人、美國參議員，及民主黨員，凡此一切，進退有據，永不改變。我也是位自由分子、保守分子、德州佬、納稅人、農場主人，商人、消費者、父母、選民，而且青春易逝、歲月不再，但尚未老態龍鍾、舉步維艱 —— 而凡此一切，因時制宜，並不固定。（Gordon, 1968: 123）

有一項探究人們自我概念的方法，是要他們對「我是誰？」這個問題，作多次回答（Bugental and Zelen, 1950; Kuhn and McPartland, 1954; Turner, 1976）。答案經常包括種種明顯之特徵，如姓名、年齡、身高、體重及民族等。將此問題重複十五或二十次，有種種更為明顯的反應，可顯示出個人的品格、心境、地位及人際風格（Gordon, 1968: 120-123）。

用「我是誰？」的方法研究學生，已有三十多年。因此，以今日學生的自我概念，與一九五〇年代及民權與越戰時期的學生相比較，自屬可能。在一九五〇年代及一九六〇年代初期，大多數的學生把自己與制度化的社會角色視而為一，因之，追求社會目標，接受團體義務。他們對自己的描述，著眼於其學生地位、宗教及家庭地位。到了一九六〇年代末期，學生的自我認同，由制度取向，轉變到對於感情衝動的重視（Turner, 1976; Zurcher, 1977）。

米德（George Herbert Mead; 1863－1931）絕不贊成個人形成社會，有如原子形成物體這種觀念。米德指出，個人是為了得到人類特性而依賴社會，即為了心靈與自我。

即學生根據追求滿足與自我成就，認同自己，透過個人價值而非社會價值以表現之。他們用無拘無束描述自己，如快樂、喜歡好音樂、不喜歡偽君子。雖然有時把今日的學生與一九五〇年代的學生兩相比較，研究指出，他們的自我認同與一九六〇年代末期及一九七〇年代初期的學生，卻有許多共同之處。「二十五年前的學生，寧可以制度化的角色與身分看自己，今日的學生看自己，基本上似以感情、經驗及衝動為依據」（Snow and Phillips, 1982: 471）。

二、自我與社會

在十九世紀末與二十世紀之初，若干學者的研究指出，個人的性情起自社會經驗。根據此一觀念，人類意識的內涵與形成它的社會，不可或分。雖然，他們強調自我與社會間關係的不同面，而此處所要討論的三位理論家——顧理（Cooley）、米德（Mead）及弗洛依德（Freud）——對於個人自我在社會現實中有其基礎，信念相同。他們均企圖了解社會如何進入個人的心靈之中。顧理與米德的著作，對於社會學思想影響久遠，對符號互動論之思想學派，影響尤深（見第一章第三節）。弗洛依德的主要影響在心理學——臨床精神病學方面，尤其顯著。

㈠「鏡我」

我們之所以為我們，至少部分是因為別人對我們所做所為的反應。我們不斷地獲得回饋，並將之納入自我意識之中。自我由社會互動而建立。它是一種社會建構與個人實體，顧理（Charles Horton Cooley, 1864-1929）指其為反射我或鏡我。**鏡我**（The looking-glass self）有三個要素：「我們給別人的外表意象；想像別人對此外表的判斷；以及某種自我之感覺，如驕傲或羞恥，」以作為對那種判斷的反應（Cooley, 1902/1964: 184）。人所想像的，不僅是別人如何看待他們及他們的行動，而且是別人對所看見的如何判斷：或贊成、或懷疑、或敵對。結果，鏡我由別人對一個人行為判斷的感覺而形成。自我是由別人對個人之判斷，大約估計正確，混合而成。對顧理而言，此種社會自我是社會的中心要素：「人們彼此都有的此種想像，乃社會的不變事實」(Cooley, 1902/1964: 121)。

㈡「主我」與「客我」

美國哲學家米德（George Herbert Mead, 1863-1931），從未將其觀念成之於書，公諸於世。以其名義出版之四冊大作，大多是他在一九○○年到一九三○年之間的講義。他強調，日復一日的社會化過程，乃自我的基礎，他認為，自我是社會的產物，不是社會的創造者。「自我……基本上是一種社會結構，起自社會經驗」（Mead, 1934: 140）。為了探索語言、社會互動及角色採納（role taking）創造人類心靈的路徑，他為社會心理學奠定了基礎。

米德像顧理一樣，強調社會他人（social others）在創造自我上的重要性。兒童把自己當作一個對象，好像一個外在對象一樣，對自己加以評價與控制，此種能力，基本上是社會的，同時是自我意識的基礎。它能使人採納別人的角色，對他們自己的反應如同別人對其反應一樣。幼兒把特定之人的態度加以內化，尤其是父母，而其互動也限於特定之個人，尤其是重要之他人（significant others）。漸漸地，他們學到一種私人性少而複雜性多的互動，能使他們根據規則參預有組織的遊戲。如此，他們現在對一位概括化的他人（generalized other）──指「有組織的社區或社會團體」（Mead, 1934: 154），加以反應了。

語言位於米德理論的中心。而姿態形式的非語言溝通，則提供基礎，但通過語言，自我方能出現。根據米德的看

法，社會自我包括兩個部分：「主我」
（I），自發的和創造的部分；「客
我」（Me），由社會規範和習俗控制
的部分。如果團體生活嚴格，則「客
我」支配「主我」，創造性受到限制。
但在適當的情況下，「主我」能影響，
甚至可以重組團體生活。最令人喜悅的
經驗，莫過於「客我」的要求，准許
「主我」的表現。

(三) 我係本我、自我，與超我

心理分析的創立者弗洛依德
（Sigmund Freud, 1854–1939），
對於自我理論的影響，極其深遠。當米
德在芝加哥大學講授哲學之時，弗洛依
德在維也納從事一種新的心理治療。米
德探討理性與個性發展中的社會角色；
弗洛依德重視心理與情緒錯亂中的社會
角色。米德強調團體生活與自我可能調
合的合作面；弗洛依德重在起自團體生
活的衝突，在自我之內發生的鬥爭，以
及個人整合之達成與維繫的種種困難。

弗洛依德把我分為三個相關部分。
本我（id）意指要求滿足的衝動，**自我**
（ego）指理性的自衛（self-preser-
vation），**超我**（superego）指順從
（Freud, 1923）。當自我的種種部
分要求衝突時，人方有自覺。在應付內
在衝突的過程中，人便形成各種不同之
自我、品格與人格。

根據弗洛依德的看法，本我是我的
生物核心；代表人類的動物性。本我的
性衝動與攻擊衝動，不斷地要求滿足。
本我是自我中社會欲加以馴服的部分。

弗氏的超我，類似米德的「客
我」。代表社會及其要求，即良心之聲
的社會規範。超我的活動固然重要，但
可能傷及個人。當伴隨社會化而來的壓
抑，引起太多的罪惡或不當的行為時，
它能導致個人產生自我懲罰或自我毀滅
等行為。

自我可把本我的衝動與超我的要
求，加以協調。自我指考慮事實的能
力：推理、計算一項行動的後果、延緩
滿足，及避免危險 —— 簡言之，表現理
性的行動。自我為個人的生物需要與社
會要求，居間斡旋，以整合和控制自
我。

有時只根據自我意識來考慮自我。
但自我的要素遠比個人所認識者為多。
弗氏強調潛意識（unconscious），
以便對自我作進一步了解。他認為，人
受其遺忘經驗之影響，頗為深遠，因為
記憶對於意識的覺醒，頗感痛苦。此種
被壓抑的記憶，其影響足以造成身體症
狀和情緒錯亂，而潛意識的過程對於社
會關係有一種強烈的影響。

潛意識的作用，使社會化過程，比

在意識控制下的一切行為應有之現象，次序混亂，難以預測。社會化經驗的衝擊，與邏輯使我們所期望者，常常南轅北轍，迥然不同，部分因為潛意識的「邏輯」（logic）是象徵的，而非理性的。弗氏之所以知名，在於其觀察的病人，常不由自主地將有關性事的罪惡與焦慮，轉變成對無害之物的恐懼，而此物偶而與性有所關連。由潛意識中形成的象徵性聯想，在自我之內造成許多明顯的矛盾特質、態度與觀念。潛意識的概念，位於「弗洛依德式口誤*（Freudian slip）」及釋夢之中，因為潛意識經由此種事件而驟然覺醒。因此，弗洛依德學派的思想，強調社會化與自我的複雜性，因為自我的要素在某些方面矛盾牴觸使然。

三、情境之我

就一種意義而言，自我是一個統一的、持續的實體。然而，自我也是情境的，對於不同環境的各種要求，每有所反應。自我的不同面相，由個人必須面對的各種變動情境，促其表現。

在有高度結構的社會情境中，如陪審團的審判，角色與身分規定周詳。但有許多社會情況，應許因地制宜，不拘

---

* 譯按：無意地表示一種潛意識衝動或願望。

一格，身分可以商訂；即由參預社會情境之人共同界定，作為決定互動過程如何進行的一部分（Strauss, 1978）。例如，教師角色與學生角色的一般情況，建立在大學的生活之中，但在教學技巧的運用上，則有相當地迴旋餘地。教師可以用演講方式，希望學生仔細聆聽並作筆記。使用此種方法，教師便顯示出一種權威或專家身分。但如果學生發問或試圖發動討論，他們可能對教師建議另一種身分：協助者或顧問，而非專家。惟當情境中的行動者，對於適當身分不表同意時，如欲互動成功，則必須談判。如果經由談判不能達成有關適當身分的協議，則在情境中享有較高地位的人，通常可以將其定義強行實施，即使與一個人喜好的自我定義相衝突，亦在所不惜。父母之行使控制權，乃因其不斷地認為，青少年子女不能獨立，處處依賴。因此，身分是社會互動的產物，有時是衝突的結果，不只是一個人的個人屬性而已。

每個人必須發展一套自我，以配合各式各樣的角色及其聽眾。大多數的人看到朋友在家中變成另外一個人時，必然驚訝不已。美國哲學家詹姆士（William James, 1842-1910）對此過程的由來，曾加描述。

（個人）有許多不同的社會自我，就像有不同之個人團體一樣，他們的意見，個人不能大意。許多青年在父母及師長面前，舉止莊重，而在其「死黨」之間，則信誓旦旦、趾高氣揚，活像個海盜。我們對待子女的表現，不像對待俱樂部的會員；對顧客的表現，不像對待雇工；對主人及雇主的表現，不像對親密的朋友。由此而言，實際上便把人分成了若干自我（ James, 1891: 294 ）。

所謂情境能把一個人的最好或最壞的一面顯示出來，就是說，「自我」變幻不定，彈性極大。但僅就一種有限的意義而言，自我是情境的；可是，個人並非由每一種情境塑造和改造而成。

對情境之我的認識，使我們對於偏差、心理衛生，以及自我的統一性等有了新的觀點。一度被認為由人格缺陷造成的偏差行為，現在了解其與特殊之情境有關（ Liska, 1981: 11 ）。例如，一位受折磨的妻子殺了丈夫，獲判無罪。法庭認為，此等婦女基本上並不是暴力，而是對多年來被虐待的反應。換言之，現在法官對個人的社會環境更加重視。

缺乏統一的自我——沒有清楚的身分感——久被認為是個人與社會的一項悲劇。現在，此種觀點在若干地方受到質疑，包括以下各點（ Berger, 1971; Lifton, 1968; Zurcher, 1977 ）：

1.社會將持續地快速變遷。在快速變遷的過程中，身分固定之人冒有不幸與失調之危險。有人辯稱，社會化的目標應該創造一個更主動和更富彈性的自我。

2.社會價值與生活方式日趨異質化。狹隘的身分限制了個人的社會互動與個人發展。

3.在現代社會中，狹隘的身分可能反應出社會經驗的貧乏。故應鼓勵每個人扮演多樣的角色，從簡單的家事操作到社區領導，不一而足。

本章最後兩節，在追尋人生過程中之社會化，探討其在童年時期如何發生，在青年及成年時期如何改變。

第三節
童年社會化

因為社會須有具備社會能力的成員，故童年社會化便成了社會學與心理學研究的一個主要課題。許多社會化的研究概念與來源，均賴於上述兩種學科（因此而有社會心理學）。童年社會化的主要任務，包括獲得語言技能、形成人格核心、學習中心規範與價值——在為將來社會生活奠定基礎。因此，社會中之成人，對其子女於何處社會化、如何社會化，十分關心，就無足為奇了。

一、童年社會化與家庭

在父母及其子女共居一處的**核心家庭**（ nuclear family ）中，母親全心全力照顧子女，認為是現代西方社會中例行的子女教養環境。然而，此種模式是例外，不是常規。在大部分的人類歷史上，母親需要從事家庭內外的生產工作。除了子女初生的數週之內，很少的母親能整天一心一意地照顧子女；照顧子女是許多任務之一。除了母親之外，尚有許多其他的人參預。因此，子女照顧不像今日之周到。只有在二十世紀，母職才成了富裕社會裡中層階級婦女之專職（ Rossi, 1964/1967: 106 ）。最近之趨勢顯示，此一模式日趨式微。

由於更多的母親就業賺錢，兒童社會化再度由各種機構所取代。因此，領薪的保姆、鄰居，或其他家庭成員參加了兒童的照顧工作。但即使他人參加日常的兒童照顧工作，父母對早期社會化的影響，似仍最為重要。父母子女關係依舊意義匪淺，對於兒童的情緒發展，影響尤深。大多數對於兒童早期學習的社會研究，注重在父母，尤其母親與其子女之間的互動；別人對於成長中之兒童影響如何，則少為人知。

近十年來，為了不再強調母親對兒童社會化之重要，父親如何影響兒童的發展，亦漸被重視。尤其在過去對兒童漠不關心，而今對子女照料，事多躬親者為然。到目前為止，研究發現相互牴觸，但似乎除少數例外，父親對子女的影響比母親所差甚微。當父親在子女照顧上扮演主要角色時，其子女對發生的一切，多能負起責任，應付裕如，而父親少與其事者，其子女之責任感亦少。在某些家庭之中，父親參預子女照料，能關係到子女成功的知能發展（ Radin and Russell, 1983: 204－208 ）。然而，父親（及母親）的影響並非永遠有利。父（及母）親動輒處罰子女，沒有愛與感情，子女則有依賴與焦慮之傾

向。

二、父母與子女教養

雖然父母對其子女之照顧,屬家中私事,且父母子女關係純屬私人的,而外在社會力對子女教養之影響,依然可觀。所有的嬰兒都有相同的基本需要,但這些需要如何滿足,大都由社會決定之。例如,餵奶方式,各個社會皆不相同,各個團體也不一致;而同一社會亦因時代不同而有所差異。在本世紀五〇年代以前的美國,中層階級的母親,餵食嬰兒規定嚴格。一九六〇年代則「隨餓隨餵」(on demand),極其普遍。斷奶年齡亦各有不同。有的嬰兒餵到兒童期,有的於出生後幾個月就斷奶。有的嬰兒一哭即抱,有的甚少撫抱,讓他「哭個夠」(cry it out)。對嬰兒照顧的差別,部分可以反映出父母認為應該如何對待嬰兒的看法,及文化認為父母子女之何種行為方為適當的價值。

在當代西方社會,大多數的父母相信,其應塑造子女的人格與行為,但並非所有的社會都有此種擔當。在傳統上,拿伯和(Navaho)印第安人對待子女像對待成人一樣,對每個人的個性與自主頗為尊重。即使一件玩具,沒有小主人的同意,縱使家庭拮据,急需

用錢,也不能賣。拿伯和人相信,子女可由經驗而學習,因此,他們接受子女的決定。即使父母相信,就短期而言別的選擇可能對於子女有利,但亦不拂逆子女的決定(Lee, 1956)。

父母對子女的反應,係根據他們自己的社會與心理需要、社會階級,以及對子女的熱望。因此,他們把自己對社會生活的態度傳給子女。這些態度可從兩種廣泛的社會化模式中見之,表3-2即此等態度之對照(Bronfenbrenner, 1958; Kohn, 1977)。

壓抑式的社會化(repressive socialization)強調服從;**參預式的社會化**(participatory socialization)重在子女的介入。實際上,真正的父母、家庭,或社會團體,使用純粹壓抑式的社會化或參預式的社會化者,絕無其事,但可能各有所重。壓抑式的社會化是有惡即罰;參預式的社會化是有善必賞。例如,訓練子女入廁習慣,有的父母對子女不慎便溺,怒罵不休;有的父母對子女入廁便溺,則稱許不已。

壓抑式的社會化強調服從、尊重權威,及外在控制。溝通由父母下達到子女,通常用命令方式,或不許子女有所反駁(Silverstein and Krate, 1975: 25)。溝通每每以姿勢及非語言方式進行(Bernstein, 1958)。子女必須

表 3-2　社會化的兩種模式

壓　抑　式	參　預　式
惡行即罰	善行即賞
物質報酬與懲罰	象徵式的報酬與懲罰
女子服從	子女自主
非語言溝通	語言溝通
溝通即命令	溝通即互動
成人本位的社會化	子女本位的社會化
成人希望的女子知覺	子女希望的成人知覺

學習了解由成人的聲音、面部表情及姿態所發出來的命令是如何嚴重。

參預式的社會化，給予子女更多的做事自由，根據其自己的說法去探索世界，但這並不是說父母疏忽子女。成人的監督，趨向一般性，只提供一種安全和刺激性的環境而已。父母對於子女的行為，意在反應，而非控制。相形之下，壓抑式的社會化如有效果，則需處處監視。父母對於子女的錯誤與不當行為，必須時時警惕。然而，沒有一個子女能時時不離眼界，故懲罰決定在子女的不當行為是否被抓到，以及父母是否有懲罰的心情。從子女的觀點而言，此種懲罰，似乎隨心所欲、任意而為。

在參預式的社會化中，溝通是子女表示願望與需要，以及對成人調適的一種對話。參預式的社會化係以子女為本位：成人思以明瞭子女的需要，而非期望子女順從成人的願望。當成人強調合作和共同的目標時，社會化很少仰賴於模仿成人，或服從他們的規則。

數十年來，對父母要求子女表現種種特質之研究顯示，中層階級的父母比勞動階級的父母，更喜用參預式的社會化，雖然大多數的父母相信，自我思考的能力比服從更為重要。最近的研究指出，參預式的社會化可能是一種長期趨勢。從一九五八到一九八三年之間，父母對子女的要求放在自主與獨立上的重要性，顯著增加，而要求服從的重要性，卻相對地減少。在對所有團體的研究中，此種改變極其明顯，二十五年來一直吻合。而在天主教徒之中，尤其顯見。藍領工作與白領工作方面的父母價值，在此期間趨於一致，而此種一致顯示，子女在社會階級間的教養差異，正在逐漸減少之中（ Alwin, 1984 ）。

參預式的與壓抑式的社會化模式，在成人生活中並行不悖。工作督導員從參預式的到壓抑式的，也各有不同的作風。前者的下屬表現正面反應，曠工與轉業少，故對於工作、督導與同事之感情融洽，就不足為奇了（ Bonjean et al., 1982; Day and Hamblin, 1964; Wager, 1965 ）。

三、社會化的動態

嬰兒與幼兒幾乎完全依賴他們的社會環境；但即使如此，其在自己的社會化方面，仍然是主動的參預者。他們使自己的父母社會化，使父母了解子女社會化時，他們應該如何。在一項對一個月大的嬰兒所做之研究中顯示，母子間的互動，五分之四由嬰兒引起。在人生舞台上，當子女最不能自立的時候，其對環境中的成人影響亦最大；他以哭引人注意，通常都得到反應。除此以外，一個人再也不能輕易得到此種注意。因為嬰兒哭的次數不同，他們所得到的關心次數亦不同（ Korner, 1974 ）。

雖然嬰兒最初所經驗者，是對自身內部舒適與否的生物反應，久而久之，嬰兒將獲得之注意與滿足聯繫起來。他們學得有目的啼哭，以獲得注意與引起照料。此後，嬰兒知道了飢餓的感覺，便放棄哭泣，代之以「我餓了」。

人類表現感情與情緒的能力，對社會化殊為重要。情緒是人格與社會聯繫發展的核心。任何社會互動，對於社會化的潛在能力均有助益，而具有情緒作用的互動，給予人的深刻印象可能更大，對其人格形成之影響，可能更廣。

雖然有少數的基本反應似為嬰兒而「建立」，但兒童必須學得在各種情況下，何種情緒才被接受，感情如何表現方為適當。因為情緒隨意表現，能招致自我毀傷與社會關係之破裂，故早期社會化的主要任務之一，在教導兒童如何以社會接受的方式表達感情。另一目的是在擴大情緒的範圍與極致。例如，大多數的父母要其子女大公無私，並學著對他人表示同情。研究指出，兒童在了解他人的感覺，並知道某些特定行動有所幫助時，便可學到同情的行為（ Aronfreed, 1969 ）。

㈠ 社會學習

社會學家相信，**社會學習**（ social learning ）是社會化的主要方法之一，由此個人可以觀察別人的行為，有賞之行為，時時表現，受罰之行為，避而遠之。

但並非所有的社會學習，都是賞罰的結果。通常父母無法斷定其含辛茹苦，教養子女的成果。成人不能對兒童

的每個動作都加以監視或配合反應，因此，兒童除了父母提供的獎賞之外（也許與之矛盾），也經歷到其他獎賞。兒童為自己去組織和解釋他們的經驗，去判斷何種行為正確，因此，他們可能學到所無法實現的事，而父母也不能與之反應。最後，兒童除學到賞罰的特定行為外，也學到成千上萬的私人的與內在的觀念與感覺。

兒童也由觀察他人的行為而學習，而模仿，此一過程，稱之為**示範作用**（ modeling ）。示範作用的效果，可以在許多研究中用戲劇化的方式表現出來。其中讓兒童觀賞一部影片，由一位成人和一個穿膨鬆衣服的小丑演出（ Bandura, 1965; Bandura, Ross, and Ross, 1963 ）。觀賞影片之後，給兒童一個玩類似玩具的機會，研究者將其行為加以錄影。看過成人表演的兒童，有積極地模仿行為。然而當表演者被批評有攻擊行為時，兒童便興趣缺缺，此顯示出他們從聽到對此人之批評而學到了些事情。縱然沒有懲罰，也知道應該避免此種行為。

兒童很快就會根據指示表現行為，縱然沒有成人對其行為加以反應，並指示他們該做什麼。這種單獨順從社會期望之能力，稱之為**內化**（ internalization ），因為兒童學到了自己就是賞與

社會學習

罰的來源，不再需要一個外在的指導。行為所本之規範與價值，已成為自己思考方式的一部分。

可是，並非所有的順從行為均加內化。對生活髒亂不在乎的孩子，可能為得到零用錢而使房間井然有序。她的反應僅在獲得報酬，而非對有秩序的價值加以內化。同一孩子可能不抄襲其他學生的拼字測驗，不是因為怕被抓到，而是因為想到欺騙的不對。在此一例子中，她已經把學業誠實的價值內化了。

(二) 認知的發展

有些概念是抽象的，需要知識的成熟度，超過幼童的學習能力。例如，八個月大的嬰兒不能了解汽車的危險性。不管成人做什麼，學步的孩子無法了解成人的觀念。此種觀點，便形成所謂**認知發展理論**（ cognitive development theory ）思想學派的基礎。

瑞士心理學家皮阿哲（ Jean Piaget, 1896－1980 ）指出，兒童的舉止在像成人一樣之前，心智發展歷經了種種階段。皮阿哲的理論強調，在社會化中，學習者是一個主動的行為者，從身心兩方面探討其所屬之世界，方能增進對其了解。此理論基於兒童組織資訊及思考事物的方式，將認知發展扼要分成四個階段，分別是感覺運動階段（ sensory motor stage ）、前運思階段（ preoperational stage ）、具體運思階段（ stage of concrete operations ），及形式運思階段（ stage of formal operations ）。

在人生最初的兩年，即皮氏所謂之感覺運動期，兒童用感覺去獲得有關世界之資訊，主要靠觸、嚐、嗅、聲、視等知覺。嬰兒不斷地探索自己及其環境，一心一意地抓、吸、看、聽。因為對於其探索之物體少有或從沒有經驗，故其探求方法經常粗淺而無效率。他們把茶杯推下桌子，將玩具摔在地板上，把抓到的每樣東西，放進口裏。但即使此一過程的方式極其原始，卻也提供了豐富的資訊，並為下一階段奠定基礎。由每一階段轉變到下一個階段，雖然精微有致，但仍顯示出一種質的改變。兒童不僅在感覺的運動過程上較佳，他們也可發展出一種全新的學習能力。

當兒童能對物體形成一種心智意象──一種象徵──時，便進到前運思階段，大約一直延續到六歲。這個時期與兒童主動發展語言能力的時間相配合。在此一年齡階段中，他們對物體能形成一種心智意象，即使物體消失，也能記憶。在一種常見的遊戲中，拿一個玩具給幼兒看，然後把它藏在三個杯子其中一個的下面。幼兒便知道在杯子下面尋找，如果一次找不到，則繼續尋找。前運思期的幼兒，對於物體或事件能形成種種象徵，即使他們沒有敘述這些物體的語言技能亦然。治療專家利用此種能力，提示在身體及性方面受到虐待的兒童，用形象神似的洋娃娃，表演出所發生的一切。

在具體運思階段，約從六歲到十一、二歲，兒童發展並應用種種新的概念技術，如因果觀念與各種有組織的計畫等。資訊分類的能力，便是新階段的一種發展證明。現在，兒童可以認識不

同物體共有之特質，這是理解世界主要的一步。在具體運思時期，兒童學到：如果將一排石彈的距離加寬，整排加長，而石彈數量不會改變。前運思期的幼兒，卻不能區別，但較長的兒童便能通曉此種不變的觀念——即改變排列方式，物體的數量不變。

形式運思階段，可展現出抽象思想，這是大多數成人認知功能之基礎。通常人在十幾歲，便可發展出系統探索問題的能力，創造一套假設的能力，想像虛幻不實的能力，將複雜資訊整合成系統連貫的能力。形式運思期，以前一階段的具體運思為基礎。從一階段到下一階段的轉變，部分起於兒童對於前期解決問題之不滿。根據皮氏之觀點，兒童開始注意到答案之間的矛盾，因此提出新的問題，只有新的認知技術，方能解答。皮阿哲的理論刺激了許多研究，以探索各方面兒童認知功能的發展。

雖然，形式運思顯示出成人思想之能力，年輕人到了此一階段，社會化不會停止。相反的，社會化終生以各種形式持續進行。我們將在本章最後一節，考慮童年後的某些社會化環境。

第四節
童年後的社會化

隨著兒童之逐漸成長，各式各樣的人物與組織參預其社會化工作。早期學習的主要場所是家庭。隨著兒童入學，縱面接觸加寬。到了少年時期，同輩團體（ peer group ）漸成為其社會現實中的一個有力要素。在與同伴、大眾媒體、學校等影響的比較之下，家庭的重要性減少了。當青少年離開家庭，或就業，或入大學，更多的社會化機構，進入其社會化歷程之中。

一、青春期：由兒童到成人

青年社會化與兒童社會化迥然不同，部分是因為認知發展方面的進展。在進入皮阿哲所謂之形式運思階段，青少年的認知能力超過了兒童，而這些能力依次使他們對自己、對家庭、對朋友有種新的想法。青年人開始了解、並十分關心他們在兒童時期未曾注意的矛盾行為。例如，成人言行間的矛盾，能使青年憤怒不已，激起其從事種種社會抗

議活動。「他們能於思想之中同時掌握許多變數，能想像理想與事實的矛盾，能對比喻與隱喻加以理解」（Elkind, 1978/1981: 169 ）。

同輩關係的量與質，對於青年們的意義更為重大。就朋友而言，可以學到認識和尊重他們的個人差異。幼兒真正的合作能力有限，通常限於輪流做事，但青年人則有相互依賴的關係（Youniss and Smollar, 1985: 3-4 ）。這些新的特質，乃成熟關係的標誌。

有些人相信，青年期是個人痛苦與人際衝突的時期，因此，把自己建成一個獨立個體的過程，必如狂風暴雨，難得平靜。根據此種觀點，青年期要求拋棄童年期的關係和反抗父母的種種價值，致使青年有焦慮、罪惡、恐懼與憂鬱之傾向。其他的研究者認為，此種騷動的現象，乃社會與心理不安的表示，並非青年期正常現象的一部分。他們辯稱，大多數的青年人在應付面對面的挑戰上，均能游刃有餘，勝任愉快。例如，從一九六〇年代到一九七〇年代，對一千多位青少年的調查發現，其中多數受訪者覺得快樂、自信，對其身體改變表示滿意，對與父母溫馨而有報酬的關係（Offer et al., 1981 ），十分受用。

無論是激盪或平靜，青年期的特徵是改變，而主要改變之一，發生在青年與其父母之間的關係上。兒童通常接受父母為理所當然的權威，世事練達的人能夠、而且應該指導他們有正確的行為。於是兒童為獲得贊許而服從父母的要求與指導。童年期的權威關係到了青年期，便逐漸改變，因為父母的權威縮小到特定的範圍之內，如子女在學校的表現上。青年人察覺到，他們的父母不是永遠凡事都有答案，他們漸次知道父母價值以外的價值，視父母為有感情、有需要、有人格之整體，而不只是「有知識與權力、能做一切的人物」（Youniss and Smollar, 1985: 75 ）。因為青年人在家庭之外，與學校及朋友在一起的時間長，他們的一切生活，父母所知有限，或了無所悉。而且，父母為提高子女成長的獨立，其行動「很少表現單方的權威，倒更像是顧問，聽其細述，設法了解」（Youniss and Smoller, 1985: 73 ）。此種合作方式，母親比父親更易表現，當個人問題爭執不下時，最為常見。

從童年期的權威關係，到青年期之權威混合與合作的改變，顯示出一個事實：「在家庭關係中，個性與聯繫對青年的發展殊為重要」（Cooper et al., 1983: 44 ）。青年必須學習自立，自成團體，不需依賴父母而能行事。雖然家

庭關係持續終生，青年人也開始以新的方式與父母交往，此不僅反映出他們的逐漸自主，而且把父母當作不同個體予以尊重。這些改變，說明了一種社會化關係之終結，但父母通常繼續爲子女社會化之重要機構，多年不變。

二、成人社會化

社會化延續一生，因爲成人角色需要新的學習，而改變的社會情境產生了新的需要。人加入勞動，獲得新的工作。他們結婚、離婚、再婚。當子女成長、發展、最後離家他去時，父母面臨的環境改變了。凡此一切過程，均需要人去適應，去學習新的技能，也許需要放棄舊角色，獲致新角色。

在學什麼，何處去學，個人如何去學等方面，典型的童年期社會化與後期社會化之間，可作某些對照。

就內容而言，童年期的社會化，與生物內驅力（ drives ）的約制有關；到了青年期，與訂定價值及自我意象之發展有關；而到了成年期，社會化涉及更多外在的和特定的規範與行爲（如與工作角色有關者），以及更多表面的人格特性。（ Mortimer and Simmons, 1978: 423 ）

多數的童年社會化，在教、學配合的特有情境下進行。相對的，成人學習經常與工作、家庭，或社區有關。學徒與一般學校的教育不同，因爲學徒要簽約，同意以有價服務交換技能訓練。相形之下，學校只爲教學而存在，兒童無須爲其所學而付給教師報酬（譯按：此指公立之中、小學而言）。

兒童與父母、教師及同伴，傾向私人交往。此種交往使社會化過程更加有效，因其互動有情緒上的作用。成人與其社會化者之間，情緒瓜葛可能不多，因此，學習依舊是表面的，志在獲得有利之技術，對自我概念並無任何主要之衝擊。成人社會化比童年期社會化更有自願性，雖然並非一成不變。例如被解雇之工廠工人，爲了謀求新的工作，必須再作訓練。成人對於社會化的影響抗拒力較大，或從別人要他改變的情境中退出，不再學習（ Mortimer and Simmons, 1978: 424 ）。

兒童經常會碰到全新的觀念與經驗。相反地，成人社會化中所涉及的概念與過程，學習者已經有些認識。如果這些觀念與新的學習牴觸，則可能加以修正。成人社會化常與就業，或人生歷程中發生的改變與危機有關。

(一) 職業社會化

學習一種職業或專業，是成人社會化的通例。做為一個醫生，部分是要精通醫術與醫學知識。醫科學生必須要學習思想像醫生，態度似醫生，並覺得做醫生順天應人，理所當然（Becker et al., 1961）。醫生的意象與自信概念，合而為一。一項對護士社會化的研究，明確指出由護理學生到護士轉變的三個主要階段（Simpson, 1967）。第一個階段，學生開始立定志願，學習護理，並以獲得護理之知識能力為目的。第二階段，以專業同事做為其重要的他人（significant others）。最後，她們開始將專業價值內化：以護士的想法為想法，感覺好像就是護士。

職業學校、工技學院、商學院，或公司支持的計畫，其中正式教育的準備工作，只是職業社會化中的一環。在職訓練（on-the-job training）於所有職業及專業之中，均甚重要，即使毋須正式專門化教育的職業與專業亦然。此種訓練，範疇頗廣，從正式學徒制，到有經驗的同事作非正式指導，均包括在內。多數的訓練與兒童學習的示範方式，頗相類似。新的工人只要觀察有經驗之工作同伴，即可獲得資訊與技術，毋需別人主動教導（Rothman, 1987）。因此，在職訓練是一種正式的、有組織的社會化與一種普通的、非正式過程的結合。

對某些工作而言，除了工作時學習以外，可能沒有職業社會化存在。例如，妓女事實上是在賣淫時才接受全部訓練，其經歷的階段，與護理學生類似。在與其他妓女接觸並了解賣淫之後，初入該業者，便經過從學徒，到其他妓女教導她接客技巧，以及此種次文化規範與價值的訓練期。初入淫業之妓女，逐漸接受與賣淫認同的價值觀，而罔顧大社會的諷言與冷語（Bryan, 1965; Heyl, 1979）。

職業社會化所涉及者，遠超過專業教育、在職訓練，以及專門資格的要求。職業社會化的隱約面，可稱為工作社會化。在工人的一生事業中，其人格頗受從事工作之影響。例如，獨立自主的工作，鼓勵人們勇往直前，對在工作以外的生活應有自信。也能導致非權威取向，和個人負責的道德標準（Kohn and Schooler, 1982: 1272）。

職業社會化有時能刻骨銘心，個人很難捨棄不再適合的角色。例如，偵探在執行一項指派的工作之前，準備周詳，試驗再三。任務達成之後，則須回到正常之工作，可是他們也許需要維持出任務時的穿著、行為，及生活方式。在少數的個案中，偵探甚至「假戲真做」，放棄執法，而加入原先指派去滲

透和挖掘毒品或情報之次文化工作（Girodo, 1984）。

(二) 父母社會化

現代社會，對人們作父母的主要新角色，很少預作準備。許多人只有自己作了父母之後，才學會照顧嬰兒和子女。由於小家庭的趨勢日益明顯，很少人有照顧弟妹的經驗。大多數的人邊做父母，邊學習做父母之責任和技能，有時自己的父母或有子女的朋友也從旁協助。然而，在這個小家庭的世紀，也是大衆傳播的世紀，對於初爲人父母者的指導，並不缺乏。兒童照顧班、指南書刊、雜誌文章以及種種演講，均能引起有心者的嚮往。

經濟能力寬裕的父母，對於子女照顧，照例多就敎於醫生。但現在，醫生在此一角色上，或積極參預，或被取代。新的專業人員，如兒童心理學家、臨床心理學家、家庭顧問等，指導父母從事子女敎養的工作。在各種領域中受過訓練的兒童發展專家，對於兒童之餵養、規律行爲、入廁訓練，以及衛生等，提供不同的、有時矛盾的指導。圖書、文章、報紙與雜誌中之專欄，以及廣播、電視等均是專家意見的園地。例如，數十年來，美國的父母均以史巴克（Benjamin Spock）醫生的《育兒指南》（Baby and Child Care）一書爲經典。本書初版於一九四五年，此後歷經無數版次，暢銷數百萬冊。成人敎育的課程，也廣泛提供有關產前準備、嬰兒照顧，以及作父母的一般技能。通過大衆媒體與有組織的課程，學習爲人父母之道，不再像上幾代那樣以非正式的、漸進的、家庭與鄰里式去進行，而已屬於正規敎育的範疇了。

雖然，由兒童敎養專家們提供之資訊、觀念及技術，對於初爲人父母者確有幫助，可是幫助也令人茫然而迷惑，尤以專家們的意見不一時爲然。隨著時間的推移，兒童敎養由放縱轉向嚴厲，像打孩子巴掌，有些權威人士認爲有害無益，而別人則認爲無關緊要，也有人認爲它是兒童敎養的較佳方式。

有時專家指點的繁多與分歧，傷害了父母自己的判斷信心，對於常識或朋友與祖父母的經驗，難以信任。一些專爲敎育良好、中層階級父母服務的專家們，多認爲母親宜全天在家，或家庭可以購置圖書或其他的學習幫助。以此種假設所作之建議，對於物質貧乏、敎育程度低的貧窮父母，了無助益。專門的指導，傾向建立「正確的」兒童敎養規範，可能不務實際，同時能增加一種感覺：只有專家才有敎養兒童之知識。

然而，爲做父母者設計周詳的社會

化，對於父母接受適當訓練的兒童而言，確能產生裨益。有一項此種計畫，即是在德州奧斯汀設立的「父母子女教育計畫中心」（Parent-Child Program of the Centro para el Desarrollo de la Education No-Formal ）。該中心為子女身心發展遲緩的父母，提供種種支助。家庭訪問員向父母示範，如何對環境作實際改變與增加父母子女間的互動，以幫助子女成長。該中心的工作人員鼓勵母親與嬰兒說話，用已有的東西作玩具（如廚房用具），製作簡單的助學工具，如汽車一類的自動器物，或玩躲躲貓遊戲（ peek-a-boo，譯按：一種面孔一隱一現，逗幼兒玩耍的遊戲），或使東西忽然不見。工作人員幫助他們擬訂預算、設計飲食，並使家庭與提供其他援助的機構取得聯繫。

從此一計畫影響的評估顯示，有父母參預此一計畫的兒童，僅僅六個月之後，其發展分數便在平均數之上。其他結果也都是正面的。母親子女的互動在量與質方面提高，利用地方性的服務增加，母親對於嬰兒發展、健康，及營養方面的知識亦增加。父母社會化了，因之亦能加深其子女的社會化（ Adams, 1983 ）。

三、過度社會化

認識了社會化的重要性，不應過分強調人類生活「過度社會化的」（ oversocialized ）觀念（ Berger, 1963; Wrong, 1961 ）。事實上，社會化的目標甚少達成，多數的行為只接近社會規範而已。就某種程度而言，社會化的兩個要素：文化傳遞及獨特人格的創造，可能相互牴觸，彼此矛盾。一個社會將其規範與價值灌輸給成員愈澈底，則人格分別發展與表現之餘地愈少。然而，社會對於個人差異之容忍，每有不同。在當代美國，個人自由至高無上，大都由法律加以保障。

違背傳統社會規範的行為，一方面指出社會化的殘缺與不當，也可能顯示個人對於社會化機構間的爭奪問題尚未解決。另一方面，偏差行為可能是對於偏差團體的規範與價值，刻骨銘心，社會化成功的結果。雖然，從優勢社會的立場而言，行為有所偏差，可是此等行為，也許與特殊團體的標準相一致。而且即使最盡職、最精明的父母、教師，和督導，也不能永遠正確地將自己的意願教導他人。例如，教導新進雇員如何有效工作；而同時，同事則常教他如何欺騙機構。子女並非父母的社會無性繁殖體（ clones，譯按：原係生物名詞，意指一個母體經由無性生殖而繁衍的一羣動物或植物。此處指父母子女在

社會上，並非密切關連），子女的價值
與父母年齡相仿、社會背景類似之他人
較接近，遠過於與其父母之價值接近
（Kohn, 1983：3）。因此，社會化
是一種重要的，但複雜而不完整的社會
過程。

四、再社會化

　　在人之一生中，當其接受新的角色
及有新的經驗時，其態度、價值及自我
意象，便為之改變。此種逐漸的、部分
的變遷過程，稱之為繼續社會化
（continuing socialization）。相對
的，**再社會化**（resocialization）係
指個人為了彼種生活方式而放棄此種生
活方式，彼此之間截然不同。一個人移
居到一個不同的社會，為了學習新文化
和適應新的生活方式，則需要再社會
化。當一個整個團體，如到一個新國家
的移民，接受另一個文化的種種要素
時，此過程稱為文化涵化（accultura-
tion）。通常兩者的文化均有改變，不
過，移入地的文化比移出地的文化影響
深遠。

　　個人再社會化與文化涵化，都是美
國西南部非法墨西哥移民家庭的經驗特
色。他們的再社會化，包括學習新的語
言、新的規範及價值、新的謀生技能，
以及應付日常生活的新方式。學校是兒

監獄把犯人的個性剝奪殆盡。

童及成人的主要社會化機構。他們相信，學校有提供子女較佳機會的希望。父母為子女註冊上學，縱使有暴露非法移民身分的危險，亦在所不惜。但父母對於什麼學校適合其子女，或學校之期望為何，卻所知有限；兒童在校則避免發問，以免引人注意(Romo, 1984)。在美國的歷史之中，再社會化與文化涵化，是種具有意義的過程，但從此一當代的例子顯示，有時此過程是種長久而痛苦的經驗。

再社會化也可以在一個社會之內進行。此種再社會化方式的例子是洗腦(brainwashing)、犯人復建、宗教改變，以及對先前已經改變而又回到其原有信仰體系的人，作反洗腦(deprogramming)。在這些例子中，個人與過去一刀兩斷，「重新做人」(mode over)。個人參預某些社會運動，也可能發生戲劇性的改變。例如，女權意識之興起，能影響基本價值、期望、身分的澈底改變，而成為一種再社會化。某些職業與行業，如宗教與軍事，需要澈底的再社會化。要接受新的生活，個人必須再訓練、再塑造，並拋棄世俗或市民社會的種種一切。

再社會化欲更加深入而有效，則再社會化的對象，必須完全浸潤於一個**全控機構**(total institution)之中，它是一種孤立於廣大社區之外、而截然不同的環境。一個出家修行的人，須看破紅塵，一揮慧劍，斬斷過去與世俗的一切糾葛。其他由全控機構控制的例子，是精神病院、監獄，及某些軍事單位。為斷絕個人的日常生活與親密關係，全控機構變成意義與命令的唯一來源。參預再社會化者，對機構寸步不離、難分難捨，對以往生活中的信仰、價值及行為，很難保存。全控機構不僅使個人與外界隔離，而且使用許多極端的社會化措施：嚴格的作息時間表、單一權威的監督，以及各種生活行為均集中於一處表現。

當此種經驗達到極端時，即使身分最深入的部分，都可能加以改造。高夫曼(Erving Goffman, 1922-1982)描述自我在組織中的命運時指出，組織試圖透過對人們羞辱與貶抑的過程，以完全加以控制。新成員由親密的社會關係與安排提供的支持，立刻受到剝奪。機構經常把新進人員限制在組織之內，至少初期禁止他人來訪，因此與過去可以突然而全面的一刀兩斷。其第一步就是羞辱：機構的職員可能沒收個人的財產、打手印、脫光搜查，也許剪其頭髮或刮其鬍鬚，並發給形式單調的制服。新成員甚至須放棄在外使用的名字，由機構另外命名。

無論他們從前如何獨立自主，現在必須服從，並常對之作「服從測驗」（ obedience tests ），以評估其順從的程度。例如，新成員常須做些最枯燥和最厭惡的工作，如洗廁所、擦地板等；做些無目的工作，像挖洞後，再填滿，都顯示新成員的無奈與卑微。凡叛逆不順服者，施以懲處。揶揄、污辱、貶抑，使其感覺爲下下之人。在某些機構之中，如監獄，管理人員或其他犯人威脅新成員的個人安全，能進一步傷害自我的價值感與個人的穩定性。隱私的剝奪，使新成員的過去一覽無餘，並準備重新塑造 —— 根據新的生活標準再社會化（ Goffman, 1961a ）。

雖然，高夫曼指出此等機構的相似處，但它們之間也有重大差別。在監獄或精神病院中遭遇的身體毆打，類似新兵或宗教神職人士身體上所受之羞辱。然而，爲了宗教或愛國而自然改變生活的人，其心理傷害則屬有限，或了無苦楚，也許因爲在他們選擇新的人生路途時，價值和身分的改變，已在進行。

在非自願及暴力的情況下，再社會化對於一個人的心身傷害最爲重大。

有些社會利用精神病院、勞工營或監獄，對異議分子的信仰與價值，加以「治療」（ cure ）。（前）蘇聯的集中營成立於十月革命之後不久，爲拯救國家而把階級敵人加以隔離。到了一九一九年，爲戰俘、政治與意識型態之異議分子（包括宗教神職人員），以及一般犯人矯正的勞工營，爲之建立。此後數十年間，尤其是在史達林統治時期，其規模與人數不斷增加（ Solzhenitsyn, 1975: Vol. 1 ）。這些機構所使用的技術包括暴行、隔離、恐嚇、勞役、疲憊，及依賴：

> 你不斷地受恐懼之支配：恐懼從爬到的一點地位上滑下、恐懼失去不太艱苦的工作、恐懼從囚車上摔下來、恐懼從控制嚴格的集中營中結束一生。此外，如果你比別人軟弱，則會遭到痛毆，否則，你就須毆打比你弱的人（ Solzhenitsyn, 1975: Vol. 4, 620 ）。

對於社會及其成員而言，社會化誠有必要，但也可用作對認爲於社會有害之人，作爲控制、利用及服從的工具。

主要名詞：

社會化機構 agents of socialization

「主我」the "I"

鏡我 looking-glass self

示範作用 modeling

壓抑式社會化 repressive socialization

自我概念 self-concept

地位 status

認知發展理論 cognitive development theory

本我 id

成熟 maturation

核心家庭 nuclear family

再社會化 resocialization

社會學習 social learning

超我 superego

個我 ego

內化 internalization

「客我」the "me"

參預式社會化 participatory socialization

角色 role

社會化 socialization

全控機構 total institution

補充讀物：

Allen, Vernon L., and Evert van de Vliert (eds.). 1984. *Role Transitions.* N. Y. : Plenum Press. A discussion of a number of critical points in adult life, including parenthood, divorce, and retirement, which expose people to socialization or resocialization.

Bell, Richard Q., and Lawrence V. Harper. 1977. *Child Effects on Adults.* Hillsdale, N. J. : Lawrence Erlbaum Associates. With evidence from other mammals as well as humans, a study of the relationship between offspring and parents as reciprocal rather than simply the result of adults molding children.

Bocock, Robert. 1983. *Sigmund Freud.* Lon-don : Tavistock. A summary of some of Freud's writings, dealing with language, sexuality, gender, and religion.

Chodorow, Nancy. 1978. *The Reproduction of Mothering.* Berkeley : University of California Press. Based on Freudian thought, a discussion of the subtle differences in the psychological relationship between mothers and their infant sons and daughters that contribute to the formation of typical male and female personality profiles.

Davis, Bronwyn. 1989. *Frogs and Snails and Feminist Tales.* Sydney : Allen & Unwin. Explores the active and constructive role children play in their own socialization.

Hamilton, Marshall L. 1977. *Father's influence on Children*. Chicago : Nelson-Hall. A discussion of the impact of fathers on children's qualities such as achievement motivation, aggression, creativity, and self-esteem and questions about traditional beliefs of the relevance of fathers to their children.

Kohn, Melvin L., and Carmi Schooler, with Joanne Miller, Karen A. Miller, Carrie Schoenbach, and Ronald Shoenberg. 1983. *Work and Personality*. Norwood, N. J. : Ablex Publishing Company. An examination of the impact of job characteristics on the ability for self-direction and demonstration of work contributing significantly to adult socialization.

Research in Sociology of Education and Socialization. Published annually. Greenwich, Conn. : JAI Press. A presentation of a wide range of current empirical research on socialization and education.

第四章 互動與社會組織

十三歲的馬克，獨自坐在初中的午餐室裡。默默無語，亦無人對之言語。最近他決定步上叔父自殺的後塵：

> 馬克經常幻想叔父邀其天國相聚……（他）落落寡歡，心情沮喪。他的母親及妹妹住在別的城市。父親於馬克三歲與其母親離婚後，就很少見面。他與姑媽蒂莉及姑丈喬住在一起，但他們忙於工作及自己的子女。看來沒有人為馬克留下時空的餘地。（Gutstein and Rudd, 1988: 1）。

美國每年大約有 5,000 名年輕人自殺身亡，數十萬人嘗試自我了斷。大多數都是孤立無援，無人理睬。相對之下，自殺危險低的人，都是社會上相整合的人。他們在家庭及其他小團體之中，建立起意義深遠之關係，參預特殊愛好之結合，並覺得其為鄰里或社區的一分子。他們的社會整合基於**社會互動**（social interaction）：領悟他人並依他人反應而調節本身反應的過程。

本章第一節：「互動與意義」，介紹三種理論觀點——符號互動論、俗民論，及交換論——以顯示人際關係如何對穩定或偏差，以及衝突，有所貢獻。第二節：「地位、角色，與社會組織」，在說明互動，甚至像自殺這種最難的個人決定，如何受社會組織或社會結構——社會中，個人與團體間關係的穩定模式——之控制。第三節討論關係與團體的類型。最後一節探討社區與社會間的差異，並探索個人在較大的社會脈絡中，如何尋求社區的報酬。因此，本章從個體層次分析，到總體層次分析；從人際關係與團體研究，到較大社會之研究，逐一推演。

第一節
互動與意義

互動是在小規模的社會環境中，最重要的人類聯繫。社會學家久已關注此一層次之分析，不僅因為互動對個人意義重大，而且因為在個體層次（micro level）上的種種互動，影響到全社會或總體層次（macro level）上的衝突或穩定模式。例如，家庭生活之改變，反映在離婚率、婦女就業人數，甚至貧窮率之增加上，同時亦受此等因素之影

響。

部分的人際互動，受文化價值與規範之指引。但互動也可從個人的願望及其優弱點上產生。對個人而言，社會互動及其意義，是社會期望、個人定義，以及個人適應的複雜結果。符號互動論與交換論——兩種社會學分析之類型——對於互動與意義的這些面相，各有所重。符號互動論（symbolic interactionism）強調個人如何彼此闡釋特定的社會情境。交換論探討互動的成本與報酬。兩種探究方法對於個體層次上的社會組織、衝突及變遷之理解，均有所助益。

一、符號互動論

要了解個體層次，我們需要知道何種人際經驗對於個人有意義，而此等主觀取向對於穩定、衝突及變遷如何促成。符號互動論強調個人運用符號，把自己向他人表明，並解釋他人行動之能力。符號互動論係基於三個中心假設（Blumer, 1969b: 2-5）。

第一，個人的動作係以物、事或人對他的意義為基礎，但卻不能把別人有此同樣了解，視為當然。例如墮胎，有人從「支持生命」（prolife）的觀點出發，他人則從「支持選擇」（prochoice）的觀點著眼。醫生對拯救一

位婦人的生命而墮胎，與對一位大學生未婚懷孕而墮胎的看法，迥然不同。

第二，意義並非來自一物或一人，而須起自社會互動的過程之中。意義是由他人行動之表現方式而產生。你對墮胎的感覺，大都是由墮胎對你的父母、朋友，以及其他你所尊敬者的意義而決定。

第三，意義要經過解釋與再解釋。人在現有的情境脈絡之中，對從前社會經驗之解釋加以選擇、修正、揚棄、重組，與改變。一個人對於墮胎的觀念，可由家庭與朋友提供的資訊與意見，或由個人經驗所得之資訊與意見而加以改變。有些開始對墮胎冷漠的人，因與其他有強烈感覺之人互動，故變成反對或是支持的擁護者（Staggenborg, 1987）。

(一) 情境釋義

人類互動，係以對情境及情境要求之了解為基礎——例如，他們是否應該推心置腹，抑疏遠冷淡。在朋友的宴會上，一位有吸引力的陌生人向你微笑與問候，與在旅館電梯間遇到的微笑與問候，解釋上迥然不同。一種情境釋義（definition of the situation）闡釋互動及其脈絡，並賦予社會意義。當人的情境釋義相同時，便可產生社會秩

序。蓋他們知道彼此期望的爲何，如何互動。這些共同定義的習得，大多數不須努力以赴，也無須仔細思考，它們創造「一種理所當然的世界」（Schutz, 1962: 74）。

對於現實的大多數知覺，是由於社會化而傳遞，後人則很少懷疑其信仰的起源，或了解其最初產生的過程（Berger and Luckmaner, 1963）。這些釋義，從日常禮儀到漫不經心的歧視，均反映在互動之中。數百年來，關於種族差異的信念，影響到大多數白人的情境釋義，及其應如何與黑人相互動。

有時，情境釋義不能視爲當然。在公開的和流動的情況之下，如電梯中相遇，人的關係是從互動進行中發展出來的——或如何避免此種關係。相遇的意義要靠線索與暗示，要靠保持距離抑克服溝通的障礙。兩個在電梯中的人，可能獲悉他們正出席同一項會議或大會。或者，一個人經由語言或非語言，發現別人帶給他某種恐懼。因此，社會現實由互動而產生，雖然日後此現實似乎有一種客觀存在。

即使他們根據接受的指示而行動，人仍可爲自己的利益而界定情境。一個人可能設法給人以權威或好學、冷淡或可用之印象，由此以控制別人如何反應——即他們如何界定情境。印象處理（impression management）一詞，即在描述此種策略。互動研究中的戲劇探究法（dramaturgical approach）把人比作演員，藉操縱其環境（物質環境）與個人的外表（講話、穿著，及其他方面的外觀），設法影響情境的釋義。人的大部分都主動地隱藏在後台或「後面」（back region），是別人（觀眾）不能接近的。印象處理與戲劇探究法於文選 4-1：〈高夫曼：互動的禮儀〉中予以探討。

情境釋義是社會秩序或社會衝突的主觀來源。團體與社會由共同的信念與解釋結合在一起，由成員間釋義的衝突而改變。有人相信，越南戰爭是遏阻共產主義在東南亞擴展的必要之舉；他人則認爲，是對於一個主權國家的侵略。他們彼此標示爲「鷹派」與「鴿派」。定義的衝突能導致父母子女的失和，改變許多人對於美國介入外國衝突之態度。在情緒上受制於上述兩大陣營的越戰退伍軍人，對其在戰爭中的角色及軍人身分，痛苦掙扎，無所適從。

㈡ 標籤與恥辱

如果一個人的情境釋義過於自私與特定，則必然招致困擾。當每個人都要求舉行一次委員會時，而某人卻把會議當宴會，則必引起問題。但如果相當多

的人認定此會議為宴會，則可能眾口鑠金，使會議變為宴會。此一例子，說明了社會學家久已確認的一個假設：「如果人把情境定義為真，其結果便真」（Thomas and Thomas, 1928: 572）。情境釋義變成一種自應預言（self-fulfilling prophecy）。教師希望少數族裔的學生從事低層職業工作，女性終歸只做「婦女工作」，則會使這些學生自慚形穢，心無大志，而有助於自己預言的應驗（Moore and Johnson, 1983; Rosenthal Jacobson, 1968）。

有些社會學家對於社會**標籤**（labelig）人的力量，印象極其深刻。他們認為，標籤過程本身是了解越軌行為的關鍵所在。此種周知的標籤論探究法，有四個要點：

1.越軌由社會界定之。被標籤為越軌者，不是由於其表現動作的性質，而是由於其行為被人標籤使然（Becker, 1963: 9）。越軌的社會定義，與時推移。例如，過失（delinquency）並非法律類別。一八九九年美國伊利諾州設立特別法庭，把少年犯自成人監獄中分開。其他各州續步伊州後塵，到了一九一七年，「少年過失」（juvenile delinquency）才被認為是法律的一項（Platt, 1969）。許多被定為過失的動作，成人違犯，不算犯法（例如，遊蕩、「積習難改」、觸犯宵禁）。這些通常是所謂地位過犯（status offenses），即少年的地位使違犯的行為非法，而非行為本身。雖然改革者有意避免把青年標籤為罪犯，以免影響不良，實際上，他們創造了一種新的標籤。就某種意義而言，社會以重新界定道德上和法律上的錯誤行為，而「製造」越軌。

2.社會控制機構指定越軌的標籤。被標籤為罪犯、過犯，或精神病，大都要看誰做標籤和誰被標籤，此與行為違背規範與價值同樣重要。笑話、卡通，與誇大的電視寫真，幫助社會對瘋狂（crazy）意義概念的形成（Link, 1987: 97; Scheff, 1966）。有權之人或機構，可使用這些刻板印象，以控制難以相處或行徑怪異的親屬或事業夥伴，他們可能沒有精神病，而把他們標籤為精神病，以便送入精神病院。總之，別人把行為解釋為越軌，界定人們是某種越軌者，並以越軌者對待之，而製造越軌。

3.越軌標籤羞辱個人。**污名**（stigma）係指有高度負作用的動作或特質的一種標籤，因之，使沾辱之人與常人有所區分（Goffman, 1963b: chap.1）。污名是從特殊動作或特質，判斷個人品性的通則。因此，在許多情況下，一個犯

罪之人成了「罪犯」（criminal）；一個有短期精神病的人，成了「精神病患」（psychotic）；一個違犯地位行為的人，被視為「少年犯」（juvenile delinquent），即是用一種暫時情況或一種過失，界定此類之人。

4. 污名可能傷及個人的其他特質，而造成一種越軌身分。污名能造成一種身分，最後使一個人接受越軌為其生活方式（Lemert, 1967: 41）。如果初期的精神病患被視為瘋子，他們可能自我貶抑，懼怕被人擯棄，「因此，處處防衛，以致產生互動緊張、孤立，以及其他不良的後果」（Link, 1987: 97）。這些反應，可能使患者沮喪不已，同時接受「精神病」的標籤和與其有關之社會看法的種種角色。因此，標籤與污名能使個人意欲消除之行為，有持久存在之趨勢（Hawkins and Tiedeman, 1975: 43-50）。

二、俗民論

俗民論（ethnomethodology）源自希臘文 ethnos 一字，意即「部落」或「種族」。俗民論所研究者，乃日常社會互動中，人們視為當然的種種理解。此種觀點與社會學強調由情境釋義了解行為，頗多關連。俗民論者堅稱，傳統的符號互動論者，包括標誌論者，常常忽視個人與他人關係中所採用的常識性步驟。他們認為，人在學習如何應付社會環境上所得到的理解，乃研究社會組織的正確起點。他們設法從一般人的每日行為與資訊方面去了解。

有些俗民論者認為，要了解某事對某人有何意義，研究者必須對控制互動的規範與信仰有充分的認識。因此，一個人必須充分參預所要研究的互動。俗民論者指出，為了客觀而「裹足不前」，便阻礙了研究者對研究對象的認識及其經驗之了解（Mehan and Wood, 1975: 227）。充分參預，包含打破種種傳統規則在內。

(一) 打破規則

當人以突如其來的方式，向無疑義被接受之情境釋義挑戰時，可顯示出有多少的社會生活，被視為理所當然。為了表示這一點，一位社會學家要他的學生從事一項如今眾所周知的實驗。學生在家以十五分鐘到一小時的時間，對其父母恭敬如儀、彬彬有禮，猶如初次相識，並以正式稱謂呼之，如先生、女士，而不說明何以如此。大多數的父母惱怒不已，並問道：「你瘋了？」「你如此恭敬，所為何來？」父母的反應激烈，致使許多學生不能達成交託的任務。有相當多的父母怒氣難消（Garfinkel, 1967: 47−49）。

(二) 談話分析

語言是人類互動的元素，社會現實中充滿著遵循組織準則的交談，即使最簡單的口頭交往亦然。事實上，交談是有條理的，因爲人輪流著說話，容許語意充分表達，並且彼此關注。在談話分析的研究中，使用自然的、甚至瑣碎的、面對面的談話錄音；此乃談話主題有其知識上或社會上的重要性，談話不能加以研究之故。（在此種研究中，研究者於交談終止時才透露錄音，此時被研究者可以決定是否消音）。在分析錄音時，研究者把談話過程斷成種種最小的交換單位，並對之仔細探討分析。姿勢、面部表情，以及其他非語言的溝通，不在分析之列。

無論談話如何瑣碎、自然，交談可顯示出社會學意義的訊息（Heritage, 1984: chap. 8）。例如，爲了對同性間與異性間的談話作比較，研究者研究交談各方有多少次彼此打斷話頭或重複話題——在別人講完之前而搶先談話。同性之間，打斷與重複談話的次數少有不同。但當一男一女交談時，話題幾乎全是由男性打斷與重複。此種證據顯示，男性在社會情境中的優勢，擴充到最簡單的交談互動之上。在研究中唯一打斷男性談話的女性，是一位助教對學生的講話。此因其正式地位上之權威，克服了男性優勢，但大學部的學生，仍然不斷地打斷助教試圖進行的工作和觀念的解釋（Zimmerman and West, 1975: 115−117）。

三、互動即交換

由於符號互動論在尋求互動的意義，俗民論則強調互動的應付性，**交換論**（exchange theory）重在人類追求利潤及個人利益之趨勢。由此觀點而言，個人從社會互動中尋求的報酬，超過了其所付出的代價。

多數的社會生活，可視爲一系列的社會交換。在人相聚一處，彼此互動時，便有給有取。他們交換不僅限於有形之物，而且包括姿態、觀念、意見、感情與敵對。有的社會交換，爲時短暫，如對束手無策的汽車駕駛施以援手，看似不過是種幫助行爲，但可能並非如此單純。撒馬利亞人（Samaritan）可從助人的行動中增加自尊，或希望藉著某些巫術，增加未來接受類似幫助的機會。

與此種轉瞬即逝的情況對照之下，其他的社會交換含有更爲永久的關係。例如，在一個以任務爲重的團體中，一個人以取得領袖角色，獲取他人的尊

重。其他成員可能覺得同樣具有領導才能，但卻不願接受責任與壓力的負擔。他們可能對此領袖讚譽備至，俾使其繼續服務。當此讚譽多次反覆，此種交換便建立起相互的義務與角色組合（ role sets ），俾助於社會生活的穩定與組織。

(一) 報酬與義務的類型

社會交換與純經濟交換不同的是，其包含者遠超過物質的報酬。社會報酬包括贊許、聲望、尊敬(包括自尊)、社會接受，以及順從其願望（ Blau, 1964: 100 ）。但即使原為經濟的交換，亦有社會成分在內。航空公司超額售票，可能使乘客失掉部分籌劃已久的假期，或與家人相聚的時間。在此種情況下，他們對於經濟補償可能不滿，社會衝突於焉爆發。從紐瓦克（ Newark ）到克利夫蘭（ Cleveland ）的一架一八五個座位的飛機，預售票數超過六五人，「暴動幾乎因而發生」。一位乘客推著坐在輪椅上的殘障母親，沮喪不已，在地板上到處亂丟報紙，而「一位嬌小的老婦人怒不可抑，拿起電話打辦事員的頭」（ Carley, 1986: 10 ）。

(二) 對等規範

社會交換也牽涉到「未便細言之義

務」與信任（ Blau, 1964: 93−94 ）。在一種浪漫的愛情關係中，有情感、祕密及幻想的一對男女，彼此信任不將其親密感情洩於外人。如果此種信任喪失，則進一步的交換，便困難重重或了無可能。當任何一方不再發現有益之物或事時，則社會交換於焉停止（ Homans, 1974: 61 ）。

所有的社會對於交換關係中的相互義務，均有共同的期望。這便是「**對等規範**」（ norm of reciprocity ）。此等規範至少有兩個相關的要件：「⑴人們應幫助曾經幫助過他們的人，⑵人們不應傷害曾經幫助過他們的人」（ Gouldner, 1960: 171 ）。此種規範深植人心，一俟他們身負社會債務而未償付時，便感痛苦異常。收禮之人覺得有禮尚往來的義務，如不可能回報，便有罪惡或羞恥之感，而送禮之人，亦可能憤怒不已或表輕視。父母、教師，及長期的朋友，通常是主流社會中的幫助者，但毒販子、皮條客、騙子以及其他之越軌者，也有一種不同的、及越軌的義務。

(三) 差別結合

人對於正當行為，經歷到定義牴觸的過程，稱為**差別結合**（ differential association) (Sutherland, 1939)。如

果人與有利於犯罪或越軌行為的文化定義，比不利於犯罪或越軌行為的文化定義有更親密、更長遠或更常見及更深入的結合時，便極可能學習並接受犯罪行為。「一個人之為違法者，係因有利於違法的定義超過不利於違法的定義。」（Sutherland and Cressey, 1978: 81）根據此一理論，學習越軌行為，並非是受電視、電影，以及其他大眾媒體影響的結果；相反的，是在親密的社會關係中進行的。雖然「每個人均與越軌定義者有所接觸，越軌對非越軌定義的比率，才算重要。」（Liska, 1981: 66）

差別結合所涉及者，比近朱者赤，近墨者黑的觀念，更為廣泛。雖然，某些警察與獄警受日常與犯人接觸之影響，但大多數均能潔身自愛，未蹈法網。差別結合中的主要因素，是對犯罪態度的接受與特殊犯罪行為技巧之習得。此種接受不在正式關係中進行，卻在親密關係中發生。在此團體中，重要的他人能影響個人犯罪或越軌行為之動機。凡經常與越軌者作私人交往者，必與逃稅、非法賭博、竊盜、鬥毆等動機有關。惟此種交往似與吸食大麻煙無關，可能因為吸大麻煙與其他越軌行為不同者，在其不涉及對別人的榨取利用（Tittle et al., 1986）。

文選 4-1

高夫曼：互動禮儀

Source: A summary and interpretation of writings on the micro-order by Erving Goffman. His analyses appear in the following volumes: *The Presentation of Self in Everyday Life* (Garden City, N.Y.: Doubleday [Anchor Books], 1959); *Encounters: Two Studies in the Sociology of Interaction* (Indianapolis: Bobbs-Merrill, 1961); *Behavior in Public Places: Notes on the Social Organization of Gatherings* (New York: Free Press, 1963a); *Interaction Ritual: Essays on Face-to-Face Behavior* (Garden City, N.Y.: Doubleday Anchor Books, 1967); *Relations In Public: Microstudies of the Public Order* (New York: Harper Colophon Books, 1971). Quoted material, some of which is abridged, is used by permission of the author and copyright holder and Doubleday & Company, Inc. This adaption was prepared in collaboration with Saul Geiser.

高夫曼（Erving Goffman）對於日常生活之研究，有兩個中心主題：(1)自我在社會互動中的命運——即個人與別人接觸所冒之危險如何，而個人又如何處理那些危險；(2)小型秩序（micro-order）的命運，尤其是所使用的種種方法，經常於不覺之中維繫著社會生活與互動。在這兩個主題的種種觀念當中，便是社會生活係一幕幕劇情，互動係舞台，印象處理，以及人見面時的禮

儀意義。

❀ 社會生活係幕幕劇情 ❀

小型秩序是由千百萬爲時短暫、轉瞬即逝之種種事件所形成。即使人有長期的關係，其實際上的溝通，亦係在簡短的會晤之中進行。就此意義而言，「社會」並不抽象——它由種種特定之活動與溝通所形成，其中許多爲時短暫而已。就某種程度言，社會確屬存在，唯不斷地出現與消失，交替弗已。「時機社會學（sociology of occasions）便由此而來。社會組織是主題，但其所組織者，係人的共同結合與暫時的互動事件，就由事件的那一點開始，……『社會集會』……是一種變幻不定的實體，人至則成，人離則散」（1967: 2）。

透過種種線索與姿態的交換，參預者彼此指出其在此情境中所欲表現之角色，以及希望他人有什麼角色。此種基本共識（working consensus），每個互動皆不相同。「因此，午餐時，兩個朋友間的相互情感、尊重、與關懷之表示，顯露無遺。另一方面，在服務業中，專家經常維持不願捲入顧客問題之形象，而顧客對於專家的能力與誠實，則表示尊重。」（1959: 10）。

❀ 互動係舞台 ❀

莎士比亞的名言：「全世界就是一個舞台」，可發展成一個小型秩序模型，顯示日常生活如何由舞台演出之特性而散布。因此，許多設施可分成「台前」區與「台後」區。台前區，如客廳、餐櫥、禮儀及清潔，無論何時，外人到來，即呈現於前；台後區，如臥室與廚房，演員可在保障隱私之下，輕鬆休閒。社會表演經常成隊演出，如夫妻扮演宴會主人，或醫生與護士在病人面前一起工作，效果奇佳。

❀ 印象處理 ❀

如果互動係舞台，則個人必然像演員。在社會交往中，作爲「演員」的個人，在「印象處理」的藝術上，技巧必須成熟練達，控制自己的形象，方能造成一種有利的情境釋義。

例如在美國社會，八歲孩童聲稱對於五、六歲兒童之電視節目，興趣缺缺，但有時卻偷偷觀看。我們也發現，中層階級的家庭主婦，把「星期六晚報」放在客廳一旁的桌子上，但卻把一本「愛情傳眞」（一定是清潔婦留下的）藏在臥室內……。就其演員身分而言，個人所關心的，是維持他們達到標準之印象；他們及其行爲結果，即根據此種印象判斷之。但作爲演員，個人

所關注者，並非達到這些標準的道德問題，而是設計一種無關道德事務之說服印象，使人覺得這些標準在達成之中。（1959: 42, 251）

1.印象處理的危險

一旦個人把他或她自己的印象呈顯於眾人之前，別人則希望彼一印象維持不變。然而，標準的表現，常難維繫。個人可能造成錯誤、暴露行徑；觀眾可能了解個人過去的種種，與其扮演之特徵並不相符；外人可能偶爾進入後台，看到一組演員的活動與其前台形象南轅北轍，不相配合。高夫曼整個論著的主題，就是有人可由一項演出看到時常出現的危險，要不然就是將此危險予以破除。

當這些破除的事件發生時，互動本身可能因混亂、困窘而中止。此時，演出不被信任之人，可能羞慚難當，而對於別人的演出，則可能懷有敵意，所有之參預者均可能覺得惴惴不安……。當混亂的可能性隨著每項互動而變化不一時……便無互動，因為參預者不願乘機備受困窘，或遭受凌辱。人生也許不是賭注，但互動是。（1959: 12, 243）

2.面對面互動的熱烈

個人在他人面前流露之訊息，不僅形之於言表，而且見之於穿著、姿勢與體態。所以，面對面的互動，不只增加情緒的熱烈，而且增加社會互動的危險。

每個人都了解，他以某種方式給人種種感受，他根據看到的全部情況及對方之最初反應，於其行為至少作某些調整。此外，別人了解他看到這一點，而他了解別人知道他看到這一點。通常，運用我們赤裸裸的感覺，就是不加掩飾、直率的運用，而且就是由於此種運用，才使之直率。共同出現，可使個人極易接近、有益，而且彼此約束。（1963a: 16, 22）

在人有難以處理的事情時，常常規避面對面的互動；例如，告以壞消息或予以責罵等。另一方面，面對面的互動，也為事情的和解提供一種機會：或對威脅報以微笑，或對壞消息示以擁抱，均可化解一場風暴。

❋ 人際禮儀 ❋

社會秩序的基礎，建立在人際禮儀之上——哈囉、再見、禮貌、恭維、道歉，以及握手，它能增進日常的互動。

「有時我們爲了擺擺姿態，事實上，內容極其豐碩」（1967: 91）。

在宗教關係中，「禮儀」是標準的行爲，由此個人對於至高之物（通常是一種超自然之神）或其替身（如一個偶像或教士），表示尊重與關心。換言之，禮儀的儀式價值多、實際價值少。然而，如涂爾幹——對高夫曼的理論助益良多——指出，在社會的結合上，禮儀與儀式扮演一個主要角色，有些前文民族，透過對共同圖騰的敬拜，重申其團體的團結。在現代的世俗社會中，宗教禮儀之重要，不如以往，但許多人際禮儀，卻發揮了相同的功能。此點可由四種人際禮儀說明之。

1.人際禮儀的類型

表達式禮儀（presentation rituals）表示接受者的感激。包括行禮、邀請和恭維，「致敬間隔的長短，根據上次致敬後及下次可能致敬前的期間」（1955/1967: 71）。

迴避式禮儀（avoidance rituals）在保持行爲距離，以表示對他人隱私之尊重，如陌生人間，避免視線之接觸。

要表示此種禮貌，看者之眼睛可躲過他人的眼睛，但無「公認」之方式可行。在街上過往的兩個人間，禮貌上，不可盯人細看，可於八呎之遙打量一眼。在此期間，街道兩邊的人以姿勢作適當表示，然後於他人過去時垂目——好像光線暗淡下來。無論如何，此處的人際禮儀雖小，然而卻不斷地控制人在社會中的交往。（1963a: 84）

維繫式禮儀（maintenance rituals）在重申關係之存在。例如，對關係深遠彼此久未見面的人，安排會面：「好像如不歡聚，連繫的力量便趨式微。因此，至少偶爾補充一點力量，應屬必要」（1971: 73）。

認可式禮儀（ratification rituals），如結婚時道喜、喪偶時弔唁，表示由一種身分進到另種身分。

2.人際禮儀的功能

不同之禮儀發揮不同之功能，但所有禮儀有一樣卻是共同的：行爲者向他人表示尊敬與關懷。人際禮儀之重要，理由有三。

第一，人際禮儀像交通號誌，使互動流利順暢，遠離危險。迴避式禮儀像「禁止入內」的號誌，可保護個人在公共場所免被擯棄，並使其有自我行動的自由。邀請與問候像綠燈號誌，告訴他何時出現會受歡迎、而且適當。沒有講聽輪流的禮儀，則交談必然亂作一團，不知所云。

第二，人際禮儀的功能在保證個人進入互動過程時，可以抽身而出，免受傷害。每一種新事件的出現，對個人的自我形象都構成一種潛在威脅。所以，自我是一種「禮儀上的脆弱對象」，對於不利反映的各種冒犯，要經常提高警覺。即使一個人的談話被忽視，都可視爲對其自我缺陷的一種表示。交談的禮節，需要每個人的談話均應得到尊重，縱使微不足道亦然。

第三，對等性的原則，建立在人際禮儀的結構之上。典型的原則，包含一套標準的行動和反應，及兩個或兩個以上者的對話：「嗨！好麼？」「好，多謝，你好麼？」這些舉動合在一起，構成一種小的禮節，其中兩個自我均受到禮儀之支持；就像手牽手圍圓圈，他或她伸出右手握著別人，而左手則被別人握著。因爲此等禮儀在日常互動中經常發生，爲行動者提供重複表現的機會，以維繫一種可行的——縱使理想化的——情境釋義。雖然個人暗懷私心，以維護對其有利的印象，但其做法必須以關心別人的身分而表示之：「其目的在保全面子；其結果是維持局面」（1955/1967: 39）。

❋ 小型秩序的保守性 ❋

由於小型秩序之特性偶發而疾速，故可能顯得薄弱而不穩。其順從性主要靠非正式的制裁產生，而任何一位有充分自信的人，都能抗拒那些制裁，只要不受情緒影響即可。在此一分析中，俗民論學家視爲一種「革命」觀點的種子：小型秩序之存在，只因人相信其存在；實際上社會秩序頗不穩定。

再則，高夫曼的著作有種保守的口吻。他指出互動如何約制人的行爲，如果人要對現實創造一種共有的與一致的定義，此等約制何以需要：

> 在一種維持自己顏面的情況下，個人要對由面前經過的種種事件，負起監守之責。他須保證特殊表意秩序（expressive order）的持續——一種能控制大小事件流動之秩序，以便任何一件由此而表示之事情，都能不失其顏面。……由於社會顏面爲其私產，是安全與快樂之中心，只由社會才可貸給；除非其名實相符，否則社會可以收回。受贊許的特質與面子的關連，使每一個人做了自己的獄吏（譯按：人爲求此特質與面子，而自己監視自己）；這是一種基本的社會約束，即使每個人不離其斗室之地，亦難離此種約束。（1955/1967: 9-10）

一種見面禮

在高夫曼對小型秩序的說明中，最保守的要素也許在強調：共有價值乃社會結合的黏著力。高氏與視社會為不斷衝突，並由武力結合的偏激理論家不同，他把社會秩序的基礎，放在人所共有之價值上。只要禮儀是重申這些價值的方法，它就重要。然而，與早期的社會學理論家仍有不同。如涂爾幹重在抽象價值與禮儀，而高夫曼指出，禮儀表現充斥在日常生活之中。「對社會中，共同價值表現的程度……我們可尊之為……一種禮節──就像是對社區道德價值的一種抒情式再肯定……。事實上，世界就是一場婚禮」（1959: 35−36）。

第二節
地位、角色與
社會組織

社會組織之研究，集中在頗為穩定的與有模式的互動上。這些互動由**社會控制**（ social control ）而維繫，社會的努力在確保成員的行為，中規中矩，備受讚譽。社會控制的基本來源有三：規範性的秩序、社會化，及互相依賴。規範性的秩序由社會的價值與規範形

成，即文化對於行為之指導與規則之議
定。如欲規範與價值對維繫穩定的社會
秩序發生效果，必須將之教導於新的成
員。因此，社會秩序的第二個基本來源
是有效的社會化。秩序的第三種來源，
起自互相期望與互相依賴的發展。個人
從其環境中穩定的社會關係上，獲得安
全感、讚許，甚至物質報酬。但與有模
式之穩定性相關的約束，使個人付出了
代價。要接受約束，個人就要犧牲某些
自由，對他人盡義務，並達成自己的期
望。

　　社會學尋求秩序規則，但不忽略變
遷、衝突，與不穩等其他之社會生活特
性。多數的互動是偶然的、短暫的，或
不穩的。互動可能導致社會安排之改
變，及新社會組織模式的出現，而非促
進強大的社會聯繫和一種穩定的社會結
構。即使在穩定的社會模式之內，如婚
姻，仍有不同的適應餘地。近幾年來的
中層階級家庭，唯父親負擔家計，而母
親照料子女、操持家務，不再是流行的
方式。現在標準家庭，是夫婦都有收入
的家庭，而單親家庭，則是一種主要的
次級模式。家庭互動的模式改變，社會
組織因之改變。子女與父母共處的時間
減少，而與他人、電視、電腦，或電動
玩具在一起的時間，卻為之增加。多數
有工作的父母相信，現在夫婦在子女教

養上的責任相等，但大多數也相信，其
子女所受之注意及所給的時間不足
（ *Fortune*, February 16, 1987: 35 ）。

　　本節探討地位（ status ）與角色
（ role ），以此把個人與社會結構加
以連結，並介紹角色理論。角色理論家
與符號互動論者，各強調個人與社會之
間關係的不同面。符號互動論重在個人
的情境釋義如何影響角色行為，而**角色
理論**則探討作為大社會結構部分的地位
與角色，如何影響個人的行為。角色理
論家視自我是由人所扮演的多種角色而
來，這些角色，依次與社會結構中之職
位或地位相連結（ Turner, 1986: 318
-319 ）。

一、地位與角色

　　我們對別人，對我們參預其中的團
體，以及對社會等最直接的和特定的關
係，大都是我們社會地位與社會角色的
產物。地位與角色乃個人身分與社會關
係的建材，所以，它們是社會學分析的
基本成分。

　　如先前一章所指出者，地位是一個
社會體系中的職位（ position ）。角
色與地位密不可分：角色是「地位的動
態面」（ Lindon, 1936: 114 ）。教授
與學生的角色，屬於教授與學生的地
位。教授的角色包括設計和講授課程、

課堂演講、評定學生成績、擔任各委員會之委員、做研究、出席專業學術會議，以及出版學術書籍與論文。學生的角色包括做作業、參加考試與上課。

就像人在日常生活中占有若干不同地位一樣，他們也扮演不同之角色。例如，在某一天當中，一個人可能表現與同學、鄰居、陌生人、朋友、學生、職工、兄弟姐妹，以及顧客等地位有關之種種角色。每一角色都可幫助界定與別人互動的性質，並藉以創造人際與團體關係之模式，促進社會組織之穩定。

(一) 角色組合

大多數的地位與角色，都與其他角色與地位相關，所以，比乍見之下要複雜的多。一位母親在與子女的關係中是位母親，但母親地位需要的社會關係，不只一種。尚包括對丈夫、鄰居、學校老師、雇主，甚至市議員等一連串的關係。總之，一個單一的地位，包括「種種相連角色的一種排列」（ Merton, 1949／1968: 423 ）。**角色組合**（ role set ）這個概念，指出了角色的複雜，而每一個地位則有一個以上的角色。某人占有一個新地位，通常不只需要一個角色，而是一個角色組合。結婚的人，不僅取得配偶的角色，而且取得與配偶家庭有關之一切「姻親」（ in-law ）

角色，以及與配偶的朋友、同事及雇主有關之種種其他角色。

(二) 地位與身分

地位與角色也有助於個人身分的塑造。人所有之身分與其所有之角色關係一樣多（ Stryker and Statham, 1985: 345 ）。一個人可以同時是配偶、員工、學生、教徒、鄰居及朋友。角色與身分的數量愈多，人有心理痛苦徵兆之可能愈少（ Thoits, 1983 ）。社會關係的多寡，也與健康極有相關。缺乏角色與關係，是「構成健康的一個主要危險因素——與公認的危害健康之因素，如吸煙、高血壓、血脂肪、肥胖症，以及身體活動等，等量齊觀，無分軒輊」（ House et al., 1988: 541 ）。缺少角色與關係是影響身心健康的因素，乃最近之研究發現。可是，此種觀念和某些暫時性的證據，幾乎百年之前在涂爾幹（ Emile Durkheim ）《自殺論》（ Suicide, 1897／1951 ）一書中即已提出。文選 4-2：〈自殺與社會整合〉（ Suicide and Social Integration ），將涂氏理論加以撮要，文中指出，過多或過少之社會身分，均可能導致自我之毀滅。

當一個地位或社會職位，意義異常重大時，腦中不免要對「我是誰？」這

個問題提供答案，這便是**主地位**（master status，或顯地位）。一個人大部分的生活，都是圍繞此等地位而組成，有其特殊的象徵意義。在許多社會中，種族、民族、性別及宗教是主地位。對許多人而言，一種職業或專業是一種主地位。醫生的角色充滿許多與其執業有關之生活。相形之下，一種暫時的地位──如暑期工作──對個人的社會身分影響不大，不可能成為一種顯地位或主地位。

　　家庭地位通常視之為顯地位。在以往，妻子與母親的地位是顯地位，充斥在中層階級的美國婦女生活之間。今天，為數不少的婦女認為，職業才是一種生活興趣所在，因之是一種主地位。由於婦女就業不斷增加及性角色取向的改變，對中層階級男性而言，丈夫與父親地位，已變得更加突出（Graeme, 1982）。

(三) 先賦地位與成就地位

　　在一個傳統社會中，一切均受少數固定的、顯著的地位所支配，個人「位置」（station）的正當性與永久性，普遍為大眾所接受。職業地位由一代傳至下一代；即工作是世襲的。生在社會秩序中的一個特定地方的人，便有一種**先賦地位**（ascribed status），而不

工作的母親：成就地位

管其個人的行動或願望。性別與種族是明顯的先賦地位。例如，伊斯蘭教可蘭經規定，婦女的地位只有男性的一半。一個男人可以娶四位妻子，但卻禁止妻子做任何事，唯回娘家例外。一位婦女只可有一位丈夫，且對丈夫的行為少有約束。

　　先賦地位的反面，是**成就地位**（achieved status），由機會及個人努力而獲致。在西方社會，先賦地位業已式微，比起以往，現在的地位常以成就為重。推銷員之子可成為體育節目的評論員，然後做電影明星，再做美國總統（譯按：指雷根總統）。不過，從第

八及九章對種族、民族、性別及年齡的討論顯示，在現代社會，先賦依然扮演一個重要部分，使個人在取得希望的地位上，更為艱難。

二、社會角色分析

角色係與社會地位關連的行為模式，可從三種觀點加以探討：角色如何規定、如何知覺、如何扮演（Levinson, 1959）。**規定的角色**是由與某一地位相關之期望，將它建立在社會及社會組織之中。規定的角色係基於社會政策、傳統及廣泛的信仰。其壓力與機會，能指示和阻礙人的行為。一個工作及附屬其上之角色，在個人受雇擔任工作之前即已存在，而學習規定的角色，是工作之初的主要任務。一項工作的規定，把責任及其如何達成，一一列出，而職工手冊則把適當的行為詳加說明。工作一段時間之後，職工便學得規則嚴格與不嚴格之間的區別。他們會根據經驗重定角色。

認知角色（perceived roles）是個人對其所占之特定社會職位的界定與了解，以及在那些職位上該想什麼，該做什麼。人獲得這些知覺，部分來自社會環境本身，部分來自自己的喜好、信仰、占有之其他地位，以及從前的經驗。顯然地，不同之人以不同方式看待同一角色。例如，在一個大都市中，許多警察有著相同之工作說明，但對工作的領受，則各有不同。有些對自認為的「微」（minor）罪不舉，且常疏忽，如賣淫、賭博，或在公共場所買醉。他們的目的在維持秩序，而非嚴格執行法律。其他之警察則對於犯罪者或涉嫌違法者，不論其犯行如何微小，概予逮捕（Wilson, 1968）。

一個角色如何表演──**角色表現**（role performance），乃社會角色期望及個人角色知覺的結果。角色期望與知覺相同或衝突之程度，其表現方式多有不同：如「消極的適應，對目前角色要求主動提高，以間接破壞作表面順從，意欲作建設性的改革等等」（Levinson, 1959: 175）。個人從過去及現在的社會經驗中學習，既可「取得」（take）角色，又可「製造」（make）或創立角色（Turner, 1962: 22）。我們大多數人都在設法發現種種方法，把在特定之角色環境中我們所要做的，和我們被期望的加以融合（Zurcher, 1983: 14）。

規定的角色繁多而重要，以致控制了大部分的社會生活。然而，許多角色透過行為，在互相交換的社會互動中出現。在學校一個班級以小組討論方式做作業，「點火栓」（spark plug，譯

按：喻引發問題之人）可以作腦力激盪，他人則可能說笑話，舒緩緊張，而一位非正式的領袖可能就近影響團體的作業，此等角色，並非基於界定清楚的期望。相反的，在工作團體發展之時，可以自然形成。它們越過規定的角色，表現人格特質及人際關係的動態性。

在日常生活中，我們可以發現角色概念中三個彼此影響的面相。例如，秘書或行政助理接受大抵界定完整之規定角色。她們受僱打字、存檔、筆錄、安排約會、掩護電話、安排旅程，以及為上司處理其他事務。然而，當工作一段時間之後卻發現，她們尚須保護上司、受個人差遣、平息顧客或委託人之怒氣，甚至替上司背黑鍋（例如文選5-2：〈坎特（Kanter）：科層婚姻〉）。因此，角色表現可能改變，因為角色知覺受他人──例如督導或同事──之影響，而非組織之規定。

三、緊張與衝突

因為一個角色組合可以包含許多要求，占有一個地位之人，便感受到義務與壓力的負荷。一位教授的角色組合，包含對大學部學生、研究生、教授同仁、研究同仁、行政人員、出版商等等之關係。用在準備講課或批閱作業上的時間，與用在議事職責、研究工作，或

行政責任上的時間，相持不下。個人不能達成與各種角色關連的一切期望時，便有**角色緊張**（role strain）之感。此等緊張，並不一定是不同角色的矛盾要求造成的。只是一種無充分時間滿足多種期望的單純問題。

為了減輕角色緊張，許多人放棄某些角色，或某些角色表現不當，或只完成選擇的期望，或發展種種應付策略。有些教授用舊講義，以便有充分時間從事研究；其他教授為學生花費許多時間，但著作發表，卻為數有限。幸運的是，並非所有的角色要求同時表現。由於經驗之累積，個人可發展出應付競爭壓力的種種技巧，以舒緩角色緊張（Goode, 1960: 486-490; Merton, 1949/1968: 425-433）。

角色衝突（role conflict）之產生，不僅起於角色競爭，而且係基於期望之牴觸。在雙重事業及單親家庭中，工作要求與父母責任往往不能兩全。「鑰匙兒」（Latchkey children）放學回家，無人照管，直到父母下班。父母與子女在下班前的電話交談，可能使主管不勝厭煩，蓋擔心效率降低；雖然電話交談可以和緩焦慮，且從長遠看，尚能保持效率。下班遲，或把工作帶回家，卻能增加角色衝突。

個人在其角色之內及角色之間的衝

，可能面臨矛盾。公司爲加強專業能力，而僱用工程師及研究科學家。這些人重視獨立、自主，包括自訂目標及其達成的方法。然而，在公司中，他們遇到的嚴格工作規則與目標，與其自訂者迥然不同。主管常不了解彼等的專門知識及專業規範。規則與主管人員，均不能對專業人員的不同和分歧觀點，作彈性考慮。因此，「他們一方面期望能以專家方式表現之，另一方面，作爲一位職員，則又以不同方式表現之」

（Hodson and Sullivan, 1990: chap. 10）。一九八二年國際商業機械公司的兩位物理學家，於空閒時間從事超導體（superconductivity）研究，此事並未通知其主管，因爲有一位副總裁對此了無觀念。他們不認爲公司會停止此種研究，但他們擔心，「如果此一表面上看來死路一條的計畫傳言開來，會喪失其科學家的信譽。」（Hudson, 1987: 1ff）。一九八七年，他們獲得了諾貝爾物理獎。

文選 4-2

涂爾幹：
自殺與社會整合

Source: A summary and interpretation of Emile Durkheim, *Le Suicide* (Paris: Alcan, 1897). English translation and introduction by George Simpson (New York: Free Press, 1951).

法國社會學家涂爾幹對於各種形式之社會整合（social integration）、社會解組（social disorganization）以及社會聯繫（social bond）的削弱極感興趣。他用自殺率作爲社會整合的指標。基督教徒的自殺率高於天主教徒，未婚者高於已婚者，軍人高於平民，軍官高於士兵，和平時期高於戰時與革命時期，經濟繁榮與蕭條時期高於經濟穩定時期。

涂氏認爲，不同團體有著不同的自殺率，其中必有某種因素與該團體的社會組織有關，於是此因素能阻止或不阻止自殺，甚至於可能鼓勵自殺。他知道各人自殺的原因很多，而且各不相同：

諸如貧窮、失戀、考試落第、健康不良等，但是這些原因，仍不能解釋爲什麼某些團體之自殺傾向大於其他團體這種事實。

涂氏認爲，個人自殺動機之產生與否，取決於他與團體生活整合的程度。雖然，涂氏承認自殺是不能用簡單的原因來解釋的。個人自殺動機之起因，有兩極端，非此則彼。一是他與社會高度整合，一是他與社會貌合神離。

❉ 利他自殺(altruistic suicide) ❉

當個人以一種強烈的團結感與團體密切契合時，他便接受該團體的種種價值與規範，並視爲己有。他將自己的利益與團體的利益合而爲一。不把自己視爲在生活上與團體分離的特殊分子。

在這種情形下，他願意爲團體目標而犧牲自己的性命。第二次世界大戰期間，日本的神風飛機(Kamikaze)是這種自我犧牲的最好例證。日本的駕駛員以視死如歸的精神，將飛機衝向敵人軍艦，與之同歸於盡。在高度整合的社會中，有一種強烈的社會團結意識，自我毀滅可能被認爲是自願與盡責，生與死具有同等的意義與價值。

如果個人不能達成團體的標準時，他寧死勿生。由於個人與團體認同的密切，致使團體的非難等於自責。在此種情形下，失敗是整個的、絕對的。因此，個人孤注的一擲，將全部自尊，完全寄託於團體的讚許之上；如果得不到團體的讚許，自尊也就蕩然無存了。

與團體過分整合而發生的自殺，涂氏稱爲利他自殺。這種自殺之所以發生，乃是爲了團體或爲遵循團體的行爲規範。利他自殺也見之個人完全許身於某團體，而與其他團體相隔離。

涂氏用利他自殺說來解釋何以軍人的自殺率高於平民，軍官高於士兵，志願兵和重入伍者高於募兵。涂氏謂，軍人使自己與軍隊生活的價值與規範愈相認同，自殺率愈增高。軍官與軍隊組織的整合高於一般士兵；志願兵則高於募兵。軍人對軍隊生活愈整合，則對社會中其他團體愈隔離；對軍事價值愈執著，則愈將自尊寄託於戎馬生涯的成功之上。

❉ 利己自殺(egoistic suicide) ❉

當個人對社會秩序的遵從很淡薄的時候，又將如何？

1. 他失去因參加團體生活所給予他的種種束縛。如果他有自殺的意圖，便不會因爲對他人深感歉疚而中止，同時他也不會顧慮自殺對於團體的後果。在這種情況下，個人概不受他人之約束，我行我素，自由地處理自己的生命。

2.個人失去情緒上的各種牽掛，這些人與人之間的牽掛，能使生活有意義和減少自私。

3.個人失去深入團體生活所能得到的心理支持，一切都得靠自己。他不能從團體的成就得到滿足；成功或失敗都是他個人的事；做錯了，不受團體標準的管制，那是他個人的判斷與責任。在他個別的責任之負荷下，這個人容易感受情緒不寧，而情緒不寧可能導致自殺。他不能依賴與他人之間的關係來克服私人的危機。

這種自殺，涂氏稱為利己自殺。利己自殺以自我而非團體為中心。利他自殺之發生，因為個人與團體生活打成一片，而利己自殺之發生，因為個人脫離團體，彼此互不相涉。

依涂氏的說法，基督教徒自殺率高，可以解釋為利己自殺。他指出，天主教與基督教對自殺都加以譴責，但是天主教將教義變得極為有效，使個人隸屬於可視為一種社會制度的教會之中。另一方面，基督教把救世視為基於個別信仰與宗教信仰的個人責任問題，除了自己的良心之外，個人與宗教限制沒有什麼瓜葛。

未婚者自殺率高於已婚者，亦是利己自殺的例證。未婚者有較少的責任與牽掛。已婚者則受種種義務與情緒牽累

的約束，他們較不自私，他們的生活使其負起照料他人的責任。他們共享興趣與價值，並從人際關係中獲得情緒支持。

在戰爭與革命時期，人們忘記了自己及其痛苦，而聯合起來為著共同目標而奮鬥。至少暫時地，社會危機能使社會整合加強。因此，涂氏認為社會混亂與戰爭時期，自殺率有降低的趨勢。

※ **失序自殺**（ anomic suicide ）※

一個高度整合和統一的團體，會發展出一套規範以調節行為與人際關係。這些團體藉建立何者為適當，何者為不當的一種明確規則，以限制個人野心超越本分，因而提供個人一種安全感。

涂爾幹認為，焦慮之源在於無限的野心。當人生無既定的、可達到的目標及明確選擇時，當「前途只有茫茫一片」時，便感到寢饋難安，困擾不已。在團體規範的力量被削弱時，個人的野心與行為的限制即會減少。同時，他們失去了團體控制與規則所能供給的安全，雄心勃勃，超出能力範圍之外；對於何者為是，何者為非，而猶疑不定。

依涂氏之意，社會缺少控制人抱負與道德行為之明確規範，便是失序。失序（ anomic ）意即「缺乏規劃」（ lack of rules ），基於失序的自

殺，涂氏稱為失序自殺。

失序自殺與利己自殺皆起自低的社會整合，然而彼此無關。雖然，利己自殺者，業已擺脫阻止他自殺的利人束縛，但並不一定違背團體的規範。相反地，利己自殺者也許是一個具有高尚道德的人，有著高度的責任感。然而他們的道德來自「原則」，而不是來自對他人或機構的忠實。當然，他情緒騷擾來源之一，也許是律己太嚴，拳拳服膺，絲毫不爽。涂氏認為利己自殺容易發生於知識分子與專門職業者之間。這些人所願效忠者是理想，而非個人或團體。

另一方面，以失序自殺而言，也許是個人重託給社會，而團體生活卻不能提供限制行為的標準。利己自殺者由於過分自律而發現生活不能容忍；失序自殺者是由於不當自律而發現生活不能容忍。

涂氏發現兩種證據，以支持他的因缺乏約束規範而使自殺增加的理論：

1. 他注意到，自殺率在准許離婚的國家高於不准許離婚的國家，而在離婚頻繁的國家，自殺率又高於准許離婚的國家。他說，凡准許離婚的地方，社會中重要的調節原則被削弱了。當思及自殺與離婚的關係時，離婚的事實與離婚的可能性必須加以區別。離婚之事實使個人有孤獨之勢，因而造成利己自殺率

之提高。離婚的可能性反映出准予離婚之規範，為離婚提供了機會，因而產生焦慮，所以有助於失序的出現。

2. 涂氏發現自殺與經濟有關。在經濟蕭條時期，自殺率高。然而，原因不在貧窮的艱困，而在與經濟危機關係的錯亂。十九世紀西班牙比法國窮，但自殺者僅及法國的十分之一。持續貧窮的地區，自殺率一般為低。

涂爾幹認為，任何突如其來的經濟改變，無論繁榮或蕭條，均會破壞既定之希望。突然繁榮之為不安，因為它會帶來有增無已的希望與興奮。「貧窮抗拒自殺，因為貧窮本身就是一種限制……另一方面，由權力而得的財富，使我們誤信一切都是靠自己。我們面對事物，減少阻礙，顯示成功有無限之可能性。一個人感覺限制愈少，對於所有限制就愈不能容忍」（1897／1951：254）。

涂爾幹對貧窮通則之看法是正確的。經濟蕭條期間自殺率高，在於財富或社會地位的喪失所造成的痛苦。但其有關繁榮方面的假設，在「自殺論」中能予以支持者有限，且尚未得到證實。

結 論

涂爾幹對於自殺的研究，促成其對

社會秩序的性質與社會解組方面的廣泛興趣。「自殺論」的意義，是對人類休戚相關的啟示，於團體及團體規範皆然。自殺的類型——利他的、利己的、失序的——顯示了整合與孤立的影響。

在當代社會學思想中，失序概念占有一席之地，對於因缺乏道德秩序歸屬感而造成個人迷失的人，給予高度的重視（ Clinard, 1964; Simon and Gagnon, 1967 ）。

涂氏的《自殺論》一書，於一八九七年出版。嗣後之許多研究，對涂氏之結論均表支持，而涂氏在分析與解釋上的天賦，對於當代的社會科學家*是一種永無止境的挑戰。

---

*許多發現在亨利（ Henry ）與蕭特（ Short ） 1951 ：附錄一中，均有評論。另見 Breault, 1986; Day, 1987; Gibbs and Martin, 1964; Maris, 1969。

第三節
關係與團體

本章前兩節，特別提到社會隔離的悲慘結果，以及穩定的互動與情緒支持的報償。情緒支持的需要，表現在**初級關係** (primary relations) 之上，它是一種提供舒適與滿足的持久關係。初級連結，即有初級關係者間的依附，出現在父母子女關係、朋友、情人，以及在社會團體或社區中連繫緊密的成員之間。私人性少和範圍狹窄的關係，稱之為**次級關係**(secondary relations)，此乃較大團體之特徵，包括自願結合（如學生服務組織）及短暫的互動（如商業交易）。本節把初級與次級關係喻之為**理想類型**（ ideal types ），探討初級與次級團體如何把個人與社會連在一起，並指出這些團體與關係如何嵌入較大的社會網絡（ social networks ）之中。

一、關係為理想類型

在現實生活中，大多數的關係均有初級與次級兩種特徵。為了對繁多不一的互動加以分類與了解，社會學家發現，設想兩種相反的極端形式，殊有助益——在此一例子中，即初級的與次級的。對比的概念，諸如這些稱為理想類

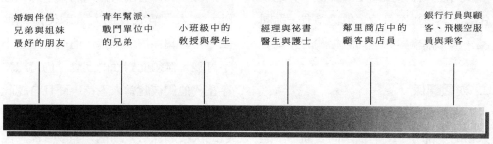

表 4-1　初級與次級關係乃屬理想類型

| 婚姻伴侶
兄弟與姐妹
最好的朋友 | 青年幫派、
戰鬥單位中
的兄弟 | 小班級中的
教授與學生 | 經理與祕書
醫生與護士 | 鄰里商店中的
顧客與店員 | 銀行行員與顧
客、飛機空服
員與乘客 |

初級關係

對全人反應，溝通深入而廣泛，私人滿足高於一切

次級關係

反應範圍狹小，溝通膚淺而有限，關係乃另種目的手段

型者，是以社會模式的明顯特性為基礎的邏輯極端形式（ Weber, 1922/1968: 20−21 ）。理想類型有助於關係與團體的描述和比較，確認社會變遷，以及提供變遷原因與性質的線索。

表 4-1 顯示，初級和次級關係乃一個連續譜上的兩種極端類型。此等類型由三種特徵界定之：對全人（ whole person ）反應的程度、溝通的性質，以及個人滿足的重要性。

(一) 初級關係

初級關係具有三種明顯的特質：(1)對全人反應；(2)溝通縱深而橫廣；及(3)私人滿足高於一切。在初級關係中，互動是獨特的（ unique ），因為反應給予一個特定之人，不能轉移他人。互動

是整個的（ whole ），因為參預者對另一個人的人格，作多方面的反應。此等互動能使感情進入關係之中。互動愈完整，關係愈初級；其本身就是一種目的，就愈受重視。

在初級關係中，參預者間的溝通範圍與形式，均少限制。溝通經常以無聲的暗示與線索，以及言語為工具，凡不能出現於公開場合的感覺，均能在初級關係盡情表示。雖然密切的和廣泛的溝通不能保證意見一致，但卻能促進類似態度與感覺的發展。初級關係的深入溝通，給個人更多彼此交相影響的機會。

初級關係並非永遠友善而溫馨。所有的關係均涉及緊張與正面的反應，雖然不能單靠敵對而長期存在。當敵對存在於私人關係時，溝通即受到阻礙，反

應常以對方人格的部分爲限。初級關係必須對他人作必要的正面評價，有此關係者，緊張雖不可免，但仍須有一種同屬一體、福禍與共、休戚相關的感覺。

(二) 次級關係

在**次級關係**中，(1)反應僅限於他人人格的一部分，(2)溝通趨向表面，不能顯示人格的深層，(3)關係是達到別種目的的手段。次級關係可以轉瞬建立，通常爲時短暫，比初級關係更加常見。

次級關係與初級關係所不同者，在於此種關係極易轉移他人。例如，店員與顧客之間的關係，是一種可以轉移的關係，雙方行爲已標準化，可施之於任何店員與顧客。即顧客與店員所有的規定角色，僅涉及與個人有關之商業部分。多數與店員是誰，並不相干。但如果你每天在附近的一處市場購物，你可能先與店員閒聊天氣，再談工作，最後談到家庭和政治。在次級關係變得經常而重複時，角色與個人即趨而爲一（ Turner, 1978 ）。彼此以人而非店員或顧客相待，即認識到別人的人格，並把次級關係的理想類型拋開，最後也許會走上一種初級關係。因此，雖然理想類型對於關係的分類及其如何改變有所幫助，但大多數眼見的互動，是在初級與次級之間的連續譜上，前後轉換。

(三) 順從與緊張

初級關係有助於個人的安全感與福祉。家人、情人及朋友，即使遠離他去，初級關係依然維持。他們的結合牢不可破，無須面對面的互動，仍可繼續存在。他們彼此當人看待，而且自認此種關係難以其他替代。另一方面，大多數的次級關係可幫助個人達成目標，但很少是個人滿足的來源。

初級關係所具備之情緒特質，使人際緊張和衝突不可倖免。當反應對全人，而私人滿足又高於一切時，失望與挫折便不易消除。情人間的口角、父母子女間的爭執、好友之間的不和，其強烈與無約束，與關係之深入而廣泛一般無二。另一方面，次級關係可能極易解體，因爲參預者未把自己投入在互動之中。

二、初級團體與次級團體

一個團體如果建立在初級關係之上，即謂初級團體。在生活或工作上密切關連之人，便常出現初級團體。家庭、遊戲團體、鄰里，有時工作團體等，均有助於初級關係之形成。初級團體人數少，但是只靠人數少，並不能保證形成初級團體。美國最高法院是個小團體，但非初級團體（ Stephan and Stephan, 1985: 318 ）。初級團體一

詞，由顧理（Charles H. Cooley）創造，意指有密切的面對面結合與合作特徵之團體。

　　它們是初級的，其義不一而足，但主要地，在形成社會性與個人的觀念上是根本的。從心理學言之，親密結合的結果，是個體融合而為整體，因此，至少對許多目的而言，一個人的自我，乃共同生活和團體的目的。也許對此整體最簡單的描述方式，可謂之「我們」（we）；它包含一種同情與互相認同，為此，「我們」是自然的表現。個人生活在整體感覺之中，並可由此發現其希望的主要目標。（Cooley, 1909: 23）。

　　此種不同的團體，如家庭、姊妹會與兄弟會、機車幫派，以及小的工作團體等，大都有賴於初級關係，並給予其成員情緒支助，此乃初級團體的一種主要功能。初級團體對其成員比基於次級關係的次級團體，更能發揮立竿見影的社會控制作用。如在第三章中所討論者，初級團體更能直接介入社會化。顯然地，對其成員的保護與滿足，並非所有初級團體，方式相同，程度一樣。工作場所中的初級團體，固能做某些重要之事，如鼓舞士氣與對專業或職業之認

次級關係常是暫時的

同感，但不能做家庭所做之事。因此，一個初級團體應從其發展脈絡及功能表現等方面去了解。只因規模小，不足成事，規模大並不一定阻礙其為初級團體。有時，整個社區建立在初級關係的基礎上。

　　雖然愛情與友誼可在初級關係與初級團體中發現，個人卻不應據此論斷初級團體必然是好的。事實上，一種關係是初級的，並非意味著其永遠較他種關係為佳。私人滿足不是唯一的社會價值，在許多場合，保持非私人的或次級的關係，可能更好。從許多商業、軍事、教育及法律的經驗中顯示，最好使某些互動形式化。如果為了建立公平待遇，人可能希望在非私人的基礎上彼此來往，如此專業標準方能維持。例如，

顧理（Charles Horton Cooley, 1864-1929）是美國社會學的創始人之一，尤其以在符號互動觀上的貢獻為大。他視「鏡我」為一種過程，由團體中之互動而來，強調符號溝通，並將「初級團體」的概念加以發揮。

指派某人擔任危險任務，可免於來自上層的人情壓力。在溝通與反應受到限制，而關係又是另種目的之手段時，人際衝突爆發的可能性較少。下章討論「非私人性」（ impersonality ）時，將說明何以次級關係在商業、工廠，以及其他就業場所來得重要。

志願工作者及其服務對象之間的關係，是初級與次級關係的混合體。此關係提供個人滿足，把個人與社會的大目標連在一起，並透過集體行動，以影響有政經權力之人。

三、志願結合

為追求共同利益而結合在一起的人，便形成一個志願結合（ voluntary association ）。無論一個結合的目的是宗教的、經濟的、政治的、娛樂的、或服務的，成員對於時間與金錢的奉獻，任憑自便，或者退出，亦無限制。

無論何時，幾乎有半數的美國成人參預有組織的志願活動（ Hodgkinson and Weitzman, 1988 ）。在工業先進國家，大多數人於其一生中的某一時期，參預志願活動（ Smith, 1975: 250-251 ）。但某些人卻更可能成為一個志願者：如家庭收入較高，教育較好者，婦女，白人，有職業之人（尤其兼任工作者），家中有兩個或兩個以上在

十八歲以下的子女者，居於市郊與鄉村者，以及與多數家人同居者（Hodgkinson and Weitzman, 1988: 12-22）。他們的活動，從提供基本的社會服務，如救火（美國約百分之八十五的救火員是志願者），改進醫院及學校的運作，到鼓吹政治理想，無所不包。一九八七年美國人對社區服務付出的時間代價，估計爲美金 1,500 億（Hodgkinson and Weitzman, 1988: 7）。

㈠ 參加的理由

個人參加志願結合，其理由之繁，正如組織本身之多。這些理由包括助人的願望、做有用之事、獲得技能、社會化、應私人要求、達成宗教目的，以及實現個人得到的才能（Bonjean, 1984; Hodgkinson and Weitzman, 1988: 29; Wiehe and Isenhour, 1977）。有些志願者受其工作意義的激勵，但許多人發現，活動與互動自有報酬（Sills, 1968）。

志願行爲可促進與他人及大社會的連繫。因此，對個人整合及社會穩定，助益匪淺。涂爾幹在其對社會整合的研究中，強調志願結合對於社會的意義：

> 一個國家之能維繫，只有在國家與個人之間設置一連串的次級團體，足以強烈地吸引他們的行動，

如此，方能強迫他們進入社會生活的狂瀾之中。（Durkheim, 1893/1949: 28）。

志願結合可以發揮支持民主政府的「根本功能」（Commission on Private Philanthropy and Public Needs, 1975）。它們有：(1)引發種種觀念，如婦女與少數民族的參政權，(2)支持少數族裔或地方利益，(3)遊說各種公共政策，從墮胎合法化到死刑的恢復，無所不包，(4)藉支持或反對候選人，以做爲政府的監督者，並爲立法行動的先鋒，(5)加強主動的公民權利及利他主義。雖然如此，大多數的志願者，將其活動限制在所謂「安全、受尊重，以及與經濟和政治生活協調的範圍之內」（Van Til, 1988: 33）。

㈡ 衝突與變遷

志願主義及其貢獻，久受重視，無人置疑。然而在一九七○年代，卻變成「女權運動者及反女權運動者之間，對於核心家庭及婦女適當優先權利爭執的戰場」（Kaminer, 1984: 2）。有些女權運動者，將志願行爲與單收入家庭中、傳統婦女之妻子與母親角色，相提並論，並視之爲沒有獨立和控制的參預。她們認爲，某些類型的志願工作，尤其是在社會服務方面，與有薪婦女所

做的工作互相競爭，並降低此等工作的價值。女權運動者辯稱，在婦女志願者提供之服務不造成財務負擔時，社會服務永遠無法獲得充分之資金。因此，有人認為，志願主義對婦女及其服務的對象，了無益處。一九七一年「全美婦女協會」（National Organization for Women）通過一項決議：婦女只對導致社會變遷之事，作志願服務，對無酬之社會服務，不應提供。

女權運動者對志願主義之正當角色，與傳統主張者之衝突，持續不斷，雖然兩者的立場均有所緩和。女權運動者承認，志願工作者對婦女提供有價值的服務——例如，強暴危機中心對被毆婦女之保護，及對少女懷孕等方面所做之服務。同時，許多傳統的婦女組織，對於女權運動者提出的十年前即可避免的種種問題，予以支持。

在未來的美國社會中，志願結合可能逐漸重要。提早退休和活力充沛的老年人，均期望作些有意義的社會參預，如此必然造成大量的志願者。同時，老弱人口之增加，幼兒需要照顧，以及英語能力欠佳的移民等，在在需要志願工作者之幫助（de Combray, 1987: 52）。

四、社會網絡

任何持久的團體，均能發展出其自己的內在結構，即其成員間之關係模式。就某種程度而言，一個團體之結構可反應出成員彼此之感情。我們可以想像各成員之間吸引和排斥的種種路線，它以某種方式使團體團結，而以其他方式使之瓦解。這些吸引與排斥，可從仔細觀察團體中的行動，或詢問團體成員選誰一同遊玩、工作或做領袖等，而一目了然。根據回答的結果為基礎，研究者可以畫出一條線，以顯示誰選誰。此種圖型的簡單例子，稱為社會測量圖（sociogram），見圖 4-2（Moreno, 1934/1953）。研究者應用此種技術，以觀察和圖示團體內的交往情形和人際關係。

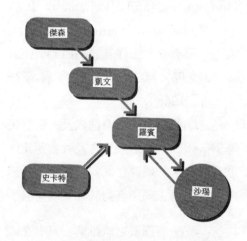

圖4-2　小學三年級的擇友社會圖

在小團體中，此種關係之研究，對於社會中個人與團體間更為廣泛的社會網絡，有刺激探討之作用。**社會網絡**（social networks）是許多人、職位或組織間，直接與間接關係的種種模式（Barnes, 1972）。它們是個人為管理與控制資源（包括他人）的有意結果，也是其情操的種種產物：如他們的喜歡、不喜歡、愛、恨、希望與失望（Anderson and Carlos, 1976）。也像所有的社會現象一樣，不斷地改變。

我們都是在有意或無意之間，成了許多社會網絡的一部分。你有多少次發現與人不期而遇而驚喜？此處有一個令人難以置信的巧合。在伊利諾州的一個小城裏，一家醫院有兩個病床毗連而臥的病人，一位是電話架設工，一位是學工程的中國留學生。電話架設工得悉，他所認識的唯一中國人是他鄰床病人的叔父。而一位伊州的電話架設工，認識任何一位中國公民近親的統計機率，幾等於零，但此種巧合，如非可能，結果是可以理解的：

　　當然，病人不是六億（當時的人口）中國人中任意的一位，而是數十萬富裕的西化中國家庭中的一人。他們住在港口城市，時常搬遷。此外，也許某些地理管道的連繫，把一家之人或為旅遊，或為學

習，而拉到一處。如此，此種邂逅似屬自然，不足為奇。我們所有的不期而遇，是社會結構的一種線索。（Pool and Kochen, 1978: 5）

此一例子，對於網絡的性質及我們「小世界」的性質，提供了某些理解。然而，更多之網絡另有意圖：「為了謀職，一個人請朋友向他的朋友美言幾句。要說服一位國會議員，一個人找一位共同的朋友向他說明案情……。雞尾酒會和各種大會，能使尋找之接觸制度化。」（Pool and Kochen, 1978: 6）

網絡可以根據個人的典型關係及其在凝聚團體內的聯繫，或根據聲望或權力中的連鎖地位或角色組合，而描述之（Burt, 1980: 81）。網絡分析的範圍，從圖 4-2 所顯示的小團體研究，到公司董事職位、美國經濟，以及將近一個世紀以來經濟網絡改變等之連鎖研究，均包括在內（Burt and Lin, 1977）。社會網絡之分析，重在社會個體層與總體層之間的連接。

正如個人透過社會網絡直接間接加以聯繫，網絡也可能是連結組織的工具。對「美國名人錄」（Who's Who in America）稍加瀏覽，便可知許多人在眾多的組織之中扮演種種角色。他們同時擔任公司總裁、基金會董事、大學

校董、民間社團主席、保險公司董事，以及銀行董事等。他們以其才能把權力與影響，運用於其他有權力與影響的人。由此，他們在社會網絡中的職位，使其在生活的各方面均有選擇與機會，從求愛、婚姻，到事業，一應俱全。

第四節
社區的探索

社會學家認為，**社會變遷**或社會關係既定模式的重大改變，純屬正常現象。每個社會必須對來自於外的挑戰，及來自於內的力量加以反應。本節將個體觀與總體觀加以連繫：探討過去二百年來，社會變遷主力中的初級與次級關係——工業化、都市化與科層化。

即使在已開發社會的大城市中，許多人仍在親朋好友的穩定網絡中消磨一生。但對許多其他人而言，變遷的速率與現代社會的非私人性，造成了一種失落感，即社區的失落。社區探索是擴大初級關係的一種努力：恢復情感、溝通及對社會環境的親屬感。

一、社區與社會

十九世紀的德國社會學家杜尼士（Ferdinand Tönnies, 1855−1896）將兩種理想的社會類型：Gemeinschaft 與 Gesellschaft，加以對比。Gemeinschaft 一字，可約略譯為「社區」（community）。此外，此字含有根源、道德一致、親密及親戚之義（Tönnies, 1887/1963）。所以，又常譯為「初級社區」（primary community）。「社區」是一種具有下述特徵的社會：(1)對整個之人，指派一個單一地位，如此，工作與其餘的社會生活，合而為一，(2)基於共同之態度與目的，故團體之團結性高，(3)對於社區之奉獻，無所保留。

在一個「社區」之中，人覺得其所以彼此歸屬，乃因其同類所致。廣義言之，他們是親戚。他們的團體認同，對團體、對個人均有情緒意義，不能輕易放棄。參加一個「社區」，非人所決定；他們生於斯，長於斯。「社區」模型，乃大多數人類歷史的典範，而且可以持續說明大多數的民俗或前文字社會。在現代世界中，「社區」的沒落，乃社區成員間親戚感沒落的信號。

然而，「社區」模型並不適合一切民俗社區。例如：（義大利）有一個貧窮農村，並未對其村民提供一種社區之感：

> 弗朗查（Franza，假名）之農民，大體上言之，彼此猜疑、爭吵、辱罵、中傷，以及各式各樣之衝突……。因土地而使其成爲農民，卻非常痛恨務農。它是近親之間，幾乎每次分地時激烈爭執的根源……凡此司空見慣，了無稀奇。用他們自己的標準與供認，弗朗查的人民實乃可憐之人。（Lopreato, 1967: 103–104）。

「社區」的理想，在喚起一種共有的與歸屬的意象。但此一名詞，也指一種先賦、固定地位、擴大親屬，以及神聖信仰的境界。此種社會可能難以忍受，而且限制個人潛能之表現與發展。

與「社區」相對者，係 Gesellschaft 一詞，它是一種基於次級關係的志願的、有目的之結合。在德國，Gesellschaft 指一種特殊目的之組織，如商業結合。廣義言之，此字也可譯爲「社會」。杜尼士用「社會」一字，指主要社會連繫是志願的社會，並以合理的私利爲基礎。人之進入「社會」，不是因爲他們別無選擇，或順乎自然，而是其達到目標的一種實際方法。此種社會中的典型關係，便是契約；而典型的團體，是目的特殊或志願的結合。

二、社會變遷的來源

工業、都市及科層制（bureaucracy）之成長，是促成「社區」逐漸式微與「社會」日益壯大的三種主要趨勢。在工業化之下，機械工廠之產品，取代手工藝，而農業的相對重要性，亦爲之減少。薪資者及店主不以貨物與服務相交換，而學會以金錢作爲交換媒介。

工業化刺激了都市化，即都市人口之快速集中。生產力提高，使農業扶養之人口大增。更有效的運輸工具把原料運往工廠，把成品運往市場。爲了尋求工作，鄉村地區的多餘的勞力便移向都市。機器動力的工廠和商業之擴展，吸收了新的人口，而都市的吸引力，把廣大地區之移民，一一拉入其中。更多各式各樣的團體帶來了不同之文化，彼此衝激、互動與融合。於是都市中新而非私人性的生活方式，漸次形成。

科層化（bureaucratization）——即設計協調社會與經濟活動之種種組織——的興起，進一步取代了共同秩序，而「社區」的結構開始解體。凡此三種主要趨勢——工業化、都市化及科層化

——會聚於一，使美國社會變遷的進行速度，於本世紀之末達到一個新的頂點。工業化與科層化的趨勢，將於第五章討論，都市化於第十章探究。雖然，長期趨勢向著大規模的、複雜的社會進行，接近「社會」的理想類型，但恐無一個社會能達到此種極端之形式。

「社區」與「社會」的區分，說明了歷史的趨勢，及社會組織的不同形式。越來越多的活動，被個人的志願行動所控制。他們於眾多的團體身分之中自由地選擇，且願此選擇不受限制。可是「社區」依然保持一種強大的吸引力。當代的都市居民，建立了心理與個人均表重視的鄰里關係，其中許多與其地方有著強烈認同（ Guest et al., 1982; Hunter, 1975; Kasarda and Janowitz, 1974 ）。有時，社區的探索表現在建立或重建初級社區的種種努力上。其中以一八○○年代的意願（烏托邦）社區，及現代的公社最爲明顯。

三、意願社區

十九世紀的美國，一共建了一百多個意願社區（ Webber, 1959: 15 ）。意願社區（ intentional community ）是人羣的志願結合，根據組織的特定計畫和行爲規則而生活。相對的，自然社區的成長，則無需一種計畫或一套指導原則。

㈠ 宗敎社區

有些意願社區，如震敎徒（ Shakers ，譯按：基督敎派之一， 1747 年創於英國，主張獨身、共產及簡樸。祭神時，跳震動舞，故以此得名 ），阿馬納社（ Amana Society ，譯按：位於美國愛荷華州中東部。前身爲 1714 年德國眞實靈感派信徒所建之社區。1842 年部分信徒移居美國， 1855 年約八百人定居愛荷華州，並建立此一社區。社區由當選之年長者統治，實行公產，反對服兵役和娛樂，但須參預宗敎活動 ），胡特爾友愛會（ Hutterite Brethren ，譯按：係基督敎再洗禮敎派之一，於 1536 年由胡特爾創立，主要分布於美國及加拿大西部。每六十到一百五十人聚居一處，經營農場，不與他人來往，不參預政治，生活方式特異 ），均係基督敎之宗派，期於小而自足的社區中，建立「神聖的社會」（ godly societies ）。一八三○年代，史密斯（ Joseph Smith ）在紐約州西部創立摩門敎，即耶穌基督後期聖徒會（ Church of Jesus Christ of Latter-Day Saints ）。在克服種種艱困之後，摩門敎可謂最成功的宗敎社區。他們相信，敎會應控制生活的各個方面，

包括婚姻實務在內，如多妻。他們對其他宗教之敵視，及在其改變他人信仰之傳教活動上的成功，引發了仇恨和暴力。他們體會到，只有與其他團體斷絕來往，方能生存與昌盛（ Henretta et al., 1987: 382-383 ）。所以，其蓬勃發展的社區不斷西移，最後於一八五一年在大鹽湖城谷建立了一個殖民地，彼時，此地尚屬墨西哥的一部分。該教另一個分離的改造式教會，出現在密蘇里州一帶。一八九〇年，其主要的教會主持人要求信徒放棄多妻制（ poly-gyny ）。即使摩門信徒遠較其他意願之宗教社區為多，其仍能維持一種「社區」之感。如今，全美信徒近四百萬人，尚有信徒在許多國家傳教。

意願社區對於社會控制之嚴密，堅定不移，因為此等社區的建立與計畫，要在達到哲學的、宗教的，或經濟的特定目標或理想。在大多數的情況下，組織者要求成員接受社區目標，放棄私人選擇。宗教社區的成功機會最大；因為其利用教義證實個人對團體服從的正當性。生活的各方面，均有宗教意義，並受團體之控制。例如，震教徒對於日常生活的例行作息，規定異常仔細：如何起床、如何穿衣、何時吃飯、何時說話（ Webber, 1959: 57-59 ），均有規定。

兄弟會（ Society of Brothers ）是現代的宗教社區，在紐約州、賓州及康乃狄克州均有殖民地，以製作兒童玩具銷往學校謀生。信徒—— 男女及兒童約七百五十人—— 生活極有組織：「兄弟日是一個典型的日子，將一天的活動分成種種小部分，每一部分的活動均有計畫。午餐、晚餐、晚間活動、上下午工作及上學等，均聽鐘聲進行」（ Za-blocki, 1971: 45 ）。

(二) 世俗性的實驗社區

其他的意願社區，係世俗性的實驗社區。此等社區的許多觀念，源自英國的社會主義者，如霍華德（ Ebenezer Howard ）、歐文（ Robert Owen ）等人。霍華德的社區觀與十九世紀的工業城市有著明顯對比，其中包括各種計畫區域，有娛樂、商店、花園、學校、文化中心，以及由城鎮設立的中央公園及綠化地帶的開放鄉野（ Osborn, 1969: 28 ）。雖然霍華德主張新城中的一切土地所有權歸社區擁有，此一理想卻從未實現。霍氏最初之完備而自足的城市，於二十世紀初在英國建立，其觀念，在第二次世界大戰期間倫敦市大部分被毀之後，多已得到實現。重建這些社區，代表政府大規模創造社區條件之實驗，唯對創造社區之條件，並未完全成功。

一九三八年之煤礦小鎮：
社區抑社會？

雖然居民對其鄰里表示滿意，但其態度與生活方式和英國其他社區之居民，並無重大不同（ Michelson, 1977 ）。

除了基於社會主義者的理念而建立的計畫社區外，資本家也設計出許多社區。在本世紀之初，當許多美國紡織廠由東北遷到南部各州，以便接近原料和廉價勞工時，他們便建立了「工廠村」（ mill villages ）。絕望的佃農及其家人（包括幼童）成了公司鎮的雇工和居民。新收的孤兒安排在宿舍之中，一批去後，再來一批，均予妥善照顧。廠主付給成年工人的證券（限用於工廠鎮之紙幣），大部分透過房租、公司商店售物、罰款，以及各種規費等，將之收回。此乃公司鎮徵募和控制廉價勞工的方法，以免其流向其他工業，最明顯的是煤礦業。

一項對一七八〇年至一八六〇年間，在美國創立的九十一個烏托邦社區的研究指出，其中十一個持續達二十五年之久，以當時標準而言，可算成功（ Kanter, 1968: 503−516 ）。與失敗的社區比較之下，成功的社區需要更多之犧牲、更多之財務投資，和更多之參預，唯個人的自主，則少允許。此種情形，同樣可用以說明許多長達二十五年以上的工廠村。此等社區的利益，無論「利益」歸誰，均以個人的自由爲代價換取的。

㈢ 公　社

現代建立意願社區的種種努力，與十九世紀烏托邦的「社區」懷舊病，有異曲同工之處。在一九六〇年代中葉，青年團體建立了種種公社。一九七〇年此種運動的高峯時期，美國約有一千個鄉村公社，二千個都市公社（Zablocki, 1971: 300）。其他國家也創立公社。許多公社規模小，只有六或八個成員共有一屋或農場，而別的公社之成員則在二十五人以上。大多數公社包括男人、婦女及兒童。

建立公社的基本理由，在滿足初級關係之需要。公社遠離社會塵囂，並作不同生活方式之實驗。公社一度是一種反文化（counterculture）運動，因為大多數建立並參預公社的人深信，「社會已無藥可救，獻身於『社區』者，必須離羣索居，建立一種新的、分離的、眞正的共同社會」(Lyon, 1987: 105)。鄉村公社比都市公社更接近共同生活之理想，因為都市公社之成員多在社區之外工作或上學。就理論而言，鄉村公社很少依賴社會其他方面的支持，因此，更接近共同的理想。

美國大多數的公社具有下列特徵：(1)物品共有，(2)重團體，不重個人，(3)意識型態一致，(4)共同參預工作而不分工，(5)重感情與親密，(6)理性與客觀性式微（Lyon, 1987: 106）。這些特徵反

今天做嬉皮洵非易事，但一九六〇年代的殘餘，卻在社區的探索中生存下來。

映出重建社區的意識企圖（Redekop, 1975）。「由此種觀點而言，公社並非一般所想的是一種偏激現象」（Berger, et al., 1972: 279）。然而，參加公社之人，必須經常放棄其從前的地位，置公社目標於個人願望之上，故須有強烈之執著，方能有成。

公社與一九六〇年代末期及七〇年代初期的嬉皮（Hippie）運動有關，但與十九世紀烏托邦社區及其他之現代公社，迥然不同，因爲嬉皮是排斥大社會而有孤立取向者的一種例外。大多數的嬉皮並不願意與其反對的「社會」文化，背道而馳。反之，他們住在都市之中，閒蕩於大學校園之內，希望藉著他們的例子改變社會 (Howard, 1974)。

也許因爲他們與反越軌行爲的優勢文化有所互動，故嬉皮運動，如過眼雲煙，瞬轉即逝。許多昨日的嬉皮，包括魯賓（Jerry Rubin）及其他領袖人物均發現，優勢社會報賞的吸引力，遠大於作爲反文化的一員，並爲控制社會資源與酬賞者所不齒。自一九六九年至一九七五年未曾理髮的韋塞曼（Harvey Wasserman），「現在依然相信和平。但他不再把和平穿在T衫上，卻印在他的商業名片上，他是一家家庭皮鞋公司的總裁」（Newsweek, March 30, 1987: 56）。其他的人，如海頓（Hayden），現在是位活躍的政客，他決定在現有制度的科層結構中繼續努力，以帶動社會的變遷。

主要名詞

成就地位 achieved status	先賦地位 ascribed status	情境釋義 definition of the situation
差別結合 differential association	俗民論 ethnomethodology	交換論 exchange theory
「社區」Gemeinschaft	「社會」Gesellschaft	理想類型 ideal type
標誌論 labeling theory	主地位 master status	對等規範 norm of reciprocity
知覺角色 perceived role	規定角色 prescribed role	初級關係 primary relations
角色衝突 role conflict	角色表現 role performance	角色組合 role set
角色緊張 role strain	角色理論 role theory	次級關係 secondary relations
社會變遷 social change	社會控制 social control	社會互動 social interaction
社會網絡 social network	汙名 stigma	

補充讀物

Bellah, Robert N., Richard Madsen, William M. Sullivan, Ann Swidler, and Steven M. Tipton. 1985. *Habits of the Heart.* Berkeley, Calif.: University of California. An assessment of the challenge posed by American individualism to community commitment.

Cohen, Stanley. 1985. *Visions of Social Control: Crime, Punishment and Classification.* Oxford: Polity Press. An analysis of changes in the policies for dealing with crime and delinquency in Western societies.

Goffman, Erving. 1959 *The Presentation of Self in Everyday Life.* Garden City, N.Y.: Doubleday (Anchor). An introduction of the dramaturgical approach as a variation on symbolic interactionism.

Heritage, John. 1984. *Garfinkel and Ethnomethodology.* Cambridge, England: Polity Press. An assessment of the theoretical and research contributions of the ethnomethodological perspective.

Homans, George C. 1974. *Social Behavior: Its Elementary Forms.* New York: Harcourt Brace Jovanovich. An analysis of social behavior from an exchange theory perspective.

Selznick, Philip. 1992. *The Moral Commonwealth: Social Theory and the Promise of Community.* Berkeley and Los Angeles: University of California Press. A theoretical and empirical study delineating "communitarianism", a recent normative development.

第五章　正式組織

一家大公司的副總裁在回憶時說：「當時這裡的工人感覺像家庭一樣，而今我們都不過是一羣數字而已。」星期一早晨打電話請病假，不算回事，因爲「我幾乎像在對一部機器回話」（O'Boyle, 1985: 29）。一位從一家大航空公司退休的駕駛員，花費 8,000 元美金，在《亞特蘭大憲法報》（Atlanta Constitution）上作整頁廣告，他告訴讀者，能在「管理周詳的組織中」「與上帝創造的最好的一羣人工作，乃吾平生最大之榮幸」（Levering et al., 1984: 74）。大而正式的組織，就像家庭生活一樣，能帶給個人報酬，也能讓他失望。然而，本章顯示，正式組織中的關係，與以前兩章所討論的人際的與小團體的互動，迥然不同。

大而複雜的組織，是大多數生活經驗所不可避免的環境。你可能生於一個正式組織（醫院），在另一組織中登記（社會安全機構），而在若干組織中受教育（公立學校、學院或大學）。你可能在一個組織結婚（教堂或會堂），應用許多組織的產品與服務（從超級市場到保險公司），爲其他組織工作（公司、政府、軍隊），由其他組織發給正式死亡證明（地方政府）。

在現代社會中，大規模的組織提供工作、教育、管理、國防、保健、娛樂、特殊利益，以及大多數宗教經驗之滿足與指導。它們被稱爲**正式組織**（formal organizations），因爲其建立在達成特定的目標，並有一個設計的正式結構，期望並指導成員的活動，以達成那些目標（Blau and Scott, 1962: 5）。

第一節探究已開發社會及開發中社會之正式組織的增長優勢。第二節描述爲達到大規模目標，而設計的典型正式結構。第三節則對組織中個人與團體的模式互動，正式結構與個人喜好之間的衝突，以及非正式互動等，加以分析。最後以探討組織及其環境之間的關係，作爲本章之結論。

第一節
科層制與社會變遷

本節：(1)敍述古代大組織的起源，(2)探討近百年來科層制之快速興起，並成爲社會組織之主要形式，(3)將傳統管理及科層管理加以對比。

科層制是現代社會中最爲普遍的正

式組織型態，因爲它是達到大規模目標最有效的方法。雖然，對於科層制的一般討論，顯示出種種負面印象，諸如繁文縟節、僵化、對人類需要的冷漠等，社會科學家卻以中性詞來界定此一概念。一種**科層制**（ bureaucracy ）是「一種正式的、合理組成的社會結構，（含有）界定清楚的活動模式，其中在理想上，每一連串之行動，在功能上均與組織目標息息相關」（ Merton, 1949 / 1957: 195 ）。雖然科層制確有缺陷，但對其貢獻，則有被忽視之勢：

> 從市民對科層制的經驗直接——與一般化的傳統知識不同——指出，他們在與科層制的日常互動中，感覺其優點遠勝過其缺點。當事人投票、民意調查、事後訪問，以及郵寄問卷等等，不斷地說明大部分人對科層制感覺滿意。通常都認爲，科層制可提供尋求的及期望的種種服務。大都可以達到效率、禮貌及公平等可以接受的標準。（ Goodsell, 1983: 139 ）

沒有正式組織，而能享受目前生活水準之社會成員，爲數不會太多。

一、古代的科層制

具備科層特徵的大組織，最初可能出現在中東及地中海的古代文明。靠近埃及開羅的歧奧普斯（ Cheops ）大金字塔，已逾五千年歷史。其建造有著明顯的宗教目的：保存極權統治者的不朽之軀。動員了許多人的知識、勞力及智慧，長達三十年之久。此等工程需要長期計畫和對工人的有效控制，以及高度的組織。當建築師督導工程進行、文書作成紀錄之際，藝匠和工人，各有所司，彼此協調，以達成一個單純目標。換言之，金字塔是早期科層組織形式的典型代表，及物質建設之不朽功業。

另一早期的科層制是二千年前的羅馬軍隊，與現代的軍事組織極其相似：

> 羅馬軍隊是一種職責層級制，每層對於一套預定的活動，有固定的權限。非私人性的行政規則，規定官民之間的關係。也有上下級的命令連鎖和嚴格的監督。此外，對於檔案與文書亦極其重視。軍事人員接受固定的薪餉，終生有保障，晉陞機會多，退役時有酬勞，甚至有退伍軍人津貼。才幹高的士兵，知道他能升級；而具備某些才能，尚可升爲軍官，並獲得爲數不貲之報酬。 (Antonio, 1979: 901)。

羅馬軍隊的編制以及後來的常備軍，與較早之軍隊迥然不同。羅馬軍隊

由獨立的私人招募、組織，並將臨時軍隊與統治者簽訂一定期限之契約（Mears, 1969: 107）。較大、較久之常備軍隊，需要由權威管道、公定規則，以及任務分工形成的正式編制，以決定組織工作之如何達成。羅馬軍隊之成功，鼓舞了其他組織中的科層發展，包括稅收和維持常備軍財源供應的國家科層制。科層化的過程，造成羅馬社會的中央集權，而既有之貴族政體，壟斷了社會、經濟，及政治組織之高級職位。選舉的職位數量遞減，任命的職位數量增加。因之欠缺效率並且腐化，而大眾則由精英分子統治之。在羅馬帝國最後的數年間，「科層化的真正目標是統治而非服務」（Antonio, 1979: 904）。

從埃及與羅馬的兩個例子顯示，自始就由科層制產生的效率，對於社會各界並非一定有利。縱然科層制有助於社會秩序之維持，而控制科層制者則常用此壓迫他人。然而早期科層制以效率見稱於世，故其用途擴充極速。有著完善層級體制和廣泛文書記載之羅馬天主教，在中世紀之前就是一種國際科層制了。十七世紀，具有正式結構的常備軍先後在瑞典、德國、英國及法國建立。在蘇俄，科層效率之需要，公認始於一七〇〇年。蘇俄軍隊被瑞典軍隊重挫之後，彼得大帝乃以西方路線，重新整軍經武（Mears, 1969: 114）。

隨著工業革命之到來，與機械動力之出現，廠主及經理面臨許多傳統管理不能解決的新問題：設法大量吸收資本，籌劃大規模的生產，協調和控制眾多人的活動，降低損失，以及維持訓練有素與動機堅強的工作力（Shafritz and Ott, 1987: 21—22）。科層組織的種種要素，有助於此等新需要的滿足。到了十八世紀末期，所有的世界強權，均有大的政治與軍事科層制，而較小的經濟組織，亦公認具有現代之特質。

二、現代的科層制

在十九世紀中葉以前，大多數的商業由小的、地方性的單位所經營，通常由業主生產管理。在美國，零售商、小工廠，尤其是家庭擁有之農場，支配一切。雖然科層結構的某些現象進到十八世紀的銀行、建築及製造業之中，而十九世紀大鐵路的開展，初次出現了充分發展的經濟科層制。

鐵路是將距離延長的第一宗企業。只是鐵路主人或經理，尚不能直接控制作業之必要細節，許多嚴重意外包括迎面撞車，遂受到了重視。此種慘痛之教訓，「有助於美國企業界對最初的、現代的、界定周詳的內部組織結構，加以

無科層管理之失敗

採用」（Chandler, 1977: 97）。

　再者，解決之道在建立一種正式結構，包括一個中央總部。鐵路運輸的每一方面，均有固定的、責任所屬明確的地理區分，以及發揮行政、操作，及維護等主要功能之權威與溝通的連繫管道。鐵路經理雖未有意採用軍事模型，而巧合的是，許多鐵路經理在美國的軍事學校接受土木工程訓練。因此，在經濟組織中，鐵路是第一個將管理與日常作業分開的組織。如此，新的行政科層制，方有可能協調爲數衆多之員工及活動。其他工業在尋求擴展市場及其作業規模時，便學習鐵路運輸的經驗。在本世紀初，具有財務和行政能力的數位企業家所創立的複雜組織，規模與鐵路一般無二：如鋼鐵業的卡耐基（An-drew Carnegie）、石油業之洛克斐勒（John D. Rockefeller）、包裝業之阿穆爾（Philip Armour）、金融業之摩根（J. P. Morgan）。（Pre-sthus, 1978: 46）

(一) 傳統組織對科層組織

　在上個世紀，除家庭生活之外，生活各方面的傳統組織形式，均被科層制所取代。此等組織形式間之對照，可從以家庭爲基礎的管理，到商業、工業、政府及軍事方面的專業或科層管理之轉變上見之。這兩種類型依舊存在，但家庭的（或祖傳的）管理乃前工業社會的主要特徵。社會制度以家庭爲優先的國家裏，祖傳的管理方式是經濟發展中的早期階段（Harbison and Myers,

1959)。

　　無科層管理之家庭式，多指一人治理。主人與經理儘可能多作決策，而不設法授以權威。經理與下屬之間的關係是私人的，主人期望的是雇工澈底效忠與服從。但隨著組織之成長，及十七世紀歐洲軍事與十九世紀美國鐵路之發展，家庭式的管理失敗了。即使一個擴大家庭，也不能供應充分的資金、觀念，或訓練有素的人員，以滿足企業成長中的需要。

　　有一段時期家庭雇用外人，然仍未失去控制或改變事業之性質，尤以虎父虎子、克紹箕裘時爲然。但不久，訓練有素的專業人員人數漸多，負起了更多責任。最後，家庭成員可能了解，如果把每日作業，甚至重要決策交於專業經理人員，則情況必然更佳。亨利・福特（ Henry Ford ）的最後一位繼承人，於一九八九年自福特汽車公司的主動參預職位上引退，意即在此。

　　家庭組織變成科層制之後，便發展出一套正式的結構。商業領袖的個人目標，受到周密的組織目標所限制。脆弱無常的決策系統，由具有清晰溝通管道和管制連鎖之明確權威層系所替代。日常之作業程序，由基於從前經驗的清楚書面規則所取代。一人領導的狂想，由

基於才能與章程，及系統的、特殊的、例行的管理所取代，而不是基於所有權或傳統。這些特質使職工有期望事業穩定之可能。個人之被雇用，是由於身爲專家，而不是基於由於個人的忠誠、家庭出身或暫時的需要。傳統管理與科層管理的基本特質，將以理想類型方式呈顯於表 5-1 ，並於第二節作較詳細之討論。

(二) 科學管理與效率崇拜

　　在二十世紀之初，經理人員與學者對於科層組織的優點，賞識有加，科層化便迅速地改變了社會的組織。家庭管理與家庭事業，爲專業管理與公司所取代。一八九〇年，美國製造業的價值等於農業生產的價值，但十年之後，則爲非科層制之農業的二倍。權威層級、專門化，及需要特殊程序的規則，也都成爲政府、教育、宗敎，以及法律等其他方面之特質。

　　此種趨勢，因泰勒（ Frederick Winslow Taylor, 1856-1915) 提出的**科學管理** (scientific management) 哲學與技術而增強。根據泰勒的看法，對於時間利用和動作之研究，可以提高工資，降低成本，並找出完成任務的最好（最快）方法。所有的工人都可由此學到新的工作方式，以提高生產能力。達

表 5-1　傳統管理與科層管理之比較

	傳　統　的	科　層　的
目　的	爲自己，反映政治或商業領袖的個人目標	清楚而屬公共的，通常由法律或章程規定之
分　工	物主與工人之間任務的基本劃分	組織不同部分及不同個人之間的任務劃分
層　系	脆弱易變；低職位之任免繫於老闆之喜樂，權限不定	權限明確；溝通管道與管制連鎖清楚
權　威	傳統的，感召的	基於專長和規則
決　策	爲自己與一人統治的興致有關	系統的、例行的
規則與程　序	無系統，並非永遠執行，不繫於規則之制定者	可信的、書面的、系統的
專　業	不穩定，非專業的；職位仍忠誠的報賞	全職、專業，以專長爲基礎

Source: Based on Max Weber, *Economy and Society*, edited by Guenther Ross and Claus Wittich (New York: Redminster Press, 1922/1947), pp. 328–341); H. H. Gerth and C. Wright Mills, *From Max Weber: Essays in Sociology* (New York: Oxford University Press, 1946), chap. 8.

到高生產要求的職工，發給較高之工資（ Taylor, 1913 ）。科學管理增加了工作的專門化，因而需要對工人作更接近、更具權威性的監督。工廠的工作，純屬例行，少有變動，而工人在決定做事方式上，少有自由。科學管理假定：「 如果工人動機不明，行徑多變，擅自而爲，他們可能遇事退縮，妨礙生產 」（ Yankelovich and Immerwahr, 1984: 59 ）。簡言之，科學管理在增加對工人的操縱與控制（ Braverman, 1974; Goldman, 1983 ）。

在整個工業化的西方社會，這些觀念極其普遍。第一次世界大戰之前，有五百餘篇關於科學管理之論文及書籍出版。經理人員把此等原理用之於軍隊、市政府、法律界、教會、教育界，甚至家庭之中（ Callahan, 1962 ）。「 效率崇拜 」（ cult of efficiency ）抓住所有社會有心人士的注意與想像之程度，可由下列之科學管理對於音樂演出之「 應用 」說明之：

四位雙簧管樂師，有相當一段時間無所事事。人數應該減少，演奏工作宜均勻地分散到整個音樂會，因此，演奏高潮可以取消。

十二把小提琴全部演奏同一音符，似無必要重複。本節樂章應即予省略。如果需要演奏之音量大，可用電子設備增加效果。

大部分的演奏效果，均被三十二分音符搶盡，此種優美雅致，似無必要。我們建議，所有音符均應圍繞在最近的十六分音符上。若能如此，方可使大量的練習生和初級樂師排上用場。

某些樂章似乎過於重複。樂譜應大量刪減。由法國號角重複演奏的樂章，爲弦樂器取代，故無實用價值。據估計，如果所有多餘樂章予以刪減，則兩小時的音樂會可縮成二十分鐘，且中途無需休息。（ Strauss and Sayles, 1960: 623－624 ）。

韋伯（ Max Weber, 1864－1920 ）在第一次世界大戰前（出版前數年）的著作中堅稱，科層組織之獨步一時，乃因技術上比早期組織形式優越：「充分發展的科層機制，在與其他組織之有利比較上，正如機器與非機器之生產方式一般」（ Weber, 1922 /1968: 973 ）。韋伯認爲，此種合理組織之類型，乃改變經濟、政治、法律，以及文化生活之關鍵。他的預測，的確在他撰寫傑出論文之後數十年間所發生的快速變遷，得到證實。

科學管理於一九二〇及三〇年代達到高峯。如今依然廣被採用，惟不再像過去一樣，認爲可以完全解決一切問題。然而，無疑的，它卻加速了科層制

表 5-2　美國最大的公司（以員工人數計）

公　　　司	職工人數	排　行
通用汽車公司	817,000	1
西爾斯百貨公司	498,000	2
國際商業機器公司	389,000	3
福特汽車公司	350,000	4
凱馬特百貨公司	325,000	5
美國電話及電報公司	303,000	6
通用電氣公司	302,000	7
百事可樂公司	225,000	8
馬路特公司	210,000	9
聯合包裹公司	191,000	10
聯合科技公司	190,000	11
華馬特公司	183,000	12
彭尼百貨公司	181,000	13
克羅格公司	170,000	14
鍍金邊公司	161,000	15
梅氏百貨公司	151,000	16
麥唐納飛機公司	150,000	17
克萊斯勒汽車公司	145,000	18
波音飛機公司	143,000	19
杜邦公司	140,000	20

Source: Dun's Business Rankings, 1989 (Parsippany, N.J.: Copyright 1989, Dun's Marketing Services, Inc., a company of The Dun & Bradstreet Corporation), p. 425.

的發展與接受，成為現代工業和後工業社會中社會組織之明顯型態。

㈢ 今日之科層制

卡耐基、洛克斐勒、阿穆爾、福特，以及二十世紀早期其他各大公司的創辦人，對於今日正式組織的規模與範疇，必會留下深刻印象。以員工人數計算，美國最大的公司可見表 5-2，對其資產之規模與影響，印象當必更加深刻。美國工業資產的三分之二，由不到百分之二點五的美國製造公司所控制（美國商業部，1986: xxxii）。跨國公司的規模與數量之不斷增加（第四節討論），顯示工業國家及第三世界國家中組織支配的範圍與複雜性。

美國及其他國家的政府科層化，與經濟成長齊頭並進。美國政府有將近三百萬文職人員從事各種工作，提供從生到死的種種服務，故聯邦政府是美國最大和最複雜的組織。各州和地方政府之科層制，共僱用一千三百五十萬名公職人員。從本世紀以來，政府全部的僱用人數，增加了十五倍。

第二節
正式結構

韋伯對於科層制之**正式結構**，建立起系統化的典型分析，其理想類型之定義——大多數研究的起點——將主要的結構特質區分為四：(1)分工，(2)權威層系，(3)規則及程序，(4)非私人性。本節即在敍述此等特質，每種特質的基本原理，以及其某些反功能的影響。

一、分　工

分工（division of labor）指對組織中的不同部分或職位，作功能或任務上之分派。組織中的工作在不同之職工或團體之間加以劃分，而不是把製造一種產品或提供一種服務所需之全部工作，交由每一位職工去完成。個人或團體完成其特定的工作後，他們努力的成果配合在一起，便產生一種產品或服務，以達成組織的目標。

亨利·福特在一九一四年對裝配線（assembly line）之推介，使分工在美國工業界之運用，登峯造極，無以復加。將未成產品之零件經過一系列之工作站，逐一移動。他更換可以自行裝配

汽車之技工，而以很快可以學習幾種簡單而重複工作之工人代替。每五十秒鐘，工人即可把相同的一種或兩種零件，安置在不斷移動的汽車生產線上。專門化可使福特以較低成本，生產較多汽車，並將之銷售於廣大市場之上。

(一) 利潤與成本

專門化係以若干減少生產成本之方法，促進經濟效益之增加。因為學習簡單工作的時間少，勞工成本因之減少。在許多情況下，只需少數工人照管，大多數工作即可由機器完成。泰勒、福特以及其他人也相信，把工人的努力著重在幾項工作之上，能增進其技能與生產力，遠比其需要從事許多不同工作有效。最後，工作通常可以加以分割，如此，不同之工作需要不同程度的技能或人數。因之，組織能「正確地購買每一生產過程所需要的適當數量……如果整個工作由一位工人執行，則此人必須具備充分的技能和足夠的力量，去完成最困難的和最耗力的工作，而這些工作的作業是可分開完成的」（Babbage, 1835: 175-176）。

圖 5-1 的下層，顯示一家石油公司的生產作業可分成五個主要部門。每一部門通常包含各種次部門，有時稱之為組，每組之中，又可能有更專門的工作團體。職工之選擇與工作之分派，均按照專門化之原則進行。組織的這五個部分，稱之為「業務」（line），直接涉及生產、運輸及產品銷售或服務。其他主計和人事兩個部門，則稱之為「行政」（staff），發揮財務與聘僱之功能，對公司各方作業均不可缺。行政人員是技術或專業人員，接受上級的命令，對其提供建議，但不直接監督下層。

在大多數的組織中，下層職位比上層職位更須專門化。因而，在政策及行政層次上的工作者會發現，他們的工作賦予多變性、新經驗，以及種種挑戰，但在作業層次上，此種報賞卻不多見。

我在有大約四十位女性的裝配線上工作，我用鋼鉗把一點東西放到電線上，使之成為另一樣東西。過一會，我發現小東西是什麼，但我從未發現它們有何用途……。工廠中的大部分工作像礦場一樣，整天就是十幾種相同工作，反覆重演。（Tepperman, 1970: 116-117）

職員的工作可像工廠工作一樣的專門化。電腦發明和辦公室自動化，使辦公室的工作分化成較小的例行性業務。當個人工作之處自動化後，儲存在電腦

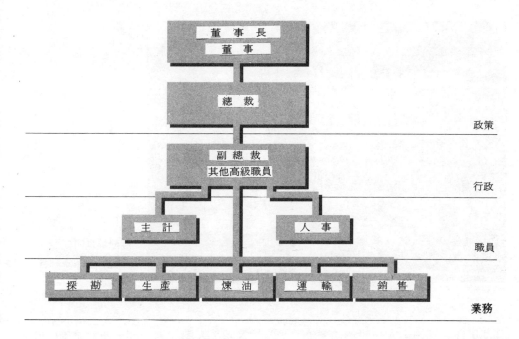

圖5-1 石油公司組織圖

及程式內的人工智慧，代替了從前必要的人類技能。此種自動作業，已使手工及非手工作業之間難以釐清；使白領及藍領工作更加類似。就此觀點言之，組織可說是高度機械化的、與高速過程的「助手（譯按：此指自動化而言）的隨從」（Fox and Hesse-Biber, 1984: 103）。

因為高度專門化的工作，通常使人單調而厭煩，工人們發現，很難對之專心一致，悉力以赴。與其他工人交談、作白日夢，以及其他心不在焉之事，往往造成產品上的缺陷。例如，在一部新車中，不難發現螺釘鬆弛、管子破裂、粉飾掩蓋，以及其他的問題（Consumer Reports, August 1988: 517）。早期提倡科層制的人認為，專門化可以產生效率，但效率之達成常以品質為代價。

(二) 專門化的過程

餐館業可以說明分工產生的種種過程（Whyte, 1948: 21-30）。鄰里之小餐館，少有分工。烹調、招待客人、找零錢、洗盤子，以及清潔桌椅等一切工作，一人統籌。餐館主人除記帳外，

裝配線專門化：
一九一四年之福特
汽車廠。

其他工作與別的工人一般無二。

如果生意興隆，每項工作所需要的時間較多，則工人難免彼此掣肘。店主必須雇用廚師、洗碗工及男女招待等有更專門化職務之新員工，這便是分工的開始。在這種情況下，店主變成經理，與他人工作的時間少，而協調他人工作的時間多。

餐館生意更興隆，則需要進一步之分工和更多之人手。此時店主不再親自監督一切，而雇用食物烹調及服務方面的監督與會計等。如果經理把餐館工作再加分工，有的端菜、有的分菜，則烹調與服務更有效率，而餐館便能供應更多之顧客。但此時餐館工作必須加以監督，故可能需要增加另一層管理，如此

餐館主人與工人之間，便有了兩位管理人員。

二、權威層級

正如餐館一例所顯示的，一個組織中的分工，產生了協調活動和開闢溝通管道的需要。為了確保組織所做的協調努力能夠達成目標，高級管理人員對各部門的種種活動，均予掌握，平息紛爭，並發展新的政策。低層行政人員負責政策之執行。因此，一個典型組織有一個**層級**（ hierarchy ）或命令鎖鏈，其中有的人或團體，對他人或團體發號施令。圖 5-1 的方塊和線條，指出石油公司的命令鎖鏈。它們也指出：權威是兩個或兩個以上之職位或個人之間的

關係，而非單獨職位或特定個人的一種特徵。當一個人指揮行動或作決定、而別人願意服從時，則**權威**（authority）便出現在此種關係之中。如果某人作決定而無人服從，則權威便不存在。以武力或威脅使之服從，權威亦不存在。武裝搶劫、強暴及勒索他可以支配行動，惟此係强制（coercion），而非權威。

(一) 韋伯的權威類型

何種情況之下，個人允許他人影響其行動或行為？何以有些命令合法，其他則否？對於此等問題之答案，可從韋伯對權威的分析中見之，此種分析一直支配著當前的思想（Weber, 1922/1968）。人在三種情況下的服從，乃傳統的、感召的，以及法理的等三種權威類型的基礎。

傳統權威（traditional authority）之存在，乃在風俗與社會職位支持領袖對於服從之要求。父母子女間、師生間，以及牧師與教區居民間的權威關係，均基於文化傳統。

在少數的例子中，服從具備非常特質之人，而非一個社會職位。**感召權威**（charismatic authority）就是基於對此種特質的堅定信仰，及對個人指示的無異議接受。感召型的領袖對其屬下

韋伯（Max Weber, 1864-1920）是一位德國經濟史學家與社會學家，他企圖探索包括科層制在內的資本主義社會，與經濟秩序之明顯特質。他正確地預測科層制之興起，並為社會組織之主要形式。但他也承認，科層制對於民主的意識型態與實務形成挑戰。

生活作多方面的控制，不限於與一個特定職位、團體或組織有關者。耶穌及曼森（Charles Manson，譯按：美國早期的強盜）均具備非常之感召力（charisma），一個為善，一個為惡。羅斯福（Franklin D. Roosevelt）與雷根（Ronald Reagan）兩位總統把感召力和傳統，與權威相結合，置於其職位之上，以激發更大的政治及社會變遷，這是感召力少的總統所望塵莫及的。

在正式組織中的主要權威類型，稱為**法理權威**（rational-legal authority）：所謂理，是因決策者比其下屬具備更多的專門知識與經驗，並透過理智證明其決定之正確；所謂法，是因組織規則限制職員的權限範圍。部下遵從的是組織中的一個職位，而非一個人或種種傳統。每個職位及其權威之限制，界定明確，科層職員及部屬均知之甚詳。如果職員超越這些限制，部下可以抗拒，上司可以批評。學生與教授間在教室的關係，大都是合理合法的關係。由於老師的專業知識，及學生進入大學時所接受之種種規則，學生至少須遵守教授的某些指示。然而，韋伯的概念是種理想類型，它把事實單純化了。此種類型不是對任何特定情況都能充分說明。因此，遵守教授的指示，可能不是出於合理合法的理由。有少數教授是種感召型的人物，能激勵和誘導用功的學生。就某種程度而言，學生與教授之間的關係也是傳統的。師生的適當角色，已有數百年之久，在大多數情況下，均被接受。

(二) 科層權威

在科層制中，權威之被尊重，主要由於它的能力，及其比傳統組織之中權威更加非私人的、系統的和有限的；即大部分是合理合法的。職員有技術性的專業知識，或者至少在管理上知道如何去做。他們之被任命，係基於專長，有明確的責任，負責的工作固定，有持續工作的權利。

所有的職員，包括上層在內，均接受組織的正式規則及程序的合法性。事實上，他們的主要責任包含應用這些規則或程序，以指導企業中各方面的決策。職工由人事部門雇用，以符合特定的工作類別。職工之訓練、分派及監督，根據明確的常規行之。如果職工被解雇，在職員的眼中，永遠是因其未能遵守程序，或違犯規則所致。

組織中之雇用、訓練、升遷、解雇，以及其他之決策，通常涉及到經由指揮鎖鏈的溝通。副總裁向董事長談問題，不需規避公司總裁；同理，部門主管有改進作業活動上的觀念，可透過副總裁向總裁溝通。在科層制中，事情永

遠照著某種方式進行，職員不作規則之外的決定。實則也非如此，傳統的和感召的領袖，便無此種限制。

韋伯視科層制之興起，乃治與被治者由傳統的和感召的權威，到法理權威間權力關係的轉變。相對的，馬克思及當代的馬克思派的學者，視科層制為一種保護利益和支配階級永遠控制一切的工具（ Mouzelis, 1967: 9－10 ）。他們把權威層級視為一種科層機制，精英分子用此以控制組織中之下層人員，限制工人對於工作工具之控制權，將盈餘的勞動報酬轉移到物主和經理身上。此外，科層控制陰險難測。報酬，如加薪和升級，給予服從者，物主與工人間的敵對關係，模糊不清：

> 最重要的是，科層控制使資本家的權力施行制度化了，權力顯然得自正式組織的本身。層級關係由人與人之間的關係(權力不等)，轉移到工作者之間或工作本身之間的關係上，把特定之人或具體的工作任務拋開了……由於工人彼此孤立，由於體系建立與監督它的上司分開，資本家與工人的基本關係萎縮了。資本家的權力有效地進入工廠的組織之中（ Edwards, 1979: 145－146 ）。

(三) 無意的影響

權威層級固能使協調與溝通付諸實現，但也可能產生反功能（ dysfunction ），無意之間的影響能妨礙、而非幫助大規模目標之達成。

1. 行政與業務之衝突　今日之組織需要各種專家之專門知識，其範圍之廣，乃昨日之工廠與公署所望塵莫及的。組織需要律師、社會工作員、研究員，以及其他之行政專家，助其達成目標。大多數的專家在研究院或專業學校，經年累月，獲取知識，也學到種種專業價值，包括獨立與自主。然而，一俟其加入公立或公司科層制，便常發現其工作與專業取向，備受組織上司、規則及章程之壓制，其中有些尚違背其道德標準。專業人員也發現，科層政策可能違背職工、顧客或委託人之權利及安全。因此，行政專家與經理之間所造成的緊張，可能使組織效率瓦解，妨害專業服務的品質，並使組織目標之達成受到挫敗。

一旦此等衝突公之於世，組織的聲譽便大受傷害，其法律及公共關係支出，便急速上升。專業的「揭發者」（ whistle blowers ）已經揭發無數的問題，包括飛機、汽車及大眾運輸之安全測驗、政府的浪費與費用之浮濫、華爾街的詐騙、用人作藥物實驗、賄賂及

非法回扣等 (Rothman, 1987: 117)。凡此均係行政與業務衝突的極端例子，至少部分來自專業人員與經理之間的結構關係。

2.分割 權威與專門化合一，造成另一種反功能的影響。分派給職員的權威，只涉及組織活動的一個單獨範圍，結果造成了**分割**(segmentation)——組織次單位間利益的劃分。每一個單位都認為自己的活動與功能無上重要，並試以自己的觀點影響整個組織，俾增加其相對的地位或聲望。例如，在大多數組織中，行政與業務之間均存有歧見。組織的業務主管聲稱，他們為組織賺取的金錢，行政人員卻把它花在研究及公共關係等不必要的業務上。行政單位為維護自己，亦批評業務系統。此種單位間的衝突，對次單位目的之認同增強，而與大組織的目標，卻背道而馳。

3.帕金森法則 因為次單位的規模常能決定其重要性，正如下屬人數能增加職員的地位一樣，故行政與業務雙方均設法增加人員以壯聲勢。如此能造成不必要的分工，而新進人員彼此製造工作。因此，某一部門雇用的人數，與其所需要完成的工作數量少有關係(Parkinson, 1957)。此種擴充工作、添補時間的論點，即眾所周知的帕金森法則(Parkinson's law)。當代的美國商業批評者，對此並未視若無睹：

千萬美國雅皮(Yuppies)，透過商業早餐與每週六十小時的工作，使其作風如狂風怒號，威名遠揚。其給人的印象是：美國白領工人，任事勤勉，從未休閒。事實上，他們似乎無事忙……因為美國的真正商業生產，從一九七八至八五年成長了百分之十八，美國商界便裁減了一百九十萬到三千萬藍領工人。在同一時期，美國的白領工人卻增加了約一千萬到五千八百萬。由於白領之就業率提升到百分之二十一，超越了生產成長，此隱含著虛無不實的白領生產力，由藍領工人為其贏得相當大的成就表現。(*The Economist* December, 13, 1986: 71)。

公司老闆及主要的行政人員，如艾坎(Carl Icahn)，均充分認識此種反功能：「科僚之層層報告，必須終止。公司職員必須與生產線上的工人直接討論」(*Business Week*, International Edition, October 27, 1986: 57)。科僚層級之減少，常造成對程序及書面規則之重視。兩者均為控制目的而設立，在一定範圍內，一種可用以代替另一種(Rushing 1980)。

三、規則與程序

設計良好之程序，由書面訂定之，可減少組織成員決策之必要。控制日常作業及個人行為之規則，僅限於特殊之事例。此等規則不僅確定成員與其工作之間的關係，而且確定成員與成員之間的關係。任何人看過一家大公司的作業指南或職工手冊，必然明瞭規則之如何詳細。它們詳細列出雇用、升遷及工資或加薪之先決條件；決定上下班和喝咖啡、吃午餐的時間；控制物質與設備（包括電話）的應用；規定抽煙、喝酒及藥物使用（某些組織甚至於下班之後，亦有限制）；指明與同事、上司、下屬，及顧客或委託人的關係性質。也有種種規定細述違犯規則應受之處分，如申斥、留職察看或解僱。

規則與程序的主要功能在控制行為，使行為可以預測。組織由其經驗而學習，不斷地將此經驗記錄於檔案之中，並在正式規則中將此等經驗表現出來。經理人員認為，如果事先將行為表現加以詳細說明，比讓成員於各種可能性之間，小心翼翼，加以選擇，組織目標更可能達成。例如，告訴推銷員種種說服他人的方法，同時須符合穿著的規定。當他們的談判瀕臨從前的約定時（包括價格），必須向上司請示。惟規則在預測行為和確保活動持續上的重要性，不能過分的重視（ Dubin, 1958: 352 ）。

規則也可使懲罰合理合法，因為規則警告人何者應該避免，並告訴他們，如果組織期望未能達成時將發生的一切後果。最後，規則述明工作表現的最低標準，同時可以減少同事間及上司下屬間的情緒瓜葛和潛在衝突。在人人詳知規則之後，管理人員即可表示，他們不是在隨意運用權威，只是在加強對於全體職工的工作要求而已。因此，規則有助於管理，並減少上司與下屬間關係的緊張（ Gouldner, 1954: 157−180 ）。

如果組織成員把規則本身視為目的，而不是達成組織目標的工具，則規則可能發生反功能。順從規則「不該視之為特定目的所設計的一種方法，而是科僚的生活組織中的一種直接價值」（ Merton, 1940: 563 ）。此種目標轉移會造成僵化，降低組織調適新的或變動情境的能力。倘行之失當，則能妨礙組織的目標和委託人或顧客之權益。例如，一位老婦人因罹患絕症欠下大筆醫療費用，但由於每月付給她的福利金超過醫療補助金上限的一○．八○元，以致其醫療補助遭到否決（ Goodsell, 1983: 3 ）。

四、非私人性

非私人性（ impersonality ）是正式結構的特徵，亦其結果。非私人性是高度一般化標準之運用，而不是在特殊關係或情況下對於特殊之人為之重要。同樣的規則可以同樣的方式用於組織全部或部分成員之上。規則是上司對待下屬保持距離的理由。因此，在組織及其成員方面，牽連到個人的成分，可以減少。如果你為令叔父工作，他應像對待其他員工一樣對待你，無分軒輊。對你們雙方來說，可能有點困難，但可能不像同事憤恨偏袒，對於雇用你的理由提出質疑時所遇到的麻煩大。

㈠ 非私人性之利

非私人性雖常令人苦惱，但亦有益處。在一個人必須對他人作客觀判斷時，以非私人的方式較易進行。與學生過於親近的教授，可能發覺難以客觀地評定學生的成績，或可能被人指摘徇私不公。為了不以此種方式危及其客觀性，許多教授與學生之間設法保持一點有距離的友誼關係。

非私人性對於法官及其他之政府官員，尤為重要。所謂「法治而非人治」，可以反映出非私人性的社會價值。公平及平等待遇，唯非私人性是賴。因此，非私人性的規範通常包含在科層結構的要素之中，其理由至少有三：⑴減少人

事衝突的可能性，如解雇朋友；⑵保護下屬，以免管理人員的專斷；⑶有助於職位之間垂直社會距離的維持，如此，即使水火不容之人，也能合作成事。科層制愈「非人道，則在消除公事上的愛、恨，以及一切未考慮到的純私人的、非理性的，以及情緒的要素，愈能澈底達到」（ Weber, 1922 / 1968: 975 ）。

㈡ 非私人性之弊

雖然非私人性對於組織及其成員均有所裨益，惟也能造成個人的損失。人對於明確規則保護其權利雖表感激，但規則可能變成官樣文章，不把顧客、委託人或員工當人看待。制定規則與應用規則之人，常常一心一意保護「體系」（ the system ）──及其自己的權威。在有的例子中，服從權威之人，即使明知其可能傷及他人，亦堅定不移。與可能受害之人愈疏遠，則情境愈與私人無關，而行為者愈可能因服從命令而傷及他人（ Milgram, 1974 ）。文選 5－1 ：〈米爾官：服從權威〉，報告在實驗室中測驗服從權威意願時所作之系列實驗。但服從有害的命令，也可用於實驗室的範圍之外（ Miller, 1986: 87 ）。

有些學者相信，非私人性之普遍弊端，是匿名的與無力的感覺。個人被誘

使在機器般的體系中，由一個疏遠而漠不關心之權威指揮著。這些疏離（alienation）感將於下節中討論。

在非私人性之利弊之間找一平衡點，是所有行政人員及組織學者的一項挑戰。

文選 5-1

米爾官：服從權威

Source: Abridged and adapted by Robert D. Benford from Stanley Milgram, *Obedience to Authority: An Experimental View* (New York: Harper [Colophon], 1975). First published in 1974 by Harper and Row. Quoted passages by permission of Harper & Row. Page references are to Colophon edition.

人類的歷史，由於權威指揮下之暴力行爲而被沾污。納粹的大屠殺和在蓋亞拿（Guyana）鍾斯鎮人民廟堂的集體自殺，均係極端例子，但怪異事件，層出不窮。在監督、經理與機師的授意下向安檢人員撒謊，政府官員以服從命令掩飾非法活動，如被揭發，即以奉命行事，藉口搪塞。

影響服從權威的因素爲何？人民在權威的命令下願意表現的行動有道德限制嗎？在一九六〇年代之初，有項研究計畫開始回答這些問題。在實驗室控制的系列實驗，是美國社會科學中最具挑釁性的研究，並在一個電視節目中編成劇本，加以演出。此等實驗，增加了我們對於服從之知識，舉例說明一種主要之研究設計——控制實驗——並掀起了關於社會科學研究倫理的種種問題。

❋ **基本實驗** ❋

經由報紙廣告，召募背景不一之男士從事一項實驗，以「幫助增進關於記

憶與學習方面的科學知識」。受試之人，按時計酬。在受試者到達時，與另一位喬裝之受試者被領進一間實驗室內。而後者實是實驗者之共謀人。經過一段偽裝刻畫之後，眞正的受試者被指定為「老師」，而共謀之人被定為「學習人」。兩個人在知道本研究涉及到懲罰對於學習的效果之後，學習人被帶到一個房間，並用皮帶綁在一張椅子上，將一個電擊器繫在他的關節上，告訴他學習一張對偶連字表，一有錯誤，即會受到一下電擊。

在看到學習人繫上電擊器後，老師被帶到主要實驗室內，坐在一個電擊操縱器的前面。在操縱儀表面上，有三十個開關，標明電壓增加量為十五瓦特，即從十五瓦特到四五〇瓦特。在開關之下，有從輕電擊（15 到 60 瓦特）到危險重電擊（375 到 420 瓦特）的標示。在四三五到四五〇瓦特層，開關上標著危及生命之×××符號。

實驗者告訴老師對隔壁之人作學習測驗。學習人以按電鈕回答測驗之問題，老師則監視燈號箱。學習人回答正確，老師便移向下一個題目；答案錯誤，老師便予以電擊。

老師告以由最低電擊層（15 瓦特）開始，每次答案錯誤，則增加一層，即增至三〇瓦特、四十五瓦特，依

此類推。作為老師的受試者，卻被蒙在鼓裏。學習人告以回答錯誤答案，事實上，卻從未受到電擊。但為使其對於此一情況深信不疑，在測驗開始之前，以輕輕一擊向老師作示範。在測驗期間，如果老師對於施行電擊猶豫不決，或向實驗者請求指示，則實驗者指示老師繼續進行。

因此，每次實驗進行時，老師受試者便面臨一種衝突。由於相信正在逐漸增加學習者的電擊痛苦，便要停止。但實驗者，即合法之權威（受試者感覺對他有某種承諾）卻鼓勵他繼續進行。「要使自己脫離此種情況，受試者必須與權威的關係一刀兩斷。此一研究之目的，在發現人面臨一種清楚的道德驅使時，何時並如何抗拒權威」（Milgram, p.4）。

❈ 結 果 ❈

在上述情況之下，四十位受試者中有二十六位始終服從實驗者的命令，繼續處罰學習者，甚至達到電擊操縱器上最強之打擊層時，方才罷手。在執行到三〇〇瓦特（開關的上限標明為強震）之前，沒有一位自實驗中退卻，而在三〇〇瓦特時，學生開始連續敲打牆壁。

實驗結果，大大出乎一羣精神病學家、大學生，以及各行各業中層階級的

成人意料之外，這些人曾被問及對此實驗的可能反應。大多數回答，他們在到達一五〇瓦特的電擊水準之前，便會抗拒實驗者的命令。當問及別人會如何反應時，他們預測，「實際上，所有的受試者都會拒絕服從實驗者；只有一位行為異常之激進分子，不超過百分之一、二，希望進行到電擊板上的最後一層」（ Milgram, p.31 ）。然而，試驗組中百分之六十五的人執行到電擊板上最強的一層。由於對實驗結果，及期望與行為之間差距的驚訝，米爾官計畫進一步實驗，以了解何等因素影響到對權威之服從。

❊ 與受害人的距離 ❊

在最初之實驗中（稱為「遙控回饋」），受害人獨處一間，除了在上述之三〇〇瓦特電擊時，受害人連續敲打牆壁之外，老師受試者看不見，也聽不見受害之人。但如果受試者更能了解受害人之痛苦，他們還能繼續服從嗎？

要測驗此種可能性，另外進行了三項實驗。第一「聲音回饋」（ voice feedback ）。在遙控回饋（ remote feedback ）的處理方式中，受害人與受試者互不見面。然而，在此實驗中，卻秘密告訴學習者當電擊的強度增加

時，可以要求取消實驗。到了三三〇瓦特時，學習者開始掙扎、尖叫，並要求停止，其答案也不在信號箱上出現。雖然有聲音的回饋，平均的最高電擊僅稍為減弱。四十位受試者中，有二十五位（占 62.5 % ）繼續服從實驗者的命令，直到電擊板上最後一個電鈕為止。

在第二個實驗中，受害人的痛苦對受試者更加明顯。受害人與受試者同坐一室之中，相距數呎，現在受試者可以看到，也可聽到受害人之反應。在此種「接近」的情況下，有百分之四十的受試者，願意繼續執行到最高的電擊層次。

第三種實驗方式，係使受試者更接近受害者。在此種「觸及接近」（ touch-proximity ）的情況下，只有當受害人把手放在電擊盤上時，才會受到「電擊」。到了一五〇瓦特電擊層，受害人便要求停止，並拒絕把手放在電擊盤上。實驗者命令受試之老師，迫使其把手放在電擊盤上。因此，在此種情況下，服從就需要受試者與受害人有身體上的接觸，方可使其在一五〇瓦特以上之電擊層上受到痛苦。在觸及接近的情況下，服從的人就更少了。十六位受試者（ 40% ）在受害人自動停止把手放到電擊盤上時，便拒絕作此實驗。不

過，四十人中有十二位（30%）繼續服從實驗者的命令，即使到了電擊板的最後，亦不改變。

❋ 與權威的距離 ❋

如果受害人與受試者接近能影響服從的程度，那麼實驗者與受試者間的距離改變，又將如何？在以前的全部實驗中，實驗者——合法權威——坐在老師受試者數呎以外。嗣後的實驗，實驗者在授予初步指示之後，便離開實驗室，而以電話下達命令，此時服從性驟然下降。當實驗者即時出現時，受試者之服從人數，幾乎是他不在房間內的三倍。受試者不與權威面對面接觸，似乎更能抵制實驗之進行。

此外，在實驗者離開時，若干受試者執行之電擊，比要求者為低，且不把其違規之舉告訴實驗者。在電話交談中，受試者向實驗者保證，他們會根據指示提高電擊的程度，而實際上，卻一次次使用電擊板上最低之電擊層次。「雖然受試者的行為，明顯地損及實驗的目的，但他們卻發現，此種方式比驟然與權威決裂，更容易解決衝突」（Milgram p.62）。

結　論

上述實驗之主要發現如下：

1. 大多數人都願意服從權威，即使服從與其道德信仰矛盾，對他人有害亦然。

2. 施行懲罰者與受害人距離愈近，則受試者順從權威命令、而使受害人痛苦之意願愈少。

3. 權威人士離開受試者面前，則其服從命令以傷害他人的意願減少。

米爾官進一步的研究發現：

4. 在服從命令、加諸痛苦方面，男女無分軒輊。

5. 明顯的地位或權威的合法性，對服從的影響比命令本身更為明確。

雖然米爾官的研究是在一九六〇年代進行的，但依然具有意義。它反映出與毀滅性順從——「無論是核子的威脅、政治的腐敗、戰爭的殘酷，或起自科層管理不當所造成的災難」（Miller, 1986: 257）等有關問題的意識。這些實驗，也說明了社會科學家在其研究時，必須處理的種種問題。有違背倫理嗎？如果違背，可以其發現之重要性辯護之？此等問題必須由研究者及審查研究計畫的委員衡量之。

第三節
組織、科技與個人

正式結構對於成員行為提供一個藍圖。此一藍圖詳細說明每項工作所需之最低技能,及達成正式目標的規則與程序。但沒有一種藍圖對於個人的獨樹一幟、成員把態度與價值帶到組織之中,以及成員彼此反應之方式等,置若罔聞。這些科層標準之限制,為組織及個人造成了種種問題與衝突。如果非私人性的目標係在作合理決策,對於個人必然公平不阿。例如,用人不應考慮性別,但四分之一的美國成人認為,有丈夫贍養的婦女,不應就業(Taylor, 1988: 174-175)。

個人的利益與信仰、個別的期望,以及非正式的權力等,均能使其行動與科層結構之合理目的,互相矛盾。所以,了解人在組織中如何行動,需要有關於組織成員、成員間的關係,以及正式結構等方面之種種知識。

一、滿意與衝突

近二十年來,在全美國所作的調查指出,百分之八十到八十五的專職員工,對其工作經驗或「非常滿意」或「有些滿意」(Davis and Smith, 1987, Katzell, 1979; Quinn and Staines, 1974)。滿意須視一個組織應該提供的是什麼,以及個人所期望的是什麼而定。有的人期望較高,尋求之報酬較他人為廣。員工對於薪資滿意時,其他的組織報酬就變得更加重要:如晉陞高級工作的機會、自主、工作多采多姿,以及其他非物質之報酬等(Grandjean et al., 1976: 219-220)。對於滿意的差別,也可追溯到員工的社會化、從前的組織經驗,及其**參考團體**(reference group),即其與之比較的團體或個人類屬。例如,以醫生作參考團體的護士,她的期望,比以工作經驗與別的護士或醫療助理相比較之護士,自然為高。

雖然大多數的美國人對其工作至少「有些滿意」,但此非意味著他們喜愛工作。在一九五五年及一九八〇年對工人所做的抽樣調查中,詢問他們是否因為喜愛工作而難以捨棄,以及他們是否喜愛上班超過下班。表 5-3 顯示,一九八〇年工人對其工作之喜愛,比一九五五年受訪的工人少了許多。今日之員工對於工作之付出,比其自認能夠或應該做的為少。不到四分之一的工人說,他們正在施展長才;幾乎有一半工人說,對於工作要求,未盡全力。何以如

表 5-3　　1955 年至 1980 年美國男女對於工作之喜愛（百分比）

	男			女		
	1955	1980	改變	1955	1980	改變
你對工作衷心喜愛以致難以捨棄嗎？						
是	52.6	34.1	218.5	48.9	32.4	-16.5
否	44.3	63.8	19.5	49.5	64.9	15.4
不知道	3.2	2.1	-1.1	1.6	2.7	1.1
合計（百分比）	603	848		184	445	
一般而言，你最喜歡的是上班或下班？						
上班	38.0	22.9	-15.1	45.7	26.5	-19.2
下班	50.4	65.6	15.2	45.7	62.5	16.8
不知道	11.6	11.5	-0.1	8.6	11.0	2.3
合計（百分比）	603	848		184	445	

Source: Norval D. Glenn and Charles N. Weaver, "Enjoyment of Work by Full-Time Workers in the U.S., 1955 and 1980," *Public Opinion Quarterly* 46 (1982): p. 464. University of Chicago Press, publisher. Copyright © 1982.

此？因為他們不信組織會對特別努力的人給予報酬；他們也不相信，經理了解如何激發人去努力工作（Yankelovich and Immerwahr, 1984 ）。

　　工作態度消極，對於個人或組織均無益處。不滿與曠工、轉業頻繁、隨意罷工、破壞、產品質劣，以及工人對工作勉強為之有關（ U.S. Department of Health, Education, and Welfare, 1973 ）。不滿對個人的損失是失望、挫折、失敗感及衝突：

　　我年輕時，很天真。來到此間，自忖有一番作為，能成為一位管理員，甚或單位主管。我學習很快。……所以都棄置腦後。現在我要的是，做好他們要的一天工作，而他們則給付薪資，兩不相欠。不會有此種混帳壓力日後加到身上。（ Argyris, 1960: 77 ）。

　　在成員的期望與組織的要求衝突時，有些人掉頭而去，另覓高就。而其

他希望晉升者，必有挑戰的和有報酬的工作在等待，故須堅持到底，竭盡所能，拾級而上。也有人接受環境的最低要求，對於工作冷淡處之，對於組織及其目標亦了無興趣（Argyris, 1957, 1973），他們感覺**疏離**（alienation）──一種與社會或其自己的行為分離之感。

(一) 工作疏離

馬克思在十九世紀中葉著述之時，正值科層化、工業化及資本主義掀起重大的社會轉變之際。其所關心者，乃工作之低落及其對工人之影響。他發覺，資本家買賣勞工，與買賣房屋、原料、工具及機器之方式與態度雷同。所以，工人便產生了種種疏離：(1)與其勞動產品疏離，因產品屬於別人的；(2)與自己的工作行為疏離，因工作不能發揮自我實現的能力；(3)與他人疏離，因個人彼此以工具或達到目的之手段相對待；(4)甚至與他們自己疏離，因其工作（不只是產品）不屬於自己。因此，工作時他們別有所屬（Marx, 1844/1964: 120 -134）。

在如今，馬克思的著作是用為說明若干疏離類型的一個起點（Blauner, 1964; Seeman, 1959）。無力感（powerlessness）是個人無法控制事物的感覺，以致個人的行為不能決定其追求的成果或報酬；與控制之感，恰成對比。在工人缺乏一種目的感，且不明瞭其活動如何與整體配合時，便覺得了無意義（meaninglessness）。如果他們在工作的環境中沒有歸屬感，並對組織及其目標無法認同，便有孤立之感（isolation）。自我疏離（self-estrangement）是對工作有種喪失人格之孤立感，而不是對之拳拳服膺之參預感。有自我疏離感的員工，只把工作當作達成外在目標之方法，而不認為工作本身就是目標。

(二) 科技與疏離＊

現代工業中的疏離程度，視科技的類型及與工業有關之正式結構，每有不同 (Blauner, 1964; Fullan, 1970; Hull et al., 1982)。**科技** (technology) 是「個人對於一個物體所表現之行動，或有或無工具或機械方法輔助，以對此物體作若干改變」（Perrow, 1967: 195）。手工藝是傳統社會之特徵。工業化則以機器為主，嗣後又有裝配線之發明。在近幾十年來，連續的生產過程和電子科技已經補充、並取代了早期的科技。探討科技與疏離之間的關係，可

＊以下的討論多引自 Blauner（1964）.

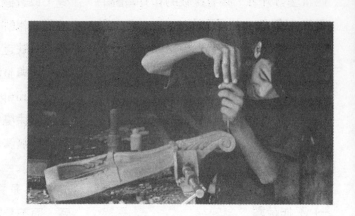

小提琴工匠展示手藝

以對今日不同工業中之勞工提供比較的機會，並對過去及未來的疏離程度，有所深思。

在以手工科技為主的工業中，使用技能與工具改變原料，故工人的疏離感甚少。產品尚未標準化之際，在工藝專長上，工作能力必須靈巧純熟。工匠、石匠，及其他之手藝工人能控制工作之速度、生產的品質及產品。許多生產方法由他們決定，同時在大的計畫方面，也經常集會研究，以便問題之解決。手工科技與有力的手藝工會，能使他們對抗外來的干預。

在裝配線及以機器為主之工人，其工作高度專門化，故須遵照他人設計的方法，且須在安置機器或輸送帶的地方工作。工作重複，監視嚴密，少有主動之餘地。汽車及其他裝配線上的工人，除非其他之裝配工換班，否則不能離開工作地點。在汽車工人及其他裝配線上的工人之間，四種疏離之型式屢見不鮮。紡織工及其他以機器為主之工人，雖覺無力、無意義，但尚未覺得孤立與自我疏離。他們的抱怨有個別處理之可能，無須透過工會，他們與同事有更多互動的機會。

(三) 自動操作與疏離

自動操作創造了新的職業，改變了舊的工作。「高科技」、機器人、鐳射光，以及連續生產式的科技，都是自動操作之不同形式，其共同的明顯特質在「使用電子資訊回饋，操作設備」（Form, 1987: 42）。此種新科技與早期者不同，它有一個連續的生產流程，更富彈性，分工較少，並能製造不同顧

客訂製的產品（Warner, 1986: 11）。

　　石油化工業對於未來的工作性質，提供許多灼見。因其使用連續流程的科技，已有多年，因此，與較新的電子科技有某些共同之處。在此一體系之中，一項產品，如石油，經由廣大的管線網路流到各個反應部門，加以提煉，最後製造各種產品。勞力工人不直接從事技術、機器及裝配線工作，但卻監視控制板、注視計量器和儀表、調整活塞等。一組工人負責一種特定的化學或資訊過程，及其單位內的種種設備。這些工人並未覺得其受科技之控制。相反的，他們控制設備，並確定自己的行動步驟，工作環境輕鬆而無壓力。生產平穩進行，例行的儀器檢查，為時不多，一旦故障發生，員工找出問題原因所在，並使生產恢復正常，他們喜歡這種控制感和決定感。

　　連續流程科技與其他之自主操作，可以增進高級技術工人的工作經驗。由於工程師、電腦專家，以及技術維修之需要日益增加，使他們的工作具有控制、決定、互動及自我實現之特性。自動化服務的擴展，包括電腦程式、研究與發展、諮商，以及測驗性實驗室等，可以減少疏離，使工人更滿足、更有激發力。

　　另一方面，將有更多的人在高科技

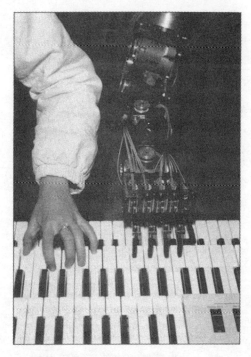

高科技製造一個技巧的模仿者。

之裝配線上工作，從工人的觀點而言，與其在汽車或錄影機之裝配線工作，一般無二。辦公室的工作也要自動化，並可形成「反技術」（deskilling，降低技能的需要），工作速率較快，而工作人員間的疏離較大。細察辦公室自動化之研究，尚未見「有意用電腦提升辦公室工作」的事例（Cherns, 1980: 711）。

自動化甚至能對員工增加控制，而非放鬆腳步、減少管理：

> 訓練工人對於自動化設備目不轉睛，全神貫注，並注意故障信號的變化，但……設備也能加以「訓練」，注意使用者能否運用自如。員工用以監視設備功能之儀表板、計量器及螢幕，而有反視之能力——監視一個人的活動，測量一個人的生產，幾乎如影隨形，寸步不離。（Erikson, 1986: 5）

例如，電腦可以監視文字處理機，紀錄作業員每小時輸出資料的按鍵數和誤差數。設計和管理此一體系之經理，與無技術之作業員工間的不和，可能造成工作場所白領衝突的新形式。高科技能增加工人之能力，抑減少其技術，目前尚未可知（Form, 1987: 42-44; Hodson, 1985）。

科技與科層結構，對於組織中之層次高者提供控制、決定、互動以及自我實現的種種機會。低層員工透過工會活動，拾級而上，以達成此等目標，或離職他去，另創小的事業，或集體擁有組織、管理組織，以達成之。目前，減少疏離，並讓工人控制直接工作環境，其最具意義的集體努力是在非正式組織，而不是正式組織。

二、非正式結構

在一個組織之內，個人與團體的模式互動有違正式規定者，稱為**非正式結構**（informal structure）。非正式行為係在個人追求自己利益之滿足，或遇到正式結構所造成的問題時，才會產生。

㈠ 個人利益和非正式互動

工人帶到工作中的信念和抱負，正式結構通常不予認可。此種被忽視之利益，可經由非正式互動而得到滿足。未能升級之員工，由其在一個非正式團體中之領導，仍能提升地位。非正式結構也能將地位賦予在工作之上，即使管理上沒有此種特性亦然。例如，裝配線上之工人，其中最接近成品者，在同事眼中，通常地位較高。

交換工作，有違規章，監督可能無

法容忍，卻可消除對於例行工作之厭煩。反之，監督與有經驗的工人培養友誼，可獲得有關工作及其他員工之消息。在裝配線上，一個工人做兩人之事，可使同事延長休息時間。工人們非正式同意的工作量，應予以尊重。此種安排使員工對工作之控制，比正式結構提供的還多。

有些員工損人利己，追求私利。對婦女及少數族裔持有偏見，對朋友或親屬表示忠誠，這些已是組織中社會現實的一部分。婦女與少數族裔，才華橫溢，無損於白人男子，惟其很少引起輔導員之注意，而輔導員之支持乃步步高升的助力。即使他們被納入管理體系之中，也須小心翼翼，適應他人的期望與渴望（Epstein, 1983）。對於傳統性角色的接受，也能造成一種非正式的期望，以致使正式的、合理的行為規定，加以改變。文選5-2：〈坎特：科層婚姻〉，即在叙述男性上司與女秘書間的此種行為。

工作時的性騷擾，也是非正式結構的一面。在一項抽樣調查中發現，一年之中，三分之二以上的職業婦女遇到過性騷擾，從舉止輕佻到強暴，無所不為。另一項對女性所作之抽樣研究中，同樣有三分之二的女性於其在學期間，至少一次受到男性教師的騷擾（Sch-neider, 1982: 1987）。

盜用或挪用公款，或員工利用組織財產等，是另一種形式的非正式行為。也是美國損失最嚴重地犯罪行為，幾乎三分之一的商業因此倒閉。非正式的規範指明金錢或財產可以取用之情況，及允許員工從事不法行為而不失其顏面（Altheide et al., 1978; Robin, 1974; Parilla et al., 1988）。組織雇用安全專家預防偷竊，而現在私人安全之支出，無論在金錢花費或僱用人數上，比執行國家法律猶有過之（Cunning-ham and Taylor, 1984）。組織透過錄用前的調查、反偷竊辦法、懲罰威脅、監視，及成功逮捕等方式，以防偷竊。這些措施在零售業效果良好，在醫院亦有某種程度之效果，但在製造部門成效不彰，因為員工有長期之任職保障，故其非正式關係與規範較強（Parilla et al., 1988）。

(二) 大組織中的初級團體

包括朋友及派系的初級團體，能壓制正式結構，建立影響與溝通的管道。另一種基於正式結構的初級團體，包括作業單位，諸如工業作業小組、辦公室團體或軍隊戰鬥單位等。

一九二七至一九三二年間，在芝加哥西屋電氣公司霍桑廠（Hawthorne

plant）所做的著名研究，是第一個指出非正式團體能控制其成員，及影響工作行爲程度之研究。一小組裝配電話交換機之男工，發展出自己的社會控制方法和工作規範，與經理人員的設計及激勵方式，格格不入。非正式的工作規範，確定一天的「公平」工作範圍。如果某人生產過多，便是「急驚風」（ rate buster ），如果生產太少，又是「慢郎中」（ chiseler ），向監督打同事小報告的人，稱爲「奸細」（ squealer ）（ Roethlisberger and Dickson, 1939: part 4 ）。這些以及其他的規範，限制了工作單位的生產量。

雖然公司有一個激勵體系，鼓舞提高生產，員工卻相信，如果各週間平均每小時之生產量變動不大，則他們的情況會更佳。他們覺得，此種穩定，可使他們避免不合理的期望：生產提高，即有成果；也可避免如果生產下降而遭批評。西屋霍桑廠的男裝配工，非正式地結成一夥，保護自己，以防經理的可能武斷與專橫。此種團體可滿足許多私人的需要，包括自主與自導（ self-direction ）。對於工作不力的工人，也給予維護。反之，工人必須遵守團體所訂的規範。

工作場所中的初級團體，可分成兩種形式。一是支持溝通與指揮的正式模式，一是破壞溝通與指揮之正式模式。它們可以動員職工達成組織目標，也可能鼓動成員削弱這些目標，例如西屋霍桑廠的男裝配工，他們的種種作爲，造成了工人對生產的控制。

在大組織之中，一切決策通常由委員會或小的工作團體制定，卻受非正式規範及個人忠誠的影響。非正式的凝聚力可影響政策之制定，而其對順從之重視，可能使決策失當，即使在政府的最高層次，決策的偏差常由於過度服從、圖利他人、保護個人利益，或不切實際的希望想法造成的（ Janis, 1967 ）。一九八六年雷根總統的幕僚軍售伊朗的復原計畫（ Project Recovery ），就是由此種凝聚性的非正式團體決定的。這筆與公開宣佈之政策相牴觸的交易，只有少數人知道。此事發生後的幾個星期，大多數的美國政府官員，「仍在設法了解雷根的親信做何決定，以及實際售於伊朗的武器有多少」。（ Newsweek, December 1, 1986: 26 ）。

(三) 居間功能

如果成員經由居間之初級團體而隸屬於組織，則組織效果多能昭著。初級團體將其成員牢固地繫於一個較大的社會結構之中，有如家庭在個人與大社會

之間，居中斡旋（見表 5-4 ）。居間的團體愈強大，組織與個人之間的結合愈牢固。

初級團體的居間角色，在第二次世界大戰時對德國陸軍所作的研究上，特別的受到重視（ Shils and Janowitz, 1948 ）。雖然德軍人數虛張不實，裝備又差，可是即使遭受重挫，戰鬥力依然旺盛。大多數人把德軍這種堅忍不拔的精神，歸之於對納粹的信仰堅定。然而，此研究指出，戰鬥力大都是由班或小隊成員身分形成的。如果一位士兵持有武器，只要他對團體領導有認同感，對同班其他成員有感情繫念，便可能繼續戰鬥，死而後已。換言之，士氣是由一種堅強的初級團體維持之，與士兵的政治信仰無關。

軍隊團體的穩定與戰力，大都賴於納粹之核心分子，其人數占軍隊的百分之十至十五，在高級士官及低層軍官之間，所占百分比尤高。團體中的幾個納粹核心分子，為意志不堅的士兵提供一個榜樣，他們的脅迫利誘，也預防了分裂的趨勢。因此，核心分子是一般士兵和納粹政府之間的橋樑。

軍中班、排的團結現象，在對第二次世界大戰及韓戰期間美軍士氣之研究上，也曾發現（ Little, 1964; Shils, 1950: 16-39; Stouffer et al., 1949: 105-191 ）。然而在越戰期間，士兵卻無相同的團結根源。大多數的士兵在越南服役僅十二個月，且在派往越南之時，並未與其有密切連繫的訓練團體一同前往。因之，限制了初級團體的形成，造成離心離德，一盤散沙。士兵們「基本上各懷鬼胎，自我關心」，尤其以接近役滿時為甚（ Moskos, 1970: 142-143 ）。

(四) 正式結構與非正式反應

正式結構中的種種缺失，造成種種非正式的反應。一群工人必須與另群溝通困難的工人協調種種活動時，非正式的衝突可能由之發生。例如，一家電器工廠，其金屬蓋子部分由一個團體負責處理，該團體位於處理基部（ bases ）團體的樓上。金屬蓋按時由傳送器送到基部。有一位管理員敘述運送工作中斷時，如何令工人產生一種表現憤怒與挫

表 5-4　初級團體係居間團體

個　　人	居間團體	大　組　織
焊　接　工	建　築　工　人	建　設　公　司
學　　　生	女生聯誼會	大　　　學
禮　拜　者	祈　禱　團　體	教　　　會
士　　　兵	班（或小隊）	軍　　　隊

折的獨特方式：

偶爾，樓上金屬蓋運送器之裝載工，行動敏捷地送下一整箱蓋子，然後抱怨樓下工人行動遲緩，不能迅速卸下蓋子。接著我們知道的是，基部的機器操作工生產極速，以致蓋子用罄，不敷供應，於是便開始叫嚷，認為裝蓋工生產落後，供應失調。此種情況一旦發生，我們也聽到有關工作環境、工作標準，以及其他等等方面的抱怨之聲（ Sayles, 1958: 18 ）。

工人遇到管理人員未能預見的問題時，正式結構中的改變，也會導致無法預期的非正式反應。英國一處煤礦採用一種新方法，將從前由一個輪班小團體所完成的工作，分成二十四小時三班連續作業。老的方法應許工人於工作時，彼此分攤，充分接觸，共同調處任何問題。然而，新的工作方法，把工人分成互不溝通的種種間隔，常為了問題彼此指摘，並為接班輪值的工人造成許多困擾（ Trist and Bamforth, 1951 ）。

要組織規則和程序預期成員遇到的每項問題，洵非可能。一旦懸疑不決之事發生，個人與團體便為那些沒有規則管轄之範圍，或為活動的控制而鬥爭。在許多工業之中，機器故障是無法預測

的主要問題，非私人性之規則對之莫可奈何。找出問題來源並加以修復，乃維修工之職責，可是他們不是生產部門的員工，無人了解他們如何修理或對其加以查證。因此，維修工便應用其特殊職位建立起權力的基礎：

機器發生故障，接著會出現什麼難以捉摸之事，便在安全價值至上的範圍內翻騰起來。所以，維修工的行為——能單獨處理發生的情況，預防令人不快之後果，給工人必要的安全——對於生產工殊為重要，於是生產工設法取悅維修工，而維修工則可影響他們。從此種狀態而言，一種權力關係便產生了。（ Crozier, 1964: 109 ）。

在懸疑不定的情況之下，權力關係，由控制規則及章程體系中的漏洞能力，決定之。此種非正式的權力關係，能造成依賴、挫折及衝突，這些均是正式結構或權威之士所始料未及的（ Crozier, 1964: 108-111 ）。

在大多數的美國公司，對於非正式結構審慎考慮前的數十年間，社會學家就已認清它的重要性。而日本的經理人員，在第二次世界大戰之後重建工業與調整組織時，便把美國對於員工及非正式組織的研究發現，納入其組織之中。

日本生產力的量與質、科技變遷，以及由社會科學家所作之網路分析發展等，使人對於傳統組織圖的信心，表示懷疑。美國公司的經理人員考慮的是：非正式資訊在組織藍圖中之流動，不是熟悉的層級方格與直線交互連結之金字塔圖（見圖 5-1 ）。本章最後一節，分析結構變遷的外在影響，並討論科層制之其他可能替代方式。

文選 5-2

坎特：科層「婚姻」

Source: From *Men and Women of the Corporation,* by Rosabeth Moss Kanter. Copyright © 1977 by Rosabeth Moss Kanter. Reprinted by permission of Basic Books, Inc., Publishers.

數十年來，組織及組織行為的研究，主要是男性的天下。除了少數例外，男性研究者所研究及撰述者，均係組織中之男性員工。雖然，婦女被認為是早期「發現」非正式組織的系列研究主題之一──一九二〇及三〇年代初有名的霍桑研究──嗣後的四十年間，她們卻備受冷落。此種冷落的情形，可由當時若干主要著作之標題反映之：懷特（ William F. Whyte ）的《工作的男人》（ Men at Work, 1961 ），卜勞乃（ Robert Blauner ）的《疏離與自由：工廠工人及其勤勞》(Alienation and Freedom: The Factory Worker and His Industry, 1964 ），懷德（ William H. Whyte ）的《組織人》（ Organization Man, 1956 ），以及梅威爾（ Melville ）與達爾頓（ Dalton ）的《管理人》（ Men Who Manage, 1959 ）。由於女權運動及婦女勞動人數的增加，男性一手遮天的美

夢，便被揭穿了。

坎特《公司男女》（ Men and Women of the Corporation ）一書之目的：(1)在了解個人的意識與行為，如何由組織中之員工職位形成之，(2)對於一個公司──印德斯考（ Indsco ）──作民族誌研究（ ethnographic study ），以證實組織內之組織結構對於形成人之認同感，及其可能性的種種方法。此一研究之重點，在正式與非正式關係中之男女員工。探討經理、秘書，以及經理妻子的角色。接著描述秘書與其上司之間的關係，並舉例說明個人的興趣與私人的期望，如何引導組織行為脫離正軌，以及非正式行為如何再將前科層管理（ pre-bureaucratic management ）的種種面貌，引入組織之中。

韋伯指出，科層制把權威賦予職位而不是個人，不將權力給予個人，從而可以削弱個人之特權，以免阻礙有效決策之進行。

儘管韋伯有此主張，但在現代組織中，並非所有之關係均屬理性化、非人化，並達到了某種普遍之標準。秘書與上司間的關係，是科層制中私人連結最顯著的例子。在此種關係中，其所使用之科層「保鑣」，較體系的其他部分少。當上司為所欲為，武斷固執時，他

選擇秘書，係以增進其個人地位而非達到組織效率為考量。期望秘書作私下的個人服務，忠實可靠，成為其私人的侍從，走到什麼地方，帶到什麼地方，其關係有前科層組織的成分在內。

此種關係之社會組織，有三個重要面：衍生地位（ derived status，在與他人的關係中，衍生地位以秘書為主，上司為副 ）；濫權（ arbitrariness，管理權無限制 ）；忠實（ fealty，要求個人效忠，在溝通與報酬方面，有非功利的氣氛 ）。

在秘書的角色關係中，這三種個人成分，常把秘書與上司間的關係喻之為婚姻。此一比喻在職位的要素方面，十分妥貼：反映的和衍生的地位；婦女依附於位高之男人，則特權較大，而工作較少；選擇秘書依據個人特質，如相貌，在外人看來，是天設地造的「一對」；由個人商量而建立非理性化的關係；個人服務的種種期望，包括辦公室中的「家務」；特殊關係中斷時之特殊諒解；期望個人效忠，象徵的或情緒的報酬；情緒分工，其中女性扮演情緒角色，男人扮演供應角色（ providing role ）。

從秘書有多位上司，到後來只為一位經理工作，此一歷程，頗似由約會到結婚之連續過程。經理本人對於私人秘

書的特殊責任感，最足以反應出來。賓乃德（Mary Kathleen Benet）在《秘書的困頓》(The Secretarial Ghetto) 一書中指出，主管的要求愈高，秘書的責任愈接近妻子的義務——不是速記打字員，而是付賬單、寄聖誕卡、準備茶點、保護上司免受下屬或子女打擾，或安排旅遊。

但批評者以婚姻作比喻，不只是一種動人深情之描述，也是印德斯考公司中許多人談論秘書與上司關係的影射方式。時間一久，秘書與上司可能發展出一種如膠似漆的情緒瓜葛。一位行政秘書升任管理職位之後，形容離開老上司，就像「離婚」一般。

在獲得此一職位（指管理之職）之前，我的工作上司是位正人君子，這是秘書工作可遇而不可求的。你為一位正人君子工作，便會與他水乳交融，失去了自己的事業。在我們兩人談到我的升遷時，我的確有婚姻結束之感。幾乎有一種離婚之悽楚。在情緒上，我涉入太深，不能自拔。在我自作解釋時，我對自己說，這是對新工作之恐懼，我想也是對於我仰慕之人關係中止的恐懼。

在她升遷的最初幾個月裏，每天早晨去看他，把外套掛在老辦公室，而不掛在新辦公室，如果他傷風感冒或看來有不悅之色，她便惴惴不安，關懷備至。

有些秘書在如何對待上司和怎樣做妻子之間，難免要作比較。正如一位秘書說道：

我想如果與男人在一起事事成功，因為我是位好聽眾，並對他們的生活領域關心罷了……。我所指的大都是離過婚的男人。細觀其婚姻歲月，我可了解……所發生的一切。我知道，如果我是妻子，我會對他們的工作關心。我覺得，一位行政主管的妻子，如果先做做秘書，一定是位好太太。做秘書，你會學著去調適上司的情緒。如果妻子能如此，則許多婚姻會更幸福。

另一方面，也有些行政能力強的妻子……把對丈夫所做的一切，與一位好秘書的工作相比較。有位經理對其女助理的丈夫指出，他們之有「幸福家庭」，在「你有她的人；我有她的才。」

如果婚姻形象匹配得宜，也要各適其所。在印德斯考公司，辦公室婚姻有種種類型。有些是傳統式的，尚停留在女性恭順、服從的範圍之內。傳統的秘書，通常年齡較長、深知自處、笑臉迎

人，願做代罪羔羊，對於上司的錯誤一肩承擔，並不擅做主張。例如，以前參議員麥卡錫（Eugene McCarthy）的秘書史塔可（Jean Stack）為例，試把這位「保護知己」與維多利亞式的妻子相比較：

　　　她對麥氏的反應，瞭若指掌，屬僚有事，求教於伊。她代付家庭賬單、安排演講日程、議定演講酬勞、聽候吩咐，甚至把他的衣服送到洗衣店。她永遠小心翼翼，慮事謹慎，但她不是一名顧問，她的自處之道是：「在麥卡錫先生雇我時就告訴我，他不是雇我去思考的」。為他工作十八年，她從未直呼其名。

　　在另一端，則是新「解放式的」（liblerated）辦公室婚姻，一般指較年輕之婦女。有些秘書拒做「家務」。並堅持她們所訂定的契約關係，指明她們的需要與極限。業務部經理的秘書，為證明其聰明能幹，把工作重點放在行政之上。她要求（並已得到）經理助理之頭銜，以及除非絕對必要而不打字的權利（另雇一兼任打字員）。經理為人不拘小節，隨和而開明，給她的辦公空間頗大，自己的要求無多，並設法配合她所有的願望。但他卻滿懷渴望地指

出，有時希望她能負責查看辦公室的清潔。即使這位解放的秘書，仍不過是位「妻子」，沒有自己的明確事業領域，不過在一種新的「婚姻」中，她可享有種種特權罷了。

結　論

　　此一研究組織中婦女晉升受阻之正式與非正式因素，說明了個案研究之價值。從對於一個組織之深入研究所得到的種種領悟，坎特對工作場所的性相歧視，提出三種解釋：

　　1.人數少的團體成員，尤其人數微不足道，不可能為大多數人所接受，由於其明顯性高和刻板印象而備受打擊。

　　2.當婦女得到權威的職位時，得授以做事之權，但其權卻不能與男性等量齊觀。她們須使用不同之管理方式，這並非因為婦女的特性，而是因為未注意性相由於無力感所造成的不安。

　　3.在正式結構中賦予婦女職位，其升遷機會不能與男性並駕齊驅。

　　這些通則強調，性相平等在工作上的主要障礙是組織的正式與非正式結構，而不是男女間固有的差別或社會化。坎特的個案研究為其他研究者提供各種線索，使能在其他組織中應用不同之研究設計探究這些通則。他們大多數的發現，支持結構因素能影響事業成功

之路，並對男人有利（ Taylor, 1988 ）的一般性見解。但在研究過程中，他們對於這三個通則也加以修改及精心設計

（ Mainero, 1986; Markham et al., 1985; Martin, 1985; South et al., 1982a, 1982b; Spangler et al., 1978 ）。

第四節
環境與組織變遷

組織所在的社會環境，並不是停止不動的貯藏室。環境可以增強正式結構，對之施加壓力，促使組織改變，或使之毀滅。組織環境包括組織本身以外的任何事物，從成員帶到組織中之信念與技能，到彼此依賴之國家與多國公司的世界體系，均在其內。

一、環境的影響

本章前三節，係依據組織本身的條件探討正式組織。正式組織能制定規則，設立程序，更新及獎賞員工等，惟於外在壓力，則少提及。大多數的組織，設計周詳而合理，以便處理內在的壓抑與衝突。但對於其所處之環境，則少能控制。如果組織意欲生生不息，則必須能適應市場、法律、日新月異的科技，以及來自其他組織壓力之脅迫或限

制。環境的強大影響力，能改變組織及其作業方式。

例如，美國聯邦航空規程之改變，使許多組織間之關係跟著改變。直到一九七○年代末期，民營航空委員會（ Civil Aeronautics Board ）以決定票價、確認航線及服務，方限制了航空公司間的競爭，因之，維繫了一個頗為穩定的組織環境。一九七八年，美國國會頒布一項逐漸解除管制的方案。政府之航線與服務授權，於一九八一年終止，票價條例於一九八三年廢除。而民營航空委員會於一九八五年一月一日撤銷（ Brown, 1985:552 ）。當此組織自航空公司的組織環境中消失後，競爭立即提高，隨之一片混亂。一九八五到一九八七年之間，有二十六家航空公司合併，為公司結構、工會與非工會工人之聯合、工作規則修訂、員工解雇，以及勞工爭議等，帶來了廣泛的改變。航空公司在應付快速成長，以及與聯邦機構、工會、競爭和供應商的變動關係上，員工、乘客均蒙其害：

正駕駛凱西（ Guy Casey ）一度是大陸航空公司的機長，因幫助組織一九八三年之惡意罷工，而喪失機長資格。他說要將經驗留給後人。

但去年退休之前，在大陸航空公司作最後一次飛行時，凱西先生在駕駛艙中忍受著機外的逆風狂飆。他回憶道，機長在由丹佛到紐約的來回航線上，為一九八三年罷工期間他覺得穿過示威行列是合理合法之事而咒罵不已，而副駕駛則堅定的保證，失敗的工會必會捲土重來……。

東方航空公司駕駛工會主席貝維斯 (Jack Bavis) 說：「在事情僵持不下時，我們不能為了一杯咖啡而停下來。」(*The Wall Street Journal*, April 24, 1987: 35)。

㈠ 組織間的關係

競爭的組織充斥於環境之中。一家公司持有專利，固無競爭對手可慮，但可能擔心政府的規程。在由少數公司控制下的聯合壟斷（ oligopoly ），對手即不能忽視（ Breit, 1968: 44 ）。一個組織的決定能立刻影響其他組織。如果一家航空公司票價打折，其他公司則

須很快跟進，否則會失掉部分市場。一家醫院購進一種昂貴的醫療設備時，其他醫院必如法炮製。許多組織提供同樣的服務時，競爭便不可免。同時，沒有一家公司能對確定價格或控制產量，為所欲為。

組織合作亦甚普遍。例如，社區心理衛生中心必須與州立精神病院的業務單位、尋求諮詢的社區機構、病人保護組織、藥物及酗酒復健中心、福利機構，以及警察局等共同一致，攜手合作。多數的此種合作，涉及交換關係，以便各個組織有效的達成目標。某些合作是自願的，其他的合作是由規章規定的（ Hall, et al., 1977 ）。組織為了適應此種環境之影響，必須建立種種新的組織次單位，以濟其事。唯此等單位必須與組織相整合，與其他單位相協調方能發揮功能。

個人、團體及階級利益，是組織環境的另種要素（ Zeitz, 1980: 74 ）。當事人常聯合一起，向公立機構爭取較佳之服務，並遊說政府通過立法，以符合其要求。例如，學生組織起來抗議公司在南非投資；消費者團體抵制和支持產品。這些社會運動，有的固然失敗，但其他的則發展成新的、有力的組織，以改變舊組織之方針或產品。

組織的**聯結理論**（ contingency

theory）指出，外在因素對於正式結構與政策之影響，遠勝過內在壓力。它也指示，組織唯有改變結構，方能適應環境的變遷（Lawrence and Lorsch, 1967）。但此種觀點，也許對於經理人員能將組織結構的形式，與現代的、複雜的環境相調適之程度誇大了。在工廠、設備及專業人員方面的投資，既有的資訊流向，內部的政治阻力，以及長久的習俗等，均能引起「結構惰性」（structural inertia; Hannan and Freeman, 1977: 931）。

在某些情況下，改變正式組織並不保證組織能有活力。相反的，組織生存可能受更廣泛的和遙遠的環境變遷之影響，蓋此種變遷能除舊佈新，另有作用。小而特殊的組織，比大而變化多、且在政治上聯繫良好之組織，對於此等變遷，生存可能不大（Aldrich, 1979: 111-112）。因此，適應環境的一種方式是擴充與應變，包括合併與接管。一個組織一旦在一個或多個地區，或市場適當之處獲得立足之點，便可把資本從日趨沒落的地區轉移到發達的地區，以免漸被淘汰（Astley and Van de Ven, 1983: 254）。大的煙草公司對於顧客喜好之改變、禁煙、較高的香煙稅等之可能反應，是接收生產食品及其他基本需要的公司，以資因應。對於此

種調適之方式，多國公司尤其適合。

(二) 世界體系環境

多國公司盛行於世界體系之中。即使國際商業機器公司的總部設於紐約州之阿蒙克（Armonk），可是仍非一個美國組織。該公司跨越國界，運用資金、物資及資訊，以達到其經濟目標。為了持續控制產品與利潤，龐大的國際組織將財產加以擴充，包括原料的來源、處理、運輸及分配。它們本身相互買賣，並控制與其他組織的相互關係，包括政府在內。多國組織賺錢有術，日進萬金。以美國為基地的多國組織，至少有十六個年盈餘超過泰國、紐西蘭、以色列、智利、愛爾蘭，以及許多其他國家的國民生產總額。

在世界的大眾傳播之中，龐大的企業集團已成為主要的玩家。少數的多國組織控制著全世界之媒體及娛樂事業。其中包括日本的新力（Sony）、德國的柏蒂斯曼（Bertelsmann）、法國的黑車（Hachette），以及在澳洲、英國及美國發行報紙、雜誌及圖書的羅派特‧墨達克（Rupert Murdoch）公司集團的紐斯考普（Newscorp）。紐斯考普尚經營印刷事業，並控制紙漿與紙張之供應。該集團也參預電子媒體事業，擁有電視之特許經銷權，在英國及歐洲建

立一個衞星發射網，能直接將信號傳至每個家庭。

一九八九年，出版各種雜誌、圖書，及經營付費有線電視網（HBO及Cinemax）之公司法人組織時代周刊（Time），同意與華納傳播公司（Warner Communications）合併，該公司之主要電影及電視製作夥件，包括華納兄弟電影、華納兄弟電視，及華納有線傳播公司等。此一合併，創造了世界上最大的媒體與娛樂王國，資產值估計約一百八十億美金。根據一位經紀分析家指出：「在媒體事業中，從未有如此之交易，這將是一家勢力驚人的大公司」（Coy, 1989）。要衡量在大衆媒體中是否允許此種勢力的結合，主管人員可能考慮到公司對於輿論的影響潛力。

除了多國公司之外，世界體系環境尚包括組織的組織及國家的組織。其利益、決策及衝突的衝擊，能影響國家的經濟及個人的生活方式。例如，近幾年來，石油輸出國家組織（The Organization of Petroleum Exporting Countries，簡稱 OPEC）製造的經濟事件，可謂最混亂者之一。在一九七〇年代之初，石油價格急劇上揚，導致了戰後最大的惡性通貨膨脹與國家之間財富的重分配。石油輸出國家組織本身，即成了其他的政經組織環境的一個重要部分。

爲了應付石油輸出國家之政策，工業化國家便從事於資源保護，及開發新能源，而非石油輸出國家組織的生產者，則乘機大量增產，賺取暴利。石油輸出國家組織的權力，在限制會員國的生產量，但在一九八〇年代之初，輸出國遵守約束之紀律，蕩然無存；同時，資源保護及非石油輸出國組織之生產成效昭著，致使原本石油缺乏，結果供過於求，石油價格因之崩潰。經濟發展繫於高價石油的主要石油生產國，受到了重大之震撼，其影響之廣，大小組織無一倖免。美國國內石油公司的鑽油與生產活動，因而俱減。較小的公司被迫關閉，較大公司的利潤，每下愈況。對工業提供貨物及服務之供應商，也受到波及，就像組織依賴供應商及其員工一樣。美國西南地區的油田，繁榮景象，曇花一現，結果破產，失業及抵押物贖回權之喪失。銀行與其他財務機構之決策，影響到對從前提供資金之組織的生存。接著聯邦機構接管破產之銀行和儲蓄公司。州與全國的稅收下降，政府必須減少教育及其他人事服務方面的支出。依靠石油公司捐助的非營利組織，以及與石油有關之公司發現，其財務支持的來源已經枯竭，因應之道，在減少

自己的服務項目。其他組織，尤其是異常依賴石油及其價格之組織，在第二次石油危機得到之利益，比第一次石油危機還多。

石油輸出國家組織的例子，清楚指出組織環境包括種種體系（systems）──相互有關要素的組合（sets），彼此幫助，互通有無。當組織關係穩定時，或當環境組織不嚴密時，變遷頗少，且可預知。以傳統為基礎的前科層（preburaucratic）組織，對於變動不居的環境，便無法適應。有高度結構的科層組織，在穩定的環境中運作，固然成效昭著，且能調適逐漸的變遷。無環境的困擾，它們可以隨著時間改變其程序，慢慢地、審慎地對於環境加以更多之控制，並能以頗為低廉之價格，提供更多之產品或服務。相對的，世界體系環境包括一個密集的網絡，其中有高度組織的和相互依賴的種種組織。兩個組織間關係之改變，能爆發一連串之改變，造成環境之騷動與不安（Emery and Trist, 1965）。

二、組織係開放體系

因為組織是大社會體系的部分，同時，因與其他體系交換貨物、服務及通貨，所以，常常難以決定組織何處終止，環境何處開始。因此，探討組織的一種方法，是把它視為一種**開放體系**（open system），即各種活動相互關連的一個網絡，接納環境的各個部分，以某種方式處理之，並以某些事物回饋於環境之中。組織以其輸出交換進一步之輸入，包括維護其本身必需之額外資源（Miller and Rice, 1967: 3）。例如，一所大學接受學生、教師、行政人員、員工、管理基金、研究捐助、科技與設備等等。其對環境之回饋則是畢業生、研究發現，以及對其社區或地區之社會、文化與經濟活動等。

一所大學或任何其他正式組織之成功，有賴其控制環境之程度。這就是何以大學對學生有入學要求，對教師有就業及敘用標準。一所大學之所以著名，主要是由於忠實的校友中有傑出的畢業生、重要的研究發現，以及戰績輝煌的美式足球隊。教育機構的基金籌募，有賴於其他公私立組織，但也須設法控制其對環境所做之貢獻。與控制產品的生產組織不同的是，人事服務組織，諸如大學，以人作為其輸出與輸入之部分，因此，控制更加不易。當事人是「服務的接受者，也是消費者；當事人是接受塑造的原料；同時，當事人變成了組織的一位準成員」（Hasenfeld, 1983: 177）。

開放的體系觀，把組織的界限視為

出　　租
工業資產
占地五英畝、廠房
建築兩萬平方呎

世界體系帶來的傷害

一個篩子（sieve）而非軀殼（Scott, 1987）。相對的，科層模型之界限，已經加以確認，其結構取向於內部之運作，環境騷亂與組織變遷均來自於外，基於陳舊經驗的嚴格科層規則與程序，自屬了無效果。相反的，組織的生存，有賴於反應變遷的學習與表現能力（Terreberry, 1968: 612）。

三、科層之外，別無其他？

　　科層制的明顯特徵，造成既得利益和對既定慣例之奉行不二。科層制從強調上司與服從，到詳細的規則與章程。

當組織的工作例行不變，並依賴非技術人員之嚴密監督時，此種僵化可以被接受，甚至認為必要。因此，科層制在環境穩定的時代和地方，是一種有價值的社會發明。然而，許多組織需要更多之彈性，比科層形式和結構所容許者尤多。要適應變遷，就要少關心控制之表現，多重視激發創新和對新環境刺激所做之反應。在最近數十年來，富有彈性的、問題本位的組織觀，業已成形。大組織，諸如公司或政府機構，無須具備科層制的全部特質。因為現代組織在動盪的環境中運作，故必須更富彈性，對

環境的變遷更能反應，對員工的能力更加敏感，並准予主動進取，創造發明。以下預言，強調了後科層（ post-bure-aucratic ）觀點的需要：

> 這個關鍵字是「暫時的」（ temporary ）。將會有適應的，迅速變動的暫時體系，由專長不同的陌生人組成的特別工作小組，解決各種問題。此團體在於反應問題，不是反應規畫的角色期望。因此，經理人員成了各特別小組間的協調人或「連鎖栓」（ linking pin; Bennis, 1968: 73–74 ）。

(一) 參預與生產力

韋伯由上而下的科層管理模型，在生產力要求高及品質標準佳的情況下，遇到了挑戰，其中包括消費者喜好，或當事人需要的改變等。許多組織並未要求員工悉力以赴，或表現主動進取之精神，就輕鬆過關。如在第三節所論者，許多員工對其未盡全力，知之甚詳。唯當公司面臨動盪的環境，並體認到必須改變和改進方能生存時，經理們便開始對工人擔心了。美國工業界對其員工的滿足、生產力，以及高的生產品質，已經開始重視，唯為時已晚。

日本公司不像美國公司，其於科層規則及層級甚少重視。日本組織的正式結構鬆弛，權威層級較少，溝通路線規定不嚴。它強調團隊工作，鼓勵全體員工提供觀念，以增進生產力和品質。在品管圈及改進團體方面，工程師、經理及工人一同參預。同時，工人的能力水準能由教育而提高。故在生產過程的設計中，工人充分參預（ Cole, 1979 ）。日本公司也培養非正式結構，公司文化表現在儀式和象徵主義之上，如在遊戲、柔軟體操，以及社會聚會等方面之參預。結果，稱為社團主義（ corpora-tist ）的組織模式便出現了，主要以奉獻和社群緊密感，取代工作場所的疏離與衝突（ Dore, 1973 ）。

管理顧問與社會科學的研究者指出，最好的美國公司具備了許多日本企業的特性（ Lincoln and Kalleberg, 1985, Ouchi, 1981 ）。在社團主義或「 Z 型」組織之中，工人參預決策。管理人員了解，普通工人對於錯在何處、如何改善，所知甚多。因此，有意將工人納入決策的過程之中。由於工人的參預，公司的活動與政策資訊，便自由流動，不受限制。員工知道自己受到重視，他們的需要與環境被納入考慮。這些觀念並不新鮮，不過是在數十年前，美國學者建議的一些社會學及心理學原理之運用罷了（ Likert 1961, McGregor, 1960;

Walker and Guest, 1952 ）。而日本在產品品質高而價格合理方面之成功，才把這些原理帶回到美國經理人員的腦子之中（ Whyte, 1986: 556 ）。

在美國，大量的參預工作，首先由福特汽車公司在肯塔基州路易斯維爾市，改變卡車生產工廠時採用的。該廠的生產品質、生產力、勞工關係，以及士氣等的低落，無以復加。一九七九年，由管理及工會雙方合作制定一項員工參預計畫。由工廠及工會高級人員組織之聯合指導委員會，每週聚會一次，而包括多數按時計酬工人的「解決問題」工作團，遍及整個工廠。他們討論的事項，從噴漆間播放喧鬧音樂，到自動販賣機之食物品質改進，無所不有。更重要地是，福特決定要工人參預新車型之設計。設計師將其計畫送到工廠，要求批評，更是前所未有。計時工的觀念豐富，其中許多已被接受。此外，尚邀請工人參預品管之檢查程序。「對於品質之提升，堅定不移」，而士氣與生產力亦大為提高（ *Fortune*, April 18, 1983: 64 ）。

十年前，福特的例子殊為罕見，但現在具有社團主義特質之歐美公司，業已普遍（ Ouchi, 1981; *Fortune* May 28, 1984: 16－24 ）。現在通用電器公司、國際商業機器公司、休利特・帕卡德（ Hewlett-Packard ）公司、美國電話與電報公司，以及其他大公司，均有某些社團主義之特徵。這可能就是研究者發現，何以日本與美國在組織奉獻之間的差異，比他們所期望少的一個原因：「我們的結果，可能令某些讀者失望，蓋他們相信那些對日本工人要求奉獻的不當渲染，和日本經理人員激勵奉獻的種種驚世駭俗」（ Lincoln and Kalleberg, 1985:758 ）。

(二) 所有權與組織

自從馬克思的早期著作出版以來，有些理論家和主張政經變遷的人士就指出，工人疏離和生產力低落的主要原因，與其說是組織結構，毋寧說是經濟結構。資本主義，尤其是工作與所有權分離，是問題的根本所在。當然，馬克思相信，私有權應該廢除，由全國性的集體所有權取代。近幾年來，美國集體所有權的各種努力——合作社，為防工廠倒閉的員工請購存貨，利潤均攤，以及員工股權計畫——提供了評估馬克思觀念的機會。這些措施，通常可增進工作滿足，及工人對組織之認同（ Rothschild and Russell, 1986: 316 ）。然而，在工作場所創造民主，以配合所有權的種種措施，尚未成功。最初將決策權轉移給工人的種種嘗試，通常會對

傳統的科層結構產生「衰退」的現象（Russell, 1985）。

儘管最近在正式結構方面有所改變，以及預期員工所有權之擴大，但科層制不可能消失。事實上，從可信之證據指出，今日之科層制，存在如常，運行不衰 (Clarke, 1983; Meyer, 1979)。有效滿足員工的種種愛好，及適應環境變遷的種種努力，無疑的將繼續修正，但非取代韋伯的科層體制模型。

主要名詞

疏離 alienation	權威 authority	科層制 bureaucracy
感召權威 charismatic authority	聯結理論 contingency theory	分工 division of labor
正式組織 formal organization	正式結構 formal structure	層級 hierarchy
非私人性 impersonality	非正式結構 informal structure	開放體系 open system
法理權威 rational-legal authority	參考團體 reference group	科學管理 scientific management
分割 segmentation	科技 technology	傳統權威 traditional authority

補充讀物

Blau, Peter M., and Marshall Meyer. 1987. 3d ed. *Bureaucracy in Modern Society.* New York: Random House. A discussion of the rise and nature of bureaucracy, its dysfunctions, and its relationship to society.

Broom, Dorothy H. 1991. *Damned if We Do: Contradictions in Women's Health Care.* Sydney: Allen and Unwin. A study of the introduction of innovative health services through nontraditional forms of organization.

Hasenfeld, Yeheskel. 1983. *Human Service Organizations.* Englewood Cliffs, N.J.: Prentice-Hall. A typology of human service organizations and an explanation of their relationship to the environment, goals, power structure, and client relations.

Perrow, Charles. 1986. *Complex Organizations: A Critical Essay.* 3d ed. New York: Random House. An evaluation of competing theoretical perspectives on organizations and their environments.

Pfeffer, Jeffrey. 1981. *Power in Organizations.* Marshfield, Mass.: Pitman. A synthesis of the literature on power in organizations that provides a guide for research.

Russell, Raymond. 1985. *Sharing Ownership in the Workplace.* Albany: State University of New York. A review of various forms of employee ownership and case studies of cooperatives, worker-owned companies, and professional partnerships.

Scott, W. Richard. 1987. *Organizations: Rational, Natural, and Open Systems.* 2d ed. Englewood Cliffs, N.J.: Prentice-Hall. An analysis of three major theoretical approaches to the study of organizations and the research associated with each.

Weber, Max. 1968. *Economy and Society.* Totowa, N.J.: Bedminster Press.

第六章 制　度

在日常言辭之中，**制度**（institution）意指某些事物穩固、持久，歷史悠遠，前途樂觀。制度的社會學概念建築在日常的意義之上，其中包含兩個相關之觀念：一種制度是，(1)一種規範與價值的既定模式，(2)能規劃社會生活，發揮社會功能。有些制度關係整個社會之福利，意義極其重大：這些制度是家庭、宗教、教育、政府與法律，以及經濟體制等。本章探討家庭、宗教、教育，及政府等四種主要制度的活動、功能，及其相互關係。經濟制度在第五章與工商組織一起討論，在第七章「社會階層化」探討財富、貧窮與社會階級時，將作進一步探究。

建立制度，及其成為價值、並加以確定的過程，稱為制度化（institutionalization），自小團體到大組織，各個社會生活層次均有制度存在。在整個社會之中，制度建立與強化，從未懈怠。每一個政府都用宣傳說服人民，使其相信政府之政策正確無誤，理應得到普遍支持。所有的宗教都有祈禱活動，以加強信徒的虔誠。企業界用「制度的」廣告而非公司產品，推銷對公司的認同。

在現代社會之中，大多數的日常生活，均在特殊化的制度情境中進行：生產、分配與交易的經濟活動，在商店、工廠、辦公室及工會會所執行；學校教導技能與價值；疾病常在醫院和診所之中診療；個人生活及子女教養在家庭之中進行。這些特殊的活動，由一系列之社會制度加以組織。制度自主（institutional independence）訂之於美國憲法第一次修正案中，規定教會與國家分離，及新聞自由。

在古代，主要社會制度的種種活動，甚少劃分清楚。家庭深植於社區之中：多數的經濟、教育及醫療活動，均在家中進行。進餐時的謝恩禱告和日常祈禱，均說明與宗教生活之密不可分。而國家不全是一種世俗的制度。教會使國家合法化，反之，國家支持教會，使之成為制度化的國家宗教。王與后由「神權」（divine right）與上帝的恩賜而統治。英國國王，也是英國教會的領袖。

雖然今日的制度，大都能自給自足，惟仍由自認屬於若干制度的人連結在一起。在先進的社會，幾乎每個人都參預家庭和經濟制度；兒童把家庭與教育制度加以連結；在人生病之時，可能在醫療機構治療；當公民為了日常服務——如警察與消防——而納稅時，便與政府連結。此種多面參預，將不同之制度加以連繫，使其功能有所重疊。例如，家庭及學校均與兒童的社會化有

關。教育並不限於學校，工作場所亦可施教。而教育的某些方面，則受國家強加的要求或限制之影響。

　　制度是組成社會生活的既定方式，但非必然穩定持久，或牢固不破。制度之能堅固或脆弱，部分在於人民對其信任與其適應社會變遷的滿意程度。表6-1 顯示，一九七三年至一九八六年之間，大眾對於美國制度信賴的改變。十多年來，有組織的宗教，第一次失去美國人民最信賴的制度地位。對於公立學校及工會之信任，亦在下降，但對軍隊及最高法院，則信任十足。也許表中最明顯的發現，是對經濟體系中的兩個主要部分：大企業及工會勞工信任度之降低。

　　制度的相對社會影響，在社會之間、社會之內，以及任何社會之中，與時俱異，每有不同。制度為控制基本的社會功能而彼此競爭。家庭、學校、教會及政府，為爭做社會化機構而互不相讓，有時在影響青年的種種措施上，公開衝突。此種競爭和衝突，是緊張的一種固有來源，及制度與社會變遷的一種潛在發軔。

　　本章四節中所討論的「家庭」、「教育」、「宗教」及「政府」，由個體（ micro ）到總體（ macro ），逐一分析。家庭是典型的初級團體，與個人的接觸最早，同時是個人一生中傳達思想感情的工具。教育與宗教制度的規模較大，但也能直接影響個人，同時，在塑造社會人格方面，扮演一個重要角色。政府的非私人性最為顯著，與個人的距離最遠，但其對一切有組織的社會生活，均有影響，透過其他之種種制度，在人生過程中之每一階段，均與個人有所接觸。

表6-1　對於美國制度的信任
1973-1986[a]

問題：我說出美國社會中的各種制度，請告訴我，你自己對每一種制度有多少信心——極多、許多、有些或很少。

	1973	1977	1981	1986
軍事	缺	57	50	63
教會——有組織之宗教	66	64	64	57
美國最高法院	44	46	46	53
公立學校	58	54	42	49
國　會	42	40	29	41
工　會	30	39	28	29
大企業	28	26	33	20

a 回答「極多」或「許多」的百分比。
由蓋羅普組織從事之民意調查。
資料來源：
《蓋羅普報告》，253 期，1986 年 10 月。

第一節
家 庭

在各種社會制度之中，家庭最爲獨特，因爲它是第一個維持個人生計，將個人繫於社會團體，以及爲個人在初級團體之外的參預而社會化的一種制度。它是個人成長、婚姻、養育子女，以及感情依戀與衝突之所在。大多數人的生活由家庭開始，是其所屬最久的社會團體。家庭位於社會生活的中心，把個人與學校、教會、經濟及國家加以連接。傳遞基本規範與價值。所以，家庭常稱爲社會的主要建材 (building block)。

因爲家庭位於社會生活的中心，故改變家庭的革新及社會變遷，會引起强烈的反應。許多人恐懼家庭不能適應變遷，在家庭尚未準備迎接挑戰之時，傳統價值即會崩潰。離婚率之增加、出生率之下降，以及較長的生命預期等，改變了西方社會中的家庭生活。

一、家庭：傳統的與當代的

像家庭這種現象，在每個已知的社會之中均已存在，但其在社會結構中的形式與地位，則各不相同。由於家事處理繁複不一，多不勝數，故確定構成「家庭」的一種特殊形式，洵非易事。在本書，家庭一詞所指的家務形式，不一而足。包括關係持久的夫妻、父母子女，以及生活在一個屋簷之下、成員自認有關係者。同性戀者主張，如果其長期住在一起，即應視爲一個家庭，擁有其他家庭的全部權利。大體言之，法院與社會均未面臨此種挑戰，不過，他們不會就此善罷甘休。

在大多數的已開發社會，家庭是許多重要制度之一，但非主要制度。然而在許多家族主義的社會，家庭是主要的社會團體。生產貨物、維持秩序，以及發揮宗教功能等，多由家庭肩負。在殖民地時期的新英蘭地區（譯按：以波士頓爲中心的美國東北六小州），家庭是社會組織和個人身分的所繫，也是經濟生產和消費的單位。在家族主義的社會中，個人有難，求助親戚，家庭利益——財富、榮譽與綿延香煙——在個人利益之前。的確，在家族主義的社會中，個人利益與家庭利益不可或分。

現代社會，無疑地已非家族主義社會。家庭成員間的關係，不像從前界定清楚，但家庭依然突出。它是享受私生活之所在；是兒童出生與社會化起步之場所；是個人與大社會間的橋樑。現代家庭與傳統的、前工業的家庭，在若干方面，對比明顯：

1. 擇偶自由，意指個人對於配偶之選擇，無須經由親屬團體同意。當婚姻主要是一種工具關係，而生產之土地或其他財產的繼承又攸關個人權益時，家庭對於年輕成員何時結婚，與誰結婚，便不得不從利益上著眼。到了二十世紀，子女婚姻對家庭其他人而言，意義非先前可比。

2. 現代家庭中之分居與離婚率高，至少部分來自一個事實：夫妻生活在一起的時間，比晚婚與早逝者為長。因配偶一方英年早逝致婚姻終止時，伴侶便無機會對其滋生不滿。此外，以浪漫愛情為婚姻之主要理由，則一旦愛情褪色，夫妻婚姻之維繫，便少有實際之藉口。

3. 與現代都市生活有關的地區流動增加，造成親屬關係的緊張，有時尚能削弱親屬聯繫。人們像親戚一樣住在同一個鄰里，鮮有可能。因此，使子孫彼此支援，相互扶持，十分不易。

4. 工業化的最大衝擊，也許是將最具生產力的活動自家庭中逐漸移轉，使家與工作場所分離。此種分離，造成許多家庭對子女照顧上之需要。

5. 由於更多人離家外出工作，家就成了工作後的休閒活動場所。婦女是此種新的私人休憩所之管理人，照顧兒童與家務是婦女的唯一職業（Davidoff and Hall, 1986）。起初，家庭是避風港的理想，可能只有中產階級才有，但現在已成為勞力階級家庭的一種理想，移民家庭亦然。

6. 控制婦女生活規範之改變，包括大量的婦女流入勞動市場，改變了家庭生活的結構。從某些方面而言，婦女進入有酬之工作市場，就是回到每位家庭成員均有工作的前工業家庭模式。但在後工業社會，家庭與工作場所分開，婦女就業對婦女及其家庭賦有新的意義。

7. 在十七及十八世紀，婦女的合法權利有所限制：其所簽契約或所立遺囑，均須得到丈夫的允許。婦女不能投票、擔任公職，或從事大多數的專門職業或商業。在法律上，婦女是其丈夫的「動產（chattel）」（Degler et al., 1981: 98）。當婦女獲得充分的合法權利，家庭以個人感情而非物質之相互依賴為基礎時，家庭關係的層級現象，便趨減少。丈夫對妻子很少使用正式權威，父母對子女亦然。

大型的**擴大家庭**（extended family）包括三代或三代以上之未婚成人，及有幼年子女之夫婦。擴大家庭之所以受到重視，在其給家人的穩定與支持。但近幾百年來，至少在英國或美國，多代家庭已非普遍形式。相反地，包括父母及其依賴子女所形成之核心家

庭（nuclear family），「在工業革命之前，就是主要的家庭形式」（Medick, 1976: 293）。可是，工業化之前的家庭比現代家庭爲大，因爲夫妻之子女較多，亦因家庭通常尚包括寄居者、學徒、傭人，以及其他與家庭無關之人（Hareven, 1982）。

現代西方家庭，被視爲私人的庇護所，其所以受此重視，乃在家庭與工作、法律與政治，以及經濟等公共事務，劃分爲二。由於重視隱私與自我實現，家庭給予成員相當大的自主。工業化之前的家庭，其成員之全部生計，唯靠彼此依賴；而今日家庭成員之相互依賴，不甚明顯。雖然對其他親屬之責任爲之減少，但對於子女及夫妻幸福之責任，卻有增無已。此種責任集中在家庭中的直接成員，而非與許多親屬分擔。

傳統的霍皮人（Hopi）家庭，與此迥然不同。責任由多人共同承擔，而非集中於少數人之手。在霍皮人的擴大家庭中失去一位成人，無論是分離或死亡，稍作再調適，即可應付，因爲霍皮人夫妻與妻子之父母、姐妹及姐妹的丈夫同居（Queen et al., 1985: 36 – 52）。子女是大親屬團體的一員，許多活動由此團體共同分擔。所有的成人分別在不同時間照顧子女。母女間的連繫殊爲強固，舅舅在外甥的敎養方面，扮演重要角色。與此種情況類似的是，離婚婦女的社會經濟生活少有改變。「只要擴大家庭存在，夫婦家庭（conjugal family）便能組成，由離婚而破裂，及重組，對於家庭均無重大的妨害」（Queen et al., 1985: 44）。

在今天大多數開發的社會中，分離的核心家庭是主要形式——雖未如早期所謂從未變動——但非唯一形式。其他親屬的聯繫，也影響到人的生活。例如，廣大的親屬網絡，是住在美國中西部之低層階級黑人社區者，彼此幫助的中心結構。少女的嬰兒常由其母親、姐姐或姑母撫養，他們反而成了嬰兒的「媽媽」。其他親屬，通常包括父系的家庭在內，對於孩子的幸福亦表關心，付帳單、買玩具、增設備、添衣物，以及提供支援、愛與敎導等等，不一而足。子女敎養不認爲是其父母的獨有責任，而是緊密的親屬網中增加了一位受歡迎的成員，每個人均有照顧的職責。在親屬網絡中，食物與服務的往來，是日常生活的項目之一，對於收入有限的人尤其重要（Stack, 1974）。

多數中層階級的家庭，幫助其年輕親戚就業。通常父母給先成家者金錢資助（Kennedy and Stokes, 1982）。即使親戚不在同一個地區，也會常常保持連繫。大多數年齡較長的家人（尤其

女兒），與其年長父母每週至少連繫一次，有的天天連絡，從不間斷。當然，居家遠近、偶爾資助，與分擔日常生活之間，有所不同。但對大多數人而言，社會生活大都包括親戚互訪，交換消息、問題及成就，困難時的彼此幫助。

二、家庭的組成與解體

家庭形成與其構造的改變，在人生過程中乃是大事。結婚、生育、死亡及離婚等，齣齣戲劇之上演，由社區認可，並由宗教及法律儀式表示之。

㈠ 婚姻

在當代的社會之中，一個新家的正式開始，通常由一種婚姻儀式標示之，在政府作官方紀錄，在教堂舉行婚禮。大多數的美國人都結過婚，約四分之三的人是在十五歲及十五歲之後結婚的，到了五十五歲，只有百分之五的人從未結婚。儘管婚姻如此普遍，更多的年輕人依然獨身，而結婚者，婚期亦晚。年在二十至二十四歲之間的男女，百分之六十以上的女性，和幾近百分之七十八之男性尚未結婚，而一九七○年，則有百分之六點二的女性和百分之三十六的男性未婚（ *Current Population Reports [CPR]*, p-20, No.443, 1989: 3 ）。

婚姻有同質之傾向；即伴侶之社會背景類似、信仰相同、種族相同。然而，婦女所嫁的男子，則有比自己年紀稍長、教育良好、地位較高、待遇較佳之趨向。此等差異，部分原因在婦女的平均教育程度和職業地位較低，部分原因在視婚姻爲男性以經濟資源，交換女性的社會與家事服務（ Weitzman, 1974 ）。「男人下娶」（ men marry down ）之規範暗示，許多教育良好的職業婦女，可能因在適當的年齡層中缺乏教育良好的男性而依然小姑獨處。收入豐富之婦女，結婚的財務壓力少。

同質婚（ homogamy ）與反同質婚可以交換理論解釋之：(1)個人尋找配偶，是由於婚姻對方可提供最大之社會或經濟報酬；(2)門當戶對者，相互答報，最有可能。門戶不當者，被拒於千里之外；(3)門當戶對之人，特質類似，最爲可能；因此，(4)婚姻可能是同質的（ Edwards, 1969; Schoen et al., in press ）。

㈡ 生育

大多數的已婚夫妻，至少有一位子女，但與其母親比較，最近婦女的生育年齡延後，或根本不要子女。晚生育與小家庭的趨勢，就像遲婚的傾向一樣，似乎又回到一百五十年來大部分時間所

流行的美國模式，只在戰後嬰兒潮來臨時，才被暫時中斷（Cherlin, 1981: 19-21）。

在農業社會，子女是經濟資產。從童年開始，便對農村家庭的福利有所貢獻。長大之後，繼續操作，為父母之老年提供退休「保險」。傳統上，子女長大後接管家庭農場。現代的都市家庭，子女是經濟的消費者，而非生產者。除非父母相當的富有，他們必須放棄某些事務，如自由、旅行、較好的家庭設施、娛樂及更多之教育。因此為人父母，不是為了經濟利益，而是為了個人的和情緒的報酬。懷孕、生子，和照顧子女，均是一種快樂的經驗。子女是家庭的新成員，是表現情緒，和反應他人情緒的新伙伴。許多成人喜歡兒童的特有天性：活力、創造力、頑皮。有了子女，父母即可與年輕人接觸。藉參預子女的事務，父母可以重新發現自己。對某些人言，子女意指香煙不輟：就父母方面言之，姓氏綿延，也許可使其血脈留存。

儘管歡迎子女之來臨，子女卻改變了父母之間的關係。尤其在子女年幼之時，父母少有時間、安寧、性隱私、交談，或其他親密之互動。婚姻滿足，通常隨著第一個孩子的出生而減少，至少在子女的學前期，依然不高。當然，這些改變不能完全歸咎於子女的來臨（McLanahan and Adams, 1987: 242; Rollins and Feldman, 1970）。無論有無子女，在所有的夫妻之中，婚姻滿足均有下降之勢。生活在一起的不快樂父母，可能比無子女的不快樂夫婦尚多（Cox, 1985）。但即使考慮到這些因素，從有無子女之夫妻間加以比較可以看出，撫養子女的最初幾年，與婚姻滿足之減少確有關連（Cowan et al., 1985）。

在小而有隱密性的家庭之中，獨立的夫妻，尤其母親肩負重責大任。照顧子女的責任由許多成人共同負擔，則子女在情緒上獲益較大。在瑞典，百分之九十以上的母親工作賺錢。在父母工作時，完善的兒童照顧體系和彈性的就業措施，提供兒童無微不至的關愛。此一體系，也容許父母與子女於必要時在一起，如：育嬰期、疾病，或子女正在適應新的托兒安置等（Reimer, 1986: 2）。

有些婦女尚無子女，乃因其經濟困難、婚姻不穩、事業要求，或感於尚未達到自己撫養子女的標準（Gerson, 1985: chap. 6）。避孕器之進步，能使婦女延後或放棄生育，不孕夫妻之人數因而增加。所以，很難估計有多少夫婦自願不要子女，有多少夫婦想要子女

就有子女。新的生育科技，可助不孕夫婦一臂之力，但大多數人為的受精嘗試，尚未成功，且此計畫在財務上、生理上及情緒上，所耗甚鉅。此外大眾、法律和宗教界對於某些手續，及簽約為不孕夫婦生育子女的「代理母親」（ surrogate motherhood ），也表強烈反對。

(三) 離婚與再婚

一個多世紀以來，美國的離婚率一直有升高的趨勢。圖 6-1 顯示一八六〇年初有可靠統計時，每千位已婚婦女的年離婚率。近數十年來，離婚率之急劇增加，極其明顯（ Cherlin, 1981: 21-25 ）。自從經濟大蕭條開始，離婚率從八到大約二十二，幾乎增加三倍。都市中的分居與離婚率比鄉村地區高，青少年期結婚的夫妻高，黑人比白人高。有些團體──猶太人最明顯──的婚姻解體率頗低（ Glenn and Supancic, 1984 ）。到了一九八〇年代，離婚率似已穩定下來（ Norton and Moorman, 1987: 4 ）。

美國的離婚率比其他有離婚統計的國家為高。較蘇聯約高出三分之一，是瑞典的二倍，比奧地利多三倍（ Zinn and Eitzen, 1987: 341 ）。

浪漫的愛情、甜蜜的感受，常使許多夫婦對於婚姻憧憬未能充分考慮。一旦嫁娶，則可能沮喪地發現，婚姻與浪漫的愛情諾言，尚有一段距離。有少數例外的夫婦，同意簽訂一項婚姻契約，其中詳細說明結婚或離婚期間的權利與義務。但大多數的夫妻，望其婚姻能鰈鰈情深、百年好合，故覺得沒有必要考慮萬一離婚後所發生的一切。甚至有少數人意識到婚姻財產的法律地位，直到商議律師，達到分產目的而後已。雖然男女在「婚姻破裂，雙方無須負擔」離婚贍養費及財產法律責任上，均屬一樣，但後果卻不相同。因為大多數的女性肩負照顧子女的責任，故其工作經驗少，工作機會亦少，因此，比男性的賺錢能力顯然為低。文選 6-1：〈魏茲蔓：離婚革命〉，對於離婚的經濟後果，控制婚姻財產定義與分配之新法律程序等種種影響，均有扼要說明。

雖然結婚率已經下降，大多數離婚的美國人都會再婚。事實上，在一九八〇年，年在六十五至七十四歲之間，約百分之八十初婚以離婚告終者，通常於數年之間便行再婚（ Glick and Lin, 1986 ）。六分之五的離婚男性會於七十五歲之前再婚，離婚女性再婚者，則為四分之三（ Glick 1986: 23-26 ）。在所有的婚姻之中，再婚約占三分之一；在近半數的婚姻中，至少有一位配

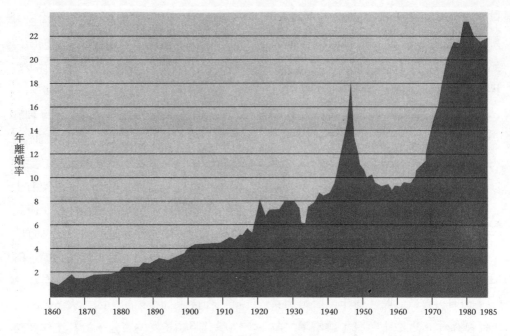

圖6-1　美國每1,000位已婚婦女之離婚率，1860－1985。

Sources: For 1860–1978, Andrew J. Cherlin, *Marriage, Divorce, Remarriage* (Cambridge, Mass.: 1981), p. 22; for subsequent years, U.S. Bureau of the Census, *Monthly Vital Statistics Report* 36, December 7, 1987, p. 5.

偶從前結過婚（ White and Booth, 1985: 689 ）。縱使家庭不再符合數百年前的種種目的，美國人依然給予高度重視，個人滿足唯此是賴。

㈣ 婚外子女

　　在單親家庭生活若干年之子女，為數愈來愈多，原因是父母分居、離婚、死亡或母親未婚。自一九七〇年至一九八六年之間，單親家庭增加一倍。在一九八八年，六千三百萬十八歲以下的兒童，將近四分之一生活在單親家庭之中，幾乎全部與母親同居（ CPR, p-20, No. 443, 1989 ）。在一九八六年出生的全部嬰兒，出生時母親未婚者，幾占四分之一。這些母親許多比子女本身還艱苦（ *Monthly Vital Statistics Report*, 37, July 12, 1988: 30 ）。

　　使未婚青少年生育率高的社會力，尚有多種。第一、許多性慾衝動的青少

年，並未獲得充分的性教育和有關節育的適當資訊。第二、單身之未婚母親，不以此爲恥。未婚生子，可名噪一時，甚至作爲單身母親，令人神馳嚮往。也有少數年幼母親將子女交人領養。第三、數十年前，許多白人年輕母親於懷孕時結婚，但如今，只因懷孕而願意結婚者，爲數甚少。因此，所有年輕母親之生育，並未像未婚母親生育增加之多（ *Monthly Vital Statistics Report*, 36, July 17, 1987: 1, 7 ）。最後，貧窮社區中的失業與絕望，使青年男子望婚興嘆（ Wilson, 1987 ）。這些相同的因素，卻使少女感覺：子女是達到目的感之唯一方法。寂寞的少婦可能覺得，孩子能爲其生命帶來感情與溫馨。可是，嬰兒很少帶給母親期望的好處，在許多方面，母子（有時父親亦然）未蒙其利，先受其害。

女性家長見之於赤貧家庭。在一九八六年，平均專職男工所得若爲美金一元，專職女工則爲六毛九分（ Statistical Abstract, 1988: 394, Table 651 ）。所得的差距，使女性爲家長的家庭，貧窮率增高，尤以非白人的家庭爲然。例如，一九八七年，在全部的已婚雙親家庭中，大約百分之六生活在貧窮線以下，相較之下，以女性爲家長之家庭，則超過三分之一。大約百分之十

二的已婚黑人雙親家庭，靠低收入生活，而以女性爲家長之家庭，則超過半數（ *CPR*, p-60, No. 161, 1987: 27 ）。

此處所敍述之家庭形成與解體趨勢，顯示出當代美國家庭制度，模式繁多，形式不一。遲婚與晚生；子女少；分居、離婚與再婚；對從前違背家庭倫常之接受等，取代了一九五〇年代及六〇年代的典型家庭生活圈。由此顯示兩種家庭體系，乃當代美國社會的特徵：

一種是少數人的家庭，他們非常幸運的在社會上及經濟上，與雙親在一起，呵護成長，照料備至；另一種是正在增加的多數人家庭。這些人平均要花費五年或五年以上的時間，生活在單親家庭之中。許多單親家庭的子女在應付各種事務上，確亦游刃有餘，但他們卻生活在一種經濟與社會不利的情況之中。對某些人而言，此一不利的情況，對其以後的生活機會，可能造成重大限制。（ Furstenberg, 1988: 20 ）

三、家庭衝突

根據西方的理想，家是個隱密之所，家人在一種備受呵護的環境中，可

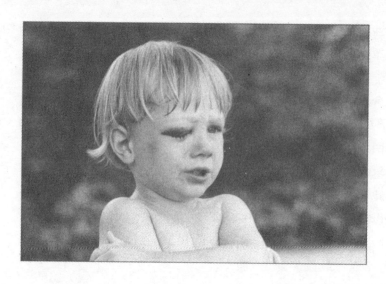

懲罰抑虐待？

以自由地表現自己。家庭生活的熱情與親密，使成員彼此之間容易受到傷害。雖然家庭關係有破壞作用，但也有支持作用。有時，家庭不再滿足成員最迫切的個人需要，而是個人福利或安全備受傷害的一所監獄。家庭從密切的、支持的初級團體，到日常生活的舒適場所，再到類似大部時間由人監視的武裝營區，形形色色，不一而足。

除了少數而有限的「病態」家庭之外，家庭在身體與情緒上的虐待，見之於一般之社會階級、宗教與職業團體。對於大多數婦女和兒童之受害人而言，家庭是一種危機四伏，有時致人於死的制度。「你在自己家中受所愛之人的攻擊、毆打及殺害，比在社會中之任何地方，任何之人，更有可能」（Gelles

and Straus, 1988: 18 ）。

有些家庭暴力是文化所容忍的。例如，許多人摑子女耳光或打子女的屁股（Straus, 1971: 658 ）。因為父母理應教訓子女，因此，懲罰是教訓抑是虐待，就很難區分了。同理，丈夫對妻子施以強制，已廣被接受。許多人，甚至連警官都認為，男人用暴力「教訓」妻子，乃天經地義之事。在美國某些的州，妻子不能控告丈夫強暴。一九七五年，南達科塔州（South Dakota ）是第一個州立法認為：強姦配偶即係犯罪。此後其他二十四州，相繼立法，一一跟進（Barden, 1987 ）。

所有的社會體系，包括家庭在內，均「依據某種程度的武力或威脅，其根基為何，則不深論」。因此，社會化使

兒童相信，解決衝突，「武力是尚」（Goode, 1971: 624, 627）。權力的差別、情緒的熱切，以及家庭生活的孤立等，皆助長了家庭暴力之產生（Straus and Gelles, 1979）。因為父母力量較大，控制金錢，並握有社會賦予的權威，故子女幾乎完全在其掌握之中，而嬰兒則最易受到虐待的傷害。男人身強力壯，養家活口，以及特有的社會地位等，故各方支持其對家庭成員行使權力。從表面上看，諸如虐待配偶或家庭暴力等中性字眼，沖淡了婦女最可能受到攻擊或殺害的事實。妻子懷孕期間被毆，最為常見，因為此時婦女鮮能保護自己（Kempe and Kempe, 1978; Pizzey, 1977）。

有些作者以權力界定家庭暴力：「我們對家庭中所謂之虐待，並不單指一個家庭成員對另一成員的攻擊或暴力。家庭虐待，更正確言之，應是權力虐待」（Finkelhor, 1983: 18）。而虐待者與被害人間的密切聯繫，尤能鼓舞被害人的自責，依然與虐待者有情緒上的依附，以致糾纏不清難以掙脫。

由於住所上和社會上的孤立，常使現代家庭暴力難以預防。外人無法接近，故無法了解發生之一切。通常暴力一旦發生，虐待者及受害者均無處可去（Gelles, 1974: 111）。因此，庇護所的缺乏，可能使受害者經年累月浸淫在暴力的危害之下。

在過去十年間，由於大眾之關注、受害人庇護所之增加、警察的有力告發，以及較佳之處理方案等，已使家庭暴力大為減少（Straus and Gelles, 1986: 108-115）。然而，有些觀察者認為，虐待者已經完全學會了隱藏他們的暴力行為。

文選 6-1

魏茲蔓：離婚革命

Source: Abridged and reprinted with the permission of The Free Press, a Division of Macmillan, Inc., from THE DIVORCE REVOLUTION: THE UN-EXPECTED SOCIAL AND ECONOMIC CONSEQUENCES FOR WOMEN AND CHILDREN IN AMERICA by Lenore J. Weitzman. Copyright © 1985 by Dr. Lenore J. Weitzman.

直到一九七○年代，婚姻須一方有「過失」或犯罪，方能解除。美國的許多州和西方國家所採用之無過失離婚法（No-fault divorce laws），意在消除常因對立之離婚法而造成耗費不貲和痛苦不已的掙扎。從經驗上顯示，新法確實減

少了一些與從前立法有關之問題。然而，魏茲蔓（Lenore Weitzman）研究一九七○年加州離婚法的後果發現，此法有始料未及的影響，即她所謂之「離婚革命」（the divorce revolution）。此種革命包括三個要素：(1)離婚率高，(2)無過失離婚法普遍通過，及(3)離婚的羞恥心降低，令對婚姻不滿之人更易接受。婦女就業之增加，使離婚雙方，及包括離婚法庭法官在內的許多人相信，男女同樣有維持自己及其子女生活的能力。因此，雙方顯然可以置婚姻於不顧，縱使丈夫對於子女或前妻不負財力責任亦然。同理，離婚法庭對待男女「一視同仁」，縱然離婚之後收入能力的差距大增，亦難改變。

加州的無過失離婚法，展開了一項法律革命。一九七○年之前，各州均需以種種過失基礎作前提，方可離婚。在獲准離婚之前，一方須被判定在某些婚姻過失上有罪，諸如通姦或行為殘酷。加州在一九七○年廢除此項傳統體制時，便制定了西方世界第一部無過失離婚法。新法允許當「夫妻水火不容，導致婚姻破裂」時，任何一方均可離婚。此一看來簡單的措施，加州首先全面實施，嗣後各州快速跟進。雖然並非各州均採無過失之加州模型，可是僅在十年之間，除南達科塔及伊利諾兩州外，各州均採用某種無過失離婚法之形式。

這些無過失法案，把法律過程的焦點從過失與責任的道德問題，轉向給付能力及財力需要之經濟問題。在今日，很少的夫妻會為誰對誰做些什麼彼此對抗；而更可能為婚姻財產的價值、她能賺什麼，他能付出什麼而爭執不休。

無過失標準在贍養費及財產報酬上，為離婚之男人與離婚之婦女及其子女，塑造出迥然不同之未來。離婚之後，婦女及家中未成年子女之生活水準必然明顯下降。相對的，男人由於離婚，景況通常好轉，生活標準為之提高。

❋ 始料未及的後果 ❋

何以離婚法的簡單改變，會造成如此深遠之影響？為什麼一項更為合理的法律改革，結果使離婚之婦女及其子女貧窮如洗？

在從事此一研究之初，我以改革者的樂觀態度假定：無過失離婚的「加州實驗」，只有正面效果而無負面影響。因為不僅可免於對法院的欺騙證詞，和個人尊嚴之掩飾，而且可以促進公平合理的經濟安排。我相信，新法尋求減少雙方的敵意與惡毒，也可促進雙方離婚之後合作扶養子女的能力。此外，法律

上男女平等的立法目的，可以取消有關婦女從屬角色之過時立法，並承認妻子在婚姻伴侶關係上之完全平等。

然而，這些現代的、開明的改革，卻有始料未及的、無意的，以及不幸的後果。為使男女「平等」而設計之法規，不分性別，一視同仁，可是實際上，已經剝奪了舊法對離婚婦女（尤其是年老之主婦及子女尚幼之母親）提供之法律及財力保障。如今，這些婦女面臨的是「平等」相待之離婚法，並期望她們於離婚之後能夠同樣地自謀生活，而不是對其身為主婦與母親所作貢獻的肯定，不是若干年來其失去機會和賺錢能力的補償。

因為婦女的自謀生活能力在婚姻期間可能受到損害，尤其以專職的主婦與母親為然，故就在離婚這一點上，她可能與前夫無法「平等」。而以平等相待之種種法律，完全剝奪了其所需要的財力支援。此外，法律規定，婚姻財產須平等分配，如此常迫使其出售房屋，更增加了婦女和兒童的財力困擾與貧窮。

法律規定離婚時男女平等，卻疏忽了婚姻造成的真正經濟不平等。也忽視了社會中男女之間經濟的不平等。

事實上，是婚姻本身使男女離婚時面臨不同的結構機會。然而，大多數的已婚婦女以家庭角色為重，而大多數的已婚男性則以事業為重。縱使兩人均就業，妻子更可能放棄較高的教育和訓練機會，而丈夫則能獲得額外之教育和在職經驗。結果，在丈夫的賺錢能力日增之際，而為妻者，則已受到傷害。即使在雙事業家庭之中，大多數的已婚夫婦，仍以丈夫的事業為重。

如果離婚的規定不把丈夫的總收入給妻子一份（透過贍養費及子女養育金）；如果離婚的規定希望她進入勞動市場，而卻技能不多，經驗過時，年資缺乏，無暇再訓練；如果離婚之後，繼續有照顧子女之重責大任，則對於何以離婚婦女之處境比前夫艱困，就不言可喻了。面臨對於子女與自己「同樣」有經濟責任之種種期望，婚姻對她極其不利，而達到這些期望之資源，卻微乎其微。

對於離婚的婦女及其子女而言，結果常是艱難、困苦和幻想之破滅。離婚婦女及其未成年子女，平均有百分之七十三於離婚後的第一年，生活標準每下愈況。相對的，其前夫的生活標準，有百分之四十二因之提高。

離婚的男子大都會發現，離婚之後，自己手頭反而寬裕，因為工作與收入並未受到干擾。法院不要求他與前妻分享薪水，也不要求他給付相等的子女養育費。所以，收入的剩餘比結婚期間

大增，而生活標準亦隨之提高。

❋ 新財產、新不公 ❋

劃分婚姻財產的規定，常常造成另一種不公：法院在判決離婚時，有意忽略家庭總財產劃分的新形式。今天，大多數夫婦於婚姻期間獲得之最有價值的財產，乃事業財產：主要工資所得者的薪水、退休金、醫療保險、教育與執照；商業或專業的信用價值；公司貨物及服務之信譽；以及未來的賺錢能力。雖然各州在承認財產上，範圍差別極大，大多數的州於判決離婚分產時，於總財產中保留部分或全部，讓主要工資所得者 —— 多為丈夫 —— 擁有家庭中最有價值的財產。事實上，法院並未將財產作公平合理的劃分。反之，現行之婚姻財產分劃制，造成了「同等」劃分規定的一種笑柄。

在離婚贍養費與配偶資助方面，法院並不承認在婚姻伴侶關係中，妻子與母親的平等權利。即使婦女於漫長的婚姻歲月中為人母、為主婦，而離婚時亦年在五十歲，也循例否決其所得之一切資助。縱使男女結婚有年，認為有伴侶關係存在，兩人可以平等分享共同努力的成果，但一俟離婚發生，法院會對其「契約」重新界定：在處理丈夫的收入時，認為是「他的」，而不是「他們的」，並告訴妻子必須謀得一職，以維持生計。在她達成協議，獲得自己的一份之後，法院卻在離婚過程中改變了規則。

由於此種新規定，亦使幼兒之母備嘗艱辛。法院判決之子女養育費用不足，致使主要的觀護者 —— 在離婚案件中，百分之九十為母親 —— 於離婚之後，養育子女，負擔沉重。然而，即使這些微不足道的子女養育費用，亦未給付。強制給付的規定，並不嚴格，完全遵從法院命令而付給子女養育費之父親，尚不及半數。年薪在三萬到五萬之間者，像年薪不及二萬者一樣，對於子女養育費用的給付，視同兒戲。

現行規定對於財產、贍養費，以及子女養育的基本影響，在在造成離婚婦女及其子女財力上之嚴重困苦。他們的收入必然急劇減少，生活標準隨之降低。至於在婚姻期間過慣中層階級生活標準之婦女，離婚之後，社會地位瞬息直下。

離婚法革命的主要經濟結果，是離婚婦女及其子女之日趨窮困，使他們成了新的窮人。

結　論

魏茲蔓的研究，揭露了離婚婦女及其子女之間廣泛的經濟困乏。由全國的

數字證實，加州的研究發現正確無誤。一九八四年，有依賴子女並有子女養育費之母親，不到百分之六十。名義上有子女養育費用的母親，只有半數收到全部金額，四分之一的母親，則分文全無（ P-23, No.141, 1986: 1 ）。此一研究，揭發了無過失離婚法與經濟不公及困苦之間關係的急迫問題。是法律本身對婦女及兒童造成不幸之後果？抑由於報酬不均，勞動市場中的性別隔離，以及不足之子女養育費等因素使婦女的一般經濟受到傷害？從離婚婦女與未婚母親之間比較顯示，新離婚法只是許多因素之一。例如在一九八三年，百分之七十五以上的離婚婦女及不到百分之十八的未婚婦女，理應接受子女養育費用，而離婚婦女的平均收入，超過未婚母親的二倍有餘（ P-23, No.141, 1986: Table C ）。

不論此等家庭如何形成，僅有母親及其依賴子女之家庭，經濟上最受傷害。此種情況與新離婚法本身無關，但當其對有關性別平等的進步範圍，與廣泛支持而又錯誤的信仰結合在一起時，則可能造成受害婦女與兒童人數之增加。

第二節
教 育

許多制度上的困擾問題，交織於學校之中，教師們知道，他們的使命超出了技術與知識的傳授之外。雖然家庭在教育過程中的角色不大，但其本身卻牽涉到學校該教些什麼，訓導工作該做多少。同時，政府控制錢包，並對學校作種種要求，顯示出全國及地方性壓力團體的利益。公民為在學校祈禱而辯論，教會學校為公立學校提供選擇機會等，林林總總，難以盡述。

在許多方面，教育已成為制度最初和最後的手段。其肩負之責任，比其授業和教導社會文化之使命，更加廣泛。今天，學校除了這些基本功能之外，尚賦予新的社會任務。它們是缺乏清楚經濟角色之年輕人的等候所。新而迫切的課程，包含著當前的種種社會問題，如酗酒與吸毒、少女懷孕、愛滋病的蔓延、早年輟學，以及青少年自殺等。在此等例子中，學校未能灌輸種種價值和技能，以保護青年避免此種社會危險，

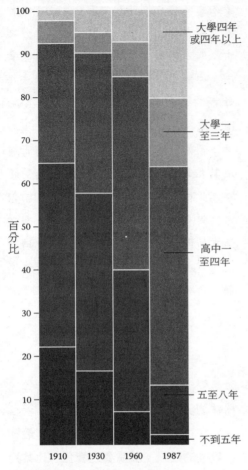

圖6-2
二十五歲或二十五歲以上完成學校教育的年限，1910-1987

Source: Compiled from John K. Folger and
Charles B. Nam, *Education of the American People*
(Washington, D.C.: Government Printing Office,
1967), pp. 132–133; and *CPR*, P-20, No. 428,
1988:17, Table 2.

至少受到部分之責難。社會要求學校提供種種對策，社區要求教師達成種種社會任務——這些一度是家庭或教會之責任。同時，社區敦促教師提升標準，並「回到基礎原理」的傳授。

同時，教育的責任倍增，其傳統任務便更加急迫而複雜。如果以在學五年或六年作爲識字的衡量，則幾乎所有年過十四歲的美國人，都是識字者。如果以讀書能力達到四年級的程度爲識字標準，則至少有二千萬美國成人名列文盲。對一個都市的、科技進步的社會而言，他們缺乏起碼的生存技能。他們不能閱讀，以致在職業上、馬路上，以及在家中均可能遭遇種種危險。在以往，日常活動可以預測，許多手工工作可藉模仿或口頭指導而學習，文盲很快就能找到有收入的職業。今天，不能對簡單的書面指示充分理解或填寫工作申請表的人，便被打入勞力邊緣上的卑賤工作。

當大多數的兒童只讀小學，僅少數上到高中時，學校對其他制度的失敗不能獨任其咎，或不應要求它解決衆多的社會病症。如今，大多數的美國人，至少十八歲仍在校就讀，一俟遇到社會問題，學校似乎成了社會接近青年的必然處所。

圖 6-2 顯示一九一○年至一九八

七年之間，二十五歲以上之人口就學趨勢，其中大多數均能完成學業。一九一〇年，幾乎有四分之一的人，學校教育不到五年。一九八七年，在此一低水準之上的人，不到百分之三。一般的情形亦然。一九四〇年，二十五歲以上完成學業的中位數為八點六；一九八七年，此一數字已增加了四級。

本節對於教育制度的介紹，在討論三個主要課題，以說明教育與其他制度之關係：教育的功能、美國大學的角色，以及與其他先進國家比較，美國學校體制的成功之處。

一、教育的功能（與反功能）

教育的主要任務或功能有四：(1)傳遞文化——即把參預社會所需之知識，傳授給青年人，使其了解社會的基本價值；(2)把移民與少數民族整合於社會之中，(3)幫助選擇有利於學生需要和能力之教育途徑；(4)有助於學生的人格發展。

㈠ 文化傳遞

正式教育是社會化過程中的一個主要因素。其所關心者，旣是個人的發展，也是社會的需要。要達到這些目標，則需有一種審慎的平衡措施。教育應該傳遞個人參預社會所需之價值和知識，但學校不應把學生變成唯命是從，「過分社會化的」橡皮圖章，缺乏主動精神。

文化傳遞的一個好例子，是公民價值與歷史方面的訓練，可使人充滿愛國心和忠誠感。然而，在評估公民和歷史資訊的知識調查中顯示，美國中小學學生，甚至對於風雲一時的歷史人物的最基本事實，亦乏瞭解（許多學生不知史達林與邱吉爾為何人），或對於重要事件何時發生，了無所知（例如，美國內戰發生在上個世紀的前半期抑後半期）。在描述立憲政府的特徵時，有些學生選擇的答案是「這個人站在這裏」、「手拄拐杖，緩緩而行」，而不是「一個法治而非人治的政府」。為了補救這方面教學之失敗，學校便從事各種改進，以提升歷史與公民之教學。不過，尚需要若干年之改革，方能對畢業之學生產生重大影響（Goode, 1987）。此種延誤，稱之為失調效應（lagged effect），可阻礙教育改進的一切努力。

㈡ 社會整合

正式教育是一種把互異的與分歧的社會，轉變成一種一元社會的主要力量，由共同語言和共同認同感而結合在一起。例如，歐洲民族國家之發展，即借助於公共教育體制。學校幫助推動一

種標準化之公定國語。鼓勵學生認爲自己是法國人或德國人，而非依據區域認同，像勃艮地人（Burgundian）或巴伐利亞人（Bavarian）。在美國，學校在整合千萬移民於此一國之中，肩負一種主要責任，此一任務，延續至今。許多教師教導說西班牙語之兒童，但很少教師對來自寮國、高棉，及越南之移民負起教育責任。這些新移民傾向集中之處，多是學校缺乏有經驗之教師，或了解移民語言與文化的教師助理之地。

直到最近幾十年來，大衆以一種偏頗之方式，視移民的文化與語言分歧或民族團體之兒童，爲教師、學校及整個社會的一個問題。有時，兒童被迫去適應，而學校或社區給予的幫助殊爲有限或了無幫助。本世紀之初，兒童在教室或遊戲場所說母語，可能受到懲罰。此種懲罰無非是一種強制同化的措施，要求兒童學習語言，採用大社會之文化。對於雙語教育之爭執不已，顯示整合問題尚未徹底解決。現在，此種爭議集中在母語如何在學校教育過程中有效運用，以便盡快地和順利地把兒童帶進「主流」社會之中。

(三) 選擇與分配

在傳統的社會中，只有爲數極少之人接受正式教育，兒童的職業及其在社區中的重要職位，主要由家世決定。但由於大衆教育的普及，學校在指定學生功課之學習上，發現才能及鼓勵或阻礙才能之發展上，均扮演一個主要角色。兒童在學校的表現如何，修習的課程爲何，均加紀錄，永遠留存。此種紀錄，是決定個人取得高中畢業證書或大學學位的「路徑」。而這些證件爲成人之工作、收入，及聲望指出一個方向。因此，教師在小學所做之評價，可能成爲兒童對於未來抱負遵循之途徑，以及兒童與成人的成就限制。由於評價經常基於種族、性別或階級，以及成績等，所以學校便使使現有之階層化體制，賡續不輟（Moore and Johnson, 1983; Oakes, 1985; Persell, 1977; Rist, 1970）。

選擇指定學生修讀特殊之課程或教育路徑，也是教育體制與政府及工業界協調過程的一部分。不過，當工作機會及科技迅速變遷之際，教師與學校當局可能無法預期若干年後學生進入工作市場時，所需要的是何種技能。

(四) 個人發展

教育之成功，可以其如何增強學生表現全部潛力測量之。正式教育能把在其他社會環境中不易獲得之技能和觀點，加以傳授。在一個多少有所控制的

環境中，學習與年齡近似之人相處，對進一步之教育與工作場所之調適，均屬有利。學校是兒童從高度私人的家庭環境，轉向較爲非私人環境的開始。他們養成新的習慣和學得新的技能。例如，當他們學得聽到鈴聲就準時換教室時，即學到了在時間意識的社會中，守時的價值。在現代社會中，對於一項工作之學習，儘管備受挫折，了無興趣，但學習如何讀和遵循種種指示，仍然殊爲重要。

縱然如此，學校教育仍是一種心理負擔。如果學校延長兒童的依賴時間，或灌輸其自卑或缺少自信之感，則可能阻礙個人的成長及幸福。如果教師未能發掘和激勵學生的才華，則可能浪費極具希望的潛能（ Moore and Johnson, 1983 ）。如果學校稱學生是啞吧、懶惰、搗蛋，而學生在學校之中以此自視，則可能無法改變其被認定之身分。如果學校強調特殊智能或機械性之技能，而又無其他選擇，則可能使學生發揮全部力量的可能性受到阻礙，降低了他們的自尊。如果學校與家庭不能傳授成功表現所需的條件，學生將被非現實的觀念所困擾，則可能妨礙更大的進步。

因此，經常待遇低、工作重之教師，肩負起傳授文化傳統，幫助整合不同種族的學生於大社會之中，爲全教室的孩子選擇最佳的教育途徑，同時，促進其發展，使其成爲有能力、有自信之個體等之重責大任。其後果之不同，成就之不一，就無足爲奇了。也許值得驚奇的是，在短短的一個學年之中，肩負許多與教育任務無關的教師，卻盡其所能，完成一切。

(五) 學前教育的功能

雖然學校的主要責任在教學，兒童卻已學到如何去達成任務，尤其是最需要的社會技能 —— 溝通的藝術。因此，教育最好是在兒童與教師接觸之前進行。

爲了確認兒童的學前經驗乃教育的基礎，詹森總統在一九六五年開始實施學前計畫（ Operation Head Start ），以作爲向貧窮挑戰的一部分。該計畫原爲貧困環境中的兒童而設計。其目的在教導兒童於新的、有點結構的情境之中，身心愉快，樂觀進取，並教導他們接近書本、圖畫、其他成人，以及同齡之兒童羣體。大眾對此觀念，反應熱烈。評估學前計畫的研究指出，該計畫有下述幾項成就（ Brown, 1985:12 ）：

1. 該計畫使特殊教育班之兒童人數減少。

2. 很少參預學前之兒童，被阻於計

畫之外。

3. 至少在最初幾年，低收入家庭之兒童，智商與學業成績均有明顯進步。

4. 其效益可延續到成人期（Berrueta-Clement et al., 1984）。

5. 就長遠而言，此計畫有助於少年犯罪及懷孕之預防，並有增進就業之可能性。

此外，參預學前計畫之兒童，其社會能力比背景相似、而未有學前經驗之兒童有更強之趨勢。免疫注射、營養服務及早期牙齒照料，對兒童的保健均有益處。

現在聯邦政府雖提撥部分基金，但許多志願的社區行動機構，支援大多數的計畫，其中有些與兒童照顧，息息相關。該計畫主動邀請父母作自己子女的決策者、教師助手及教導者（Skerry, 1983: 23）。因此，此一計畫的益處，從增進兒童的學習能力，擴充到提升父母的社會能力與社區參預（Hubbell, 1983: 65-68）。此種對社區團結和提高士氣之社會改革，其能產生的長期效益，遠非教育所可比擬。

(六) 天主教高中另有功能

在美國，十個高中生中幾乎有九個就讀公立學校。剩餘者，半數就讀天主教（由教區支持的）學校，而大多數的教師，卻非天主教徒（*Statistical Abstract*, 1988: 121, 136）。一九八〇年及一九八二年，分別對全美一千多所高中二年級與四年級的學生作過一項研究，比較就讀於公立高中、非天主教的私立高中，以及天主教高中三者之成果（Coleman and Hoffer, 1987）。

由研究顯示，雖然學生的背景和特性不同，一般而言，天主教學校的益處較多。通常，天主教學校要求之必修課程較多，而學生中，無論是天主教徒或非天主教徒，均能學到更多之課目。學生的成績好、退學率低，且成績不斷地進步。此種結果，並不是將不合格之學生剔出後的統計推論，即使來自不良背景的學生，通常成績差，退學率高，但在天主教學校也有較好之表現。

研究者指出，天主教學校及某些其他之宗教學校，形成功能社區（functional communities），使學生與家長之間，及家長與學校之間產生團結，並維繫不輟。因此，天主教學校日益鞏固。另一方面，公立學校的學生大多來自不同環境。學生家長除對學校如何教導子女，及關心子女之各別偏好外，其他一切，概少興趣。學生家長很少因共同利益和信仰而組成凝聚性的社區，彼

此之間並不認識，在學校之中也未共享
權益。

二、美國的高等教育

在美國，一千二百多萬學生就讀於
三千三百所公立學院和大學，及將近一
千八百所私立大學（ *Statistical Ab-
stract*, 1988: 118 ）。有些學生對於上
大學曾未深思，或了無目標。因為上大
學是所受阻礙很少的一條途徑，或因為
上大學乃理所當然，在就業之前，應該
在大學裏混一段日子。其他的學生則有
清楚的職業或知識目標，因而決定接受
大學教育。

在讀大學的個人理由背後，尚有冷
酷的現實事實：大學的學位文憑是就
業市場上談判的一項主要籌碼。美國
已經變成一個文憑社會（ credential
society ），學位是僱用與晉升的必要
條件（ Collins, 1979 ）。學生所有的
大學經驗、教育品質，及其學位之價
值，均受父母的教育及財力來源之重大
影響。事實上，家庭背景，家庭在早年
學校教育過程中之參預，以及家庭本身
如何看重大學教育等，均可影響到誰申
請入學，誰獲得入學許可，進入何種學
校，以及獲得何種學位。對雇主而言，
學位不僅可顯示申請者訓練有素，而且
有適合良好工作的社會背景。

上大學、畢業，及讀研究院，乃整
個學校教育過程中甄選的結果。表
6-2 很明顯地勾劃出，從高中到研究
院的每一個教育階段中，四個種族團體
人數減少的情形，並把學生完成之教育
放在五個主要重點之上。

由此表顯示，在教育過程中之每一
階段，向教育階梯爬升的機會均對白人
有利。許多少數團體之學生，在高中畢
業之前即已輟學，有些甚至初中尚未畢
業，因而阻礙了其工作及深造之前程。
早期入學人數之減少，在墨西哥裔、波
多黎各裔及印地安裔之美國人中最為嚴
重，雖然他們的資料不甚可靠。財力不
繼是學生完成高等教育的主要障礙。然
而，在一九八○年與一九八八年之間，
聯邦政府卻在對大學生的三種主要資
助：低收入者教育補助（ Pell ）、工
讀，及增進教育機會補助金，各減少百
分之五十（ Higher Education Re-
search Institute, 1988: 4 ）。

少數族裔的高中畢業生，有入社區
大學（譯按：相當於我國之專科學校）
而非四年制大學之趨向。雖然許多學生
欲轉入高等學府，機會卻微乎其微。實
際上，他們轉學而獲得之學位，不過學
士而已。平均而言，一開始即入社區大
學之學生，其學業程度可能不若直接進
入四年制大學者佳。而且，許多社區大

表6-2　教育管道：高等教育的賡續

族　　群	百 分 比				
	高中畢業	進大學	大學畢業	入研究院或專業學校	研究院或專業學校畢業
白　　　人	83	38	23	14	8
黑　　　人	72	29	12	8	4
墨裔美國人	55	22	7	4	2
波裔美國人	55	25	7	4	2
美國印地安人	55	17	6	4	2

Source: Alexander W. Astin, ''Minorities in
Higher Education.'' In Stephen H. Adolphus
(ed.), Equality Postponed: Continuing Barrier to
Higher Education in the 1980s (New York: Col-
lege Entrance Examination Board, 1984), p. 110.

學在提供學生進入四年制大學方面,並無清楚的入學途徑可循(Astin, 1975)。誠然,幫助條件欠佳的學生達到其他方式之教育目標,乃社區大學的功能之一(Clark, 1960: 71－76, 160－165)。社區大學的課程,各有千秋,在如何適合轉學生之需要上,亦有不同;較好的學校,確爲高度的分工工作提供周詳之準備事宜。

表 6-2 簡要指出,由大學畢業到研究所的種種趨勢,但並未進一步指出阻礙少數民族的另外兩個影響:如果少數團體之成員獲得高級訓練的機會,可能一再被迫延誤。其次,他們在工程、生物科學、物理學及數學等方面之代表人數,極其有限。在此等學術領域中,他們的人數須增加四至七倍,方能達到相稱之地步,在社會科學、法律、醫學等方面,只須加倍即可達成。「一般而言,最足以解釋少數團體在各種學術領域中人數過低的原因……是少數團體之學生在入大學之前,接受之學術準備不足。」(Astin, 1984: 113)。

三、成績比較

我們只著眼於美國國內,在整個人口之中也許會發現某些次團體(subgroups)表現欠佳之原因。當把視野擴大,包括其他國家的兒童時,我們卻不敢掉以輕心。雖然有少數美國兒童表現優異,大多數的美國子弟,似乎落在其他國家的同輩之後。(Stevenson et al., 1986: 698)

此一令人不悅之陳述，係作者根據自己研究三個國家的學校成績，及其他多國研究所做的結論（ Comber and Keeves, 1973; Comparative Education Review, 1987; Husén, 1967）。

由於課程之迥異，學生學習之科目因年齡而不同，且學年有別，故比較各國學生之成績，洵非易事。在一張二十個國家或國家別的一覽表中，學年度從比利時的一七五天，到日本的二四三天。該表之中位數為一九一天，而美國的一八〇天，位居倒數第二。在國際之比較上，美國表現的極為複雜。在整個的學校體制之中，大多數的先進國家使用統一的課程，而在美國，許多獨立的校區，其資產來源與標準每有不同。所以，要設計出一個誰最能代表美國學生的樣本，甚不容易，正如實施一項全國性的教育政策，能使「國家陷入危難」之中（ National Commission on Excellence in Education, 1984 ）。

從最近大規模的國際調查初步結果指出，美國在數學方面的排名，並未改進，且自一九六四年初次調查以來每下愈況之勢（ Comparative Edueation Review, 1987 ）。例如，表 6-3 顯示，美國八年級兒童的代數成績，與其他國家的兒童比較上，排名頗低。日本固然突出，若干其他國家也明顯地優於美國。在日本及成績優異的歐洲國家，數學課程密集，進度較快。在日本及歐洲國家的學生，七年級即學習代數、幾何和解題，但美國和加拿大的八年級學生，仍然著重在結果的計算上（ Joseph Crosswhite, quoted in

表6-3　各國十三歲學童的代數成績 1982[a]

日　本	60
法　國	55
比利時（法蘭德斯語）	53
荷　蘭	51
匈牙利	50
比利時（法語）	49
不列顛哥倫比亞	48
以色列	44
芬　蘭	44
香　港	43
蘇格蘭	43
美　國	42
加拿大（安大略省）	42
英吉利與威爾斯	40
紐西蘭	39
泰　國	38
奈及利亞	32
瑞　典	32
盧森堡	31
史瓦濟蘭	25

a 項目修正的均數百分比

Source: Adapted from R. A. Garden, ''The Second IEA Mathematics Study,'' *Comparative Education Review* (February 1987), Figure 2, p. 52.

Savage, 1986）。日本學生似在初年級即奠定了廣泛而正確的數學知識，因此，到了八年級，上課時間不多，卻有好的成績。

㈠ 三個都市之比較

在最初之各年級中，學校成績之差異，極其顯見，而在年紀稍長的學生中，差別尤大。有一項對三大都市（美國的明尼亞波利斯、日本的仙臺、台灣的台北）的幼稚園及小學學生所做的研究，測驗其連貫事物的成績和認知能力，並在教室中從事觀察，以及訪問教師和學生的母親。此一研究發現，「美國兒童的讀書與數學，早在幼稚園時即落在其他國家兒童之後，而且一直延續到小學階段」（Stevenson et al., 1986: 693）。

圖 6-3 說明接受調查的都市中，二十班學生數學測驗平均得分之分配情形，及最大均數（grand mean）──均數的均數。雖然明尼亞波利斯得分最低，惟在都市之間，一年級之得分有許多重疊之處。但在五年級的得分上，台北與仙臺的班級顯然優於明尼亞波利斯。惟無證據顯示，美國兒童的智慧較低。

美國學生成績之差，部分在於學習時間短。在美國，每天上課時間、每週上課時數，以及學年度均短。用於學習上的時間少、家庭作業少、教師教學時間少，而教師把大多數時間放在非學業的責任上。「實際上，美國教師用在管理方面的時間，比傳授資訊多」（Stevenson et al., 1986: 696）。

進一步探討，更可以了解家庭制度與學校之間的關係，以及不同文化對知識與教育如何重視。日本及中國的母親用更多的時間幫助子女。她們堅持，子女應把時間與努力放在學習上。故子女用許多時間作家庭作業，母親認為是件好事。這與美國教師對家庭作業的不重視，恰好成對比（Stevenson et al., 1986: 696-697）。

美國教育低落的某些原因，與家庭、學校，以及花錢受教育的願望無關。「對於學習最危險和無藥可救之困擾──學生吸毒──在我們的青年之間，依然極其普遍」（Bennett, 1988: 18）。三分之一以上的高中生說，前一年已吸食過大麻煙，六分之一的學生嚐過古柯鹼。一半以上的學生說，取得毒品「相當容易」或「非常容易」（National Institute on Drug Abuse, 1988: 1, 5）。

㈡ 壓力與成就

在一項對日本教育係一種公共政策

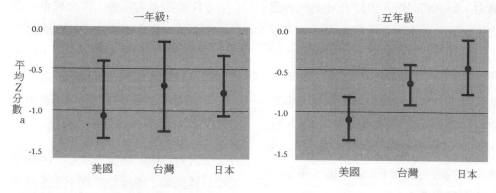

a直線代表班級均數的全距；點爲最大均數。

Source: Harold W. Stevenson, Shin-Ying Lee, and James W. Stigler, "Mathematics Achievement of Chinese, Japanese, and American Children," Science 231 (1986): 694.

圖6-3　美國、台灣及日本一年級與五年級學生的數學成績

的工具分析中指出，日本學生的成績優異，卻付出慘痛代價。嚴格的學校體制可能造成母親及子女的種種不當壓力。大約六分之一的小學生及半數之高中生，繳費入補習班補習。「無數的高中畢業班學生，爲入大學而在補習班接受生吞活剝的填鴨教育」（ Kitsuse and Murase, 1987 ）。子女與家庭的精力與財力資源，尤其是母親，均爲準備由教育部主辦之全國大學入學「考試災難」總動員。這些考試決定高中畢業生能否上一流或二流大學、工業學校，或名落孫山。因爲學生的教育程度是未來事業的保證，故補習班大發利市，對於望子成龍、望女成鳳的父母而言，囊空如洗，並不足爲奇。填鴨式的補習教育，似非日本人優越的唯一解釋。他們表現的是一種文化取向，鼓勵其在生活的許多領域中，堅忍不拔，嚴格訓練。

金錢可能不是社會對於教育奉獻的最佳方法，但與日本教師的薪資位居薪資所得者之前百分之十，不無關係。反之，美國教師所得，約爲薪資所得者之平均數而已（ Tharp, 1987: 14 ）。

我們尚疏忽一點：一般而言，日本及亞洲的教育，動員一切有關人士共同

努力，而美國則否。但縱有可能把美國青年變得與日本青年一般無二——不可能——也沒有教育首長或政治領袖敢於嘗試。不過，美國教育的低落，其本身無法解決。在高科技經濟中，勞工需要有高度能力，而美國在國際競爭上，無所仗持。摩托羅拉（Motorola，譯按：美國的一家電子公司）的人事訓練中心主任認為：

在統計處理之控制方面，訓練

一位美國工人需要二百元美金，這不過是一種基本的生產技術而已。以同樣情形教導日本工人⋯⋯僅需四角七分。日本人只須給員工一本手册即可，而美國工人則須先學習閱讀。（Perry, 1988: 72）

由於對政策問題漫不經心，美國便面臨一種抉擇：積極加強從小學生到大學生之能力，抑接受勞動市場上的低生產力和低生活標準。

第三節
宗 教
本節與馬查里克（Richard Machalek）合撰

西方社會的人，傾向把宗教視為隱密的和個人的事。在美國，因為文化強調個人抉擇，又以憲法保障宗教「自由」和「信仰」自由，故此種觀念益見加強。因此，宗教似乎與日常生活了無瓜葛。

社會學的理解則非如此：宗教與社會的其他一切，很難分開。社會學家並不否認個人對其宗教生活有決定權和選擇權，卻也發現，社會的影響滲入宗教

之中。事實上，社會學的創始人之一就主張，宗教與社會幾乎不可或分（Durkheim; 1912/1947）。那麼，何以宗教極其隱密，又必然是社會的呢？本節對此問題予以解答，並討論宗教的個人面和社會面：宗教為一種個人經驗，亦為一種社會制度，其可以是保守的，或係革命的。

一、個人的宗教經驗

對許多人而言，受宗教驅使的知識，來自鮮明生動的個人經驗。實際上，全世界的宗教均指出，在其創始人生命中有心靈上的契機。最近，宗教經驗被視為一種「尖端經驗」（peak experience），是一種不知所自的狂喜與興奮，並有清晰了然、歷歷在目之感（ Maslow, 1964 ）。此種經驗可能與現代社會生活的步調難以調和。所以，現代社會常常設法把尖端經驗限制在制度化的環境之中，諸如教堂、廣電製作場所或戲院，如此方不至擾亂學校教室、辦公室或工廠中的正常活動。

但除了生動的個人經驗之外，宗教尚有其他。它也是「一種信仰與實務體系，一羣人藉此與人生的根本問題相搏鬥」（ Yinger, 1970: 7 ）。根本問題可能包括的有：生命的意義何在？何以人有苦難？死後有生命嗎？人生有更大之目的嗎？從社會學而言，宗教可視為對此等問題的集體反應，此種反應，造成了文化與社會體系的發展，以應付攸關人生之大事。

然而，近幾年來，宗教逐漸「隱密化」（ privatized ）了。所以，宗教係個人之事（ Luckmann, 1967 ）。這並非因為人正在走上個體化，而是由於與工業化及都市化有關的社會變遷造成的。現代生活，需要人對傳統社會為他準備之職業、伴侶、生活方式，甚至宗教，作自主性選擇（ Berger, 1967 ）。如果在現代社會中的生活給個人自由與自主，也會強迫他們對極其重要的事情作個人選擇。結果常造成一種「空前的內心寂寞之感」（ Weber, 1904/1930: 104 ）。當眾多之人對其宗教認同作新選擇時，他們便興起了新的宗教運動。

二、社會與神聖

涂爾幹《宗教生活的基本形式》（ The Elementary Forms of the Religious Life ）一書的問世，是社會學對宗教理解的一大突破。涂爾幹研究狩獵社會與採集社會的宗教，特別是澳洲及北美一帶，因而推斷：宗教的明確特徵在神聖與世俗之間的差異。**世俗**（ profane ）之範圍是一般之物體、活動及經驗，諸如工作、學校或遊戲等。另一方面，**神聖**（ sacred ）是異常的，在日常生活無與倫比。神聖的觀念，永遠含有一般經驗中找不到的力量。

(一) 神聖的象徵

神聖必與一種特殊的物體相關，如：一種植物、動物、一座大山、一個地方，甚至一種抽象形式，如十字架或六角星。事實上，涂爾幹指出，神聖物體之象徵，常比神聖物體本身能激起更大的敬畏。此種明顯矛盾，使他想到，激發神聖感的力量可能與其象徵之物體無關。人通常把神聖的出現與一種異常力量的了悟聯想在一起，此種力量在他

涂爾幹(Emile Durkheim, 1858-1917)
是一位社會組織方面的傑出學者。其一
生致力於了解使社會結合或解組之種種
力量。在《宗教生活的基本形式》一書中
，他研究宗教對於社會凝聚之貢獻；在
《社會分工》一書中，他分析兩種社會團
結的基本類型，並介紹「失範」一詞。
另一對社會整合之研究為《自殺論》，見
文選4-2。

們的身外，卻能對之產生重大影響，甚
至能威脅或拯救他們的生命。何種事實
能激起此種了悟？

雖然，宗教人士可能相信，上帝高
高在上，非一般經驗可及。涂爾幹觀察
發現，一種日常現象能充分激發人們的
了悟：即社會本身。相應之下，神聖便
能具體表現社會及人對社會的關係。獲
得象徵意義的特殊物體，有如社會本身
一樣，變化莫測，從昆蟲到太陽，無所
不包。此種物體便是圖騰(totems)，
它們是人所屬之社會團體及其所持價值
的象徵。它們是代表社會理想的標記。
例如，聖母馬利亞就是完美女性的一種
神聖象徵。

(二) 儀　式

神聖的力量，經由儀式(ritual)的
社會機制，或象徵神聖觀念或情感的一
種規定動作而維持。宗教的意義由社會
團體透過儀式而表現之，如天主教的彌
撒，及種種通行禮儀，像洗禮、堅信
禮、婚禮及葬禮等。許多情緒，均可配
合宗教儀式，包括喜悅、敬畏、恐懼、
悲傷、狂歡或驕傲。儀式之有社會學的
意義，在其給個人與團體一種認同，創
造團體凝聚力、提供安全感，或有助於
個人或團體的歷史感。因此，宗教儀式
常有助於社會關係模式之維繫。

(三) 世界上的主要宗教

半數以上的世界人口,信奉少數幾種主要宗教。在這些宗教當中,羅馬天主教,伊斯蘭教(譯按:即回教)及印度教,均聲稱其信徒最多;但整體而言,目前仍以基督教徒人數最多。表6-4列舉世界上幾種主要宗教,但信徒人數僅係大略估計,因為宗教對其信徒的計算方式,每有不同。有些宗教計算之信徒,僅限於實際參預者;其他宗教認為,只要與其團體認同或生於其間者,便屬其中一員。因此,我們對於表6-4中宗教的順序有信心,但人數的說明則須格外謹慎。

表之右行,證實了二十世紀的一種主要的宗教發展:宗教多元論。至少在八十個國家中,可以找到最少十四種主要宗教體系(包括「其他」一類中的若干種)。基督教與伊斯蘭教遍於全球,而存疑論(agnosticism)與無神論(atheism)也有蔓延之勢。宗教間的彼此接觸,前所未有,而「此種大量的接觸,其長遠的影響必然深遠」(Barrett, 1988:303)。

三、宗教:保守的抑革命的?

宗教承認創造並保護神聖之物,但這些活動不限於宗教制度。政治制度也創造神聖的文獻和象徵,如憲法、國旗或開國元勳,如華盛頓、毛澤東或包利瓦(Simon Bolivar, 1783-1830,譯按:委內瑞拉的開國者。Schwartz, 1987; Warner, 1962; chap. 1);也有政治儀式,如效忠宣誓、唱國歌和政府官吏就職典禮等。當世俗制度牽涉到神聖物體的創造時,其結果可稱為公民宗教(civil religion)(Bellah, 1970: 168-186)。同理,神聖的氣氛可以加之於基本價值之上,從利潤動機到人生保障,無所不在。一個動作或信仰愈神聖,則愈具有宗教特質。宗教制度專注於神聖事物,但其他之制度或社會運動,則創造神聖,以喚起民眾從事現狀之維持,或激勵主要的社會變遷。

(一) 神聖與穩定

在最早的社會理論家中,承認宗教意義為社會中的一種穩定力量者,馬克思是其中之一。像涂爾幹一樣,馬克思發現,宗教的意義有助於支持權力的**意識型態**(ideologies),思想體系與信仰,則含有解釋和證實社會安排之意。馬克思認為,宗教是團體的一種重要資源,尤其是社會階級,蓋其有助於自現狀中獲得無可估計的利益。運用王權神授的觀念,政治精英常設法把對其有利之社會體系,與超乎尋常的計畫相結合。以此方式,宗教可用以對抗社會

表 6-4　主要之世界性宗教信徒人數估計表
1987 年

宗　　　教	人口數（百萬計）	百　分　比	國　　家
佛教徒	310	6	86
基督教徒	1,644	33	254
羅馬天主教徒	926	19	242
希臘正教徒	160	3	98
基督新教徒	332	7	230
英國國教徒	70	1	148
其他基督教派信徒	156	3	110
儒教及中國民俗宗教信徒	194	4	56
印度教徒	656	13	88
猶太教徒	18	-[a]	125
回教（伊斯蘭教）徒	860[b]	17	172
無宗教者[c]	836	17	220
無神論者[d]	225	5	130
其　　他	255	5	-e
總　　計	4,998	100	254

a 不到百分之一
b 其他估計多達 10 億
c 個人表示無宗教
d 個人表示無信仰
e 現有資料無法計算

Source: David R. Barrett, "World Religious Statistics," *Britannica Book of the Year* (Chicago: Encyclopedia Britannica, 1988), p. 303. Reprinted from the 1988 *Britannica Book of the Year*, copyright 1988, with permission of Encyclopaedia Britannica, Inc., Chicago, Illinois.

變遷。

在美國內戰之前實行奴隸制的各州中，基督教的角色就是宗教中保守潛力的好例子。在奴隸及主人的眼中，宗教可以用來證實奴隸制度的正確性。例如，南方的浸信會便接受奴隸制度，認為是由歷史和聖經支持的一種傳承體制。他們招募的黑人教徒比其他教派為多，並「使懺悔之奴隸，從艱苦的農場工作中獲得喜悅的解脫，及來世之希望」（Eighmy, 1968: 669-670）。

(二) 宗教與社會變遷

宗教是一種社會蛻變的工具，也是

一種保守的勢力。韋伯首先指出，宗教具有強大的革命潛力。他的權威之作：《基督新教倫理與資本主義精神》（ *The Protestana Ethic and the Spirit of Capitalism* ），賦予宗教文化重大意義，是為動搖世界經濟變遷的基礎（ Weber, 1904/1958 ）。十六世紀的基督新教改革，對於工作與成功賦予新的意義：「基督新教倫理」（ Protestant ethic ）。其於資本主義的影響，可以歸結為三點：工作、收穫及個人主義。

1. **工作**　基督新教教義，尤其是喀爾文教派認為，一個人若非受上帝譴責永遠打入地獄之內，便是被上帝揀選「永遠住在上帝的殿宇之中」。但因信徒不知其在揀選之列，抑在譴責之中，故而憂慮不已，惴惴不安。嚴格的自律、摒棄世俗的快樂，由努力工作而成功等，認為是個人被揀選的明證。因之，辛勤工作可解除宗教的疑慮。工作即祈禱，而工作本身是一種使命或召喚。

2. **收穫**　辛勤工作和自律，可幫助資本家打倒對手，獲得利益。喀爾文信徒避免世俗的快樂，節儉而不浪費，他們不為自己花費金錢，不過，他們可以把錢捐給教會，或用以擴充事業。因為工作的成功，可解釋為上帝恩賜的象

艱苦工作或有助益，但無人保證如此。

徵。此外，喀爾文派之信徒從不懈怠，因為在世間無論有何成就，並不保證得救。

3. 個人主義 喀爾文派之信徒相信，每個人單獨立於上帝面前，唯上帝是賴，因為即使一位喀爾文派信徒的最親密朋友，也可能在譴責的行列之內。每個人都視一種成功，為得救之象徵。此種努力之結果，導致了經濟的競爭。喀爾文信徒應該誠實而公平地與他人來往，但仍可善於利用任何機會，縱令他人失敗，亦在所不惜。

因此，在許多方面，他們既非有意的，也未認識到，而改革的領袖們卻幫助他們形成一種新的觀點，激發並證明努力工作、累積、儲蓄及投資之正確性。使工作與物質成功神聖化，卻刺激了文化變遷。宗教革命為經濟革命鋪路：現代資本主義興起。

最近在開發中的國家，宗教在喚起希望，從事革命性變遷上，扮演一個重要角色。例如在拉丁美洲，民間宗教領袖，如教士，為了窮人，尤其是農民的福利而成了社會變遷的代理人。他們把馬克思主義的社會批判與基督教的教義相互配合，使此種新的「解放神學」（ theology of liberation ）成為政治與經濟改革的一種有力聲音。一度是政治精英代理人的天主教神父與修女，在薩爾瓦多、瓜地馬拉及祕魯等階層化嚴格的社會中，變成無情的批評者。宗教文化不再發揮「人民鴉片」的功能，卻成了為被剝奪者呼籲社會正義的重要資源。

伊斯蘭教在推翻伊朗君主政府上，是眾所矚目的社會及政治革命的中心所在。在何梅尼（ Ayatollah Ruhollah Khomeini ）的新政權之下，宗教完全整合於伊朗的國民政府之中。選文 6-2〈伊斯蘭教：信仰與社會〉，指出宗教何以是變遷與持續的來源。雖然宗教常有強大的社會影響力，但不一定助長或阻礙社會變遷。中東地區的革命與暴力改革，常歸之於宗教的「原教義信徒」（ fundamentalists ）。把原教義信徒視為持有嚴格的、正統觀點的人，更為恰當。在政治上，他們或保守，或極端，或好鬥，或和平。伊朗的好戰之士，係屬原教義信徒，他們由宗教及政治領袖加以策動，便成了好戰之激進分子。在兩伊戰爭期間，何梅尼向伊朗青年保證，如果戰死沙場，為國捐軀，則將進入天堂，獲得永生。

四、教會、教派及宗派

社會學家把宗教團體分為教會（ church ）、教派（ sect ）及宗派（ denomination Troeltsch, 1931 ）。這

三種團體之形式，可依據其組織特徵，及與聖體社會（host society，譯按：宗教所在之社會）的關係區別之。

嚴格而論，**教會**是一種正式組織的宗教團體，與社會的國家及經濟權力結構密切關連。它是一種由專業神職人員領導的大而複雜的組織，有一種科層的行政體制。成員包括社會全體之人，崇拜方式通常是正式的。教會的例子包括中世紀西班牙的天主教，伊利莎白一世時代的英國國教，或當代伊朗的伊斯蘭教。

另一方面，**教派**與這些權力明確對峙，並常常拒絕視主流社會為一個整體。其規模小，是非正式組成的，由俗人領導，崇拜具有高度抒情形式。教派人士相信，他們在回歸教會已經喪失的純教義和實務。教派成員必須證明他們的信仰；他們視自己為「上帝的選民」，並強調其團體的唯一合法性（Stark and Bainbridge, 1979）。

在教會與教派兩個極端之間，則為**宗派**。其信徒主要來自自己的家庭成員，無需像教會或教派一樣的信奉虔誠。大多數的現代社會缺乏真正的教會，反之，是宗派式的結社（Greeley, 1972）。宗派是多元社會中的教會，在此社會中教會與國家分開。雖然缺少教會所樂見的宗教獨占，但如未主動獲得聖體社會之支持，宗派亦可完全容忍。像教會一樣，宗派有專門的神職人員和正式的行政結構。在宗教表現或主動參預方面，對於信徒的要求不多。

與許多西方國家不同的是，美國在人口普查的問題中，不包括宗教問題，因此，宗教信仰及入教的估計，端賴樣本調查。在一九八六年所作的一項調查發現，百分之九十四的美國人信仰上帝，百分之八十六為基督徒，百分之三十三為「重生會」或福音派信徒。大而具有「主幹」地位的基督新宗派，自一九六〇年起，信徒人數即已減少，而小的、原教義派的、獨立的，以及非宗派之教會卻迅速增加（Edmondson, 1988: 30）。表6-5顯示美國的主要宗派，及一九八七年信徒人數之估計。

㈠ 組織與宗教變遷

教會與教派之別，乃區分宗教組織的有用方式。由此，從教會到教派，教派再到教會之變遷過程，方可了解。大多數的教派係由教會或宗派分裂而來。有些教會成員不接受教會穩健而「高雅的」信仰與實務，他們覺得，教會與原教義及信仰，背道而馳（Stark and Bainbridge, 1979）。在許多的例子中，此種動機由於社會因素而加強。正確言之，教派是由來自低社會經濟團體

之人所組成，他們的名、利、權極少。對他們而言，來生中，心靈報酬的許諾，可能部分是今生中社會報酬被奪的補償。積極參預宗教制度，可彌補在其他制度中之無力感。

留存下來的教派，如不能發展爲教會，便發展成宗派。許多現代的宗派（如美以美會、浸信會及長老會）便以教派開始。當教派的規模及影響增大，其成員常可獲得社會與經濟地位，並能贏得社會的尊敬和社區的影響力。組織擴大了，組成更加形式化，在形式及實

務方面，漸像教會。最後，可能獲得一個派際社團（ interdenominational body ）之承認，例如全國教會合作委員會（ National Council of Churches ）。然後教派轉變成一種組織，與由其分裂而來的宗派或教會相似。有些浸信會、美以美會及其他宗派之小支派，像地方教派一樣存在。如孟諾教派（ Amish ）等爲數極少之教派，尚保持其教派之組織身分，並對抗漸次演變成宗派之強大趨勢。

(二) 新的宗教運動

除了教會、宗派，及教派之外，第四種形式之宗教團體係崇拜會（ cult ）。然而，最近對許多人來說，崇拜會一詞，有著強烈的負面意味。他們認爲，崇拜會是洗腦及「思想控制」（ mind control ）的機構，人們務須小心，自加保護。如「一貫道」（ Moonies —— 文鮮明牧師的信徒）、拜兔會（ Hare Krishna ），以及科學教會，均有以社會及心理壓力操縱信徒之嫌。事實上，有些個人及團體，對於崇拜會信徒的洗腦予以「化解」（ deprogram ），因爲他們似已失去對於宗教獨立思考之能力。關於改變宗教信仰而參加新的宗教團體的種種方法，及以解除洗腦方式使改變信仰者恢復原信仰之

表6-5　美國的宗教信仰
1987年

宗教	百分比
基督新教	65
浸信會教徒	22
路德會教徒	6
美以美會教徒	10
長老會教徒	5
其他新教徒	22
天主教	24
猶太教	1
其他教宗	2
無宗教信仰	7

Source: James A. Davis and Tom W. Smith, General Social Surveys, 1972–1987: Cumulative Codebook (Chicago: National Opinion Research Center, 1987), pp. 130–131.

實際做法，有著許多普遍的和法律上的爭議。由於這些爭議，社會學家傾向捨棄崇拜會一詞，而以描述正確，且更中立的「新宗教運動」（ new religious movement ）一詞代之。

在一九六○、七○及八○年代，新的宗教實驗，不勝枚舉，尤以美國為然。一九六○年代中期至一九七○年代中期，僅在舊金山灣一地，即有三百多種新的宗教運動出現。在那個年代，社會其他方面也是一個實驗的階段，其中包括政治、經濟政策、家庭與性民德、以及娛樂方式（ Wuthnow, 1976 ：12, 30; Wuthnow, 1978 ）等。因此，新宗教運動之興起，應視為更為普通的社會及文化變遷的一部分，單就宗教本身，可能無法產生。

五、宗教信仰的改變

當宗教改變發生在引人注目的環境之中，並使改變者的生活方式產生重大變化時，則宗教改變，即是再社會化激進過程的一個例子（第三章已經討論）。然而，並非所有的宗教改變均引人注目；有時，改變宗教信仰並參加其他宗教，乃一漸進過程，對人格、認同，或日常生活，衝擊不大。

社會學家對宗教改變之解釋，多有探究，包括洗腦、緊張的生活情境（諸如離婚、失業，或家人死亡）、人格特質可能鼓勵宗教改變，或一種「追求身分」（ seekership ）的取向，吸引某些人對於實驗宗教之嚮往（ Balch and Taylor, 1977; Heinrich, 1977; Lofland and Skonovd, 1981; Richardson, 1978; Straus, 1976) 。

改變宗教常見的解釋是洗腦或強制說服模型。尤其是對於新的宗教運動為然，如「拜月教」。由此觀點而言，改變者乃是強大的心理和生理壓力的犧牲者，能使他們失去獨立思考與作決定的力量（如 Conway and Siegelman, 1978; Enroth, 1977; Singer, 1979) 。大多數的社會科學家對此解釋，有所懷疑。因為在監獄的強制脈絡中，改變很少發生，故此一模型不應直接用於宗教上之改變。而以社會生活的其他方面解釋宗教改變，似更具說服力。

改變宗教過程的核心，有三個主要因素：社會網絡之影響、情緒深入的人際互動，以及角色學習的正常過程。

透過親屬及友誼網路，可使新宗教團體之成員大量的增加（ Snow and Phillips, 1980 ）。宗教團體的領袖，常利用親屬及友誼連繫，以尋找新的信徒。

幫助吸收信徒及改變宗教的第二個社會因素，是改變者與新信徒之間情緒

上的強烈個人關係。一俟此種親密關係形成，個人便可能成為新的宗教信仰和實務之接受者（ Barker, 1980; Hein-rich, 1977; Lofland, 1977; Stark and Bainbridge, 1980 ）。

最後，轉變到一種新的宗教觀點，大都是角色學習的一種過程，與學習一種新的工作或參加一個世俗團體，頗多雷同。即成為一個宗教的改變者，與一個人成為一個軍人、政黨擁護者或醫生，過程有著許多相同之處，簡言之，充分了解社會學原理，對於解釋宗教信仰改變之奇特現象，亦當一目了然。

文選 6-2

伊斯蘭教：信仰與社會

Sources: Based on Noel J. Coulson, *Conflict and Tension in Islamic Jurisprudence* (Chicago: University of Chicago Press, 1969); Noel J. Coulson, ''Islamic Law,'' *Encyclopedia Britannica*, 15th ed., (Chicago: Encyclopedia Britannica, 1974), pp. 938–943; John L. Esposito (ed.), *Islam in Asia: Religion, Politics and Society* (New York: Oxford University Press, 1987); Charles F. Gallagher, ''Islam,'' pp. 202–216 in *International Encyclopedia of the Social Sciences*, Vol. 8 (New York: Macmillan, 1968); Ernest Gellner, *Muslim Society* (Cambridge: Cambridge University Press, 1981); Fazlur Rahman, ''Islam,'' *Encyclopedia Britannica*, pp. 911–926; R. M. Savory (ed.), *Introduction to Islamic Civilization* (Cambridge: Cambridge University Press, 1976); Richard V. Weekes (ed.), *Muslim Peoples: A World Ethnographic Survey*, 2d ed. (Westport, Conn.: Greenwood Press, 1984); John Weeks and Saad Gadalla, ''The Demography of Islamic Nations,'' *Population Bulletin*, 43 (1988): 4; and John Alden Williams, ''History of Islam,'' *Encyclopedia Britannica*, pp. 926–938.

伊斯蘭教是主要的世界性宗教中，最年輕的一種，與基督教及猶太教同有強烈的持續性，崇拜同樣的上帝，並承認亞伯拉罕、摩西、耶穌及聖經中之其他人物。本文在於說明伊斯蘭教傳統中的主要思想。而宗教廣被與習俗神聖，乃此一傳統之主要特性。在這一方面，伊斯蘭教把社區與宗教相整合，比現代的西方社會尤有過之。

對於穆斯林（ Muslims ，譯按：伊斯蘭教信徒自稱）的印象，總認為是奇特的，是逐水草而居的沙漠遊牧民族，是現在人數遞減的少數民族。當代的伊斯蘭教國家，乃歐洲帝國之殖民主義與征服的產物。除了石油豐富的海灣酋長國之外，在國際強權的政治舞台上，他們均是弱小者。從經濟而言，伊斯蘭主要是第三世界的一種宗教。數以百萬計

的人口是貧無立錐的農民，或未充分就業之都市居民，住在擁擠而增長快速的貧民窟中。受石油之惠者，爲數甚少，而那些接近工業世界產品的人，則有「壯志未酬」之感（Weekes, 1984: xxi）。

伊斯蘭教起源於阿拉伯半島的麥加市。在第七世紀之初，穆罕默德開始講道與征戰。他的擁護者視其爲眞主的使者和先知。根據傳統，他是神授意背誦眞主之言的人。可蘭（Koran）意即「背誦」，後遂成了伊斯蘭教的聖經之名。

一位虔誠的穆斯林，須表白信仰，矢志信奉一位眞主，並宣示：「除了阿拉（Allah），別無眞主，穆罕默德是其代言人」，以表明對精神領袖穆罕默德的忠誠。穆罕默德不是神，但受尊敬，他是包括摩西和耶穌在內的一系列教師和先知中最後的一位。他的預言，被認爲是眞主意願的最後啓示。阿拉伯字伊斯蘭（islam），意指「順從眞主的意願」。信奉伊斯蘭教的人，稱爲穆斯林（Muslim），此字乃伊斯蘭一字之另種形式。稱穆斯林爲穆罕默德的教徒，並不正確，因爲彼含有穆罕默德乃爲一神之意。

❋ **伊斯蘭教之傳播** ❋

穆罕默德使用軍事力量，又用宗教熱誠，爲伊斯蘭教在阿拉伯建立了一個基地。他在西元六三二年，享年六十二歲逝世之後，穆斯林軍隊征服了小亞細亞、埃及、伊拉克、伊朗，以及印度次大陸的一部分。穆斯林被認爲是被壓迫者的救星，備受歡迎。故伊斯蘭教在一個世紀之內，便擴展到阿拉伯以外地區：向西跨越北非，直達西班牙，向東到了中國邊境。數以百萬計的非阿拉伯人——包括波斯（伊朗）、土耳其、印度及巴基斯坦——改奉伊斯蘭教。不過，阿拉伯文依然是伊斯蘭教的宗教語文，並鼓勵非阿拉伯的穆斯林學習阿拉伯語文。翻譯可蘭經用作教誨，而不是爲了宗教的虔誠。

圖6-4顯示在現代世界上，主要伊斯蘭教人口分佈之情況，並標出伊斯蘭教的發源聖地——沙烏地阿拉伯麥加的位置。估計穆斯林在八億六仟萬到十億之間，約爲世界人口的五分之一。雖然如此，西方人在考慮伊斯蘭教時，認爲阿拉伯民族只有五分之一是眞正的阿拉伯人（Esposito, 1987）。大多數的穆斯林分佈在中東、非洲及亞洲一帶。伊斯蘭教是僅次於基督教的第二大宗教團體。一般而言，開發中國家的人口多爲穆斯林，故其成長率比世界人口的平均成長率爲高。

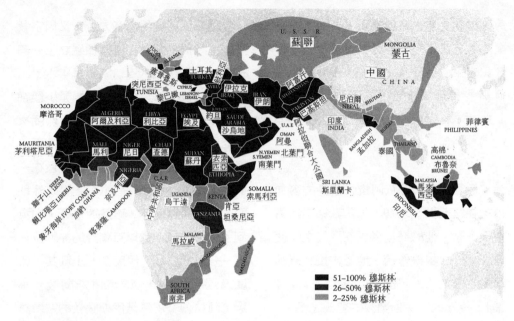

圖6－4　主要的伊斯蘭人口分佈圖

圖例：
- ■ 51–100% 穆斯林
- ■ 26–50% 穆斯林
- ■ 2–25% 穆斯林

❉ 傳教與友愛 ❉

　　穆罕默德是位軍事家和傳教先知。他像耶穌一樣，不只對自己的人民講道，且對每個人講道。他及其繼承者均相信，把眞主的戒律帶到世界，乃其職責。就此而論，伊斯蘭教徒不受起源於阿拉伯之限制，而是一種包括許多不同民族的宗教。

　　同時，伊斯蘭教的先知們在尋求一種強烈社羣感。因此，伊斯蘭教的友愛，即信徒的友誼關係，便成了一種理想與推動的力量。在伊斯蘭教創始的最初數百年間，追求聖戰或戰鬥，造就了一段強烈奉獻和共享成就的歷史。團契之感，也由集體儀式之表現和日常生活的宗教責任而維繫之。

　　對穆斯林而言，宗教與文化密切關連。遵守伊斯蘭的傳統實務與信仰，即是秉持信念，至死不渝。風俗是神聖的，並對日常生活賦予宗教意義。結果

對於變遷則強烈反抗，因為日常活動均有神聖的意義（Adams, 1976: 35）。虔誠的穆斯林由詳細的行為典範結合在一起，俾與外人相隔離。

❋ 伊斯蘭教的支柱 ❋

穆斯林信念的基本義務，可歸結為五根支柱（ pillars ）。它們是：(1)在儀式中莊嚴宣誓，「除阿拉外，別無眞主……」，(2)每日五次祈禱，(3)奉獻，(4)在齋戒月白晝禁食，(5)到麥加朝聖。

虔誠的穆斯林必須設法履行此等義務。當然，不是每個人同樣地虔誠，而每一根支柱的意義，亦隨時代而不同。對於每位生於伊斯蘭教家庭的人而言，宣誓入教了無困難；奉獻一度是一種宗教稅，現在則屬自願性質，且不重要；在現代的情況下，儀式性的禱告日趨式微。然而，即使虔誠的穆斯林為數甚少，如其廣受尊敬，也能創造一種由宗教社羣共享的信奉氣氛：「今天，無疑的，齋戒月的齋戒是信徒所最為遵行的儀式；也是社會凝聚的一種基本要素，以便將社區維持在一起」（ Gallagher, 1968: 206 ）。

在一九七八至七九年推翻孔雀王朝的伊朗革命中，齋戒月期間產生的宗教熱忱，對於動員民眾從事政治行動，助益不少。宗教儀式鼓舞國家主義者的熱情，並在與伊拉克的長期戰爭期間，幫助維持高度的愛國情操。

❋ 聖經與法律 ❋

伊斯蘭教像猶太教一樣，以十誡為主要象徵，也是一種法律宗教。唯服從眞主的命令，方能與眞主交流。穆斯林的生活是一種指導式的生活。指導「在整個穆斯林的宗教字彙中，可能是最基本的一個字」（ Adams, 1976: 39 ）。道德與宗教責任來自可蘭經啟示的眞理，並由先知的教誨和實踐加以補充。在此基礎上，法律與宗教學者建立起一種規則與信條之複雜體系，稱之為沙瑞阿（Shariah），意即「通往眞主的康莊大道」。沙瑞阿既是一種道德典範，又是一種法律規章。在伊斯蘭的傳統中，法律與道德比西方社會更加不可或缺。穆罕默德所啟示的阿拉意向，乃法律的最後權威，而道德的概念，則形成解釋和改變法律規則的基礎。

在現代，可蘭經的權威用於判斷重要的法律改變——如婚姻法。可蘭經容許一夫四妻，但也規定：對各妻應平等相待。某些伊斯蘭國家，便用此要件作為限制一夫多妻制的手段。例如，伊拉克法院「如果認為各妻之間有不能平等相待之虞者」，可以拒絕批准一夫多妻之婚姻。突尼西亞的法律亦規定各妻平

伊朗的狂熱與悲悽：
感召的、宗教的及
國家的領袖何梅尼
之葬禮。

等對待。然「在現代的社會環境下，平
等對待及配偶相互滿足，實則鮮有可
能」（Coulson, 1969: 93-94）。故
一夫多妻因而被禁。

　　伊斯蘭法律對於性道德有嚴格規
定，但在某些案例中，法律的嚴格性常
被嚴格的證據規定所抵消。例如，通姦
罪（婚外性行為）「必須有四位品性高
潔之穆斯林見證，方可成立」（Coul-
son, 1969: 78）。此一必要條件暗示
，真正的犯罪是公開違犯民德。整個的
沙瑞阿誠須履行，但在道德與法律規則
之間，實則每有不同。宗教禁忌，如禁
食豬肉，乃個人私事，法院並不強制。

✲ 政治與宗教 ✲

　　伊斯蘭教是政治權威與法律權威之
基礎。在伊斯蘭教的國家中，除了如現

代的土耳其等少數國家外，多數政教不
分。但伊斯蘭教卻能與各種不同之政治
體系共存。保守君主政體的沙烏地阿拉
伯，和左派政府的利比亞，均是正統的
穆斯林政權。

　　社會政策與宗教原則，並行不悖
——例如，伊朗伊斯蘭共和國。即使是
社會主義，亦常冠以「伊斯蘭」社會主
義，以為標榜。無論何種信仰，均是阿
拉的意向，現代的政治行動主義，在宗
教傳統上受到強烈支持：

　　　　信仰堅定的穆斯林，期其信念
　　原則能在自己的生命中實現。而且
　　應把宗教支配之領域加以擴充，
　　超越個人的範圍，包括與其他穆斯
　　林共有之政治與社會生活在內。
　　（Sandler, 1976: 137）

在一個穩定而獨立的伊斯蘭社區之中，人們根據傳統指導其日常生活，俾將宗教理想付諸實現。但一旦發生衝突與不穩，為宗教獻身可成為政治行動的強大力量。由於宗教的虔誠，伊朗青年在對伊拉克的戰爭中才能視死如歸，勇於犧牲。

從十八世紀末期開始，帝國政權——尤其是法國、英國、義大利與蘇俄——控制了北非、中東及印度的伊斯蘭民族。它們不僅引進現代科技，而且輸入新的價值和新的生活方式。對於西方的影響和殖民地主義，現代的伊斯蘭政治集中在兩個主要重點之上：(1)民族主義，(2)對抗工業化西方世界的流行文化。自第二次世界大戰結束之後，伊斯蘭教的政治，便注重在民族主義和反西方社會之上。猶如其他的第三世界國家一樣，穆斯林國家要的是西方科技之利，但也要政治獨立，並避免現代化對

於西方文化衝擊之情況，發生在自己的身上。

※ 伊斯蘭教的分歧 ※

在一千三百年的伊斯蘭教史中，各種教派與運動，不一而足。主要是大多數穆斯林世界接受的正統遜奈派（ Sunnism ，譯按：指以穆罕默德的教諭為依據之教派），與大多集中在伊朗的什葉派（ Shiism ）間的分裂。與什葉派對照之下，遜奈派對於異己更能容忍，對於政策更具彈性，且在決策上力求社區共識之達成。什葉派則賦予宗教領袖更大之權威，且鼓舞以好鬥的行動，對抗「惡魔的」力量。何梅尼是什葉派觀點的絕對擁護者。故有更多的正統遜奈派教信徒，試與何氏政策分道揚鑣。他們對其極端的宗派手段難以苟同，並擔心其對大眾革命的訴求，可能暗中破壞遜奈派之權威與保守的政權。

第四節
政　府

政府記錄出生，規定兒童於一定年

齡入學接受教育，登記公民身分，以便保衛國家或獻身公務，計算就業與失業、稅收，頒發結婚許可與限制性關係，以及要求遺體下葬前之死亡證明書等。政府是最廣泛與最具干涉性的制度。它指導、規定等等行為，反之亦對

來自其他制度的壓力，加以反應。在所有的制度之中，國家可以公開施行權力，是唯一能夠合法運用武力的制度。

政府可以發揮三種廣泛的社會功能，且能影響每種其他制度及所有社會成員。

1.維持秩序 政府的當務之急，在維持治安及內部秩序。法律保障個人或財產安全。政府為了保護社會利益，可以決定何時採取經濟或軍事行動。以武力或讓步以對抗馬納瓜的外來威脅，或邁阿密的內部分裂。

2.規定優先次序 國家可以決定是否為學校或「星際戰爭」、太空旅行抑或公共運輸等提供資金。公共政策可能有利於一般大眾、教育者、工人或資本家、神職人員或科學家。

3.解決分歧團體間的衝突 政府能控制、壓制，並解決其他制度之間及各制度之內的種種衝突。在勞資之間、教育與宗教之間，以及醫療與家庭之間的爭執上，政府是其最後裁決者。國家調解的爭議問題，從生命權到工作權，無所不包。

國家如何發揮這些功能，對於其他制度的權威及勢力，以及個人參預政治過程的態度和程度，均有影響。本節探討(1)權力在社會中的分配及其如何改變；(2)大眾參預政治決策的方法，與大眾參預的範圍，及(3)權力精英對於重要的政經決策範圍。

一、權力分配

控制他人行為的能力，謂之**權力**（power）。權力一經合法 —— 根據接受的價值判斷之 —— 則稱為權威（見第五章）。合法權力有限制的傾向，因為合法的原則，說明有權者不可為者為何，可為者為何。如果政治價值是普遍選舉，而統治團體選擇自己的繼承者，則便失去合法性。獨裁的統治者也承認合法性的需要，縱然他們的原則冥頑不靈，就像「我統治，因為我父統治」，或「黨統治，因為它是人民的黨」。即使最具壓迫性的政權，也要訴諸合法性。希特勒宣稱他代表德國民族的歷史精神，認為其統治乃理所當然，而史達林的權威，由蘇聯的共產黨合法化。

政府在權力上，至少有兩點不同：(1)權力或權威的集中程度 —— 即權力或權威僅由一人或一個統治者的小團體所施行，不能由人民的意願所取代，(2)對於社會及個人生活的控制範圍及廣度如何。權力的分配，從權力集中並控制「全部」的極權政體，到權力分散而有限的民主政體，各有不同。極權政府和民主政府，先以理想型加以討論，然後再以現在的及過去的真實社會說明之。

(一) 極權社會

極權主義（ totalitarianism ）是國家與社會的一種融合，是一種政府對整個人類活動與結合有深遠影響的社會體系。政府的力量不受限制，以便達到目的。因無約束，故少數統治者對反對者可以處死、放逐或監禁。

極權政府賦有控制其他制度及整體生活之權利。極權社會的成員，無論個別或集體，對於政府的決策鮮有影響。由一個人或一個小團體領導的單一政黨，以一種官方的意識型態作為控制人民生活的藍本，壟斷大眾傳播、管制經濟、控制軍隊，並指揮一個無所不在的恐怖系統，以對抗內外之敵人（ Friedrich and Brzezinski, 1965: 22 ）。極權政府設法控制有組織的團體生活，包括工會、商業結合、青年團體、教會、學校，及政黨等。它們甚至把忠於國家置於家庭之上。極權的統治者沒有與其他機構共享權力的心願，或允許其他機構發展權力基礎，以便向現狀挑戰。

對於人民作此種徹底控制之社會，可能未曾出現，但有些以往的政權，則近似之 —— 希特勒的德國、墨索里尼的義大利、史達林的蘇聯、毛澤東的中國均是。從一九七六年至一九七九年統治高棉的柬埔寨共產黨（ Khmer Rou-ge ），曾經建立一個殘酷的極權政府，對於生活的每一方面，無不干預。強迫人民穿同樣的衣服，留相同的髮式，並禁用姓氏。事實上，家庭不再是社會的一個重要單位。人經常骨肉分離，被送往全國各地的勞動營（稱為「合作社」）或「再教育中心」，其中許多被拷打致死（ Becker, 1986 ）。

蘇聯、阿爾巴尼亞，以及若干其他之共黨國家，雖近於極權形式，但未出現極端特徵。今日，大多數共黨政權崩潰，國家恐怖主義不如以往普遍，對於公民私生活的控制業已鬆懈。例如中國，一九七二年由極權之革命分子統治，但十年之後，領導班子對於改革，便更能接納。雖然對於政府權威作有組織之反抗或挑戰，仍被壓制，但個人沈默及對政治作有限度的冷淡，則被容許。成千上萬的中國人民從勞工營釋放，數以百萬計的人民不再受公安單位的時時監視。當前的政府，要以增進人民之福祉、而非朝著無階級社會之進程去努力（ Oksenberg and Bush, 1982: 3 ）。蘇聯在戈巴契夫的統治下，透過「開放」政策，已對政治表達、抗議及生活方式等之控制，加以放鬆（見選文2-2 ）。

(二) 民主社會

民主的概念，可溯至古希臘及希臘語：人民（demos）與規則（kratos）。因此，**民主**（democracy）是一種政治體系，決策者可由和平選舉而取代，對立的政黨可為選票而自由競爭。現代的民主觀念，約於十八世紀之末方予實現。美國是公認的第一個民主國家，但沒有一個國家完全達到「政治決策由制度安排，個人可藉爭取人民的選票而得到決策權力」（Schumpeter, 1950: 269）。

政府對於個人自由的侵犯，個人自身難以抵擋，故只有聯絡他人，方能保障自己。美國民主的一位早期觀察者——法國的政治哲學家及作家托克維爾（Alexis de Tocqueville, 1805－1859），對於維持民主政治秩序的社會情況，十分重視。他相信，位在人民與中央政府之間的居間團體，對於限制專制政府，殊為重要：

> 在阻止黨派專制或君主權力的專橫上，民主國家對於結合（associations）的需要，沒有其他種類國家可比。在貴族政體的國家，貴族與財閥本身即是種自然結合，以阻止權力的濫用。在沒有此等結合的國家，如果個人不能為自己創造一種人為的和暫時的替代品，我不認為能永遠保護自己免於可惡暴君之壓迫；多數人可能無故受到一個小黨派，或一個獨夫的迫害。（Tocqueville, 1862/1945: 202－203）。

當許多團體的權力足以彼此抗衡，並限制政府權威，使個人自由得到保障時，此種觀念稱為**多元論**（pluralism）。一個多元的民主國家，有大而整合良好的團體和制度，其中各有不同的利益和價值。每個團體的權力，由於其他團體的利益而受到限制，從集體而言，則可限制國家的權力。商業彼此競爭，而商業組織卻能與工會相抗衡。商業與勞工必須考慮組織嚴密的消費者運動和政府機構之利益。宗教彼此約束，也受制於獨立的世俗思想、新聞自由、自由的大學教育、學術社團，以及有組織的科學研究發現。各種經濟組織的形式，兼容並蓄，包括公司、獨立企業、公營合作社及國營事業等（De Gre, 1946: 535）。

多元論主要的潛在益處，在創造一種平衡的、反對的力量體系，其中沒有一個團體或聯盟可以強橫霸道，以壟斷政治權力。多元論也可以緩和權力鬥爭，因為人的結合是**多面結合**（multi-bonded）；其所屬之團體在一個以上。他們是教會的一員，也是工會的分子，是民主黨員或共和黨員，是專業人

員或農民。所以，每個團體均有所克制，以免失去某些成員之支持。多元論也意味著資訊來源各有不同，政府或任何其他組織，均不能加以控制。如此，可容許對於現存政策及領袖人物之批評。所以，在一種真正的民主體制中，衝突是必然的，「所以才有為統治地位而鬥爭，向執政黨挑戰，以及推翻執政黨而自己執政」（Lipset, 1983: 1）。

一種有效的民主制度，具有三個特徵：(1)以和平的選舉過程改變政府之可能，(2)競爭的政黨，(3)所有國民幾乎均有投票權。根據這些簡單的標準，截至一九八〇年代中葉，世界上的國家可分成五十三個民主國家，二十七個部分民主國家，以及八十三個非民主國家。（*The Economist*, June 8, 1985: 34）

與民主制度有關之多元模式，並不保證在政治上或認為彼此有平衡作用之居間團體中，可以公開參預。多元論也不能永遠保障個人的自由。從歷史上看，聯邦政府和州政府已經控制了性行為、家庭計畫、吸煙、喝酒，以及其他的個人行為。大組織中的專斷領袖，可能像獨裁政府一樣的霸道。而且，有些人（如未加入工會之員工）沒有任何有效的組織可以代表。雖然，多元民主可使公民在競爭的領袖之間有選擇的機會，但一般人對於決策或政策，則鮮有影響。

簡言之，沒有一個國家符合極權政府的理想形式，相反的在民主這一端，也沒有完全符合的國家。美國、加拿大、澳洲、紐西蘭、瑞典，以及大多數的西歐國家，均在權力極其分散、而國民極為自由的行列之中。但即使在一個民主國家經由普遍而合法選舉的元首，他仍能逾越憲法的權力。例如，近來的美國總統均表示，「單獨一個人執行行政責任，無須要像國王一樣，事事需要宮廷安排妥當」（Pocock, 1987: 722）。

有許多國家僅部分民主。例如，科威特及南非，嚴格地限制選民的資格；墨西哥無有效之反對黨；其他國家，如埃及，有無須選舉之組織（如軍隊），能左右選舉的結果或被選政府之權威。

(三) 民主時代？

從歷史上看，民主政體的出現，大致分成四個階段（Huntington, 1984: 193-218）。在美國建國後的一個世紀之內，民主政體出現在北歐與西歐、不列顛自治領，以及少數的拉丁美洲國家。直到一九二〇年左右，國民政府的大部分改變，才朝著更加民主的政體邁進，但許多歐洲的民主，強加於非洲、亞洲，及南美洲等殖民地的政權之上，

而美國，直到內戰之後仍爲奴隸國家。政治哲學家和社會科學家罔顧此種失調現象，卻宣稱十九世紀及二十世紀係「民主時代」。他們看到的是一種自然趨勢，一種社會進步的普通法則（Bryce, 1921）。

然而，此後的二十年間，趨勢逆轉，及至第二次世界大戰前夕，民主在德國、義大利、奧地利、波蘭、波羅的海諸國、西班牙、葡萄牙、希臘、阿根廷、巴西，及日本等國，卻爲之倒退（Huntington, 1984: 196）。自第二次世界大戰結束到一九五三年之間，種種跡象顯示民主再度復甦。美國強迫戰敗國接受民主，殖民地從殖民國中獲得自由，並採用其國內的政治方式。其他國家，則仿效戰勝的西方強權之政治體制。

近三十年來，許多於第二次世界大戰結束後才獨立的國家，變成一黨專政的獨裁國家（包括安哥拉、迦納、薩伊，和尚比亞）；其他國家則已邁向民主（包括西班牙、葡萄牙、哥倫比亞、委內瑞拉、希臘，及多明尼加共和國）。也有若干其他的國家，在民主與獨裁之間搖擺不定（Huntington, 1984: 197）。

二、政治參預

政治參預及其社會意義，根據社會的類型而每有不同。極權社會鼓勵或要求許多形式之政治參預：組織成員身分、參加大會及種種會議、閱讀政治文選、投票，並以其他方法支持黨或領袖。在一黨專政的國家，幾乎人人投票，但於候選人則無選擇，異議不容存在。掌權之人利用選舉動員民眾支持，並加強其控制（Burnham, 1987: 38）。

民主的理想，包括有識之士對於政治的主動參預。公民以爭議的問題遊說立法委員，而立法委員代表選民的利益。立法委員了解，選民正在注視他們的作爲，並要求其於下次選舉時加以說明。在民主社會之中，選民通常有所選擇，公民和團體無論好歹，均可表示異議，他們並有權拒作政治參預。社會學對民主的研究，主要著重在參預的形式：投票給政黨提名人、抗議，及社會運動等民主社會的最大特徵。

(一) 誰投票？

根據上述的民主標準，在美國的大部分歷史中，僅部分民主而已。投票權或選舉權推展緩慢而艱苦。在早期，投票要擁有財產，這項來自殖民地時期的傳統，到了十九世紀最初之十年間，方逐漸式微。黑人男性於一八七〇年方有

選舉權，但到了一八九〇年代，大多數的南方各州利用讀寫能力的鑑定和投票稅，來阻止與取消黑人及貧窮白人的投票權。在一九六〇年代和七〇年代，由於訴訟與立法，才把這些限制廢除，而西裔多的各州，尚提供雙語的投票資訊。到了一九八〇年，即使在南部，黑人與白人登記投票的比率，均已接近。

婦女選舉權於一八〇〇年代之初，即成爭議。一百多年來，婦女爲爭取投票權而組織、示威。自一八七八年到一九一八年，國會的每一個會期，均有保障婦女選舉權之憲法修正案提出。最後，第十九次修正案於一九二〇年選舉之前批准。今天，登記投票之婦女人數，其比例比男性尚稍高一籌。

登記投票者的社會與人口外觀，自可加以剖析。近幾年來，受過高等教育之白人及老人，登記和投票的可能性最高。然而，幾乎三分之一的合格選民不願登記；西裔之美國人、靑年人，及無高學歷文憑者，登記之可能性最小。雖然登記本身繁瑣不已，而法律與行政障礙已非登記率偏低的主要原因。最近的民意測驗指出，百分之四十二未登記投票者，僅是對此了無興趣而已（ Keefe et al., 1986: 124 ）。

美國投票人數之低，可以顯示人們對於選舉過程興趣缺缺。在一九八八年

的總統選舉中，只有半數之合格選民前往投票，這是自一九二四年以來最低的一次。投票率自一九六〇年以來，降了百分之二十（ 合衆社報導， 1988 年 12 月 18 日 ）。國會期中選舉，投票率同樣的低：近幾年來，大約爲百分之三十五。

政黨認同，已非往昔。根據政黨的不同去組織並表示政治觀點，更非易事，尤以對收入低和教育低之公民爲然。許多年輕而教育良好之公民也發現，今天的政黨與其關心者無關，並對選舉政治喪失信心（ Kleppner, 1982: 138－139 ）。與窮人不同的是，這些人並不一定退出政治事務，但他們以不投票的行爲方式表達對政治的關心，如把時間與金錢，獻給以政治利益爲主的團體。在一九八七年，百分之三十九的選民自認爲民主黨員，百分之二十七認爲是共和黨，百分之三十二認爲無黨無派（ Davis and Smith, 1987: 88 ）。黨性之式微，削弱了美國民主政治的目標：因爲(1)使公職人員在處理公共事務上，以個人之意志爲主，而非以黨員爲先，(2)鼓舞選民將問題訴諸候選人，而非政黨。

雖然，美國人不像許多其他民主國家之公民，經常定期投票，但卻積極地參預更多的其他政治事務。他們更可能

成為社區行動或組織的積極分子，與地方團體共同解決社區問題（Nie and Verba, 1975: 24-25）。在志願結合方面之廣泛參預，可維持多元性，並可平衡投票率之低迷不振。多元性可以由抗議與社會運動，進一步強化。

(二) 抗議與社會運動

歷史上的抗議活動，處處可見。例如，十九世紀之初，一羣英國的紡織工人——衆所周知的盧德分子（Luddites）——周遊全國，搗毀新的紡織機器，以抗議科技的發展，蓋其懼怕工作機會由是而被剝奪。在嗣後的一個世紀中，印度的甘地（Mohandas Gandhi），領導羣衆行軍到其製鹽的海濱，以不合作之行動，抗議英國政府壟斷製鹽和對食鹽所抽之重稅。於二十五年後的一九五五年，阿拉巴馬州蒙哥馬利市的一位女裁縫帕克絲（Rosa Parks），公然反抗市府要求黑人坐市公車後座之規定，她的被捕，引發了反對種族隔離之普遍抗議。一九八七年，一般南韓民衆加入數以千計的學生街頭示威，反對全斗煥總統決定延緩憲政及選舉改革之爭執，獲致大勝。雖然，上述事件幾乎縱跨兩個世紀及若干洲，他們均以抗議作爲表達及參預政治之手段。

抗議（protest）是反對一項政策或情況的非常規活動。其採取之形式不一，包括拒絕納稅、杯葛、和平示威、遊行、暴動及恐怖主義。抗議活動可以一人單獨爲之，但通常是許多人一起行動，以圖達成共同目標。

民主政府比極權政府更能容忍種種的抗議活動（Smelser, 1963: 278-281）。獨裁政權通常禁止異議，抗議者常受到嚴厲制裁。可是，抗議卻也在此種社會爆發。在一九八〇年代初期，波蘭工人成立團結工聯，原是一種政經改革運動，卻很快擴展到知識分子、學生及一般大衆（Touraine, et al., 1983）。結果其領袖紛紛被捕，政府迫使此一運動轉入地下。但到了一九八九年，政府放鬆控制，並接受團結工聯在國會中之代表。

在現代的民主體制中，抗議活動不只容許，且是受到保障基本權利。傳統的政治管道，包括選舉在內，有利於財閥及社會特權人士。他們與政治領袖極易掛鉤。抗議能使一般人民的觀點與利益受到重視（Etzioni, 1970: 20）。無特權者、少數民族及青年人已經發現，抗議是確保其意見得到承認的有效政治工具。在西方的民主社會，抗議不限於政治上之弱勢團體，而是來自不同社會背景之公民，參預政治的一種普遍

中國學生動員，
威力可觀。

方式。

社會運動（social movement）常常包含抗議的策略，以凸顯不滿或爭議。社會運動是一種「持續行動的集合體，以促進或阻止社會或其中部分團體的改變」（Turner and Killian, 1987: 223）。改革與革命爲兩種主要的社會運動。改革運動（reform movements）如反墮胎、反核子及環境運動等，均在現存體制之內尋求改變。此等運動的活動分子，接受現行之社會及政治秩序，但他們相信，體制的某些特殊因素應該改變。他們使用民衆教育、遊說，以及民權運動的技倆，以追求目標的達成。

另一方面，革命運動在尋求「重建整個社會秩序」，並對許多制度作澈底改變（Blumer, 1969a: 112）。除了其他的革命運動之外，美國、伊朗、中國、蘇俄等國之革命，均屬此種。認爲革命比一羣精英將權力移轉給另一羣精英稍爲嚴重一些，只是狹義的革命而已。一種社會革命，涉及到政治及社會結構方面的根本改變，「以一種相互增强的方式同時發生」（Skocpol, 1979: 5）。無論一種運動是改革或革命，其效果則賴於各種資源，如金錢、努力，以及外來之支持，如此方能動員一切，達成目標（McCarthy and Zald, 1977;

Oberschall, 1973; Tilly, 1978 ）。

三、誰真正統治？

政府之「民治、民享」（ by and for the people ），乃民主的核心觀念。重要的決議應由公民決定之。他們選舉公職人員爲代表，並參加競爭的利益團體與其他組織，以影響公共政策。如果民主要發揮效果，公共政策應反應輿論，但在美國，這種情形僅偶爾爲之：「當公衆對於一個問題感受強烈時，國會便有遵行輿論的趨勢；當公衆對於一個問題漠不關心時，公共政策可能與輿論背道而馳」（ Burstein, 1981 : 294-295 ）。政府領袖在外交政策的決定上，有著相當多的餘地，因爲通常民衆對此很少關心。然而，如果反對意見普遍而強烈，如在越戰期間，民主政府常屈服於輿論之下。抗議和社會運動可使某些問題備受重視，而於其他問題則予疏忽。因此，公共政策之關鍵問題是：誰有影響力？目的何在？

批判者與衝突理論家強調，精英分子或統治階級運用政治優勢，以滿足自己的利益。**精英**（ elite ）分子是「對任何價值獲利最多的少數人。……餘則不過泛泛之輩而已」（ Lasswell, 1934 / 1950: 3 ）。米爾斯（ C. Wright Mills ）認爲，在美國，最重要的決策是由一羣具有凝聚力的「權力精英」所制定，包括(1)由大公司經理組成之公司精英分子，(2)由高級軍官組成的軍事精英分子，(3)由包括總統及行政部門的高級官員組成的少數政治精英分子（ Mills, 1956 ）。其成員常有形成類似判斷和一致行動之趨勢，因爲他們有著相似的社會背景、價值和利益。他們的高級職位也可相互替換，並且包括：

> 海軍上將，也是一位銀行家、一位律師，由他領導一個重要的聯邦委員會；公司的經理，其公司是兩三家主要軍火生產商之一，現在是國防部長；戰時的將領換上民裝，成爲政治要員，然後成爲一家主要經濟公司董事會的一員。（ Mills, 1956: 288 ）

米爾斯認爲，精英分子的利益，包括「一種永久性戰爭機構之發展，由政治眞空中的私人公司經濟爲之。」（ Mills, 1956: 19 ）。艾森豪（ Dwight D. Eisenhower ）在一九六一年總統任期終了之時，以類似的口吻談到「一種大的軍事設施和一種大的武器工業之結合」，並警告「軍事工業集團」，反對他們有意或無意得到之毫無依據的影響力。米爾斯與艾森豪的警告，便成了一九六〇年代末期和一九七〇年代初期

抗議之主要對象。

三十多年來，精英論對多元觀的挑戰，成了社會科學家和政治活動分子間的一項主要爭議。有些政治理論家，對於「人民」曾對任何類型的社會產生重大影響 —— 原始的或進步的，獨裁的或民主的，資本主義的或社會主義的 —— 深表懷疑。他們指出，在所有的社會中，最大的權力只有少數人運用：「如二億三千八百萬美國人中，只有少數幾千人決定戰爭與和平、工資與物價、消費與投資、就業與生產、法律與正義、納稅與利潤、教育與學習、衛生與福利、廣告與傳播、生活與娛樂」（Dye, 1986: 1）。在一項全國性樣本中被問到：「過去若干年來，你覺得政府施政時，對於人民所想的有多少關心？」百分之二十八的人回答「不多」（Miller et al., 1980: 261）。

近二十年來，有關國家權力的種種研究，一致支持精英觀（Domhoff, 1967, 1983; Dye 在一九七三及八六年之間的七篇報告；Dye and Prickje-ring, 1974; Dye and Strickland, 1982; Dye et al., 1973）。他們對於社會不同部分中，權力結構競爭的多元觀，表示懷疑，但他們指出，影響可能比一九五六年米爾斯的描述更加分散。

集權之所以引人矚目，係一九八〇年代在各種機構占據要職的六千人，控制半數以上的國家資源。與米爾斯在一九五六年之解釋不同的是，社會中各公司、政府及軍事部門之高級人員，彼此連結之情形，殊為罕見。然而，大多數一九八〇年代之領袖，在其事業中占有一個以上之高級職位，在這一方面，目前的情況與一九五〇年代類似。總而言之，此等發現，並不「純粹符合精英式或多元式之領導模型」（Dye, 1986: 184）。

另一項對精英研究之探討，在調查超過十萬人之「統治階級」（ruling class）的影響力，他們彼此互動、互婚。「每個人都認識某人，而某人在國家的其他方面則認識某人，此乃拜同學之誼、夏季同處渡假，或為同一社會俱樂部會員之賜」（Domhoff, 1983: 49-50）。這是一個比米爾斯的凝聚「權力精英」更為龐大的聚體，但顯示出，有一個意識到自己及其利益的社會階級存在。

主要名詞

教會 church
精英 elite
制度 institution
權力 power
儀式 ritual
社會運動 social movement

民主 democracy
擴大家庭 extended family
多面結合 multibonded
世俗 profane
神聖 sacred
極權主義 totalitarianism

宗派 denomination
意識型態 ideology
多元論 pluralism
抗議 protest
教派 sect

補充讀物

Family

Gittens, Diana. 1985. *The Family in Question.* London: Macmillan. A discussion of the major debates on the sociology of families, including critical perspectives on gender and power.

Glenn, Norval D., and Marion Tolbert Coleman. 1988. *Family Relations: A Reader.* Belmont, Calif.: Wadsworth. Contemporary and historically important articles on the family in American society from various theoretical and ideological perspectives.

Mintz, Steven, and Susan Kellogg. 1988. *Domestic Revolutions: A Social History of American Family Life.* New York: Free Press. A description of the American family's transformations from colonial times to the 1980s.

Queen, Stuart A., Robert W. Habenstein, and Jill Sobel Quadagno. 1985. *The Family in Various Cultures.* 5th ed. New York.: Harper & Row. A discussion of the variety of forms of family life in societies ranging from the ancient Romans and Hebrews to contemporary Mexicans and Canadians.

Robertson, A. F. 1991. *Beyond the Family: The Social Organization of Human Reproduction.* Berkeley and Los Angeles: University of California Press.

Sweet, James A., and Larry L. Bumpass. 1987. *Amertican Families and Households.* New York: Russell Sage Foundation. Historical and cross-sectional analyses keyed to the stages of household and family transitions.

Thorne, Barrie, and Marilyn Yalom (eds.).

1982. *Rethinking the Family*. New York: Longmans. Articles critiquing prevailing assumptions about the family and examining family life from the perspectives of its various members.

Education

Clark, Burton R. 1983. *The Higher Education System: Academic Organization in Cross-National Perspective*. Berkeley: University of California. A comparative study of higher education in advanced societies.

Coleman, James S., and Thomas Hoffer. 1987. *Public and Private High Schools: The Impact of Communities*. New York: Basic Books. A comparison of the educational settings of public and private high schools and the academic achievement of their students.

Collins, Randall. 1979. *The Credential Society: An Historical Sociology of Education and Stratification*. New York: Academic. An account of the prevalence and consequences of formal qualifications in American society.

Fagerlind, Ingemar, and Lawrence J. Saha. 1989. *Education and National Development: A Comparative Perspective*. New York: Pergamon. An examination of the role of education in the economic, social, and political processes of modernization.

Religion

Batson, C. Daniel, and W. Larry Ventis. 1982. *The Religious Experience: A Social Psychological Perspective*. New York: Oxford University. A study of the nature of personal religious experience.

Berger, Peter L. 1967. *The Sacred Canopy: Elements of a Sociological Theory of Religion*. New York: Doubleday. A general theory of the significance of religion in modern society.

Durkheim, Emile. 1912/1947. *The Elementary Form of the Religious Life*. New York: Free Press. The classic statement of the relationship of religion to society.

Roachford, E. Burke, Jr. 1985. *Hare Krishna in America*. New Brunswick, N.J.: Rutgers University. A participant observation study of the Hare Krishna in the United States, their practices and beliefs.

Roberts, Keith A. 1984. *Religion in Sociological Perspective*. Homewood, Ill.: Dorsey Press. A survey of theories and research in the study of the religion

Wuthnow, Robert, 1988. *The Restructuring of American Religion: Society and Faith Since World War II.* Princeton, N.J.: Princeton University Press. A review of religious polarization and its impact on politics and the social order.

Government

Domhoff, G. William. 1983. *Who Rules America Now?* Englewood Cliffs, N. J.: Prentice-Hall. An investigation of the "ruling class" in the United States.

Dye, Thomas R. 1986. *Who's Running America: The Conservative Years.*

Englewood Cliffs, N.J.: Prentice-Hall. An update of a 13-year series of studies on the concentration of power in American society.

Lipset, Seymour Martin. 1983. *Political Man: The Social Basis of Politics.* 2d ed. London: Heinemann. A widely accepted definition and analysis of the concerns of political sociology.

Tocqueville, Alexis de. 1862/1945. *Democracy in America.* New York: Vintage. An analysis of the social conditions that sustain democracy and the consequences of democracy.

Turner, Ralph H., and Lewis M. Killian. 1987. *Collective Behavior.* 3d ed. Englewood Cliffs, N.J.: Prentice-Hall. A review of the types of collective action and social movements that lead to political and social change.

第七章　社會階層化

不平等與社會
馬克思的觀點
韋伯：階級、地位與權力
功能模型與衝突模型

所得、財富與社會階級
社會階層化的研究
所　得
財　富
文選 7-1　美國的富豪

聲望與生活方式
主觀階級
聲　望
階層化的相關因素
生活方式之對照
貧　窮
文選 7-2　羅西：美國的游民——如何解決

社會流動
垂直流動與水平流動
事業流動
代間流動
社會結構與流動

主要名詞

補充讀物

在德州下盧谷（Rio Grande Valley）——美國最貧窮的地區，岡薩勒茲（Gonzalez）一家和二十五萬以上的其他美國人一樣，住在狹窄、陰暗，和不避風雨的小木屋中。他們沒有熱水或排水系統，下雨時，兒童須緩步而行，涉過泥漿和汙水去趕校車。在某些「殖民」（colonias）地區，鄉村發展不足，水源汙染嚴重，即使洗澡亦可能生病。由於貧窮，兒童喘咳不止。而可以控制之糖尿病，因醫療無着，經常導致失明和四肢殘缺（Gibney, 1987: 27－28）。

在休士頓（Houston），一個家庭的幾位成員告訴一位社會雜誌記者，他們喜愛的旅行——到德州南部、新墨西哥州的聖塔費（Sante Fe）、紐約市的蘇荷（SoHo）、墨西哥與義大利——已經影響到他們家的裝潢，其中幾乎每個房間都有「一點異國味道」。家中的正廳，酷似義大利式的別墅，看來可發思古之幽情，重溫中世紀時代之美夢。事實上，它們是一位名聞遐邇之裝潢家的「藝術」（art）作品：

客廳與餐廳裝潢雅致，灰鴿歸巢，落日餘暉，以及破曉時分的泛白，透過粉紅色的天際，顯得高貴而具古典之美，……牆上斑斕而樸實之大理石外觀，有著年代久遠的高雅光澤……爲了使客廳保持堂皇富麗，特大的繡帷墊子，斜倚在一張漆過的十八世紀英國褐色皮沙發上。（Huggins 1986: 92）

下盧谷的木屋和休士頓的深院大宅，代表美國極端的社會階層。一個**社會階層**（socail stratum）是在社會等級的某些方面，如收入、財富、權力或聲望等，位於同一層次之家庭或個人組成的。這些階層，可視爲由兒童積木所築成的所得金字塔（income pyramid），每一塊積木代表一千元的收入。「頂峯比艾菲爾鐵塔（Eiffel Tower）還高，但我們所有的人，幾乎都在離地一碼之遙」（Samuelson, 1980: 80）。類似的金字塔，可用聲望或權力爲基礎，把家庭或個人分級而立。此等金字塔合在一起，便反應出**社會階層化**（social stratification）：它是一種階層層級，由社會建立並接受，以決定誰得到什麼和爲什麼得到。

階層化是社會學家久所關心的大事，因其幾乎影響到社會生活之每一方面。影響個人在教育、健康及幸福等方面之生活機會，對於社會衝突或和諧，亦有助長作用。很少有人不認爲財富是樣好東西，人人都該擁有一些。但當少數人家財萬貫，而多數人則微不足道時，此種明顯的差別，當然是社會緊張

的一種來源。

　　本章第一節，探討種種說明不平等何以有助於社會衝突，又有利於社會秩序之理論。第二及第三節，在論證美國社會不平等之程度，及由此而產生的生活方式。結論一節探討社會流動：人如何改變其經濟與社會地位。

第一節
不平等與社會

　　從社會學的觀點而言，不平等是在一個社會中，有些團體或個人，接受社會所重視的任何事物之數量不同的程度：如所得、財富、聲望或權力等。社會根據性別、年齡、民族、技能、政黨、宗教、繼承，以及其他等文化所重視的標準，分配有價值之資源。

　　歐洲的封建主義，是歷史上極端不平等的適當例子。約從第十世紀到十四世紀，土地與人民由少數封建領主與公爵所控制，只提供他們基本生活所需：如麵包、乳酪、湯、麥酒以及空無一物的房舍一棟。「牀鋪不普遍，大多數農民舖着麥稭睡在地上」（Lenski 1966：270-271）。但農民尚非封建社會最苦之人。無領主依附之人，無生計權和保護權。一旦凶年發生，便流離失所，從事乞討、犯罪，及流動性的臨時工作。

　　十八世紀末及十九世紀的重大科技變遷、工業城市之快速興起、歐美民眾滋長的不安，以及大量移民等，刺激了社會學家的思想，其中最有名的是馬克思和韋伯。他們對於社會不平等的原因及影響之關心，激發了階層化研究的兩種探究方法：衝突觀與功能觀的不斷爭論。

一、馬克思的觀點

　　有些社會學家將地位（status）與階級（class）交替互用。然而，馬克思派的學者使用階級時，僅指階層體系中有共同經濟利益的人羣類屬（categories）。根據馬克思的看法，階級是社會的基本建材，是人之羣體，如工業方面的薪資工人，有着共同之利益，因為他們在經濟體系中扮演類似之角色。

　　細察以馬克思觀念為基礎的歷史及

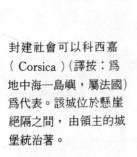

封建社會可以科西嘉
（Corsica）（譯按：為
地中海—島嶼，屬法國）
為代表。該城位於懸崖
絕隔之間，由領主的城
堡統治著。

當代種種著作，社會學家把馬克思信徒
（Marxians）與馬克思分子（Marxists）加以區別。馬克思信徒是遵循
馬克思分析架構之學者，而馬克思分
子，則是積極地推動馬克思的政治方針
及**意識型態**（ideology）——把社會安
排使之合理化的觀念或主義——的人。
列寧（Lenin）和史達林（Stalin）
是馬克思分子，他們試圖建立一個無私
人財富的共產主義國家。反之，大多數
的當代馬克思信徒，則利用馬克思的概
念和思想，作為研究當代資本主義社會
的起點。惟此兩組人馬時常混為一談
(Logan and Molotch, 1987: viii)。

㈠ 馬克思的階級理論

馬克思雖然從未建立一套系統化的
社會階級理論，但階級觀念卻是其思想
的中心所在，從其長篇累牘之著作中，
階級的形象不難獲得（Marx and Engels, 1932／1947〔written in 1845／
1846〕，1848／1963）。馬克思理論的
要義，可撮要為六個標題（Bottomore
and Rubel, 1956; Dahrendorf, 1959;
Feuer, 1959; Kerbo, 1983: 98-109）。

1. 社會階級的起源　社會階級起源
於「生產關係」（relations of production）——把工作加以組織的方法。
有人擁有土地，而他人是佃農；有人為
工資而工作，而別人是雇主；也有人是
自營者。對於生產之社會結構加以探
討，可以顯示出誰依賴誰，誰支配誰，

誰控制何種資源，所產生的團體利益，以及基於共同關心而採取行動的可能性。馬克思並未將階級與特定之職業相關連，他把社會階級視爲一種頗爲普遍的現象，根植於主要的經濟角色，尤其是財產所有權，在經濟史上，大多數的工業及職業中均曾出現，無一例外。

2.**兩極化**（polarization） 隨著封建主義之崩潰，現代的主要社會階級，一方面是資本的所有人，另一方面是爲了工資的勞工。馬克思承認，此一體系頗爲複雜，但預見兩極化之增加，能把社會分成兩大陣營：一邊是**資產階級**（bourgeoisie），即爲數頗少的資本家，包括擁有生產工具的商業農民；另一邊則是**無產階級**（proletariat），由除了勞力而一無所有之大多數民眾所組成。在此種理論之下，小農場場主、小商業業主及獨立的專業人員，逐漸受到排擠，大多數被迫淪爲無產階級，像勞工一樣，受大商業組織之剝削。勞動的剩餘價值——勞工創造的價值及其所得之間的差距——由資本家占有，因此，增加了少數資本家的財富（或儲蓄購買力），並增加了兩個階級間的財富差距。

3.**客觀階級與主觀階級** 縱然工人了無感覺，他們卻被安置在組織生產的共同環境中。此種客觀條件，確定了階

馬克思（Karl Marx, 1818－1883）認爲，生產工具擁有者與其疏離工人間的衝突，乃工業社會的主要特質。他主張並斷言革命能廢除私有財產制，並建立一個無階級的社會，其中人人生活安適。雖然其某些預測因時過境遷而衰微，但其許多觀念與概念，如疏離、階級意識，及階級衝突等，仍能刺激現代的社會思想。

級職位與階級利益。不論雇主與雇工彼此的感覺如何，甚或對於自己的看法如何，他們的利益水火難容。自以為中層階級的藍領工人，不會成為資產階級的一員。馬克思相信，主要階級（譯按：指勞工階級）會喪失此種假意識（false consciousness），認識到其客觀階級的條件，而變成一種主觀的、自覺的階級。馬克思認為，勞工能結合成一種有組織的、自我意願的階級，因為工廠中的生活能喚起工人的共同利益和力量。

4.階級統治與階級鬥爭 在以往的社會中，也許除了某些原始的生存經濟之外，均係少數人統治，多數人被統治。但統治不能從純政治的術語了解。支配一切的經濟階級，控制社會的主力，包括政府在內。現代的政府是資產階級的政府，因為其最終目的在促進資本階級的利益。因此，政治附屬於經濟，而社會衝突便在權力階級和失敗階級之間發生，或在一個統治社會階級和一個偶爾絕望的附屬階級之間發生，例如農民起義：「迄今所有的社會史，均係階級鬥爭史」（Marx and Engels, 1848／1963: 25）。

5.進步階級與反動階級 科技變遷產生了新的階級，並向舊階級挑戰。有權勢的資本階級是「進步」階級（progressive），它可刺激新生產力的發展，並創造一種新階級——工業無產階級——形成之條件。資本家像封建貴族一樣，當他們的行動妨礙而不能促進社會發展時，便成了反動階級。在馬克思的時代，資產階級政府，運用政治壓迫勞工運動，以及其他可能賦予無產階級權力的種種活動。諷刺地是，某些主張遵循馬克思主義哲學的共產黨政府，卻反對組織工會。

6.階級體系之結束 大多數的社會成員，均屬無產階級。馬克思聲稱，對於資本家的政治經濟不能忍受時，「人民便從事革命以資對抗」。社會的無產大眾有了**階級意識**（class conscious），便了解到他們的情況與「財富與文化世界」之間的矛盾（Marx and Engels, 1932／1947: 24—25）。然後有社會意識與政治組織的無產階級，便起義反抗，生產工具因而歸全社會所有。工人「除了枷鎖之外，了無損失。他們有一個勝利的世界」（Marx and Engels, 1848／1963: 68）。無產階級的勝利，將廢除私有財產，並展示一種社會與經濟組織的新形式，即是一種人人生活舒適的無階級社會。

㈡ 馬克思觀點的評價

強調以衝突探究法研究社會階層化

的社會學家，最可能使用馬克思的觀念分析當代社會。他們指出，一個多世紀之前，馬克思「對於工業成長產生集權，及資本與生產工具集中化……增加勞工的無產階級化（proletarianization）……（以及）一種新的國際分工等，比今天許多人看得更加清楚」（Walton, 1983: 788）。馬克思的觀念，使大多數的社會學家認識到階級在歷史上的角色，就某種程度而言，這些學者遵循馬克思的思想路線。然而許多人對其理論的某些方面，卻有批評。

馬克思強調經濟階級在個人行為因素，及歷史事件解釋兩方面之重要性。然而，他未考慮到社會行為及認同的其他來源，如民族主義及民族效忠，都可能淡化或超越階級的區分。此外，社會階層化的其他方面，如聲望，對思想與行動之影響，可能比純經濟面更為強大。如第六章指出，經濟階級對於政治可能有一種決定性之作用，但政治行動可以不受階級的影響（Dahrendorf, 1959: chaps. 7 and 8）。

馬克思並未正確預見可能減少階級極化的力量。他假定，有着共同利益的英國工人，會像一個單一團體一樣投票，普遍的男性選舉權，能導致勞動階級的勝利，但此種現象並未出現。而馬克思預期廣泛政治參預之重要，及政府計畫之擴充以促進無產階級的工作及生活條件，亦為之落空（Marshall, 1950/1964）。然而有人認為，此等發展，即係對馬克思理論的部分支持。他們辯稱，這就指出了資產階級如何運用種種方法，以控制抗議，削弱階級意識的發展及無產階級者間的團結（Piven and Cloward, 1971）。

最後，工業社會雖有少數公司累積大量的財富與權力，但未如馬克思所預測的兩極化（見表 5-2，頁 184）。兩極化趨勢已經式微，因為基於職業、教育及聲望之社會階層，消長互見，結果形成一種模糊不清的階級圖象。美國的階級鬥爭形式是工資、工作條件、職業安全、福利待遇（包括員工股份所有權）及工人參預等方面之衝突，與馬克思預測的無產階級革命，相去甚遠。

二、韋伯：階級、地位與權力

韋伯探討的問題，許多與馬克思相同，並據其觀念，加以延伸。但其著作成於半個世紀之後，所得之結論，常與馬克思南轅北轍，迥然不同。他對於馬克思所謂權力分配基本上是經濟的這種觀念，不敢苟同。他認為，階層化體系是由三種秩序構成：經濟的、社會的及政治的。他承認經濟變遷在改造社會史上的重要性，但他也強調其他制度的重

要角色，尤其是宗教。他在科層制度上的分析，對於資本主義社會及共產主義社會的權力性質，洞察入微。他把科層組織——無論單獨的或加上財產所有權——視為統治之工具：「只要懂得如何控制，對於任何人都有效果（Weber, 1922/1968: 988）。

㈠ 階級與經濟秩序

韋伯同意馬克思所謂：最重要的階級區別，係基於財產所有權及由此而來的所得機會。但在有財產者之間與無財產者之間，也有重要區別。有些財產所有人之所得來自資源，諸如股票、債券及房地產；他人之所有權則與自己之勞力密不可分。鄰居自營餐館的老闆，與繼承一筆財富並僱人經營者，很難同屬一級。在無生產工具者之間，也有極大的差別。出賣勞力或服務之人，其技能與能力（其人的資本），以及其收到之補償，每有不同。鄰居餐館之侍者與財務顧問或律師之間，在技術與所得機會上，可能與他們的雇主同樣的不同。

韋伯對於階級的論述，也重視「生命機會」（life chances）——例如，保健、長壽、商業失敗之風險，以及子女的教育機會等。簡言之，他承認有生產工具者與無生產工具者之間的差異，亦強調這些類屬之內的區別。因此，他

相信有一系列之階級，而不是只有兩個階級。

㈡ 地位與社會秩序

除了經濟秩序與「階級情境」之外，韋伯尚注意社會秩序與「地位情境」（status situation）。此種情境包括社會生活的報酬與代價，由榮譽（honor）的正負社會判斷決定之。

> 地位榮譽，通常可從一個事實表示之：所有希望屬於此圈子的人，最重要的是期望有一種特殊的生活方式。與此期望相關者，是對「社交」之限制（即社交不是屈從於經濟……目的）。這些限制可把正常之婚姻束縛在地位圈子之內。（Weber, 1922 / 1968: 932）

因此，研究社會階層化，需要對地位團體（status groups）有所了解，其中成員有著類似之生活方式、消費模式，以及社會名譽或榮譽。地位團體的成員，重視並認識自己的相似性，因之，對於與其生活方式及價值不同者的互動，加以限制。在大學社區之中，「商人」（town）與「學人」（gown）經常涇渭分明，互不指涉，因為兩界往往與教授之價值不同，縱使其所得類似，有時甚至會衝突，。每個團體，皆視其

地位高於其他團體，但他們卻不能為自己指定地位（及其報酬）。地位來自**聲望**（prestige），是社會對行為或品性賜予的名譽或尊重。地位高的團體和個人，代表別人所渴望與羨慕的文化價值或社區理想。

階級與地位、財富與榮譽，經常相連，但非必然如此。諸如：財產並不保證能賦予地位或榮譽，雖然，最終可以成為一種地位的資格。從經濟活動上獲得財產的人，可能從未享受其努力得來的地位報酬，但其在高團體地位的生活方式中受教之子女，則可能享受一切。正如生產工具的所有權是權力的基礎一樣，因此，聲望或名譽的賜予或拒授，亦復如此，尤以高社會階層之成員為然（Goode, 1978）。

㈢ 權力與政治秩序

馬克思與韋伯均關切階級與權力之間的關係。馬克思受工業化帶來的社會變遷之影響，看到了階級與權力之間的直接關係。韋伯則更受日趨增加之科層制及科層控制之影響。所以，他強調**政黨**（parties），認為是追求社會權力的有組織團體。他相信，政黨只能在有科層組織的社會中發展。因此，他視權力為階層化的一種各別面向（dimension）。一個人在權力層系中位居何

處，端賴其對施行權力的政黨與聯盟（coalitions）的接近程度。政黨可能代表不同階級或地位團體的利益。不論其代表誰或代表什麼，政黨卻以一種獨裁或科層形式組織之：「如果一個團體，如一種經濟階級、法西斯黨或小的共產黨組織，能控制或影響既定的科層組織，則此一團體的權力，必然急劇增加」（Kerbo, 1983: 116）。

衝突理論家藉韋伯對權力的分析，說明上層階級為何透過集權的科層組織

特權形象

維護職位。在階層化的觀念上，與衝突觀點迥然不同的功能論者，他們在權力、權威及聲望之分析上，則採自韋伯之觀念。

三、功能模型與衝突模型

功能理論家推論，在社會對於變動的環境加以反應而演化時，則適者生存，不適者失敗，終至被淘汰。簡言之，使社會運行的必要條件需要不平等，並澈底決定社會關係的廣泛模式，及占有社會職位者的類別。

(一) 不平等必要嗎？

功能論者的觀察起點是：在任何社會，有的工作或職位比其他的更加重要、困難或危險。例如，一位最高法院的大法官，其在社會中執行之任務，公認比一位交響樂團之樂師更爲重要；醫生須比機工精通更多之知識，而警察則比兒童樂園的管理員面臨更多之危險。可是，只有爲數有限的人具有必要之訓練、經驗或意願，去擔當更爲重要之職位。才能出衆之人，只有在知道其獲得之所得、財富、聲望或權力報酬相稱時，方能說服其克盡厥職、冒險犯難。因此，對於舒適、消遣及自尊有益之報酬，建立在各種職位之上。不平等在促使最有資格和能力的人，追求重要職位

以對社會有所貢獻，誠屬必要（Davis and Moore, 1945）。

對於一項困難或危險工作的達成，經濟報酬與任務的重要性，常不對稱。誠然，聲望與權威可能代替經濟的報酬。政府官員、大學教授、牧師等，其中許多所得微薄，但比建築商、葬儀員或保險經紀有更高之聲望。韋伯之後，有些功能論者認爲，在促使傑出之士追求重要的社會職位上，地位比財富或權力，更是一種強烈誘因（Parsons, 1964）。

(二) 功能理論的評價

階層化的功能論，似是一種合邏輯並具有說服力的勞力市場模型，顯示報酬如何由技能之供求決定之。然此理論已引起不斷的爭論，其中若干要素，理論分析與經驗分析均表質疑。

衝突論者批評功能論者對於權力的相對忽視，且辯稱，權力是附屬在社會職位上的最重要報酬之一（Collins, 1975; Lopreato and Lewis, 1963）。因此，個人或團體握有的權力或權威愈大，則「不論其對社會發揮的功能爲何，確定其繼續接受此種報酬，甚至更多報酬的能力愈大」（Kerbo, 1983: 132）。公司經理控制董事與股東大會之投票過程，而對於自己的酬賞，不論

應得與否，一概慷慨大方。他們也有權決定組織中何種職位最為重要，成員如何補充，以及報酬的數目等。

軍事職位的薪水，戰時比平時高（Abrahamson, 1973）。職業棒球聯盟的球員薪水，可反映出人才之難求，投球技巧之重要，以及投球表現與球隊贏球之關係（Abrahamson, 1979）。技術高超和重要，與薪水之低、中、高有絕對之關連，因此支持了功能論者的觀點。另一方面，一項對七百多家最大的美國商業機構之研究發現，總經理所得之報酬，與公司之規模有些關連，但並不完全與其工作之成績有關（Broom and Cushing, 1977）。

顯然地，大多數人感同意，首要職位應接受最高之待遇，而許多人相信，此種過程可以發掘人才，鼓舞人為較大的社會利益而努力。但證據顯示，事實並非如此（Alves and Rossi, 1978; Grandjean and Bean, 1975; Rainwater, 1974）。衝突理論與功能理論的爭議，解決之期，為時尚遠（Milner, 1987）。

(三) 一種現代的衝突模型

根據衝突論者之觀點，當同類屬之人在社會階層化體系中有共同的客觀利益時，階級遂而產生。這些利益，可能與「淵源於控制或生產力所有權之剝削」有關（Wright, 1985: 96）。在當代的資本主義社會，損人利己的機會，比馬克思所指的所有權與無所有權之區分，更加繁複多變。財產所有權——即所謂資本財（capital assets）——是階級利益形成之首要條件，因之，亦是社會階級形成之首要條件。組織資產（權威職位）之控制，與技術資產之所有權，也是控制與剝削之手段。在資本主義社會中，「剝削者將由技術或組織資產獲得之盈餘再投資時，將來他們可從這些投資中獲得源源不絕的盈餘」（Wright, 1985: 82）。在當代的資本主義社會中，三種類型之資產（資本、組織與技術），造就出四種社會階級：資本家、經理、工人，以及卑賤的無產階級（Wright, 1985）。

1. **資本家** 在美國，家產萬貫、富可敵國，並控制生產工具者，尚不到人口的百分之二。此一上層階級之核心分子，包括文選 7-1：〈美國的富豪〉中所描述的巨富和億萬富翁。

2. **經理** 資本家雇用經理制定政策，並控制他人的勞力。經理接受訂定公司工資計畫中的「忠誠紅利」（loyalty dividend）（Wright, 1985: 93-94）。經理的組織資產是剝削的基礎，因為(1)如果組織控制民主化，則

工人的景況佳，而經理的景況差，(2)經理藉控制組織資產，也能控制社會性的生產盈餘。雖然「資本家保有解雇經理之權，實際上，現代公司的組織資產，仍然控制在經理手中」（Wright, 1985: 80）。

經理是組織的剝削者，但也被資本家所剝削。「這些同時剝削與被剝削之職位，與一般所謂中層階級（Middle Class）頗相吻合」（Wright and Martin 1987: 7）。他們大約占美國勞動力的百分之二十六（BLS《就業與所得》, 36, No. 1, 1989）。此一階級，極為廣泛，包括年薪百萬與其他額外收入之總裁，及年薪三萬與種種福利待遇之辦公室經理。

3.工人 在一九八六年，將勞力賣給資本家之工人總數，略占美國勞力的半數以上。近數十年來，他們的工作性質，基本上已由藍領變為白領。三十年前，勞工階級係由汽車裝配工、鋼鐵工、農民及紡織工等組成。今天較小的勞工階級，可能包括辦公室、銷售，以及其他之白領員工。大多數勞工階級的成員，至少有三種不利之情況：缺乏所有權、對工作少有或沒有自主權，以及例行而單調的作業。不管他們的技能或學經歷如何，每一個勞工階級者，均受資本家及經理人員之剝削，而他們則由

工人之勞力獲得利益。

4.小資產階級 一個世紀之前，自己擁有生產工具而雇用少數工人者，占美國勞動力的百分之四十二。至一九七〇年代末期，數量漸減，約占百分之八，此後又略為增加（Steinmetz and Wright, 1989: 984-985）。他們經營雜貨店、服裝店、專賣店以及服務設施，如餐廳、乾洗店及錄影帶等。其中大多數既非剝削者，亦非被剝削者，即眾所周知的「傳統的」或「老式的」中產階級（Wright, 1985: 87）。最近人數之增加，及其未來的可能成長反映出：(1)雇主繞過工會，並藉分包、家庭代工及雇用非工會會員等策略，以減低工資；(2)在工業經濟方面，好的工作機會減少；(3)政府政策鼓勵自營；(4)嬰兒潮（baby boom）出生的一代，進入事業中期，此時個人已有儲蓄，可以創造自己的事業（Steinmetz and Wright, 1989: 1007-1009）。

5.失業與未充分就業 欲工作而找不到者，即官方所謂「失業者」（unemployed）。一九八九年，失業者占美國勞動力的百分之五（BLS，《就業與所得》36, NO. 4, 1989: 7）。大多數的失業者及其家庭，與若干所得最低之勞工階級成員，即一般所指之下層階級（lower class）。

根據新馬克思主義的思想，資本家的生產方式：維持一股工業的失業後備軍，作間歇性的雇用，季節性需要與繁榮時期，則雇用兼差工人（Braverman, 1974: 386 ）。僱主對他們的支出比其他勞工爲少，對於資本階級的累積財富，貢獻匪淺，然而卻也造成「一種痛苦的累積（譯按：指備而不用的後果）」（ Marx, 1867/1977: 779 ）。

第二節
所得、財富與社會階級

社會學家對於社會之研究，沒有比階層化更爲透澈的了。在此一探討領域中，運用策略，不一而足，因爲沒有一種方法能充分說明由馬克思、韋伯，以及當代的若干理論家所提出來之種種問題。本節在敍述研究社會階層化的方法，國內與國際間所得之不平等，以及財富集中等。

一、社會階層化的研究

對於社會階層化的主要問題，研究者使用客觀與主觀兩種廣泛的探究方法，進行研究。

(一) 客觀探究法

客觀探究法有賴於種種直接的指標，如所得、教育年限、職業等級，或權威的正式職位。這些指標以可見之事實爲基礎，當事人的感覺爲何，可置之不論。對於這些指標之測量，常須依賴人口普查紀錄，母體大的樣本調查，以及社區研究等。此等資料也見之於人口普查局以及其他政府機構之報告。

位於同一社會等級層上的個人或家庭，如在權力、聲望或所得上，便形成一個社會階層（ social stratum ）。因此，所得在某一範圍之內的所有家庭，便形成一個所得階層，而完成某一教育年限的所有人，也形成一個教育階層。

社會學家在研究所得與分配的統計後，可用金錢數量（如表 7-2 顯示之 10,000 元所得層）或百分比（如表 7-3 顯示，所得從最高到最低每個家庭均爲百分之二十），將一個人口區分爲種種階層。至於教育階層，研究者可以決定用個人完成之教育年限或學業證件，

將其加以組合。所得、教育及其他客觀指標資料，對於家庭或個人之社會經濟地位（SES）的敍述，常兼顧並籌，綜合運用。

客觀探究法用在馬克思的形式上，可收集資本財之所有權、組織財（權威職位）之控制，及技術財（專業證件）之所有權。此等資料可組成一種階級架構，如前節所指出者。

(二) 主觀探究法

用所得、財產，或職業將人分成等級，僅能說明部分現象。在同一階層的人，對於金錢的想法就不盡相同。就一位接近賺錢頂點的中年藍領工人而言，年薪保證在 31,000 元，可能心滿意足。但對於一位剛出道的年輕專業人員而言，可能不甚滿意。所謂多寡之重要性，係根據過去的與期望的所得與儲蓄、親友之所得、所得的安全，以及通貨膨脹率而定。換言之，人對於所得之客觀等級，有着不同之主觀觀念。

個人對於階級爲何、有多少、何人屬之，何種職業與之相關等，均有十分清楚的觀念。這些觀念有時稱爲社會階級的形象（Images of social class）。一般而言，它們「指出，大衆對於階級界定非常清楚」（Jackman, 1979: 444）。

主觀探究法係依據經濟地位、聲望等等，決定個人把自己安置在社會階級之何處。研究者可以要求人們將其所得分爲：社區的平均數以下、普通，或平均數以上。

在階級體制中，人置自己於何處，常賴其參考團體（reference group）。位在藍領工人地位之電工，可能自視頗高，因爲他賺的錢比大多數同事及鄰居多。然而，如果他開始自喻爲專業人員，則可能想到所得尚有一段距離。其所得雖未改變，但對所得之評估，則迥然不同。所以，自評等級之研究，常與個人的參考團體不可或分。

一種普遍的主觀探究技術，是要人指出他們的社會階級，或從一張階級名單上，就上、中、下或工人階級中選出其所屬之階級（Centers, 1949; Jackman, 1979）。一旦階級標誌爲絕大多數人所熟知，同時對於它們表示的意義普遍同意，則大多數人便能將自己置於一個社會階級之中。

在此一討論中，自評等級法可謂主觀的；所得、教育等等可謂客觀的。這些名詞係指資訊之類型，而非根據的標準。客觀測量，不一定比以態度與意見爲基礎的發現佳。而且，主觀資料可作爲客觀結論的基礎，此即是說，它們不具偏見，所以，就像所得測量一樣的客

觀。以下對於所得、財富及社會階級之討論，均依據客觀測量。第三節之「聲望與生活方式」，即從主觀探究法之研究發現討論之。

二、所　得

所得資料的收集，最有系統，所得到的都是些不平等的客觀指標。所以，所得之分配常用作**不平等**（ inequality ）之準據，尤其是在國家、地區或同一國家時間不同之比較上為然。

㈠ 國際比較

各國在如何保存紀錄、統計的正確與完整、所得之界定，以及估計或忽視福利待遇的金額價值方式上，均各有不同。稅制不同，能改變完稅後的所得，是各國比較時的一個主要困擾因素。然而，無論所得如何計算，尚未發現那一個國家的全體公民，所得大致相同。

表 7-1 把一九七五年選出的非共產國家，以其所得不平等之程度加以分級（ 得自許多西方、亞洲，及第三世界國家之最新比較資料 ）。用來概述不平等程度的統計，可以判斷一個國家達到所得完全平等的距離。一般言之，經濟最發達的非共產國家，有最平等的趨勢，雖然法國在平等上似乎特別低（ Jacman, 1975; Loehr and Powelson,

表 7-1　非共產國家所得之不平等

國　家	不平等得分 [a]
韓　國	．272
日　本	．311
以色列	．314
澳　洲	．319
加拿大	．333
英　國	．364
瑞　典	．387
美　國	．417
埃　及	．434
西　德	．483
印　度	．488
阿根廷	．490
智　利	．507
法　國	．518
土耳其	．568
南　非	．581
墨西哥	．583
委內瑞拉	．622
伊拉克	．629
肯　亞	．637
巴　西	．647
祕　魯	．758

a 季尼係數（ Gini coefficient ）在估計一個國家所得不平等之程度；值愈高，不平等愈大。

Source: Adaptation of material from Table 4–2 from *The Economics of Development and Distribution* by William Loehr and John P. Powelson, copyright © 1981 by Harcourt Brace Jovanovich, Inc., reprinted by permission of the publisher.

1981）。韓國的評分等級，可能是一種統計異數（statistical quirk），雖然就一個快速開發中的國家而言，其平等令人驚奇。日本、以色列和澳洲的所得平等尤其高。極其不平等的情形，可在非洲、亞洲及拉丁美洲中最貧窮和工業落後之國家中發現。在祕魯，全國每年總收入之百分之七十五，歸百分之二十最富之人所有，而百分之二十最窮的人，僅有國家全年收入的百分之二。在日本分別是三十九與八。

大多數共產國家的所得分配，比經濟發展程度相似之非共產國家更加平等，雖然共產國家之間有重大差異。在古巴，最高工資比最低工資約多七倍。波蘭與中國大陸為四十與一之比，蘇聯則為五十與一之比。可是，所有這些國家均較美國平等，美國最高與最低之比，至少為三〇〇比一（ Lenski, 1978: 370 ）。如果包括房租津貼和主食的價值，共產國家的所得平等，甚至更高。簡言之，經濟發展程度及政治經濟類型——資本主義與共產主義——對於所得平等，有着重大影響。

(二)美國所得之不平等

表 7-2 顯示一九八七年美國所得分配之一端。顯示出通貨膨脹緩慢，而失業率溫和時期所得分配的極大懸殊。

表 7-2 美國家庭與單獨個人所得層次 1987 年

所得層次	家庭百分比
60,000 元以上	15
50,000 ~ 59,999 元	8
40,000 ~ 49,999 元	12
30,000 ~ 39,999 元	16
20,000 ~ 29,999 元	18
10,000 ~ 19,999 元	19
10,000 元以下	12
	總數 = 65,133,000

Source: CPR, P-60, No. 161, 1988: 17.

表 7-2 顯示的是家庭所得，因為百分之八十五的美國人生活在家庭之中，又因家庭——縱使大多數的家庭不真有一位工作的父親、一位家庭主婦的母親及子女——對大多數美國人而言，仍為經濟的單位。

在一項全國性的調查中發現，「大多數的美國人相信，平均家庭需要兩萬美元始能滿足基本所需，三萬元始能生活安逸，五萬元方能圓美國夢」（ *Fortune*, September 14, 1987: 33 ）。據此則約三分之二的美國家庭生活在安逸之中，幾近三分之一則否。

將所得與個人及家庭之社會特徵加以關連，則對於所得懸殊的某些來源及美國其他形式之不平等，可以預先洞

表 7-3　美國全部家庭所得及中數家庭所得之分配
1950-1987

所得階層	總所得之百分比分配							
	1950	1955	1960	1965	1970	1975	1980	1987
五層之最低者-	4.5	4.8	4.8	5.2	5.4	5.4	5.1	4.6
五層之次低者	12.0	12.3	12.2	12.2	12.2	11.8	11.6	10.8
五層之中間者	17.4	17.8	17.8	17.8	17.6	17.6	17.5	16.9
五層之高者	23.4	23.7	24.0	23.9	23.8	24.1	24.3	24.1
五層之最高者	42.7	41.3	41.3	40.9	40.9	41.1	41.6	43.7
最高的百分之五[a]	17.3	16.4	15.9	15.5	15.5	15.5	15.3	16.9
中數家庭所得[b]	$15,670	18,752	21,568	25,060	28,880	28,970	28,996	30,853

a 最高的百分之五，包括在「最高者」之內。　　　　Source: CPR, P-60, No. 162, 1989: 38, 42.
b 以 1987 的固定美元計算。

悉。在一九八〇年代末期，全職工作婦女之所得，僅爲男性之百分之六十九，比一九七九年所賺的百分之六十三稍有改善，但懸殊依舊嚴重（ CPR, P-70, No. 10, 1987: 3 ）。一九八七年，白人家庭所得之中數爲 32,274 元，與西裔家庭之 20,306 元及黑人家庭之 18,098 元相比較，近十年來所得差距，有增無已（ CPR, P-60, No. 167, 1988: 14; CPR, P-60, No. 157, 1987: 3 ）。

(三) 所得不等之趨勢

另一種解釋所得不均的方法，是觀其模式如何改變。在美國，所得資料之比較，近四十年來才有，但現有之證據，可以對早期之情況加以推論。美國的所得不均，可能在一九二九年股票市場崩潰之前達到極點。在一九三〇年代的經濟蕭條期間，顯著縮小，因爲在政府設法刺激經濟復甦時，投資者的回收利潤降低。在第二次世界大戰期間，政府對生產與消費之規定，使更爲平等之趨勢，延續不已。

表 7-3 指出一九五〇年以來，美國家庭所得分配之趨勢，及固定美元的中數所得。所謂固定美元（ Constant dollars ），意指將美元購買力之降低納入考慮。如果將資料以目前之美元說明 ── 每年實際賺得之錢數 ── 因爲通

貨膨脹之影響，數字便很難解釋：例如，在個人的購買力方面，一九八七年的美元價值約為一九五○年的百分之二十。本表可幫助解答兩個基本問題：自一九五○年以來，平均真正所得及家庭的購買力增加抑減少？有一種朝向或多或少之所得均等趨勢嗎？

表 7-3 下層的數字指出，一九五○與一九八七年之間，平均家庭所得幾乎增加一倍。美國家庭中數所得，以一九八七年之幣值計算之，則為一九五○年的 15,670 元。在一九八二年降到 27,591 元之前（未在表上列出），一九七三年曾高達 30,820 元，直到一九八七年增到 30,853 元時，方達到一九七三年的水準（ *CPR*, P-60, NO. 162, 1989: 38, 42 ）。

近三十年來，中數所得之增加，兼之許多消費貨物價格的低廉，已使家庭的購買力增加一倍。衡量購買力變動的一種方法，是比較不同年度採購產品和服務所需之平均工作時數。今天，購買大多數貨物所需之工作時數，比一九五○年代大為減少。例如，一九五六年買一套廚房爐具需要工作一二五小時，而一九八六年僅四十一小時多一點。一九五六年買一隻炸雞需要工作十五分鐘，而今天僅需六分鐘。與一九五六年比較，今天買一套男人的服裝，費一半的

工作時間，買一加侖油漆，僅三分之一的時間。另一方面醫療和保險支出則大為增加（ *Fortune*, September 14, 1987: 34 ）。

從一九五○年到一九七○年代末期，家庭所得和購買力的大為增加，與國民生產毛額之成長有關。但部分家庭所得之增加，源自更多的已婚婦女投入勞動生產。如無第二張薪水支票，則一九八○至一九八五年之間，家庭所得不會增加。事實上，某些人所得已經減少：「藍領工人和辦公室工人平均每小時之報酬，其購買力比一九七三年稍為降低」。因為大量的青年人湧入勞力市場、工會腐敗，以及外來競爭等均壓制了工資之上漲（ Cox, 1988: 10 ）。

家庭所得不平等的一般「模式」，近三十五年來已經頗為穩定，百分之二十的上層家庭，其所得約為百分之二十的低層家庭的十倍。百分之五的上層家庭，其所得自一九五○年之後開始減少，但在一九八○年代再度回升。此外，近十年來低階層家庭頻遭所得減少之苦。

雖然分配的大體形式，依然相當穩定，但這並不是說同樣之人留在同一層次之上。起伏變動甚大，尤以低所得類屬為然。一年之中困於貧窮之人，大約只有半數次年依然貧窮。「連續多年貧

窮之人，不到窮人之半數」（Duncan, 1984: 3 ）。經濟地位改變的最重要原因是結婚、離婚以及其他的家庭事故（Burkhauser and Duncan, 1989 ）。

相當穩定的所得不平等模式，掩蓋了此模式之內發生的種種轉變。老年人的所得已經增加，年輕的家庭所得卻減少了。至少只有一位工作者的家庭少了，依賴政府津貼的家庭多了。而以單身女性為家長的都市家庭，為數正在增加之中（Levy, 1987: 6 ）。

從最近的社會變遷指出，所得不等可能加劇。對於所得分配低者，增加甚至維持政府之資助，遭遇到強烈的政治對抗。此外，在所得分配之中上層中，已婚婦女從事工作，日見增多。這些婦女比低所得男性的妻子，所賺更多。因此，「女性參預勞動對於家庭所得之平等，有不利影響，反而有加強不平等之趨勢」（Gilbert and Kahl, 1987: 98 ）。類似改變，也可能增加少數族裔與白人之間所得的不平等。因為產品製造業的工作正在減少，而服務業則扶搖直上，平均教育程度以下之男性，很難找到高薪之藍領工作。反之，文書、日間托兒所教師、打孔機作業員，以及其他低薪的白領工作，需要日增。因此，所得足以維持中產階級生活水準之工作，為數不多（Levy, 1987: 87－

100 ）。

三、財　富

所得多而消費少的人，累積了大量財富，如房地產、股票、證券、保險、合夥股份等。因此，財富或儲蓄之購買力，比所得更為集中。財富集中之種種研究，大多依賴產業（繼承）稅收。由於國稅局對於其資料之使用，限制增多，研究者不得不依靠調查法蒐集（Smith, 1986: 6－8 ）。

到了二十世紀，美國財富更加集中。一九二〇年代末期，百分之一的上層人口中，半數（0.5 ％）擁有全部私人財富的百分之一以上。經過經濟蕭條及第二次世界大戰，財富集中的程度下降。一九五〇年代中葉稍有增加，然後依舊頗為穩定，直到一九七〇年代初期，百分之〇‧五之人口約擁有全部財富的百分之二〇。在一九七六年，有百分之〇‧五的巨富，淨資產從其全部資產中約滑落百分之十五，大概為五十年前的半數。但這並非說在整個社會中財富有平等之勢。反之，從前由巨富擁有之部份財富，「僅轉移出九牛一毛而已。此種從極富到近於極富之重分配，誠然為重分配，但卻難有社會或經濟意義」（Smith, 1982: 5 及表 1 ）。在一九八三年的一項調查中顯示，百分之〇

・五之巨富累積了更多之財富：增加了百分之三十五，其中包括約百分之十五的不動產、百分之四十六的公司股票，及百分之五十八的商業總資產（Smith, 1986: 16－31）。至少在短期內，財富集中會急劇增加，個人擁有的資產膨脹而非削減。一九八六年之稅收法案，對於百分之五的富人可能更加有利，他們在公司股票方面投資雄厚，在房地產方面，長期持有。「因此……最富者擁有之財富股份極可能……增加」（ISR *Newsletter*, Winter, 1986: 5）。

從不平等及社會階層化之立場言，家庭財富比個人擁有之財富更具意義。富人可以雇用最好的法律代表、政治遊說、醫療照顧及教育，並可將其財富及孳息分贈家人。因此，大多以個人財富為基礎的報告，忽略了財富集中對於整個社會之影響。累積的財富代代相傳，可使不平等綿延不輟，使金錢階級「再度出現」。文選 7-1 在探討美國富豪之經濟基礎。

文選 7-1

美國的富豪

Sources: Michael Patrick Allen, *The Founding Fortunes: A New Anatomy of the Super-Rich Families in America* (New York: Dutton, 1987); Leonard Broom and William Shay, Jr., ''The Richest as Elites,'' paper presented at the annual meeting of the American Sociological Association, Chicago, 1987; ''The *Forbes* Four Hundred: The Richest People in America,'' *Forbes* (special issues), 1982–1988; Ferdinand Lundberg, *America's 60 Families* (New York: Vanguard, 1937); Roy Rowan, ''The Fifty Biggest Mafia Bosses,'' *Fortune*, 114 (November 1986): 24–38.

在一九八〇年代，廣泛財務推測，貸款投機囤積，及對財富集中有利之稅收政策等，使少數美國人的財富因而大增。無獨有偶，一九八二年《富比士》（*Forbes*）雜誌出版一系列之年度專刊，稱為「富比士四百巨富」，其中確定、描述並估計美國巨富擁有的資產價值。自一九八二至一九八八年之間，刊出之個人計七百有餘。

因為大的財產複雜，且常隱藏在公司組織、信託公司及基金會之內，所以研究富有之人，需要一種特殊的精密財務偵查。《富比士》雜誌的編輯，坦承有遺珠之憾。尤以在私人公司或合夥身分

中擁有財富之人，以及保密周詳的人為然。少數例外——最明顯的是投資家川普（Donald Trump）——意在引人注目。川普甚至自願高估其財產淨值（34億7千萬美元），認為數額大，有利於公共關係，但《富比士》指出其資產不過十億美元而已。一九八八年川普在威瑪公司（Wal-Mart Stores）創辦人華頓（Sam Walton）領導的億萬富翁俱樂部中，約有伙伴五十位。

在一九八八年十月份《富比士》名單中出現之巨富，其所有之財產淨值，不得少於兩億兩千五百萬。換言之，都是名符其實的億萬豪富。最新的富豪大亨，多屬金融（8人）、不動產（8人）、娛樂及傳播（8人）、科技（5人），及製造業（4人）等方面。維護此道的人士宣稱，財產集中，可創造工作機會，但在上列名單中，只有最後兩個類別，很明顯地能創造工作機會。餘者涉及之經濟過程，似在指導財富集中，而非其生產的運用。

❊ 家庭財富 ❊

最可靠而輕鬆的致富之道，是祖先富有。如果祖先的財富得之不義或靠犯罪活動發跡，數代之後，此一污點亦必消失無踪。販賣奴隸為時已遠，因此，如果這一代的子孫認為不應對此不義之財負責，應可得到諒解。祖先是一位「強盜貴族」（robber baron），子孫便會風流倜儻。

在《富比士》四百富豪中，約有半數顯然與所謂之他人無關，但那並非說，巨大的財富由個別的企業家創造的。名單上有三分之一的人繼承了巨大的財富，甚至有更多的人，繼承之豐，足可使他在創立自己的事業上，得心應手，輕而易舉。龍柏格（Ferdinand Lundberg）在五十年前稱，資本主義是一種家庭事業。他預測在一兩代之內，「所有大的美國企業家，均將成為血親——親堂（表）兄弟姐妹、遠堂（表）兄弟姐妹」（Lundberg, 1937: 9）。龍氏之言，雖未實現，但三十七位杜邦、十四位洛克斐勒及八位米朗斯（Mellons）的家族成員，位列《富比士》的四百豪富之中。

許多新的家庭王朝，來自石油業，但石油財富，起伏不定，更多有遠見的家庭，投資於更為保守之事業。在一九八二年《富比士》第一次豪富名單中，十三位億萬富翁，其中十位的財富得自石油之繼承，或靠自己辛勤努力的結果。在一九八八年列出之五十多位億萬豪富中，只有九位發跡於油田。石油大王亨特（H. L. Hunt）的三位繼承人，落在億萬豪富以外，其原因不只是油價滑

兩位現代企業家，因改革科學技術，創造許多工作機會，被選入富比士四百萬富豪之內。帕卡德（David Packard，左）與休利特（William Hewlett）回到他們一九三九年創立電子公司的車庫。

落，而是他們所從事的買空賣空式的期貨交易，一敗塗地，血本無歸。一九八八年申請破產，以應付暴跳如雷的債權人。此一倒閉必然創下垂直（向下）流動的記錄。亨特家族中的另外兩位億萬富翁，及一位近乎億萬豪富，在處理財富時便更加審慎，並保證使其家族財富，代代相傳。

因爲富有的家庭信用昭著，資產豐厚，故維持家庭連結，有其實際必要。他們的親族網絡，編織細密，較一般家庭爲大，故豪富尚包括許多功能性的擴大家庭。由於代代相傳，財富分散，再分散，擁有大量財富的人數便減少了，但財富集中在一個較大的家庭團體，依然不變。美國階層化體制的一個主要特徵，就是金錢階級之生生不息。

❋ 白領階級的罪行 ❋

對於黑道人物的財富作近於合理之估計，尤其困難，即使法律判定的淨值，亦難保證無誤。《幸福》（*Fortune*）雜誌列出的五十位黑手黨（Mafia）首腦，其中大多涉及賭博（Rowan, 1986）。除了已故的黑道暴徒和國際毒品掮客藍斯基（Meyer Lansky）之外，《富比士》雜誌選出之黑道人物，均從事白領犯罪（white-collar crimes）之行徑——即在正當事業之外從事非法之犯罪行爲。魏斯考（Robert Vesco）從一家歐洲的信託基金公司盜用兩億兩千四百萬美金，逃往加勒比海地區，並維持一項投資的活躍事業。當報導其在古巴過著軟禁之生活後，《富比士》即把他從一九八五年的名單中剔除。瑞崎（Marc Rich）和葛倫（Pincus

Green）建立了一個巨大的商務貿易公司。在人質危機期間（譯按：指伊朗扣留美國人質，時在卡特總統任內），他們非法與伊朗從事石油交易，逃稅四千八百萬美金，於一九八三年潛離美國，隨後以逃稅、詐欺、勒索等罪名被通緝。最近他們在國際鋁業市場上頗為活躍，據估計其共有之財產淨值為十五億美金。

有現代財務魔術師之稱的鮑斯基，（Ivan Boesky）從事極具風險的套匯活動（合法）和內線交易（非法）。他被關進加州聯邦監獄，並付罰款至少一億美金。一九八九年三月，廢債券發明人米勒肯（Michael R. Milken）以九十八項罪名被起訴。在詐欺罪名之下，聯邦政府向其提出十二億罰款的訴訟，但最後同意減半，以換取其出庭應審。他繳交此數，綽有餘裕，因其在一九八七年的薪金和額外津貼，總計五億五千萬美元。當他被起訴時，他的藍柏特（Drexel Burnham Lambert）投資公司准其休假，且有一長串的公司仰慕者，在《華爾街日報》和其他報紙刊登整版廣告，標題是：「麥克‧米勒肯，我們信任你。」

第三節
聲望與生活方式

客觀測量，可以敍述不平等的範圍，但對其如何影響人們的生活，則少提及。主觀探究法，可使社會學家探討：人如何看待不平等，他們如何體驗不同生活方式之苦與樂。本節探討主觀的階級認知和聲望的意義、階層化的相關現象，以及美國社會中上、中、下層生活方式之特徵。

一、主觀階級

一九三○年代，有項對一個新英倫（New England）小鎮的人類學研究，其開始即假設：社會的基本結構是經濟的，而「激勵美國人的最重要和最深遠的價值體系，最後必追溯到經濟秩序」（Warner and Lunt, 1941: 81）。然而，在研究進行之後，研究者對此一簡單的經濟假設開始存疑。他們的資料指出，社區地位是多種因素聯合的結果，這些因素，不僅包括財富、所得和職業，而且包括互動模式、成員身分、社會行為，及生活方式。

他們發展出一種蒐集資料的技術，稱為聲望探究法（ reputational approach ），此法要求社區居民彼此分列等第。居民以其成員的聲望為基礎，從世家大族的「上上層」（ upper-upper ），到卑賤無名之「下下層」（ lower-lower ），將社會階級區分為六種。嗣後，應用此種方法的研究發現，其他社區中的社會等級與聲望，亦基於經濟的和非經濟的兩種標準（ Davis et al, 1941; Hollingshead, 1949 ）。這些研究支持了韋伯的論點：有不同生活方式、價值，及消費模式的地位團體，乃階層化體制的重要元素。它們也顯示，人們相信社會階級不只是社會科學家的概念。大多數的回答者，均能以特定之階級名詞把自己和他人加以定位。

早期的社區研究，把不平等的社會學觀點加以擴大，但聲望法需要回答者對分等之個人和家庭，親自了解。因此，此方法不適合作全國性之研究。

一九四○年，調查研究者首次要求全國性之樣本，把自己身分列於上層、中層或下層的階級之中（ Fortune, 1940, No. 2:4; Gallup and Rae, 1940: 169 ）。絕大多數人——一次研究占百分之七十九，另項研究占百分之八十八——認為，自己是「中層階級」。這些發現，對於美國基本上是一個中層階級國家，且無重大階級區分的看法，予以支持。五年之後，在全國性的調查中，增加「勞工階級」（ working class ）一項，結果發現，大多數的藍領工人回答者認為，自己是「勞工階級」而非「中層階級」（ Centers, 1949 ）。表 7-4 顯示，這些發現及一九八七年之調查發現，對於美國是一個「中層階級」社會的看法，並未予以支持，且顯示主要階級的差別認知，依然存在。勞工階級認同之式微，部分是由於黑人中層階級的崛起，和對黑人之間階級差別的逐漸認識（ Cannon, 1984 ）。

表7-4 美國的階級自我認同 1949年及1987年

	1949	1987
上層	3%	4%
中層	43	47
勞工	51	43
下層	1	5
不知道或未回答	2[a]	2
總數	1,097	1,456

a包括：不相信有社會階級

Sources: Richard Centers, *The Psychology of Social Class: A Study of Class Consciousness.* (Princeton, N.J.: Princeton University Press, 1948), p. 77. Copyright 1949, © 1977 renewed by Princeton University Press. Table reprinted with permission of Princeton University Press; James A. Davis and Tom W. Smith, *General Social Surveys, 1972–1987: Cumulative Codebook* (Chicago: National Opinion Research Center, 1987), p. 220.

階級認同與客觀的階級指標有關。選擇上層階級者，有較高之所得和較好之教育，他們從事勞心而非勞力之工作，且在工作場所占有權威職位（Hodge and Treiman, 1968; Jackman, 1979; Vanneman and Cannon, 1987）。階級認同也與結合的模式有關。有地位較高的朋友、鄰居和親戚的人，比有類似之客觀特徵、但親友為下層地位者，更可能與較高的階級相認同（Hodge and Trieman, 1968）。

二、聲　望

以聲望作為階層化的要素，在日常經驗上處處可見。

> 獲得他人的尊重或稱讚，乃人人所共有的普遍需要，不如此，便不易博取他人之幫助，故所有的個人與團體，均以讚譽與否作為褒貶他人的一種方法。社會生活的基礎，部分基於尊敬、名譽、讚美和榮譽的普遍需要之上。（Goode, 1978; vii）

當我們結識新交時，我們會設法把他們的工作、鄰里、組織和教育在社會中定位。在大多數的社會，職業是衡量個人聲望的最佳方法。

從種種研究顯示，各種職業聲望有著高度的一貫性。全國民意研究中心（National Opinion Research Center）在一九四七和一九六三年，從事兩項具有權威性的研究，要求全國的成年人樣本，從「高尚的」（excellent）到「卑賤的」（poor），分列九十種職業的等第。兩個研究計算的聲望得分，頗為類似。雖然時隔十六年，大多數的科學職業獲得了聲望，大多數的藝術職業則失去了名聲（Hodge et al., 1964）。全國民意研究中心肯定聲望評分的穩定性，並繼續使用一九六三年的研究得分（Davis and Smith, 1987: 557-560）。

表 7-5 顯示的聲望得分，很少意外。一般言之，白領工作比藍領工作的聲望高；「最高法院大法官」高居羣業之首，而「擦鞋匠」低居羣業之末。整個觀之，聲望得分與每一職業中工人的所得和教育程度，極其相關（Broom and Maynard, 1969）。

由等級顯示，職業聲望所依賴者，不只是所得和教育，權力與特權也是聲望的來源。更多的詳盡研究指出，所測者與聲望名實不符，只是附屬於工作上的一般價值而已（Goldthorpe and Hope, 1972: 31）。

不同國家的職業聲望比較，整個評分極其類似（Hodge et al., 1966; Treiman, 1977）。然而，在東歐的社

表 7-5 職業的聲望等級

職 業	全國輿論研究中心評分	等級	職 業	全國輿論研究中心評分	等級
美國最高法院大法官	94	1	銀行家	85	24.5
醫 生	93	2	生物學家	85	24.5
核子物理學家	92	3.5	社會學家	83	26
科學家	92	3.5	公立學校教師	82	27.5
政府科學家	91	5.5	正規軍將領	82	27.5
州 長	91	5.5	大企業會計師	81	29.5
聯邦政府閣員	90	8	公立小學教師	81	29.5
大學教授	90	8	僱用約百名員工之工廠業主	80	31.5
美國國會議員	90	8	建築包商	80	31.5
化學家	89	11	作品在畫廊展出之畫家	78	34.5
律 師	89	11	交響樂團樂師	78	34.5
美國交外部門外交官	89	11	小說作家	78	34.5
牙醫師	88	14	經濟學家	78	34.5
建築師	88	14	國際勞工協會職員	77	37
郡法官	88	14	鐵路工程師	76	39
心理學家	87	17.5	電氣技師	76	39
部 長	87	17.5	郡農業官員	76	39
大公司董事會董事	87	17.5	印刷廠老闆	75	41.5
大城市市長	87	17.5	受過訓練的機械師	75	41.5
牧 師	86	21.5	農場業主	74	44
州政府各部首長	86	21.5	葬儀社職員	74	44
土木工程師	86	21.5	市府福利工作員	74	44
飛機駕駛員	86	21.5	報紙專欄作家	73	46

Source: Robert W. Hodge, Paul M. Siegal, and Peter H. Rossi, ''Occupational Prestige in the United States, 1925–1963,'' *American Journal of Sociology* 70 (1964): Table 1, pp. 290–292. (By permission of the University of Chicago Press, copyright 1964.)

會主義國家，勞力比在美國更受尊敬，勞力的職業比許多非勞力的職業等第高（ Parkin, 1971; Wesolowski and Slomezynski, 1968: 210; Yanowitch, 1977: 105 ）。勞力的工人，尤其是礦工，比文書工的薪資高、聲望好（ Treiman, 1977: 144-148 ）。在某些社會中，社會價值可以改變職業聲

表 7-5　職 業 的 聲 望 等 級 (續)

職　業	全國輿論研究中心評分	等級	職　業	全國輿論研究中心的得分	等級
警　察	72	47	自有漁船漁民	58	68
日報記者	71	48	店　員	56	70
廣播員	70	49.5	伐木工	55	72.5
會計員	70	49.5	餐館廚師	55	72.5
佃農（自有牲口、			夜總會歌手	54	74
機器並經營農場）	69	51.5	加油站加油工	51	75
保險捐客	69	51.5	碼頭工人	50	77.5
木　匠	68	53	鐵路護路工	50	77.5
市區小店店主	67	54.5	守夜員	50	77.5
地方工會職員	67	54.5	煤礦工	50	77.5
郵　差	66	57	餐館跑堂	49	80.5
火車車掌	66	57	計程車司機	49	80.5
批發推銷員	66	57	農場雇工	48	83
鉛　工	65	59	辦公室工友	48	83
汽車修理工	64	60	酒　保	48	83
遊藝場管理員	63	62.5	熨衣工	45	85
理髮師	63	62.5	汽水販買工	44	86
工廠機器操作員	63	62.5	佃農（無牲口、機器	42	87
小食店店主	63	62.5	又未經營農場）		
正規軍伍長	62	65.5	垃圾清潔工	39	88
汽車技工	62	65.5	清道夫	36	89
卡車司機	59	67	擦鞋匠	34	90

望，然而，各國的類似仍大於差別。

三、階層化的相關因素

　　階層化對日常生活的種種方式和所有層面均有影響。表 7-6 依據機會、利益、態度和行為等，舉例說明三種主要社會階層中的某些差別。這些差別乃階層化的相關因素；即在某些階層經常

常出現，而在其他階層則少發生。

　　所得與快樂之間的關連，不難解釋。此非意味著金錢能「買」快樂，而食住無缺，並能使日常生活便利之家庭，比擔心坐以待斃者更加快樂。奢侈品，如度假、新車，和家用電腦等，雖然非其「使之」快樂，但卻有助於快樂。此何以教育可使所得高，又何以來自所得高的家庭受到更多之教育，就容易了解了。

　　有時，無相關或相關薄弱，可視爲與極其相關一樣的具有社會意義。在所有的階級中，大多數人（61～66%）相信，政客之所以成功，在其出身及其所認識之人，而絕大多數人（90～92%）相信，醫生、律師，和其他傑出專業人員之成功，在於工作努力、才能，及堅強的意志。然而，所得低的回答者，對於百萬富翁及全國最大公司老闆們之成功作功能解釋，則深表懷疑。可是一般而言，人們對於競選政府及工會首長者，信心十足，此顯示美國的階級衝突不大（ *Puhlic Opinion*, May/June, 1987: 27 ）。

四、生活方式之對照

　　階級與階層之所以發展出獨特的生活方式與價值，不僅因其所得、財富，及教育資源不同，而在家庭和其他機構中之社會化亦不同。子女繼承父母的階級地位，從而學習階級的規範與價值。位於較高之階級層次者，父母強調思考、好奇、快樂，和自我引導。階級層次較低之父母，較常重視整潔、誠實、能力，和順從（ Kohn, 1969: 30; Kohn and Schooler, 1983: 11－12 ）。中層階級家庭比起工人階級家庭來，「在童年初期，少有嚴格的性別角色區別。」（ Rubin, 1976: 125－126 ）。小學生根據社會階級尋找同伴，並對職業聲望之差異，有著清楚的觀念（ Simmons and Rosenberg, 1971; Stendler, 1949 ）。在初中，青少年以階級背景爲基礎，呼朋喚友，結黨取樂。在高中，鼓勵階級社會化和結合的方式更多。階級低的學生，輟學他去的可能性大，與在校同學少有接觸。許多上層階級和若干中上層階級之學生，也會離校他去——轉往私校就讀。依然留在公立學校學生，則以學術的、商業的，或貿易的「跡象」，各自區分。在這些跡象之中，他們基於家庭背景而形成幫派（ Gilbert and Kahl, 1987: 123 ）。

　　青年人的教育，可影響其工作的選擇，及其在類似地位層次上的擇偶（ Carter and Glick, 1976; Laumann, 1966 ）。他們做禮拜、參加志願結合，並與職業類似之鄰居交往（ Sim-

表 7-6　美國階層化的相關因素

特　　　徵	教育階層		
	低	中	上
家庭所得中數，1986[a]	$11,595	$21,875	$35,460
每 1,000 婦女出生子女數[b]	3,193	2,410	2,018
一九八四年選舉投票率[c]	43%	52%	79%
認為懷孕婦女可合法墮胎[d]	53%	63.8%	64.9%
認為同性戀者可以在大學執教[d]	22%	32.5%	46.7%
相信聖經按原文解釋（限基督徒）[d]	22.4%	14.6%	8.0%
支持黑白學童的校車區間運送[d]	16.8%	12.9%	13.8%
每日看電視時數[d]	4.1	3.5	2.8
反對丈夫能供養的已婚婦女就業	18.2%	11.0%	6.5%

	所　得　階　層		
	低	中	上
認為「很快樂」的[e]	24%	36%	40%
男性離婚百分比[f]	25.4%	21.6%	16.2%
女性離婚百分比[f]	23.1%	38.4%	30.2%
自認是民主黨員[d]	44.9%	38.9%	35.4%
對政府作為，不信任者[e]	50%	39%	25%
相信政治領袖之得到地位，是因為他們是誰，以及他們認識誰，不是由於其努力工作、才幹、和堅強的意志[e]	66%	63%	61%

Sources: [a]Statistical Abstract, 1988: 423, Table 692;
[b]CPR, P-20, No. 401, November 1985: 9, Table 2;
[c]Statistical Abstract, 1987: 244, Table 420; [d]NORC
General Social Survey, 1983–1987; [e]"Class Dif-
ferences: An Issue for 1988?" Public Opinion
(May–June, 1987): pp. 21–29; [f]Norval D. Glenn
and Michael Supancic, "The Social and Demo-
graphic Correlates of Divorce and Separation in
the United States: An Update and Reconsidera-
tion," Journal of Marriage and the Family 46
(1984): pp. 563–575.

kus, 1978: 84 ）。

(一) 上層階級的生活

社會層級上端之人，家財萬貫，因此，無須工作，除非其願意一試。可是，其中有許多終生勤勞，努力不懈，而他人則紙醉金迷，享受祖先的勞動成果。有一句新英倫的老格言說，眞富之人，可依賴投資利息的利息而生活。然而，財富卻不能產生立即的聲望。以下簡單的歷史說明，顯示使一個團結的、特權的，和最具影響力團體盛衰的種種關鍵，這些團體是「社會」的一部分或與之密切的聯結。

新英倫的寄宿學校和一流大學，是對傳統美國精英發展貢獻最大的制度。精英們的子女在校交往、互婚，並形成種種聯繫，回家之後，依舊不減。基督教聖公會（The Episcopal Church）發展出一種全國性的上層階級制，對於精英分子的團結，激勵有加。此外，大公司的成長和旅行之方便，對於地方社區之社會精英形成一種全國性的上層階級，均有助益（Baltzell, 1958, 1966, 1976; Mills, 1956 ）。

英裔白人新教徒之精英，人海浮沉，縱跨四代。創業的一代，於一八〇〇年代後期因投資鐵路及製造業而發跡，並爲其家庭留下大批遺產。他們捐助精英分子的私立學校、長春藤大學、博物館、圖書館，以及其他之都市設施。到了第二代——兒子的一代——便上父親所資助的大學，其中多數不收女生。大學畢業之後，這些子弟透過家庭的連結關係，在銀行和商業機構謀得一職。他們擁有深宅大院、夏季別墅、僕人，以及與特殊社羣息息相關的豪華生活方式。

第三代起自一九三〇年經濟大蕭條時期，許多人家道中落，財富盡失。然而，有時靠獎學金，兒子依然可上私立學校。這一代於第二次世界大戰期間爲國服役，投效軍旅，所以第二次世界大戰可稱爲「美國歷史上最平等、最公允的戰爭。」戰後，其成員住在「樸實無華的宅第之中，默默無聞，沒有專職的隨身僕人，無法乘飛機到新英倫、科羅拉多或歐洲滑雪，或在加勒比海或地中海上乘風破浪。」（Baltzell, 1976: 508 ）如今其生活方式不再與特殊之社羣連在一起，但生活依然綽綽有餘。

與前面數代以家庭背景爲基礎入大學不同的是，第四代在一流大學的位置，並非永遠保留。即使如此，其教育及家庭環境使這些學生在申請長春藤大學時，占盡優勢，而進入工作界之後，亦利於彼此接觸。由於階級覺醒與裙帶關係之式微，使英裔白人新教徒之圈外

婚姻,更加普遍。富者不減當年,但其淵源背景不一,並缺少早年的團結與階級的連繫。

㈡ 中層階級和工人階級的生活方式

在一九二〇年代,中鎮(Middletown)——印地安納州蒙夕市(Muncie)——的典型社區研究,第一次對中層階級及工人階級仔細對照:

> 生在由這兩個團體形成之分水嶺(watershed)的一邊或另一邊的事實,就是對人一生中之各種作為,最易產生影響之最重要的單一文化因素:與誰結婚;早晨幾點起床;個人屬於狂熱教會(Holy Roller ——譯按:崇拜時以喊叫或其他動作表示對宗教之虔誠)或長老教會;開福特汽車或駕別克汽車;女兒是否參加理想高中的小提琴俱樂部;而妻子在裁縫(Sew We Do)俱樂部聚會抑與藝術學人聯盟見面;個人屬於秘密共濟會(Odd Fellows)或屬於共濟慈壇社(Masonic Shrine);以及個人是否解掉領帶,傍晚閒坐等等,永遠使中鎮男女或兒童日常活動無法解脫(Lynd and Lynd, 1929: 23-24)。

當研究者於大蕭條最嚴重的時期,二度研究中鎮時,他們對於「分水嶺」重要性的看法,沒有發現任何改變(Lynd and Lynd, 1937)。但一九七六年一隊新的研究人員來到此間,卻發現在工作、住宅,及家庭關係上,有著重大之改變(Caplow and Chadwick, 1979)。

1.工作 五十年前,中層階級婦女外出工作者屈指可數,而工人階級有子女之妻子,只有在丈夫失業時,方從事有酬勞之職業。一九七〇年代末期,百分之四十八的工人階級,和百分之四十二的中層階級妻子,都擁有專職工作(Caplow and Chadwick, 1979: 375-377)。在中鎮和其他的地方,別的階級差異也減少了。今天,中層階級即「商業」階級的可能性不大。為他人工作之經理和半專業人員,是此一更加分歧的中層階級逐漸增加的一部分,其中包括少數族裔及工資較高的藍領工人。

2.住宅 一九二四年,貧窮的工人階級家庭,住在無水泥街道之兩邊,破爛、骯髒、臭氣薰天、設備簡陋。商業階級之上層人士,住在「華麗之古老大宅」,由紅磚或天然石頭砌成,配合修剪整齊的草坪,顯得格外高雅。車道入口處,置石獅一對,氣象萬千,確是不

凡。在上述兩者之間，則是景況尚佳之工人家庭，房宅樸實、舒適而整潔（Lynd and Lynd, 1929: Chap. 9）。到了一九七八年，差異益形不顯，而「絕大多數的工人階級家庭……清潔、整齊，並有賞心悅目的庭院」（Caplow and Chadwick, 1979: 378）。

3.家庭 在一九二〇年代，典型的工人階級婚姻遭受挫折與沮喪。丈夫被迫養家活口，妻子對於避孕技術所知有限，且認為丈夫可能反對而不願使用。「恐懼與擔心懷孕，以及擔心丈夫未來的工作和可怕的解僱，與日俱增」（Lynd and Lynd, 1929: 126）。一九七八年，婚姻滿足上的階級差異，幾乎消失：百分之九十二的工人階級和百分之九十四的商業階級回答者，認為婚姻「頗為幸福」或「很幸福」。家庭生活中之其他階級差異，也已消失：如做家事所費的時間、家中雇傭、父母對於子女教育的熱切（Caplow and Chadwick, 1979: 378-383）。

中層階級與工人階級間的「分水嶺」，可能不再存在，不過在生活方式上之差別，依然故我。中層階級在正式組織中更加活躍（Curtis and Jackson, 1977）。今天，公司中的已婚婦女，用去許多時間從事與公司有關之應酬，宴請其所「不喜歡的人，甚或未被邀請的人」，還要「不斷滿面春風，笑臉迎人」（Kanter, 1977: 116）。一種類似社會與專業生活之混合體，刻劃出中層階級中雙重事業家庭之特質。據云，大約百分之六十受雇為經理和專業人員之已婚婦女，丈夫需助其在家從事與事業有關之種種應酬。另一方面，從事藍領工作的婦女或嫁給藍領職業的婦女，很少從事與工作有關之交際（Lopata et al., 1980）。簡言之，職業和專業的考慮影響到中層階級的生活方式，但在工人階級成員之間，工作與家庭生活，涇渭分明，各不牽涉。

五、貧　窮

在階層化體系之底層，是最難計算與最難分類的一羣。因為美國的人口普查係以家計算人口，大多數的調查也以家為樣本，因此，無固定住所的人──主要是窮人──便被遺漏了。圖7-1顯示，當美國貧窮的系統資料首次於一九五九年編列之際，幾乎四分之一的人口生活在貧窮線上或貧窮線以下。一九五九年的貧民人數，幾乎高達四千萬，一九七三年降到二千三百萬（降幅11%），但嗣後又再度上升。一九八七年，當四口之家的貧窮線為美金11,611元時，總人口的百分之十三點五（超過3千250萬人），處於貧窮

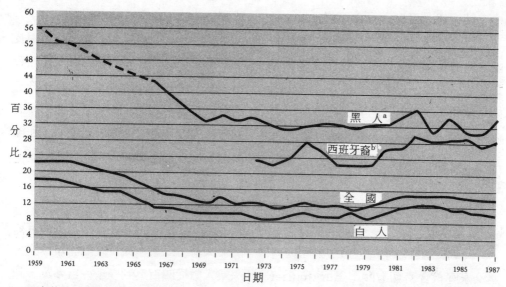

a1959年的黑人資料，是從1960年普查中以1:1,000個樣本推
算而來。黑人貧窮的各別樣本調查資料1966年有所報導。
b西班牙裔貧民的各別樣本調查資料，初見於1972年。西裔
美人，可能任何種族均有。

Sources: U.S. Bureau of the Census, *CPR*, P-60,
No. 154, 1986, collated from Table 16, p. 22; and
CPR, P-60, No. 163, 1989: 7–8.

圖7-1　美國白人、黑人、西裔及全國貧窮人口百分比，1959-1987

之中（ *CPR*, P-60, No. 161, 1988:
7-8 ）。

　　種族的和民族的少數族裔、婦女及
兒童，在美國的窮人中多得不成比例。
在一九八七年，百分之十點五的白人處
在貧困之中，比較之下，西裔美人占百
分之二十八，而黑人則占百分之三十三
（ *CPR*, P-60, No. 163, 1989: 7, 8 ）。
一九五九年有半數以上的黑人處在貧窮

水準以下（見圖 7-1 ）。嗣後，直到
一九七〇年代初期，黑人的貧窮率才下
降。但好景不長，因為人口的增長，即
使貧窮的百分比依然不變，貧窮的實際
人數仍在增加。自一九七九年以來，西
裔貧窮率穩定增加，可能與持續移民有
關。因為西班牙裔，尤其是墨西哥人，
是美國增長最快的主要民族團體，其在
貧窮水準以下的人數，正在快速增加之

中，甚至超過圖 7-1 所顯示者。

近幾年來，老人的貧窮率已經下降，大多是因為社會安全福利增加的結果。另一方面，兒童無此種廣泛的社會安全保障，故童年貧窮率已經增加。一九八七年，有五分之一的美國兒童生活在貧窮之中（ CPR,, P-60, No. 161, 1988 ）。

㈠ 貧窮家庭

降到貧窮線以下的機會，與家庭規模及家庭組合密切有關（ Burkhauser and Duncan, 1989; Duncan, 1984 ）。在貧窮線以下之比例有增無已者，是有子女的婦女，大都因為離婚與私生子之增加。女戶長家庭之貧窮率，比其他形式家庭的貧窮率高出許多。一九八七年，大約四分之三的貧窮黑人家庭和百分之四十二的白人貧窮家庭，以女性為戶長。子女增加，家庭便有可能降到貧窮線之下。一九八七年，白人中百分之七十三有女戶長的五口之家，和十分之八的此種黑人家庭，生活在貧窮線以下（ CPR, P-60, No. 161, 1988: 10, 37 ）。在美國，十五歲以下之兒童，超過五分之一生活在貧窮之中（ CPR, P-60, No. 161, 1988: 8 ）。由於童年受到疏忽、處境惡劣，故他們很快即學會謀生之道，在青少年之前，即為酬勞

或利益，忙忙碌碌、席不暇暖。

照顧子女的需要和就業，為女戶長家庭帶來進退維谷的兩難之境。托兒費用限制了母親的工作時間，而且在許多地區沒有足夠之托兒設施。其他的親戚和非家庭成員常常提供托兒協助，和經濟與心理支持（ Burch, 1979 ）。

㈡ 失業

長期失業和未充分就業是美國貧窮的最大單一因素。從一九七〇年以來，失業人數從四百萬到一千一百多萬，起伏不定。放棄找工作的人被稱為氣餒工人（ discouraged workers ），不歸為失業者之列，即使其願意工作亦然。如果把他們併入統計之內，失業人數大約會多出二百萬。在就業的人口中，其中有許多是未充分就業者，他們願意而且能夠於每週工作更久、每年工作更長。

進入勞力市場的年輕人，大約為可能失業者之三倍。有子女而無丈夫之婦女，其失業率比與丈夫同居之婦女為高。黑人失業比白人多出一倍有餘，而年輕黑人的失業率，為黑人平均失業率的兩倍。此等失業情況，不過其犖犖大者而已，但卻腐蝕了家庭的穩定、青年的雄心，以及子女的安全。與就業者比較，無業者對其家庭生活、自己的成就及所得，更少滿意（ Scholzman and

Verba, 1978）。一九八九年，約四分之一的失業者已有三個多月無所事事。

(三) 下層階級

　　雖然他們位居地位階梯的下層，大多數的窮人和低層的藍領工人，都能循規蹈矩，遵守社會秩序。如果自己的運氣欠佳，則希望增加子女的運氣，且其中許多都能擺脫貧窮。雖然為數極多的窮人只是「暫時」貧窮，而半數以上是「根深蒂固」的窮人，生活在貧窮之中已有七年以上，且可能貧窮依然，毫無改善跡象（Duncan, 1984: 13）。他們是長期失業和未充分就業之**下層階級**（under class），被社會所孤離，常有被遺棄之感，並拒絕接受社會的價值（Auletta, 1982: xiv; Wilson, 1987: 6−8）。其子女常打零工貼補家用，疾病普遍；不知儲蓄為何物，財產常常抵押。即使有少量金錢，亦不知如何運用。

　　下層階級生活之艱苦與淒涼，也許可以顯示：只有革命，方有希望。然而，馬克思不認為如此，並把他們歸類於社會勞力界限之外、不從事生產工作之賤民（lumpenproletariat），不符革命之需要。作為革命活動者，必須對社會體系有所了解，和某種程度的政治參預。由於許多下層階級的成員，對政治活動鮮有可能參預，故不完全了解體系如何運行，俾進而要求他們的福利權利。因為沒有永久的住址，其中許多從所謂之安全網上摔下，並被擯除於官方統計之外。

　　當末層階級的成員耗盡一切所有，包括家人與朋友的接濟之後，便住進汽車、廢棄建築物或露宿街頭。在一九八〇年代之初，由於各種情勢相互激盪，如科技變遷取代了非技工及半技工；聯邦對職業訓練基金的削減；廉價住宅供應之減少；福利和殘障補助條件之嚴苛；以及精神病患釋放出院等，致使美國游民人口劇增，人數估計在二十五萬到四百多萬之間（Snow and Anderson, 1987: 1341）。這並不是自經濟大蕭條以來，「美國無家者人數最多的時刻，或今天的一切，代表著吾人社會之普遍現象」（Hope and Young, 1986）。

　　社會學中對於游民之研究，使用的是非傳統的調查法和直接觀察法。為了研究芝加哥的游民，由下班後的警察陪伴的訪問隊，「搜索每一個選定地段內游民所能接近的地方，包括不打烊的商業區、巷道、走廊、屋頂、地下道、廢棄建築物，以及停放的汽車與貨車等」（Rossi et al, 1987:1337）。在另一研究中，研究者與游民一起在庇護所、

用餐排隊處、公園、勞務中心，及橋下等地「鬼混」（hung out）（Snow and Anderson, 1987）。

識別游民的特徵有三：「極端貧窮、由於身心欠佳所造成的高度殘障，以及由於與他人少有連繫或無來往所造成的高度社會孤離」（Rossi et al., 1987: 1338）。大多數的游民，窮無立錐之地，已不只一年。許多人因身心殘缺，無法過著完整之生活。可是，大多數否認其身心有問題（Baumann and Grigsby 1988: 9–10）。對於傳統的、有支持作用的社會網絡，甚少接近。許多游民藉與其他游民之交往，取代以往之社會連繫，並接受游蕩式的生活方式（Baumann and Grigsby, 1988: 2）。在美國的主要城市中，游民舉目可見，加以大眾媒體之重視，其困境遂引起公眾之注意和關懷。文選7-2〈羅西：美國的游民——如何解決？〉指出，公共政策措施也許可以減輕此一問題之嚴重。

文選 7-2

羅西：
美國的游民 — 如何解決？

Source: Abridged and adapted from Peter H. Rossi, "First Out: Last In—Extreme Poverty and Home-lessness," the Jensen Lecture, presented at the 1988 meeting of the American Sociological Association, Atlanta, especially pp. 30–42. Published in this form by permission of Peter H. Rossi.

美國自殖民時期以來，游民一直與輕視、恐懼及敵對為伍。游民之間，亦有區分。「地方」游民，是在個人生活艱難時期淪落至此，而「流浪」游民，則被認為是其自暴自棄、妄自菲薄。在大蕭條時期，游民人數在三十五萬到一百萬之間，自彼時起，各種聯邦計畫紛紛出籠，以期解決此一問題。目前游民的人數，至少與早期人數相同。雖然若干公私基金為游民提供食物、住所及醫療服務，而聯邦政策卻造就了更多上無片瓦、下無立錐的窮人：城市地區的廉價房屋減少了、非技術工的需要縮減了、窮苦家庭的政府補助降低了。

❀ 做何解決？ ❀

　　將短期游民與長期游民加以區分，殊為重要。短期游民，多數處境困難，每月財源不穩。對他們而言，財源不繼是造成其游蕩嚴重程度不同、期間不定的主要原因。只要有窮人，其所得必將其推向經濟的「邊緣」，而亦必有人跌落邊緣之下，成為游民。解決之道，在發展社會福利體制的種種措施（詳下文），以保護人民免受短期經濟之苦。

　　但對於長期游民如之何？其中四分之一已有兩年以上的游民生涯，看來可能會繼續游蕩一段更長的時期。他們的明顯特徵是高度的身心殘缺，因之，鮮有能力去談判勞動及住宅需要，利用福利體系，或獲得家人與親友的必要接濟。在過去的數年間，我們對於游民知識之大量增加，並沒有指出任何立即解決的方法。就大的意義而言，數十年來，游民與我們相安無事，而且可能無法澈底消除，因為此問題起自大規模的社會發展，已不可能予以倒轉，逆勢而行。

　　因此，將補救方式分成兩部分，應有幫助：(1)改變政策，致力於短期問題之解決 —— 如何改善當前游民的情況，並消除由此情況產生之損失與痛苦；(2)改變政策，致力於長期問題之解決 —— 當務之急，在減少成為游民的危險性。

❀ 短期的解決辦法 ❀

　　短期補救包括之措施有三，對於現有之社會制度，無須作澈底檢視。

1. 福利改革

　　有許多的證據顯示，游民經常是社會福利安全網編製不周的漏網之魚。利用福利計畫之游民，為數寥寥，縱使其財力困苦、身體殘缺，符合福利資助條件亦然。大多數的人，均未接受社會安全殘障所得、安全補助所得、食物券，或扶養子女的家庭補助。甚至對其本州的一般補助計畫，亦未見利用。

　　游民對於福利計畫利用之低，反映了許多與福利機構接觸上的困難，即使申請資助，亦不過名列清冊，石沉大海。游民常常發現很難通過層層的面談，提出需要的證明文件，以及其他之要求。他們填妥的申請，很容易遭到駁回，因為游民人微言輕，且常不能據理力爭。在預算困難時，他們更容易被剔除，福利官員尋找刪除的對象，他們順理成章地被斷送資助。

　　有一項只要合格，即可登記的突破性殘障及公共福利計畫，對於目前游民的所得層次，將大為提高，並能使其中若干人找到房子。此外，福利機構由於技術理由停止福利的種種作業，應該重新檢討，並對游民遭遇的特殊困難，予以合理補助。如果沒有約會記錄簿（或

相同之物）、手錶、電話或汽車，欲游民按時赴約，自非易事。

醫療補助資格，常與所得變動計畫（income-transfer programs）有關。因此，在福利計畫中登記的人數增加，使用率便會提高。但其他同樣之計畫則成問題，尤其食物券計畫。食物券計畫為自備餐飲者而設計。此計畫需要改變，以容許住在庇護所及其他過團體生活的人使用。食物供應站（food kitchens）、庇護所，甚或餐館，均有接受顧客食物券的可能。如此，可從實質上增加食物券對於游民之效用，同時對於那些機構提供額外資金。在住屋津貼方面，亦需類似改變。

2. 機構照顧

第二種短期方法，是將殘障最嚴重的游民，從街頭送往澈底照料之機構。尤其是患慢性精神病之游民，應送往監督良好的地方照顧。因其行為在有意或無意之間有自殺傾向，住院可能是避免不幸生活或提早死亡的唯一辦法。如果此一建議被認為使精神病患的公民自由倒退一步，亦屬必要。對於某人的公民權利應作適當而熱衷的保護，不能任其置身危險而不顧。

3. 提供住所

第三種短期方法，是對現有之住所提供財力資助，對於需要的地方，增加新的住所。許多城市的游民人數，即使保守估計，也為現有住所床位之兩倍。可是從庇護所的情況顯示，有三分之一到一半的游民，於嚴冬露宿街頭或公共場所，而庇護所的容量，卻未善加利用，若干游民覺得庇護所缺乏安全，致心懷恐懼。

※ 長期政策 ※

游民問題的長期解決，在提出種種方案，對於工人收入不敷維生，住宅市場以及福利體制等，加以資助。

1. 勞動市場

從評估研究發現，近數十年來的工作訓練方案，有若干問題存在。第一，該方案不包括全部的青年人。如果要避免年在三十餘歲的人大量長期失業，就需對年輕人學成之後的就業前途，加以改善。第二，工作訓練經驗和支援工作方案，對於補償勞動市場上的不足及提供就業機會，很難樂觀。此等計畫本身，成績平平，難有作為。

解決勞動市場需要上的若干措施，亦令人失望，雖然確也顯示出某些基本的公共效益。例如，綜合就業與訓練法案（Comprehensive Employment and Training Act），雖未從物質上改進受訓者日後在勞動市場上的表現，

卻對失業者提供為數不少的就業機會，並由於地方政府和州政府勞力供應之增加，而提高了種種公共服務。

如果私人勞動市場不能對青年提供充分的就業機會，也許須求助於公共就業部門。誠然，在美國歷史上，若干最有名的福利計畫本質上就是公共就業方案：如經濟蕭條平民保護團、工作團、和平工作團，以及志願服務團等。今天，軍隊是為每位青年準備的惟一就業方案。我們需要創造的是相等的民間企業，包括產生用在不同工作上的技術，同時也能增加公共設施的質與量。許多都市的公共設施，從街道到圖書館、學校，的確需要擴充與改進。也有許多公共服務，從大眾運輸到稅收，也需要額外的工作人員。公共就業計畫可減少因失業造成的不道德行為，和接受福利救助之污名。

2.住宅市場

住屋市場對於孤立無援窮人之特殊需要，毫無幫助。老人住屋津貼計畫與老人福利受益金的提高，已把老年人自游民行列中剔除。似此計畫，對於青年人、無依窮人的住屋津貼，亦有明顯需要。

緊急庇護所應像新的住宅計畫一樣，按部就班，儘快興建，以提供足夠的膳宿供應。否則，為無依窮人建的宿舍式生活，將成為都市的不變特色，和另一個毫無用處的計畫。此等計畫之行政人員，發展出自求多福的科層制度，重在自保而非發揮效用。

3.福利體系

最後的一套建議，與彌補社會福利安全網絡上的漏網有關。福利計畫主要供給老年人、有依賴子女的家庭，及有「傳統」殘障者，如盲人或部分癱瘓者。老人、扶養子女，及身體殘缺者能引起立法部門及多數人的同情與支持。我們現在應將憐憫與同情，擴充到其他形式的殘障，此種殘障，同樣能損及個人完全參與社會的能力。

精神病患包括在殘障福利計畫之內，但卻有若干矛盾心態。精神病患之福利，常因一時好惡而遭否決。此等福利更應經常列入，且在殘障支援機構中優先維持。在一九六〇年代及七〇年代，許多精神病患由醫療機構出院，乃假定其在社區之中，可以得到補充安全所得（Supplementary Security Income）或社會安全殘障所得（Social Security Disability Income）之資助。此等期望只有部分實現。

把揮霍濫用財產，視為一種殘障狀態，我們的矛盾甚至更大。例如，需要贍養之殘障定義應加擴大，包括嚴重的酒精中毒。慢性酒精中毒者的殘廢情

況，像任何盲人或癱瘓者一樣明顯而嚴重。對於患嚴重的慢性酒精中毒者予以補助，可能只會增加其飲酒量。要消除各種顧慮，主要補助可直接付給提供管理照顧之個人或機構。

對於老人福利之完善措施，可用於今日許多其他類型的游民身上。我們對於女戶長家庭資助有限，無法負擔房租，致使其家人到處流浪。對於失業、單身、無依無靠者，不能提供足夠金錢，租賃較好之居所，結果助長其長期依賴庇護。

這些問題的補救方式有二。第一，近二十年來，福利效益之價值，受到通貨膨脹之嚴重影響。增加福利簡單，卻極昂貴。由樣本調查的大量證據顯示，美國的公眾支持此一行動。第二種補救

方法更加艱困，因為對於家庭和個人之補助津貼，在以往從未受到支持。此建議是：對於必須資助其困苦、孤獨之成年家人的家庭，直接提供支持。而「成人依賴的家庭補助」體系，可能激勵就業，既如此，可以減少對受益者的給付，而不是在其就業之後，立即終止資助。

結 論

在美國，保障人人都有最低之適當生活標準的福利體制，得到廣大群眾之支持。從最近的游民經驗清楚可見，我們距此體制，為期尚遠。在世界史上無比繁榮之美國，存在著游民問題，同樣清楚的顯示，如果我們願意，此一問題應可解決。

第四節
社會流動

幾乎四分之三的大學新生，對其財力成功「非常關心」，但大約只有四分之一的人，對於改善社會及經濟不平等，同樣有興趣。大學生對於經濟成功

之全神貫注，在過去十五年來逐漸增加（Gorman, 1987: 43）。本節顯示，社會力乃社會流動（social mobility）、社會職位重大改變、生命機會，以及生活方式等之決定因素，而非個人的抱負使然。機會結構——流動途徑開放與封閉之程度——決定社會流動的可能性。

一、垂直流動與水平流動

社會流動的形式有二。**垂直流動**（ vertical mobility ）係指在個人或團體的等級中，向上或向下之變動。其形式不一：如父母未上大學而自己上大學，升級或降級，加薪或減薪，與地位高或低的人結婚，遷到一個較好或較差的地區居住。等級改變，不涉及沿階層化階梯向上或向下之主要變動者，稱爲**水平流動**（ horizontal mobility ）。就讀的大學與父母就讀者類似，找一份聲望、報酬相等的工作，均係水平流動的例子。

在大規模的調查之中，研究者通常以職業的改變測量流動，因爲經濟發展的社會，一個工作比任何其他之單一事實，更能說明個人在不平等模式中的職位。幸運的是，人們談論其工作毫無避諱，其工作史也很容易追蹤。政府對於勞動力方面的發展，也有詳細記錄。因此，個人和團體的職業史，在全國趨勢的大架構之下，可加以研究。

垂直的與水平的職業流動，於圖7-2中舉例說明。一位銀行傳達員變成櫃台出納員（反之亦然），即垂直流動。如果銀行會計轉到信用合作社，以大約相同之待遇、同樣之聲望與權威，做類似之工作，則旣非水平移動，亦非垂直移動。會計雖已改變工作，但依然處在相同之職業層次和相同之經濟部門之內。如果這位會計離開銀行，到待遇大約相同的一家航空公司的成本會計部門工作，便是由金融部門到運輸部門的水平流動。有些流動旣是水平流動，亦是垂直流動──例如，一位資淺的銀行主管，轉任一家製造公司的行政職位，責任較重，待遇較高。

二、事業流動

社會流動可以從某人一生的種種改變，或從一個家庭或一個團體內兩代或兩代以上的種種改變之立場研究之。正如此一名詞所指示者，**事業流動**（ career mobility ）係指個人一生中社會等級上的改變，尤以在個人的工作生涯中爲然。爲了探討事業流動，研究者詢問個人一生各階段上的所有工作──例如，先前之工作、受訪問時的工作，以及如果不再工作，其最後的工作是什麼。從事業流動之研究顯示，個人在職業階梯上，向上移動的機會，受以下三種因素之重大影響：(1)教育年限，(2)初次工作的性質，(3)父親的職業（ Blau and Duncan, 1967; Featherman and Hauser, 1978 ）。

對於威斯康辛高中一九五七年班所作之詳細分析，並在一段時間後，對之再作研究時發現：高等教育是高級工作地位的重要條件。而富裕是上大學和好

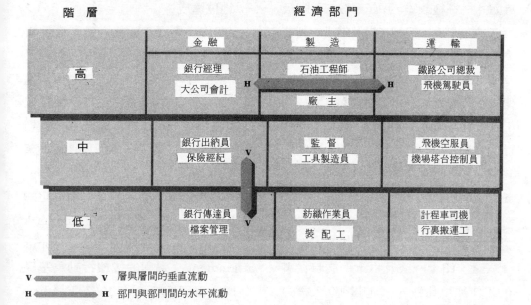

階層	經濟部門		
	金融	製造	運輸
高	銀行經理 大公司會計	石油工程師 廠主	鐵路公司總裁 飛機駕駛員
中	銀行出納員 保險經紀	監督 工具製造員	飛機空服員 機場塔台控制員
低	銀行傳達員 檔案管理	紡織作業員 裝配工	計程車司機 行裏搬運工

V ◀━━━━▶ V 層與層間的垂直流動
H ◀━━━━▶ H 部門與部門間的水平流動

圖7−2　垂直流動與水平流動

工作的最佳保證。富裕之家鼓勵接受高等教育，是一種富於激發性的家庭環境，能影響子女對於重要他人（significant others）的選擇，也可幫助子女獲得適當之職業。在對地位之獲得上，教育與家庭背景比職業抱負更加重要。

教育與家庭背景有利之人，即使達到公司經理級的高層次之後，依然受益匪淺。一流大學的學士學位（尤其長春藤大學），一流大學企管碩士學位，或一流法學院之學位，均是獲得職位和權力的憑證。來自上層階級的經理人員，在取得公司的高級職位、升為主要行政主管，以及在若干董事會占有一席之地上，比出身較低之精英家庭的經理，機會較佳，即使教育背景相同亦然（Useem and Karabel, 1986）。

三、代間流動

事業流動之研究，在探討個人工作

生涯中的種種改變，顯示了教育與階級承續的重要性，但卻未提及階級的利弊如何由一代傳至另一代，或社會結構的改變，如何重定機會模式等之概括問題。研究長期流動之主要趨勢，對於父母子女在事業上的類似點，或類似年齡上之種種職位，有比較之必要。其間之改變，稱為**代間流動**（ intergenerational mobility ）。

大多數的早期研究，在就父子兩代之職業加以比較。例如，就兩人在二十一歲、四十一歲及六十一歲時從事的工作加以比較──即其剛進入勞力市場、接近事業中期，及接近退休時期。或兒子行將進入勞力市場時，父親的職業與兒子的初次工作相比較（ Blau and Duncan, 1967; Featherman and Hauser, 1978 ）。在一九六〇及七〇年代初期，全部為人子者當中，幾乎半數向上移動，約三分之一與父親的職業層次相同，幾近五分之一向下流動（ Featherman, 1979: 7 ）。自一九六〇年代以後，教育的效益增加，而職業之承續下降。少有子女步父親職業之後塵或與父親職業類似，因為多數是捧著大學學位進入勞力市場。向上流動依然超過向下流動，但是差別較微（ Featherman and Hauser, 1978; 481: Hout, 1988 ）。

㈠ 地位達成

在許多影響流動的力量和事件當中，少數幾個尤其重要。欲對之加以研究，則需將偶發的及個人的事件加以過濾，而集中在普遍的趨勢之上。生活史使種種事業一清二楚，而統計分析則否。當個人的經驗在一種清晰明確的架構中加以解釋時，則更能作澈底了解。此一架構見圖 7-3。它是一種簡化的路徑圖，係以陸標研究（ landmark study ）與稱之為地位達成（ status attainment ）過程的後續行動為基礎（ Blau and Duncan, 1967; Featherman and Hauser, 1978 ）。

此圖顯示的職業地位繼承過程，比繼承（ inheritance ）一詞所指示者更加複雜。父親的條件可影響兒子，但不是直接的。事實上，父親工作與兒子工作間的直接連繫（ X → Y ），是圖示路徑中最弱的一環。從父親的工作到兒子初次工作之路徑（ X → W ），亦相當脆弱。父親的影響來自其職業與教育，兩者一起影響到兒子的教育（ X → U 及 V → U ）。依此，兒子的教育嚴重地影響其首次之工作（ U → W ）和以後的工作（ U → Y ）。

在許多研究當中，曾對地位達成模型加以運用、創新，並能密切配合（例如 Colclough and Horan, 1983; Ke-

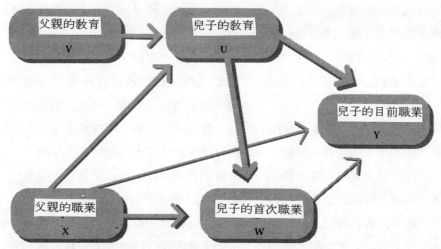

影響的方向由箭頭表示之，影響的重要性由箭頭的粗細表示之。為了簡化起見，路徑係數與外在影響，加以省略。父親的教育與兒子目前的職業之間關係微弱，未予表示，另父親的教育與父親的職業之間亦加省略，因其對於兒子的職業達成了無影響。

Source: Adapted from Peter M. Blau and Otis Dudley Duncan, *The American Occupational Structure* (New York: Wiley, 1967), p. 170.

圖7-3　地位達成模型

rckhoff, 1984）。在圖 7-3 所顯示的原始模型，重在由男性——大部分是白人男性，所達成的職業聲望。後來的研究顯示，基本模型並不符合黑人與婦女的成就（Marini, 1980; Porter, 1974）。衝突觀點（於下討論）可以顯示其何以如此。

(二) 少數民族的流動

　　近數十年來，黑人與西裔美國人獲得了相當大的**人文資本**（human capital），這種有經濟價值的技術，來自教育、訓練、保健，或移民上的投資。但他們能將明顯的教育成就轉移到職業與所得上嗎？答案是肯定的，惟不能達到與白人相等之程度而已。每多一年學校教育，白人所得幾可增加百分之七以上，而西裔美人約為百分之六，黑人則不到百分之四（Cotton, 1985: 875）。有大學文憑之黑人男性，所得

僅爲同學歷白人男子的百分之七十四。完成大學教育的黑人女性，所得爲白人女性的百分之八十九，爲白人男性的百分之五十九（ *CPR*, P-60, No. 162, 1989: 140, 144 ）。

團體間所得之差別，乃種族歧視的結果？抑係其他因素，如教育、年齡、工作經驗、工作時數、居住地區及雇主個性等差異之影響？當後者之變數加以控制，剩下的差異便告訴我們，歧視對於少數族裔之代價何許之大：黑人年薪 1,339 美金，西裔美人 1,012 美金（ Verdugo and Verdugo, 1984: 423－424 ）。簡言之，歧視、教育程度低，以及就業經驗與地點的差異，使少數民族的社會流動比白人更加困難。

種族的和民族的少數團體，鮮能自家庭背景獲得益處。例如，黑人父親達到了高的職業層次，卻很少能將此種優勢傳給他的兒子（ Featherman and Hauser, 1978: 326 ）。少數族裔的職業繼承，多在職業結構的低層，而非高層。因此，如果少數族裔的子女要達到高於父母的地位層次，教育資本之投入，尤其重要。

(三) 婦女之間的流動

因爲大多數的男性，半生以上爲薪水工作，故父子職業流動之研究，理所當然，明瞭易懂。但婦女中代間流動之研究，與男性則大相逕庭。許多工作女性的母親從未勞動，或者離家，亦僅做短期工作。雖然家事有社會與經濟價值，研究者卻不考慮，可能因爲家務工作，無論有酬無酬，聲望均低，並視之爲理應如此（見本書第八章）。所以，婦女的代間流動，常以父及夫之職業比較，加以研究（ Rossi, 1971 ）。如果技工之女嫁給一位專業人員，便是向上流動。此固是一種垂直的社會流動，但與父子之間的職業流動不同。對於未婚婦女，則未置一詞。

直到最近，研究者使用男性間的地位差異，作爲婦女代間流動的測量方法。然而事實上，是對婦女社會與經濟歧視的諷刺證據。婦女職業研究之複雜，在於婦女的事業經常中斷，而且有若干婦女從未勞動。可是在一九八九年，卻有百分之五十七的美國婦女從事勞動（男性則爲 76 %），且人數正在逐漸上升之中（ BLS, *Employment and Earnings*, 36, No. 4, 1989: 10 ）。由於婦女就業人數日多，工作期間長而無中斷，故使用相同之方法研究男女之職業流動，自屬可能。

概略言之，地位達成的過程，可以用之於婦女，但必須再度指出，原模型的重要條件是必要的。母親的職業對於

婦女的職業成就影響深遠，而教育的影響並非完全來自父親。事實上，教育的關連，在母女之間比父女之間更大。而且，一般的家庭背景，對女性比對男性似乎更加重要（ McClendon, 1976; Rosenfeld, 1978; Treiman and Terrell, 1975 ）。

男女之間在職業承續上的差異，以父親的職業爲工人而言，女兒承續的機會不多，尤其明顯。技工、半技工、農民，以及其他以性別爲主的職業，其子多有克紹箕裘、善於述事之趨勢，其女則更有可能進入非手工之白領職位(Hout, 1988; Pöntinen, 1980: 32)。後者的許多職位——如祕書與職員、小學教師、社會工作員，及醫療與牙醫技師——比手工業的聲望較高，惟此等職位之婦女充斥，就其教育與技術的要求而言，待遇過低。因此，當地位達成模型用於婦女時，顯示出聲望與教育及家庭背景關連，但經濟報酬，卻比男人少的多（ Roos, 1985 ）。

婚姻與家庭角色，也能影響地位達成的過程。男人在進入勞動之前結婚者，比仍舊獨身者獲得之職業聲望較高。對女性而言，則適得其反。已婚婦女肩負家務和養育子女的基本責任，以致時間少，工作機會亦少，把自己投入教育與在職訓練的傾向也許不高。婦女就業後生育之子女人數，對職業聲望有負面影響，因爲⑴子女是提供個人滿足的另一種選擇方法，⑵子女教養，限制了婦女熱衷事業的雄心壯志和旺盛的精力，⑶雇主和潛在之雇主，可能歧視有子女之婦女員工，或⑷婦女的強烈母親角色進入職業之中，使其求發展之機會不大（ Marini, 1980 ）。

當以家庭而非個人所得測量、由婚姻與個人成就達到之經濟報酬時，教育對婦女之經濟效益，比用個人所得所作之研究顯示者爲大。

雖然，婦女平均在教育投注上獲得的個人所得比男人少得多，惟以家庭收入而言，教育良好的已婚白人婦女，是美國人中最富裕的一羣。可是，我們必須指出，我們不認爲此一事實應減少對於婦女經濟歧視的關懷，或減少對婦女同工同酬或獲得較佳職業之任何阻礙的關心。未婚婦女，當然不能藉婚姻而達到經濟所得，而離婚及寡居之婦女，從其殘缺的婚姻之中只有微薄的經濟來源。（ Glenn and Teylor, 1984: 180 ）

地位達成模型強調，個人特質勝過結構影響，如勞動市場的組織。對於教育與家庭背景如何助長向上流動，描述

固多，但對於社會及經濟變遷所造成的機會和阻礙，所言甚少。

四、社會結構與流動

科技變遷所造成的社會流動，在於重塑機會模式，使新工業及服務業所需之工人增加，而舊工業所需之工人減少。當科技與組織變遷在某些職業層次或部門中，造成的工作快速增減比其他的大時，**結構流動**（ structural mobrility ）由之而生。在社會走上經濟發展與都市成長之際，工人便離開土地，先進入都市工業，然後進入服務業。自本世紀以來，美國農業工人之百分比，大約從百分之三十三降到百分之三以下，而在金融、房地產、及教育方面的就業，卻增加了十倍。政府員工人數增加了百分之一到幾乎百分之十五（ *Statistical Abstract*, 1913: 229 － 240; 1988: 379-380 ）。

在快速變遷期間，為反應勞動市場的壓力與機會，大多數勞工不斷流動，其中包括新技術的需要。表 7-7 在說明美國最近之結構流動。其中顯示大多數製造業中之機會下降，但服務業中之工作，包括政府在內，卻正在增加之中。也指出了世界體系分工中的變遷，如何改變美國的機會結構。有著現代設備和廉價勞工之快速工業化國家，已經成功地向傳統製造業挑戰，但在法律、社會及商業服務方面的機會，西方國家卻大為增加。

如無結構流動和其他之社會變遷，如地位高的家庭出生率低，則一個社會上下流動的數量，可能相等。當取代他人的子女減少職業地位的「繼承」而進入的職業層次比父母高或低時，則**循環流動**（ circulation mobility ）便會產生。礦工的女兒變成大學教授，而教授的兒子成為計程車司機便是。

(一) 雙重勞力市場

勞力市場的結構，可影響工作機會的分配和流動的可能性。勞力市場並不是一種單一的機會結構，至少係由兩個部門組成，即是一種**雙重勞力市場**（ dual labor market ）。初級勞力市場之薪資高、工作條件好、工作穩定、升遷機會多，以及工人訓練公平。提供此等工作之公司，位居經濟中心，且名望可能很高——例如萬國商業機器公司、三角洲（ Delta ）航空公司、奚麻克（ Hallmark ）出版公司，以及聯邦快遞公司（ Federal Express ）。次級勞力市場之待遇低、福利少或無、工作條件差、升等機會少、工作訓練粗糙、工人流動性高。次級市場的公司，位居經濟邊陲或周邊地帶，包括棉紡織

表 7-7　美國的就業趨勢（變遷百分比）1969-1986

製　造　業		服　務　業	
印刷與出版	33	法律服務	237
橡膠與塑膠	32	社會服務	224
工　具	29	商業服務	200
電氣與電子設備	8	博物館、植物園、動物園	147
家具與裝璜	8	工程與會計	129
木材與木製品	5	保　健	129
機械（電機除外）	1	汽車修理與服務	120
化　學	-4	旅　館	93
汽車與裝備	-5	金融、保險、與房地產	79
造紙與相關產品	-5	消遣、娛樂與電影	78
其他之運輸設備	-7	其他之修理服務	74
石油與煤產品	-7	教　育	54
食品與類似產品	-10	會員組織	11
石業、泥土業與玻璃	-11	個人服務	8
金屬製造	-14	私人幫傭	-29
其他製造業	-18		
成衣及其他紡織品	-22	政府（包括軍事）	
香煙製造	-29	聯邦、民間	5
製　布	-30	軍事	-20
基本金屬業	-42	州分地方	46
皮業與皮製品	-56		

Source: American Demographics (November 1987), p. 4. Reprinted with permission © American Demographics, November, 1987.

廠、南方的鋸木廠、洗衣店和大多數的餐館業（Baron and Bielby, 1980; Lord and Falk, 1982; Piore, 1977）。

　　進入次級勞力市場之少數族裔及婦女，為數不少。一旦加入工作，既找不到一種工作晉陞的階梯，又找不到發展技術或知識的機會。他們的生涯，就在報酬低、工作安全少的連串絕望中，掙扎度日（Althauser and Kalleberg, 1981: 136）。過多的障礙造成兩個勞力市場的分隔。在核心部門之外的工人，缺乏訓練機會，並無法接近合適的非正式資訊管道 (Bluestone, 1970)。

(二) 衝突取向對功能取向

　　將雙重勞力市場與地位達成之觀點加以比較，可以說明功能論與衝突論之間的差異。從地位達成模型的功能觀點而言，個人在社會體系中可以自由移動，個人地位的獲致，由資格、選擇，

和表現決定之。動機強、訓練佳的人，可以得到最重要和報酬最好的社會職位。

衝突探究法強調外在社會力所造成的職位分派，而非個人的成就。分派模型，如雙重勞力市場，認為個人受社會結構之嚴格限制，其成就由准其所做的事務決定之（ Kerckhoff, 1976: 369 ）。資本主義經濟中之核心公司，把較低之職位分配給在次級市場中雇用勞工之公司，以致助長了雙重勞力市場之發展（ Beck et al., 1980; Collins, 1975 ）。因為大公司從周邊工業購買產品與服務，其影響遠超過自己的初級勞力市場。衝突觀重在社會中支配組織的控制。這一面的社會結構，功能探究法則並未充分考慮。

㈢ 國際比較

有一段時期，社會學家假設：一旦達到某一種經濟發展之層次，如大多數的西方國家，社會流動的總體模式，便趨於類似（ Lipset and Zetterberg 1959: 13 ）。根據此一推論，無論起點為何，由於工業化的影響，流動模式便有相似之強大趨勢。起先，此一趨同觀念（ convergence idea ）廣被接納，但後來的研究顯示，在工業社會與後工業社會之間，流動的速度、數量及形式，差異極大：

1. 在澳洲、義大利及美國，父子之間流動的比較發現，三個國家的流動是從農業進入勞力工作，然後再由勞力進入白領工作，但也有若干重大差別。美國的流動率最高，結構流動最多。澳洲的流動方式是循環而非結構，顯示其機會平等較大。義大利的總流動率最低，機會平等比澳洲或美國均少，其結構流動比循環流動多（ Broom and Jones, 1969 ）。

2. 對於英國、法國，和瑞典所做的研究，也顯示出不同的流動模式：工業化最早的英國，是趨同觀念的典範。瑞典工業化晚，但發展比英國快。其較高之總體流動，是由快速的工業變遷，和長期以來強調教育與職業機會平等之社會民主政策促成的。對照之下，法國的現代化緩慢，而其基於農業和小商業之傳統階級，依然穩定持重。勞力工人開商店或進入服務業工作為數極少（ Erikson, et al., 1979 ）。

3. 另一項研究是對芬蘭與匈牙利的比較。兩國均於第二次世界大戰之後工業化，但在不同的政治體制之下進行。戰前兩國均是典型的農業社會，工業發展的層次類似。戰後兩國沿著不同途徑迅速發展。匈牙利的社會主義政府，決定著重製造業，來自農業家庭的工人，

便進入重工業。芬蘭政府不指導國家的經濟發展,於是鄉村便發生了高度之職業流動,尤以進入服務圈而非製造業為然(Pöntinen et al., 1983)。

大體言之,最近才工業化的國家,工人生產力有偏高的傾向,農業工作急劇式微,許多工人寧願由勞力工作轉移到服務式的非勞力工作(Singelmann, 1978: 114)。

從這些研究顯示,趨同觀念把事實過於簡化。職業流動的數量與模式,由於自然資源、教育水準、資本、人口壓力、社會傳統、工業化,以及經濟成長速度等而有不同,隨著時間與地點而有差別。像中央計畫經濟之匈牙利,乃屬特例,因其能任意改變工作機會和流動模式。

(四) 開放體系與封閉體系

社會可根據其類似流動無阻的開放模型(open model),或類似流動嚴格限制之世襲或封閉模型,加以分類。封閉模型基於先賦地位(ascribed status),個人對之少有或無由控制:如種族、民族、性別、年齡,及家庭背景。其相反者,是基於成就地位(achieved status)的開放階級社會,其中人們運用技能、知識與努力而贏得地位。

完全封閉或全部開放之社會,並不存在;所有的社會都是先賦與成就的混合體。工業社會傾向對天生能力不足者加以貶抑;對有能力、有雄心之低層人士予以提升。然而,即使最進步之國家,分配報酬與授予機會,仍以先賦的特徵為基礎。輕鬆工作給予能力不足、但出身名門之人。

(五) 印度的世襲階級

傳統的印度,被認為是一種封閉的世襲階級體系。是一種數以千計之各別團體的複雜安排,由出身與婚姻、職業、禮儀,以及貞潔與褻瀆觀念等規則所控制。尤其是印度南部,有各種規則限制與最低之世襲階級接觸、靠近,甚至互視一眼。如果高世襲階級的成員違背限制,必須經由種種儀式,洗去此種污穢。最低的集團(所謂賤民或哈瑞占),不准進入由高世襲階級團體供奉之廟宇與學校,須使用各別的道路與水井,並住在孤離的村子之中(Leach, 1960; Silverberg, 1968; Srinivas, 1962, 1966)。

尤其在鄉村地區,世襲體制持續不變。與一般看法相反的是:這些無數的印度世襲階級,古往今來,均非社會階層。他們在所有的階層化向度上,變動不一,若干世襲階級可能位於同一經濟

層次之上。無論世襲體系的複雜規則如何，世襲階級在聲望、權力，和特權方面，依然可以上下移動。經過長時間之後，一種世襲階級之成員可以遵守高層世襲階級之行為標準，增進其世襲階級的整體地位。而且，在每一個世襲階級之中，皆有一系列的聲望與影響。個人與家庭，能在世襲階級之內占有較高或較低之職位。理論上，此種固定體系之彈性，可能是其存在的原因之一。

雖然，許多傳統職業與特殊之世襲階級有關，但世襲階級並非嚴格的職業類屬。特殊的世襲階級成員，有權從事某些職業，但有些龐大的職業類屬，如農業、貿易以及兵役等，任何世襲階級的成員均可參預。有些世襲階級的團體分裂成較小的單位，因為許多成員不再從事傳統的職業。從事新的職業者，如技術性的機械工作，便形成新的世襲階級，因為「在整個印度，世襲階級的歸屬性，當作是補充勞工的工具」（ Stevenson, 1967: 29a ）。

經濟發展對印度的世襲階級體制造成了壓力。大衆運輸、都市化以及工業發展，破壞了許多世襲階級的規則，且影響到居所和食物禁忌。整個郵差的世襲階級，因郵政體系的發展而失業。但沒有汽鍋製造或電腦程式員之世襲階級（ *The Economist*, September 6, 1986: 39 ）。非傳統的與無世襲階級職業之興起，乃是大流動的一種標誌，但「不能視為世襲階級體制本身消失的『一種象徵』」（ Singh, 1976: 26 ）。

一九四九年，印度政府認為不與賤民接觸（ untorchability ）乃屬非法。但此一改革遭到抵制，新法實現後的苦果可能是甘地（ Mohandas Gandhi ）被刺的部分原因。因此，雖然改革世襲階級現況之壓力強大，而此體系的許多方面依然如故：「賤民仍不被接受，通常禁止其使用村中之水井或寺廟」（ *The Economist*, September 16, 1986: 38 ）。在一億人口之賤民中，大多數依然「極度貧窮，半文盲或文盲，並遭受殘酷的歧視和經濟剝削，對於經濟或社會利益，了無指望」（ Freeman, 1979: 5 ）。

印度世襲體系的存在，影響到勞力市場的組織，而團體流動比個人流動更加普遍。印度世襲階級團體在壟斷某些工作之種種努力，使人聯想到西方社會中的家族和民族團體，透過控制工會而壟斷工作的種種企圖。徇私與個人努力，先賦與奮勉，在所有的社會之中均行之有素，正如下章論及種族和民族時所顯示的。

主要名詞

資產階級 bourgeoisie

階級 class

水平流動 horizontal mobility

代間流動 intergenerational mobility

無產階級 proletariat

社會階層 social stratum

下層階級 under class

事業流動 career mobility

階級意識 class consciousness

人文資本 human capital

政黨 parties

社會流動 social mobility

地位團體 status group

垂直流動 vertical mobility

循環流動 circulation mobility

雙重勞力市場 dual labor market

不平等 inequality

聲望 prestige

社會階級層化 social stratification

結構流動 structural mobility

意識型態 ideology

補充讀物

Allen, Michael Patrick. 1987. *The Founding Fortunes: A New Anatomy of the Super-Rich Families in America*. New York: Dutton. A study of the formation and continuity of family wealth.

Bendix, Reinhard, and Seymour Martin Lipset (eds.). 1966. *Class, Status and Power: Social Stratification in Comparative Perspective*. New York: Free Press. An anthology for examining some of the most durable sociological works on class, status, and power.

Kerbo, Harold R. 1991. *Social Stratification and Inequality: Class Conflict in Historical and Comparative Perspective*. 2d ed. New York: McGraw Hill.

Srinivas, M. N. 1966. *Social Change in Modern India*. Berkeley and Los Angeles: University of California. A thorough analysis of the Indian caste system and its response to economic development.

Williams, Terry M., and William Kornblum. 1985. *Growing Up Poor*. Lexington, Mass: Heath. A description of the hardships and survival strategies of young people growing up in a variety of poverty settings.

World Bank. 1990. *World Development Report: Poverty*.

Wright, Erik Olin. 1985. *Classes*. New York: McGraw-Hill. A Neo-Marxian analysis of the United States class system.

第八章　大分界：種族與民族性

本章討論少數民族及下章討論性相(gender) 與年齡，均係踵隨社會階層化之後，對社會分裂 (social cleavage) 所作之擴大分析。我們稱這些主題為「大分界」(The Great Divides)，主要在強調幾乎每一個複雜的社會中，它們都是重大問題之所在。社會對其主要民族集團之間利益衝突的順應程度，乃其社會凝聚、甚至生存能力的嚴峻考驗。此等危機，舉目斯世，處處可見。

南非聯邦種族政策的失敗，已使該國瀕於崩潰邊緣，許多距其遙遠和鄰近的國家，均捲入其艱苦的困境之中。(前)蘇聯中央政府發現，其本身捲入了基督教之亞美尼亞人（Armenians）和穆斯林教的亞塞拜然人（Azerbaijanis）間的領土之爭。在蘇維埃共和國之外，亞美尼亞人和亞塞拜然人均表現出民族的團結，並對其民族之待遇不公，表示抗議。美國由於人口分歧，政治表達公開，黑人、西裔美人、亞裔美人，以及土著印地安人，常有類似的示威情況發生。

第一節探討少數民族形成之力量與歷史情勢：殖民主義、奴隸，及墾殖農業。在若干國家，當代種族關係的動態現象，尤其是(前)蘇聯與南非，將於第二節加以分析。美國少數民族之關係，與此種比較觀點之背景不同，將於最後兩節討論。由於美國民族分歧與民權運動之壯大，美國人對於國內少數民族問題，及全世界少數民族之爭執，均極敏感。此等爭執由大眾媒體予以揭露，於是各種膚色的美國人，均被其他國家的種族關係所吸引。

少數團體（minority group），普通是指一個種族或民族人口，但不是一個精確名詞。有些團體在數量上為數最多，亦稱之為少數團體。在南非聯邦，白人統治者僅占人口的百分之十五，而被統治的黑人「**少數**」，卻占百分之七十三。因此，少數團體係指一種個別的身分，通常指社會隸屬，並不一定指一種人數少的團體。

種族 (race) 與民族 (ethnicity)，經常交替使用，雖然其含義不一。嚴格說，**種族**指膚色及其他生物的遺傳特質，而**民族團體**（ethnic group）係指語言、宗教、家世，及文化等特徵方面之差異。身體外表及種族遺傳現象，只有在被視為社會價值時，方才重要。人可以是「色盲」，但也可以想像種族差異並不存在。不久之前，法裔加拿大人和英裔加拿大人，被稱為「種族」，而不是民族或語言團體。在西藏、韓國和日本，賤民（被遺棄者）被認為是不同的種族，縱使在身體特質上，此種少數團體之成員與其他之西藏人、韓國人

或日本人毫無區別。除了文化特徵及其與下賤地位有關之污名外，其他一切，均與多數人相似。把人大略的分成各種種族，含有社會差異由生物決定之意，也是一種刻板印象的例子。沒有生物事實為基礎的區分，是從社會上界定繼續服從的正當性而已。

偏見（ prejudice ）是基於刻板印象，對於一個整個團體或其中任何成員的憎惡之感（ Allport, 1958:10 ）。偏見由文化代代相傳，並由自族優勢感（ ethnocentrism ）增強之。此種觀點是以「自己的團體乃一切事物之中心，其他團體均須以此衡量之或評定之」

（ Sumner, 1906: 13 ）。刻板印象與偏見是歧視（ discrimination ）的根源，主動排斥團體成員在社會中的全面參預，如在就業、住宅及教育方面是。

年齡、性別、種族，及民族成員身分，對於各種團體利弊互見。從整個的美國歷史而言，對於青年、男性、白人有利，對於老人、女性，及非白人則不利。因為對於這些分野很難或不可能跨越，故對人的生活影響極其深遠，同時常常形成個人身分的核心部分。然而，加之於少數團體的社會意義可以改變，刻板印象可以戳穿，偏見可以減少，風俗可以滌蕩，而歧視可以禁止。

第一節
少數民族的形成

少數民族的「形成」，至少須有兩個條件：第一、背景不同之人彼此接觸，第二、一個團體能統治另外一團體。殖民主義、奴隸制，以及墾殖農業，乃少數民族形成的歷史情勢（ Thompson, 1958: 506−507 ）。

任何大的人口移動，或強迫或自願，均能把不同背景之人集合在一起，彼此接觸，因而形成少數民族。來自許多國家的移民，或為追求經濟上之富裕，或為逃避政治上的迫害，遷徙來美，已達數百年之久。當移民驟至，人數眾多；或當騷亂發生，尤其是在經濟艱難時期，一切問題均認為是少數民族問題，而不是經濟或政治問題。

少數團體的存在，已有數百年之久，但歐洲社會的擴展和大量移民的遷入等連串事件，才把不同文化與來源之人聚在一起。歐洲國家在擴展其經濟與

政治權力的過程中，於世界各地建立起種種殖民地，並迫使千千萬萬的人成了奴隸。本節探討歐洲人與非歐洲人之間如何接觸，以將社會隸屬建立於世界體系之中。

一、殖民主義

自從十六世紀以來，四個多世紀，歐洲強權透過探險、征服，和廣泛的移民，改變了世界的地圖。無論其為殖民地的統治者，或喧賓奪主的開拓者，均造成了種種的少數團體。在歐洲的探險和擴展時期，導致了不同民族之間長久而深入的接觸，此乃全世界有目共睹之事實。在殖民主義囂張之時，歐洲強權將整個西半球，非洲、大洋洲，及大部分的亞洲，分割成各個殖民地，或納入其影響的範疇之內。在一切底定之後，地球上的任何一個人，很難不受其某種影響。即使最孤立的遊牧民族，亦暴露在西方及其產品之中，而在既有的社會裏，由一個民族對另一個民族的經濟與政治加以支配的**殖民主義**（ colonialism ），乃是社會秩序的基礎。全世界仍然生活在那些劇烈變遷期間遭遇的種種不公之負荷下。

以歐洲的標準而言，北美、太平洋各島嶼、澳洲，及南非等地，土著稀少，武器原始，自不能與侵略者相抗衡。所有被征服之民族，均受到虐待，但勇敢不屈之戰士，卻受到某種程度之尊重與良好之待遇。紐西蘭的毛利人（ Maoris ）和若干土著非洲人、美洲人及加拿大人，都是可資敬畏之敵人，他們以土著「國家」的身分和歐洲人談判條約。雖然歐洲人承認美洲印地安人和非洲農民是土地的真正所有人，但他們只作象徵性的表示，即取得財產。像澳洲土著等遊牧部落，所得之金錢更少。在歐洲人的眼裏，他們甚至尚未佔領土地，更遑論擁有了。他們被視為盜賊，理應被趕走或消滅。

整體看來，歐洲的征服者對於其他文化無知，鄙視弱小民族，並以武力屈服之。由於征服者的貪婪無厭，及自以為是的宗教狂熱和自信，土著自是劫數難逃，惡運連連了。有時，征服者對於自己的法律，虛應故事，白人對土著之罪行，則予寬恕，因為被害人不「文明」。由於土著非基督徒，不能宣誓，故不能在法庭上作證。結果，白人犯罪很少加以審判，除非其犯罪行為被他人發現，而他人又願意代表土著在法庭作證，對抗自己的鄰居。

通常本國政府對於土著，確有良法美意，奈何千里迢迢（需航行數月方能到達），難以約束。許多單獨的探險家、貿易商或拓荒者，必須勇敢、自

恃，但亦常常殘酷無理。當其生存或殖民成就危在旦夕之際，便可能犧牲土著，以求自保。

㈠ 殖民統治

在十六世紀初期，西班牙征服者對待印地安人的方式，是數百年來幾乎每個地區奉行不二的一個好例子。

> 在進入一個新地區之前，西班牙將領通常對於當地居民宣讀一份規定須知（Requerimiento）。此一冗長的文件，述說人類的歷史，從創造人類，到教宗亞歷山大六世對非基督教世界之劃分，然後要求印地安人承認西班牙國王的統治權。「如果你同意，……我們便以仁慈、憐憫，由衷接納你。」如果此一要求被拒，「我們將強行進入你的國土。……你及你的妻小，均將被俘為奴……。由此而造成死亡和損失，乃爾等之錯。」這份夜郎自大的訓斥性文告，以西班牙語宣讀，而印地安人又往往不知所云。當印地安人以戰鬥回應時，西班牙人則大肆殺戮，驅離家園，對倖存者則以藐視的態度待之。有一位傳教士說，征服者的行為「如殘忍無比的老虎、豺狼和獅子，由於飢餓難當而怒不可抑。」（Garraty, 1971: 21 ）

三個世紀之後，法律上的考慮固然可見，但條約卻對一方有利，極不公平。

> 英國政府與非洲的酋長訂立數以百計之條約，以便從非洲各地獲得領土。誠然，有一段時期，外交部門提供書面條約給官員及探險者使用……（但）所有之條約，事實上，了無價值。（Marquard, 1969: 12 ）

由於對協議意義的觀念不同，造成了更多之困擾與衝突。歐洲人認為他們買下了土地——當然是以一種交易的價格買下，而土著通常沒有土地買賣的觀念，故而認為是將土地讓給歐洲人使用而已。在北美，讓印地安人「永遠」控制其部分領土的條約，不久便為後來的條約所推翻。

㈡ 美國印地安人

歐洲人與印地安人的全部關係史，由於大屠殺而陰霾難開，可說是對抗的明顯結果。在整個北美探險和殖民期間（南美和澳洲亦然），以槍和炸藥荼毒生靈，殊屬平常。殖民者也從事化學戰，在印地安人的井水及食物中下毒；從事生物戰，在贈送印地安人的衣服禮

物中沾染天花及其他病菌。近十年來，巴西的土地掠奪者在沿亞馬遜河（Amazon）流域，亦採用相同之謀殺行動。

美利堅合眾國建立之後，印地安人事務交由陸軍部（War Department）掌管：

> 如果印地安人事務由國務院職掌，有把印地安部落視爲外國，且有主權國家之嫌；置於其他部門（如商業部），則意味著印地安人完全屬於內政範圍。在經最後分析，置於陸軍部掌管，可暗指對於印地安人控制與征服之關係，係在聯邦架構之外。（Wax, 1971: 47）

大屠殺之後的強取豪奪和強迫遷徙，常使印地安人流離失所，四處飄泊。「五個文明部落」——卻洛奇族(Cherokee)、契卡索族(Chickasaw)、巢克圖族（Choctaw）、克里克族(Creek) 及森密諾爾族 (Seminole)——採用了大多數的歐洲科技和文化，但仍難免於浩劫。卻洛奇族甚至被迫離鄉背井，沿著惡名昭彰的「淚之徑」（Trail of Tears）遷到了「保留區」。數以千計之人口命喪無常，密西西比以東的土地幾乎盡失（Foreman, 1953; Royce, 1887: 131, 378; Wilkins,

1986）。圖 8-1 以客觀的地理術語，顯示美國政府如何移置東南地區的主要土著部落。到了一八四〇年代，密西西比以東的土著美人，所剩無幾。全國各部落的土地，到處被沒收、被侵奪。欺騙與霸占處處可見。當部落的財產崩潰、並分配給個人之後，許多白人進行賄賂，使其列入部落的名單之中，以便取得土地。

印地安人聚集在保留區內，土地卻被片片瓜分，直到所剩土地不足以維生爲止。而居留之處常被掠奪，飼養之動物，如北美野牛——部落經濟的命脈，亦澈底絕跡。因此，土著美國人一無所有，窮苦無依，唯賴政府施捨。如果此舉尚嫌不足，負責分配糧食及衣物之人，尚可明哄暗騙、偷天換日，以圖謀一己之利（Wax, 1971: chap. 3）。

二、奴隸制度

在撒哈拉沙漠以南，唯一的主要歐洲殖民區是在南非。非洲的其他部分，多被占領。歐洲人所要的是削剝當地勞力，而不是想取而代之。他們之看重非洲，是其產品可以在世界市場上銷售，而長久以來銷售之主要產品，便是人。

非洲與新大陸的奴隸買賣，長達四百多年，於一百多年前方才停止。其運送及受難之人數多達二千萬，而死亡者

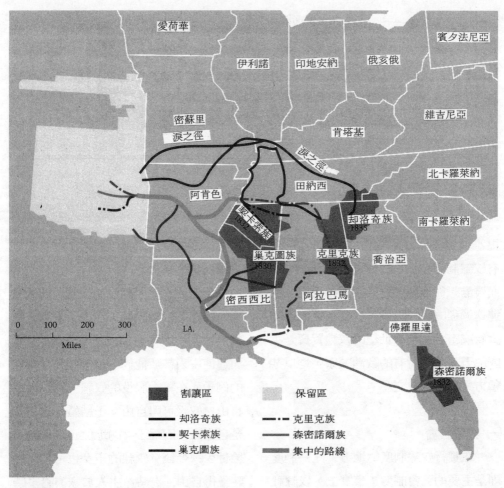

圖8-1　美國土著印地安人遷移路線圖

Source: James A. Henretta, W. Elliot Brownlee,
David Brody, and Susan Ware, *America's History*
(Belmont, Calif.: Wadsworth, 1987), p. 359.

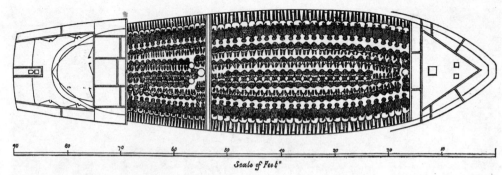

十八世紀奴隸船中之人類貨物

更不計其數（ Curtin, 1969 ）。只要
有奴隸制度存在，奴隸買賣便利潤豐厚
而殘酷。從非洲鄉村到美國拍賣場，在
運送過程的每一階段，奴隸商把人視同
貨物或畜牲。十八世紀的奴隸買賣是英
國的天下，但所有的歐洲國家，均以某
種方式參預奴隸交易。

(一) 奴隸社會

在實行奴隸制度的地方，此一制度
即是主要的社會制度；事實上，奴隸社
會由此而起。奴隸社會涵蓋黑人與白
人、法律與家庭、勞工體制——整個社
會。沒有任何事不受其影響，但國家之
間卻有差異。一般而言，北歐，尤其荷
蘭所行之奴隸制度嚴格。在西班牙及葡
萄牙人之中，奴隸制度尚不嚴峻。奴隸
制度之嚴厲程度，決定於三個因素：(1)
解放奴隸的態度與法律（給予奴隸自

由），(2)奴隸的宗教定義，(3)社會對於
自由奴隸的接受。

巴西的法律允許解放奴隸，而教會
亦鼓勵之。教會認為，在上帝眼裏，奴
隸與主人一律平等。奴隸可以償還價款
而迫使主人釋放他們，也有些分期付款
的例子。在軍中服役的奴隸，可以恢復
自由。奴隸可與自由女子結婚，其子女
是自由人，因為子女的地位承自母親。
給付少數金錢，奴隸的子女也可在受洗
時獲得自由。有時，主人於家有喜事時
釋放奴隸，以示慶賀。故奴隸釋放，常
隨主人的心意而定。由於此等政策之結
果，自由的奴隸及其子孫，便成了對於
都市經濟異常重要的獨立工人。一八八
八年奴隸制度和平地廢除之時，自由的
黑人比奴隸多出三倍，從前的奴隸也很
快地融合於自由的巴西社區之中
（ Tannenbaum, 1947/1963 ）。

在英國的殖民地和美國，奴隸係財富，欲使之自由，阻礙重重。夫妻或父母子女可分別償還所欠主人的債務，或僅視之爲一種商業交易。欲釋放奴隸的主人要付稅，而奴隸不能買自己的自由。在許多州，自由的奴隸需離去，永不復返。在田納西州，主人在釋放奴隸之前，需要交一份保證金，並需獲得法院同意。在密西西比州，主人須以奴隸的行爲可嘉，說服議會。兒童不能在受浸禮時獲得自由，而奴隸也不能爲子女買自由。釋放奴隸的主人，可放棄奴隸主的權利和權力，但自由的奴隸，卻得不到作自由人的一切權利。因此，自由的美國黑人爲數有限，故不能對一八六五年黑人解放後的奴隸有所幫助（Davis, 1966; Genovese, 1972; Kolchin, 1987; Tannenbaum, 1947/1963 ）。

初次投票內戰之後，黑人的政治參預急劇倒轉。

(二) 大農場

大多數的奴隸，均爲大農場之勞工。農場的組織依賴三個主要條件：廣大的土地、世界市場需要的大量生產作物，及充分勞工的供應。類似的經濟問題和機會，造成了全世界類似的種族形勢。如果土地開放墾殖，自由工人寧願到偏遠地帶開荒，也不願留在農場種植。要維持廉價而可靠的農工供應，農場主人常求助於奴隸制度（Nieboer,

1900 ）。

十九世紀時，在夏威夷開發農場的人發現，土著夏威夷人（玻里尼西亞人）對於開發農業經濟的勞力供應不足，便從亞洲輸入簽定合約的勞工——中國人，然後爲日本人，最後爲菲律賓人。這些工人非不得已，不願留在農場工作。一俟契約期滿——有時較早——無論其來自何處，均離開農場轉入較好之職業。而工作之空缺，便由新移民塡

補（Lind, 1938）。因此，目前夏威夷的種族與民族組合，部分是生產世界市場所需作物的機會與農場持續勞工短缺的結果。

然而，在非農場制的社會中，亦有奴隸制與合同勞役制。阿拉伯社會有一種奴隸傳統，而阿拉伯的奴隸商是非洲商業的主要聯繫。蘇俄的農奴是奴隸制度的一種形式，於本世紀中廢除（Kolchin, 1987）。囚犯亦是受剝削的強迫勞工——如在澳洲（Hughes, 1987）。有些到美國殖民地的移民，以忠心耿耿的工作換取移民核准之費用，如簽有合同的傭人，須固定工作一段時期，通常是四年或七年。其他人之簽具合同，乃是對其犯罪行為之懲罰或償還債務（Kolchin, 1987: 10–17）。

奴隸制度對於美國的種族關係影響最為深遠。它造成了最大的少數團體，並在美國的生活中建立了一種支配模式。在蘇聯，對靠近被征服地區所作之內部殖民，影響到政治之性質和民族的衝突。下節將從當代的比較立場，繼續探討少數團體。

第二節
少數團體

世界上的國家，可以排列在一個連續譜（continuum）或階段系列之上。連續譜的一端是近於同質之社會，另一端則是多元之社會。最同質的國家有單一的語言、文化、宗教，和種族來源。而最分歧之社會，則有若干文化或種族交織其間。本節對同質的和多元的社會兩相對照，並探討兩個多元社會——（前）蘇聯和南非——的少數團體。

一、同質社會與多元社會

在大部分的人類歷史中，同質社會最為普遍。而今天，像挪威及日本的社會，可謂例外，而非常規。幾乎所有的挪威居民，均是說挪威語的基督教路德派信徒。惟有一小支拉普蘭人（Laplanders）之少數民族團體，趕著馴鹿羣，遷移到挪威、芬蘭，及瑞典北部一帶。

日本百分之九十九的人口是道地的日本人。只有三個可以識別的少數團體：數十萬韓裔人民、少數的愛奴人（Ainu，一個部落的殘餘者），及博拉苦民（Burakumin，即伊塔，意即

「賤民」）。雖然博拉苦民——即博拉苦族——與其他日本人同種，但大多數日本人視其為不同之種族，以賤民待之（Price, 1966）。傳統上，博拉苦人從事各種賤業——例如屠夫與皮革工人，而大多數人通常把人與其所操之傳統賤業混為一談（Yoshino and Murakoshi, 1983）。有些人甚至對於賤民，（Donoghue, 1957）羞於啟齒。

一九四〇年以前，澳洲是一個同質的國家，是說英語及單一文化的基督教國家。除了少數的澳洲土著，即殖民以前遊牧人口之殘餘者外，大多數的澳洲人，係來自英國及愛爾蘭的移民或移民的後裔。在基督新教徒與羅馬天主教徒——其中多為愛爾蘭後裔——之間有些緊張，但大體上，澳洲人是一個有強烈國家認同的統一民族。

自第二次世界大戰結束以來，澳洲變成了一個頗為多元化的社會。移民不僅來自歐洲大陸，而且有華裔和東南亞的難民。但令許多人驚奇的是，多種人口之增加，並沒有減少澳洲的凝聚力。誠然，其人民——包括原居民——現在更加容忍，但新移民的才幹及企業，促使澳洲活力十足、生氣勃勃。

許多國家在其民族結構方面，更加多元化。印度就是一個語言及宗教的複合體。印度教是印度的主要宗教，而穆斯林教徒是一個大的少數集團，惟基督徒、錫克教徒及佛教徒，人數較少。印度語是最大的語言集團，為僅有四分之一的人口所講之土語。講其他九種語言的人，為數亦不少，而每一語言集團控制著一個地理區域（The Economist, February 6, 1988: 29-30）。惟基於語言、文化，和宗教的民族暴亂與分離主義運動，傷害了國家的團結。

（前）蘇聯是歐亞民族的一個拼湊地；南非是一個種族和部落的複合體。英國隨著來自大英國協——印度、巴基斯坦、英屬西印度羣島、香港，及以前非洲殖民地——移民之不斷增加，已成了一個多元的社會。以色列社會，因猶太人與巴勒斯坦人間的緊張，而壓力重重。在猶太社區之內，歐洲文化與中東文化之間，亦存有芥蒂。

二、蘇聯：內部殖民主義

在民族組合方面，（前）蘇維埃社會主義共和國，是一個世紀前蘇俄帝國的遺跡。蘇聯是由一百多個民族團體所組成的國家，包括斯拉夫人、非斯拉夫之歐洲人、非歐洲之基督徒，及非歐洲之穆斯林信徒。蘇俄帝國並未建立穩定的海外殖民地，但數世紀以來，對於歐亞大陸接連的地區和人民，擴大了其控制力。被其占領的土地，仍然為殖民

地。因為中央政府控制領土，被統治之人民在管理自己的事務上，少有表達意見的機會。

(一) 占優勢的斯拉夫人

斯拉夫人（俄羅斯人或「大俄羅斯人」，白俄羅斯人及烏克蘭人）占總人口的四分之三，但由於出生率下降，到本世紀末，其人口數量將不及三分之二。最重要之俄羅斯共和國，人口約占全國之半（Feshbach, 1978：表1, 2）。

儘管蘇聯的幅員遼闊，文化分歧，斯拉夫人在政治上及社會上均占優勢。俄羅斯人是全蘇聯的達官顯宦，他們在非俄羅斯人的共和國中，享有特權地位。俄羅斯人及其他之斯拉夫人控制軍事指揮權、國家安全委員會（KGB）、工業組織，以及全國政府中的高級職位。在開發低的共和國中，俄羅斯移民的教育程度最高（Andrews, 1978: 447, 450; Frankland, 1987: 256）。除了天然資源開發的地區外，工業投資及生產，均集中在蘇聯的西部（斯拉夫人）地區。

(二) 蘇維埃的少數團體

民族認同，由於官方規定而增強。（前）蘇聯公民必須攜帶護照，以便辨認其「國籍」，如亞美尼亞人、喬治亞人等等。籍貫基於家系，而非出生地或居住地。在立陶宛出生的子女，其父母為烏茲別克人，即是烏茲別克人，而非立陶宛人（Meyer, 1978: 156）。除了猶太人、克里米亞半島的韃靼人和蘇籍德國人之外，每一個大的團體均有其自己的領土。根據蘇維埃的意識型態，社會主義將使各個加盟國冰消瓦解，其文化差異煙消雲散，但很少有證據顯示此種改變。

俄羅斯的反猶太傾向，歷史悠久。現在的猶太人，估計不到三百萬，比戰前少得多，是安全最少的民族團體。因為馬克思的意識型態認為，宗教是人民的鴉片，故蘇維埃不斷的從事反宗教之宣傳活動，尤以反猶太教的壓力特別強大，因為猶太被視為一種國籍，也是一種宗教團體。然而與其他蘇維埃聯邦不同的是，猶太人沒有官方承認的語言、教育體制，或領土範圍（Hollander, 1973: 347-348）。雖然宗教的異議被壓制，但蘇聯在戈巴契夫（Gorbachev）的領導之下，對於宗教的表現比以往之各個政權更加容忍。政府已經從監獄和放逐中釋放了猶太人及非猶太人，他們由於從事種種不法活動而判罪，如教導青年人的宗教課程。

非俄羅斯人的共和國——尤其是波羅地海一帶之共和國，知名者如愛沙尼

亞──便抓住戈巴契夫開放政策的機會，表示公開的政治抗議。愛沙尼亞人的教育程度極高，其語言接近芬蘭語，並有一種強烈的國家認同感。他們可自芬蘭收看電視節目，所以無需依賴蘇聯的媒體便能對世界或蘇聯發生之大事，一清二楚。愛沙尼亞人痛恨無數俄羅斯人的耀武揚威，他們占居高位，而不會說愛沙尼亞語，僅充當殖民政權之代表而已。雖然(前)蘇聯憲法允許各共和國退出聯邦，中央政府卻不准其脫離。可是，愛沙尼亞的領袖呼籲更多的自決權，同時獲得愛沙尼亞人民的支持。

一九八八年，在信奉基督教的亞美尼亞人，和亞塞拜然的穆斯林信徒之間，發生了最嚴重的民族衝突，後者占據鄰近高加索一帶的共和國。在中央政府軍事鎮壓暴動之前，雙方死傷慘重。為了逃避殺人放火的暴民，亞美尼亞人從亞塞拜然逃回亞美尼亞，而在亞美尼亞的亞塞拜然人則逃回亞塞拜然。這兩個非俄羅斯人的共和國間的深仇大恨，導火於亞塞拜然人對於亞美尼亞大地震之反應。對於這場毀滅性的大地震，亞塞拜然人非但不表同情與援助，據說有些亞塞拜然人尚打電報，表示祝賀（ *The Economist*, December 17, 1988: 46 ）。

大約百分之十八的蘇聯公民為穆斯林信徒（ Esposito, 1987: 261 ）。而蘇聯中亞地區的穆斯林信徒比斯拉夫人口增加的更加快速，因為後者的出生率正在下降之中。到了西元兩千年，三個蘇聯公民中，便有一人是穆斯林信徒（ Feshbach, 1978: 86 ）。穆斯林信徒在許多語言與民族團體之間被分隔，而與其居住之村莊堅強地聯繫在一起。他們安土重遷，拒與外人通婚。送子女就讀非俄羅斯學校，願意在自己的語言中接受高等教育，縱使豐富的俄羅斯知識對好的事業有所幫助，亦在所不惜。

在官方公然反對之下，穆斯林的領袖已然使穆斯林社區生動有力，活躍不已。部分在於伊斯蘭實務之簡化，使之更容易接受。他們對當地聖徒的墳墓朝拜，以替代赴麥加朝聖。他們強調，穆斯林信徒的生命週期儀式，本質上，民族與宗教同等重要。「它不是莫斯科所擔心的一位何梅尼（ Ayatollah Khomeini ），但一個穩定成長的穆斯林社區之存在，係向蘇維埃中央集權和無產階級同質性國家理想的挑戰」（ Frankland, 1979 ）。因此，宗教、語言、地理及人口，造成了有增無已的少數民族問題。未來可能有更多棘手的民族問題，有待解決。要維繫團結，有必要減少各個共和國之間的緊張，以及遷就自決之要求（譯按：蘇聯解體，可為

印證）。

三、南非的隔離主義

種族、種族鎮壓，與種族剝削，在長久的、騷亂的，以及複雜的南非歷史上一直是其主要問題。由於種族界線的分隔，南非的人口異常分歧。每一個種族團體本身，又被次團體或對部落之忠心、經濟利益、政治信仰，以及文化背景等加以分割。此處擬從歷史觀點，敘述民族的階層化及種族隔離主義的廣泛事實，並以衝突探討作為歸結。

最初之白人殖民，於一六○○年代中期抵達好望角。其中荷蘭移民與黑人土著雜交混血，這便是現在好望角混血兒（ Coloureds ）的祖先。在十八世紀末，英國人攫取了荷蘭後裔的殖民地，稱其為荷裔白人或是波爾人（ Boers ）。然因不願淪為英國統治，便「長途跋涉」，在北部地區建立了新的殖民地。十九世紀期間，英國人藉著移民而鞏固政權，並以征服非洲黑人，擴大其控制區域，最有名的是一八七九年征服祖魯（ Zulu ）王國。英國人也於一八八○年與一九○二年之間，兩次慘烈的戰爭中擊敗荷裔非洲人。雖然黑人是屈服的主要犧牲者，但長期以來，荷裔白人也飽嘗英國殖民地的鎮壓之苦（ Marquard, 1969 ）。

在英國控制之下，把開普省與其他各部聯合建立了南非聯邦，並創立了兩個重要的政治組織：非洲民族議會（ African National Congress ，簡稱 ANC ），旨在促進黑人的地位；國民黨（ National Party ）旨在提高荷裔白人的政治利益。最後，荷裔白人以政治手段獲得在戰爭上失去的一切。一九二五年，他們的斐語（Afrikaners, 荷語的一支）於英語之後成為第二種官方語言。荷裔白人於一九四八年國民黨在一場重要的普選中贏得大勝，並使南非退出大英國協以後，即掌握政權。

南非人口比加拿大多，它是一個有豐富礦產資源、廉價黑人勞工，以及現代科技的複雜社會。總人口超過三千三百萬，分成四個主要的民族及種族集團：黑人占百分之七十三；白人占百分之十五；混血兒占百分之九；亞洲人占百分之三。白人的生育率頗低，並由語言與血統分成兩種主要成分：英裔南非人及數量較多之荷裔南非人。

在白人等級以下者為混血兒。其中大多數雖說斐語，但反對在學校中用作教學之語言，因其視此語言乃壓迫者之語言。從文化上而言，混血兒比黑人更接近白人，但其政治與社會地位脆弱，且不明確，其理想與黑人一致。在居間

的社會等級上，還有不到百萬之亞洲人，大多數是來自印度的農工後裔，於本世紀中葉前往南非。黑人的地位最低，自由最少，而且政治與經濟機會最為渺茫。

㈠ 民族階層化

表 8-1 以概略之事實標明南非有色人種情勢惡劣的程度。黑人與混血兒的嬰兒死亡率高，出生時之生命期望頗低，經濟地位絕對卑賤。在各方面位居社會經濟量表下層的黑人，教育不足、就業欠缺，待遇過低。黑人的生育力極高，以出生率測量之，其人口增加一倍（ 29 年）。在人口上，南非黑人尚在未 開 發 國 家 之 列（ van der Vliet, 1984 ）。由此一證據顯示，從某一意義而言，南非是一個白人以及少數其他種族居住的第一世界（ First World ）國家，從另一意義而言，則是第三世界中主要的黑人國家。為南非辯護的人士強調，南非黑人的生活標準比黑色非洲之其他黑人好得多。但不能以此作為南非黑人與白人間生活標準差距的藉口──此一差距極難縮短（ Adam and Moodley, 1986 ）。

黑人的困境是在：教育機會渺茫，所以進入工作市場時的準備欠佳，致難以在工業經濟之中競爭。當在職訓練增進其晉升資格時，垂直流動的機會，又常受好工作留給雇用白人之傳統所阻撓。雖然南非經濟逐漸依賴黑人勞工，而其經濟成長，卻因黑人缺乏必要的教育與工作訓練，而裹足不前。

㈡ 種族隔離與多元論

種族隔離（ apartheid ）是一種種族分離體制，由嚴格的法令所控制，以維持白人的最高權力，並減少種族之間的接觸，官方則稱為「各別發展」（ separate development ）。種族隔離的基礎建立在政府頒行的一種架構上，其中每一個主要的黑人部落團體，均有一個各別的獨立領域，稱為「家邦」（ homeland ），內部事務由自己管理。即使如此，也不是一種連貫之地理單位。若干祖國由於白人農場及殖民之分隔，致使領土片斷零碎而不完整。大部分的祖國蕭條不振，需依賴南非聯邦，故非經濟上的生存單位。不過，大約半數的黑人（約占全國總人口的 35 ％）目前居住在此種地區之內，分佈面積只占南非總面積的百分之十三。國際社會不承認祖國為獨立的國家，其在國際法上無地位可言。

近幾年來，政府為了對抗極端隔離主義分子的抵制，業已放寬限制黑人的日常生活，及種族之間禁止互動之種種

表 8-1　南非種族團體的社會與人口指標

	黑人	混血兒	亞洲人	白人
每千人的出生率	38	30	25	17
每千人的死亡率	11	10	6	8
每千活產嬰兒死亡率	90	58	18	14
出生時的生命預期	58	58	65	70
白人百分比的社會支出，1975[a]	12	32	47	(100)
白人百分比的個人平均所得，1980	8	19	25	(100)

a 政府對教育、住宅、及保健之平均個人支出

Source: Human Sciences Research Council
(HSRC), *The South African Society: Realities and
Future Prospects* (Pretoria, South Africa: HSRC,
1985), pp. 22, 23, 104.

法令。例如，都市中之黑人不再需要證實其爲遠處祖國的公民，且可擁有南非的公民身分。可是，大多數的都市黑人，仍然住在極度隔離的「黑人居住區」（ townships ）內，與其工作之處相去遙遠。對他們而言，工作路程遙遠、昂貴，而辛苦。他們在第一世界中之都市工作，但回到居所後，方知未與第一世界共享高的生活標準。

　　像蘇聯和南非這樣的多元社會，在家中所說的語言是民族分歧的一種最佳測量。南非有二十四種語言，但沒有一種是國家的「官方」語言。官方語言之英語與斐語，均非最普遍的本國語言。說祖魯語者超過六百多萬，比任何之其他語言爲多。其次，說斐語者幾近五百萬，再次是英語及廓薩語（ Xhosa，

另一種非洲語言）者，各將近三百萬。即使沒有阻礙團體之間彼此接觸的種族隔離限制，僅此語言之分歧，即足以造成社會與政治孤立，經濟疲軟，以及教育上的種種困難。少數之白人、混血兒或亞洲人，可以說任何的非洲語言，而幾乎三分之二的黑人，對於官方語一無所知。三分之一以上的都市非洲員工，是最常接觸英語及斐語的團體，但卻都不說此兩種語言（ HSRC, 1985: 34－35 ）。

(三) 政治衝突與改革

　　改革之路，阻礙重重。黑人教育程度低落；由於許多黑人領袖被放逐或監禁，以致羣龍無首；語言分歧、效忠部落，以及地理分隔等，均阻礙了共識之

達成和一致之政治行動。最早之黑人政治運動——非洲國民議會，在國內被查禁，以致流亡在外從事活動。黑人爲反對與政府合作之黑人，甚至反對某些尋求和解之黑人，其所造成的暴力行爲，形成另一種形式的恐怖，可說是一種警察強制威脅的翻版。公開抗議、罷工及抵制，是黑人政治行動的主要形式。政府以鎮壓和不經審判即加監禁，對付抗議與異議分子。持續的緊急狀態，使公民權利蕩然無存。

政府業已緩慢而間歇性地放鬆了管制。其擬定之改革方案，受到種族隔離極端分子的嚴厲反對。這些人通常握有決定性的政治權力，他們不要改變。因此，白人自由分子和日增的黑人勞工運動成員，以及其他黑人政客，包括被禁的非洲國民議會，避過政府，逕行接觸，甚至在國外繼續進行的非正式政治溝通，有增無已。許多白人商界領袖，尤其與其他國家有聯繫者，其反對種族隔離，爲時已久。他們認爲，種族隔離注定失敗，它是不道德的、無理性的，和無效果的：政府不得人望，道德爲之淪喪，而商業難以開拓。但他們說服改變政策的種種努力，事實證明了無效果（Lipton, 1983）。

雖然有些觀察家指出，美國的民權運動可作爲南非遵循之途徑，唯由社會學的分析顯示，今日美國的種族關係與複雜的、嚴格的南非情勢之間，少有類似之處。美國的種族運動，減少了許多黑白隔離，爲美國黑人帶來了廣泛的政治參預，並擴大了教育及工作機會。但其成功，不過是近二十五年之事。正如以下兩節所要討論的，並非其所有目標均已達成。困難依舊，問題仍在，而美國的政治與社會情況，遠較南非簡單。我們的問題是：南非的各種族在達到成功的多元社會方面，仍有時間從事長遠艱難之旅程，或暴力革命與混亂乃其必然結果？

在一九八〇年代，美國及其他國家的行動主義分子示威，抗議南非的種族隔離，結果造成了官方對於南非的經濟制裁。當時考慮減少種族隔離的策略有二。一種主張：如果外人擁有的公司斷絕（中止）對南非的補貼，則經濟困境將迫使其放棄種族隔離政策。另一種主張：如果外人擁有之公司尚在南非，並堅持整合、訓練和提升黑人勞工，則必將削弱種族隔離的政策。結果斷絕策略見效，將近二百家美國、加拿大及西歐的公司，自南非撤退，並中止其補貼。南非經濟受到打擊，但未崩潰，南非政府斷然拒絕稱之爲干涉內政的一切措施。許多黑人領袖，例如大主教涂圖（Desmond Tutu）就歡迎經濟制

南非工人對於1989年公告標誌之反應。雖然政府對這些限制減少，但在若干地區，保守分子仍對抗種族隔離的放寬。

裁，因為他們相信，南非政府終會在毫無所得的情勢之下遭受孤立。

當一家西方公司撤退時，其中有來自本國的政治壓力，但南非黑人卻失去了公司對於勞工及種族關係的積極影響。黑人勞工之遭遇如何，就要看公司的新主人了──或為當地的南非公司，或為無撤退政策的外國公司。一九八九年四月，美國尚在南非的最大公司之一的莫比爾公司 (Mobil Corporation)，

將其資產售予一家南非礦業與工業集團之金考爾（Gencor）公司。金考爾公司同意繼續執行莫比爾公司的勞工措施，並支持莫比爾創立的基金會，以幫助黑人的教育、社會發展及小型企業。莫比爾在黑人就業之雇用方面，領袖羣倫，但金考爾則以苛刻馳名於世。在金融報紙《商業日報》（Business Day）的一篇社論中寫道：「莫比爾的撤退，將奪走南非的黑人另一位美國朋友」（Wren, 1989）。

政治解決沒有立竿見影之效。有些人主張每一公民一票的普選，使由多數票構成之政府有幾乎絕對之權力。政治學家認為，南非是一個高度多元之社會，故提出一種聯邦制或一種瑞士式的省政形式，其中白人在某些邦是多數，在其他邦主要之部落團體是多數。拿他爾省（Natal Province）正在戰戰兢兢，向著彼一方向前進，在該省的人口中，祖魯人占五百五十萬，亞洲人（印度人）約一百萬，白人約八十萬。各族之領袖為拿他爾省政府提出一個方案，其中祖魯人多勢衆，握有實權，但白人與亞洲人亦有政治發言之權（Paton, 1987）。在此種政治秩序之中，種族隔離則不存在。根據此一構想，所有的拿他爾公民，均是南非共和國之公民，也是其本邦之公民，而憲法保證將所有

團體的利益納入考慮之列。對外人而言，此一方案似複雜而天眞，使人難以置信，但它確實指出了組織上的困難，和一種政治的解決方式。此一解決方案不爲現有政權所接受，因而拒絕了此項建議。

此種聯邦體制，西方社會尚未普遍了解，也未加以考慮。大多數美國人和其他自由社會之公民認爲，推翻白人政府，消除種族隔離，建立一種單純的政治體制，其中所有公民均可在一個整體的國家中投票選舉。結論雖好，但此種「解決」方式之人命代價，可能並非任何人所願意付出的。

南非政府受到來自多方之壓力。國際制裁已使經濟脆弱，但尚未達到屈服地步。私人企業的工人，包括黑人在內，已嚐到失業及購買力降低之苦。內部壓力的方式很多：黑人工會號召罷工和抗議，以反應政府的壓迫和警察的暴力。黑人杯葛支持強硬政策的白人商店。爲維持現狀，右翼的荷蘭南非人提名候選人，以對抗執政的國民黨。

爲了反對此一情勢，令人吃驚的是，一九八九年三月白人荷蘭改革教會（Dutch Reformed Church）的百萬成人教徒，包括多數的政府官員在內，宣稱種族隔離是一種罪惡，並爲其長期支持此一體制，請求寬恕：

> 我們對於本教會在種族隔離理念上的採納與合法上之參預，以及日後人民所遭遇之苦痛，謹以謙恭悲傷之情，深表懺悔……在基督教的倫理前提之下，不能接受種族隔離，因其違背和諧、友愛和正義。
> （Myre, 1989）

同時，一九八六年由政府任命的南非法律委員會（South African Law Commission），要求終止一切種族隔離的法律，並爲多數黑人建立完整的投票權。委員會敦促制定一部新憲法，以保障個人的權利，並建議在新憲法籌備之前，現行之法律體制應放棄歧視的一切規定。雖然，這些來自教會及法律精英的聲明，是否預示澈底而永久的轉變，目前尚爲時過早，但卻是南非種族關係政策的新因素。它們可能含有白人權力結構政策變遷的種子，甚至是對種族隔離基礎的公然抨擊。

少數團體國家：美國

美國自建國以來，即為一多元社會，現況如何，眾所關注。一五六五年，首批西班牙殖民發現佛羅里達的聖‧奧古斯丁（ St. Augustine ）市；而英國殖民首於一六〇七年抵達維吉尼亞的詹姆斯敦（ Jamestown ），十二年後，黑人以奴隸買賣的方式被帶到維吉尼亞（ Frazier, 1957:3 ）。來自英國、愛爾蘭、德國、蘇格蘭、荷蘭、瑞典、法國，和西班牙的殖民者，乃逐漸取代了土著印地安人。在殖民地贏得獨立之前，種族的與民族的分歧與衝突，乃美國社會之主要特徵。本節討論民族分歧之成長，及美國的種族歷史模式與民族關係。

一、歷史模式

征服（ Subjugation ）——一個團體被另一個團體統治，是殖民地時期美國種族與民族關係之最初模式。土著印地安人是歐洲移民的犧牲者，後者尋找土地、財富及自己的自由，卻犧牲了大陸原住民之自由與財富。歐洲人的自族優越感（ ethnocentrism ），在軍事科技落後、文化不同之有色人種居住的新世界裡，表現得淋漓盡致，無以復加。當首批探險者和殖民者征服印地安人的國土之後，便對他們進行欺詐、爭鬥和謀殺，並尋求建立其自己的社會（見第一節）。

在十八世紀之初，英裔美人已堅決地認為，自己是優秀的民族團體。他們認為，一位「美國人」是白種、說英語、到基督新教教會禮拜、有英國的姓氏，並遵行英裔美人的風俗與舉止。首批的大量移民團體，如蘇格蘭人、愛爾蘭人、德國人、土著印地安人，以及日益增加的非洲奴隸，便是美國初次的「少數團體」。一般刻板的認為，印地安人未開化，黑人低於人類，蘇格蘭人和愛爾蘭人脾氣暴燥、討厭、言語粗俗，德國人粗暴、不義（ Mclemore, 1983: 28-41 ）。

直到十九世紀中葉，北歐與西歐移民占了優勢，但內戰之後，來自義大利、奧匈帝國、波蘭以及蘇俄之移民，迅速增加。這些「新的」歐洲移民，不說英語，許多是天主教徒或猶太教徒，他們的姓氏、風俗、衣著、食物，以及舉止言談，明顯是外來的，「美國人」視其為下等「種族」。

由於新移民填補了低的社會階層，許多早期來自北歐和西歐白人移民的子

女及孫子女，便流向高的階層。新移民接受優勢社會之規範，以平等的基礎與既有之團體互動，與英裔美人家庭通婚。簡言之，大多數失去了其明顯的文化特質和個別之認同，而同化於優勢文化與社會之中。

到了二十世紀中葉，黑人與西裔後代占了低社會階層的絕大部分。大多數南歐及東歐移民的後裔，已同化（assimilation）於優勢社會之中，並重新確定為「白人」——他們自始即為白人。其他之人以及非洲人、墨西哥人、亞洲人和土著印地安人，雖採用了英裔美人的文化，但仍維持著不同程度的個別身分。即他們被涵化（acculturated），但未同化。涵化與同化並非單向過程。雖然少數團體為適應而改變了大部分，但所有的民族及種族團體，對於共同文化與全國的生活方式，均有貢獻。

(一) 美國黑人與繼續的征服

奴隸制創造了最大的少數團體，以及奴隸解放後持續長期存在的一種服從模式。大部分的美國種族與民族關係史，是基於持續不斷的征服，所有實務之設計，均在保障優勢團體的利益（Simpson and Yinger, 1985: 20）。

當聯邦軍隊於一八七七年自南方撤退之後，自由奴隸的地位就一落千丈。黑人移民潮抵達國境邊界和北部各都市，為房地產投資者創造了新的市場。他們把暗巷中之小屋或馬廄牛欄租給黑人。例如，在華盛頓：

他們（黑人）住的地方骯髒不堪，有些白人以眼不見為淨，故未予重視。暗巷住處沒有自來水，若干家庭使用一個水龍頭，水管由地下伸出。無底的木桶，扣在地面的一個洞上，就是廁所——市政府衛生局計算有一萬五千個——每一廁所多達三十人使用。暗巷小屋，破爛不堪、未油漆、無暖氣、污穢難聞。（Brinkley, 1988: 19）

黑人與白人之間發展出的新式社會關係，在許多方面，其殘酷、苛刻，與奴隸制本身，一般無二。黑人先由非正式的規則被孤立與控制，然後由地方和州的「種族隔離」（Jim Crow）法加以管理。在每一種公共設施上均須隔離，從學校到墓地，無一不然。南方的風俗和法律認為：「最下賤之白人，也比最高層的黑人有價值」（Henretta et al., 1987: 604）。窮白人視黑人為其競爭對手，故是貶抑黑人最有力的倡導者。

種族隔離是一種壓迫方式，但與奴

「烏吉姆」（Jim Crow）是賴斯（T. D. Rice）在1832年創作的，白人飾演黑人的造型，有助於形成一種奉承、滑稽及幼稚的男性刻板印象。後來，烏吉姆被指為一種種族歧視的模式。

一八九六年美國最高法院大法官福古森（Plessy v. Ferguson）裁決：「隔離而平等」的設施合於憲法，部分係基於生物種族主義之理論：「立法對於根除種族本能，或廢除基於生理差異之種種特性，無能為力……如果一個種族在社會上劣於另一種族，美國憲法不能把他們等量齊觀」（163 U.S. 537, 16S, Ct, 1138, 41 L. Ed. 256 [1896]: 551-552）。奴隸制的遺毒及支持種族隔離的種族隔離法，一直延續到一九五〇年代，並影響到對其他非白人之少數團體的不斷壓制。

(二) 美國殖民主義及與墨西哥的衝突

墨西哥人像美國印地安人一樣，係「由於其祖國被直接征服而踏進美國社會的」（McLemore, 1983: 209）。早在十九世紀之初，英裔殖民者在西南部「遇到一個原封未動的社會」，有著「自貴族到勞動者的完整社會階級」（Moore and Pachon, 1985: 5）。德克薩斯（Texas）與墨西哥之間的衝突，使英裔美人對特珍諾斯（Tejanos）人——墨裔德克薩斯人——的情緒，乖戾異常。英裔美人未將「與他們作戰的墨西哥國民與特珍諾斯人加以區別；而在戰鬥過程中團體間的民族界線明確劃分」（McLemore and Romo, 1985:

隸制不同。奴隸主人固無權威，而州或市的權威則置於電車車掌、火車司機、公車司機，以及戲院的領位員之手（Woodward, 1966: 107-108）。因為白人能在許多情形之下合法地控制黑人的行動，所以鼓勵白人橫行霸道，欺凌弱小，而「戲弄黑人」，就成了一種肆無忌憚的遊戲。種族仇恨表現在處私刑，白人引發的種族暴動，以及對黑人的公開貶抑上。

7-8）。德克薩斯於一八四八年成爲美
國一州時，美國的殖民主義於是將墨裔
美人置於美國少數團體之內。民族偏
見、英裔美人的土地攫取，以及廉價勞
工之需要等，把從前固定不變的社會，
變成了一種隸屬的勞動階級。

德州人視墨西哥人爲劣等種族的一
員，「不賦予政治及教育權利，亦不給
予社會平等的待遇」（Moore and
Pachon, 1985: 20），與亞利桑納
（Arizona）及加利福尼亞（California）
的情況，多所雷同。新墨西哥州的墨裔
美人，可以透過與英裔美人在大農場、
鐵路，及銀行方面的合作而擁有某些權
力與財富，但在二十世紀之初，其政治
與經濟資源，亦每下愈況（McLemore
and Romo, 1985: 9）。

(三) 亞洲的移民與排斥

亞洲移民與美國主要人口在種族、
語言及文化上，均不相同。最重要的亞
洲少數團體是中國人，他們於一八五○
年代抵達，主要在加州金礦工作，後又
從事鐵路建築。白人的勞動階級把他們
視爲大企業的「奴工」（slave labor）
，經常是被歧視與虐待的對象。由於民
衆反華意見强烈，國會乃於一八八二年
中通過「排華法案」（Chinese Ex-
clusion Act），這是第一部以出生國

爲基礎而限制移民的法律，並剝奪特定
國籍成員之公民權利。

日本移民是夏威夷及沿太平洋各州
廉價農業勞工的次一來源，他們遭到
與中國人相同之敵視。報紙不斷的以
文筆點燃反亞洲人的情緒，諸如「黃
禍——日本人如何擠走白種人」
（Daniels, 1969: 25）。移民社區創造
了自力更生之民族經濟，爲家庭及其他
親屬基礎的企業提供機會（Hirschman
and Wong, 1986: 9）。移民在子女教
育上大量投資，但儘管在教育與經濟上
有所收獲，他們依然是偏見與歧視的對
象。

許多美國人對日益增長之民族多樣
性，憂心忡忡。由於恐懼「種族退
化」，乃從一九一七年到一九二七年之
間，制定一系列之法律，限制亞洲、南
歐及東歐之移民，對於北歐及西歐移
民，則予以優待。此種排斥模式之移民
政策，長達半個多世紀之久。

(四) 第二次世界大戰與重安置

日本在一九四一年攻擊珍珠港，導
致反日偏見的高漲，「外國敵人」與土
生之美國公民一視同仁。若干西岸報
紙，對於情報活動與破壞之報導，繪聲
繪影，極盡偏見之能事，但在戰爭爆發
時，將認爲可能有安全之虞的日本人，

加以拘留。因此，顛覆行動之任何機會，均事先加以防範。雖然少數的種族主義者無故攻擊日裔美人及其財產，這些均係偶發事件，且無證據顯示，反對少數團體的偏見，可能引起法律及秩序之崩潰。

然而，新聞報導虛構其事，令人有種急迫之感。於是壓力團體，尤其是加州的農業界，遊說國會及羅斯福政府採取反對日裔美人的行動。一九四二年，羅斯福總統發佈行政命令，准予疏散日裔美人，因此，美國西岸防衛司令狄韋特（DeWitt）將軍，命令日裔美人，不分年齡、性別或國籍，一律自西岸搬遷，並加以監禁。他為此行動辯護說：「日本人是一種敵對的種族，雖然許多第二代和第三代日本人生於美國國土，擁有美國公民資格，且已『美國化』了，但種族的緊張，仍難釋懷」（Wartime Civil Control Administration, 1943: 34）。

平心而論，細查人口事實可以顯示，日本人口對於戰事並無危險。男性日裔美人（第一代移民）絕大多數年過五十，許多超過六十。而其在美出生之子女（第二代移民），幾乎均在二十五歲以下。正如全國所發現的，第二代移民經證實是美國軍隊的忠貞分子，若干第二代的戰鬥單位，以勇敢善戰，見稱

於世。

可是，七個月之內，十一萬「潛在敵人」失去了他們的家園、工作、農場、商業，以及大部分的個人所有。許多人被留置在運動場的跑道上達數周之久，住在不適於家庭生活之軍營中達若干年。他們被美國社會孤立，前途茫茫，了無希望，儲蓄用盡，並不斷的遭受心理壓力。他們不僅喪失了財產，而且喪失了就業與教育機會，損失了金融資本，也喪失了訓練技術與知識之人文資本。

當西岸日裔美人被拘留之時，在夏威夷，則允許大多數的日裔美人在一個遙遠而難以防守的地區，繼續其日常生活。在美國西岸，日裔美人對於經濟參預，貢獻良多，但他們的人數少，且在政治上是脆弱的少數團體。在夏威夷，他們為戰事提供必要的勞力，否則該島經濟恐已崩潰。

一九八八年八月，國會通過立法，並經雷根總統簽署向日裔美人道歉。國會批准對六萬名徙置之生還者，每人發給美金兩萬，以為補償。此一數字對於無法彌補之物質及收入損失，自是微不足道（Broom and Riemer, 1949 / 1973）。以一九四二年的幣值衡量，一九八八年的兩萬美金，僅二千餘元而已。且此一給付，發放緩慢。

二、追求平等

美國的種族壓迫，一直持續到二十世紀中期。雖然大多數白人並未主動虐待少數團體，但他們也沒有向當時歧視措施挑戰的信心和勇氣。一九四二年，調查研究組織首次在全國調查中包含關於種族爭議問題時，白人對於黑人之否定取向，至為顯見。三分之二的人贊成學校隔離，半數以上認為應該「在電車和公車上為黑人另闢座位」（Schuman et al., 1985: 74-75）。

(一) 對於種族的意見

自一九五六年到一九八五年，白人對黑人態度之轉變可於表 8-2 中撮要見之。由資料顯示，自一九六〇年代以來，除了對於住處隔離的態度之外，至於偏見則急劇減少。有些在表中撮要說明之改變，反映出個人態度的溫和，但卻有一種稱為同輩替代（cohort replacement）的強烈效應，即偏見較少的年輕人替代了偏見較多的老年人（Firebaugh and Davis, 1988）。改變態度的根本原因包括：(1)對於種族與民族有更落實的知識與信念，(2)由於第二次世界大戰造成的社會與經濟變遷，(3)少數團體選民的不斷增加，(4)少數團體組織採取之法律行動與遊說，諸如全國有色人種協進會（National Association for the Advancement of Colored People 簡稱 NAACP）與墨裔美人法律保障與教育基金會（Mexican American Legal Defense and Education Fund 簡稱 MALDEF），以及(5)黑人與奇卡洛人（Chicano 譯按：具有墨西哥血統的美國人）的抗議運動 (McLemore and Romo, 1985; Schuman et al., 1985: Chap.1)。

在一九三〇年代，由於學術意見的影響，對黑人的生物品質低劣的看法，澈底揚棄，而強調種族主義的社會傷害（Sitkoff, 1978: 190）。對於種族主

表 8-2　美國白人對待黑人的態度趨向 1956-1987

問　　題	贊成的百分比			
	1956	1963	1972	1987
學校隔離	50	35	16	7[d]
工作歧視	-[a]	15	3	-[a]
居住隔離	-[a]	35	20	23
反對互婚法	-[a]	62	40	23
不選黑人總統	63[b]	55	29[c]	12

a 此一調查未問之問題
b 1958（在 1956 年未問之問題）
c 1971（在 1972 年未問之問題）
d 1985（在 1986 或 1987 年未問之問題）

Sources: 1956–1972 data are based on Howard Schuman, Charlotte Steeh, and Lawrence Bobo, *Racial Attitudes in America: Trends and Interpretations* (Cambridge, Mass.: Harvard University Press, 1985), Table 3.1; 1985–1987 data are from James A. Davis and Tom W. Smith, *General Social Surveys, 1972–1987: Cumulative Codebook* (Chicago: National Opinion Research Center, 1987), pp. 163–169.

義者的理念與納粹德國行動的反應，「為美國種族歧視與不平等之挑戰，打下一個文化基礎」（Schuman et al., 1985: 9-10）。嗣後，瑞典社會科學家孟代爾（Gunnar Myrdal）把美國的平等價值與其對待少數團體之間的衝突，稱為「一種美國困境」（An American Dilemma, 1944）。經證實，本書對於美國種族關係及學術與政治，均有重大之影響（Southern, 1987）。

(二) 經濟的與政治的收穫

在第二次世界大戰期間，由於勞工缺乏，黑人與西裔美人獲得了工業工作及工會會員身分，為一種「超越種族界線之共同利益與團結感」，提供一曲前奏（Meier and Rudwick, 1976: 262）。同時，羅斯福總統任命一個「公平就業事務委員會」（Fair Employment Practices Commission），對於與戰爭有關之公私職業中之歧視情形，加以抨擊。「公平就業」及「機會平等」被用作公共政策，雖然各個社區在接受上動作緩慢、躊躇，而且步調不一。

當一九四〇年代黑人北移之後，其在投票上的政治影響大為增加，並迫使兩黨（譯按：民主黨與共和黨）為民權立法。一九四八年，黑人票使杜魯門總統連任獲得大勝，杜氏遂要求立法以「廢除投票稅，處私刑觸犯聯邦法律，減少就業歧視，並禁止在州際商業方面之隔離」（Sitkoff, 1971: 600）。但杜魯門的建議，並未得到白人的廣泛支持。在南方，百分之八十四的白人認為，公共運輸工具應加隔離，而在北方，有百分之三十六的人同意此說（Schuman et al., 1985: 17）。惟全國的抗議運動、訴訟及民權立法，如野火燎原，對於白人態度及行為之改變，幫助極大，並為黑人及其他少數團體，開展種種新的機會。

(三) 法律行動

一九〇九年，在社會學家杜包亞斯（W. E. B. DuBois）的領導下，黑白「偏激分子」成立了「全國有色人種協進會」（NAACP）。其目的在以政治遊說和法律行動，中止種族隔離。此一組織與黑人教會密切關連，並受其財務支援，同時亦受白人金錢及律師之協助。在南方，教會通常是此種團體唯一的聚會之處，而在許多地方，協會領袖均是牧師（Morris, 1984: 15）。該協會支持反對學校隔離之奮鬥，終於在一九五四年最高法院的布朗對托皮卡（Topeka，譯按：堪薩斯州之首府）教育局之裁決中，獲得回報。此一劃時

杜包亞斯（W. E. B. Du Bois, 1868–1963）是一位美國史學家社會學家和行動主義分子。其早期的兩本著作為《非洲奴隸輸美的壓制》（1896）與《費城黑奴》（1899）。他在亞特蘭大大學期間（1897–1910），應用問卷與調查法，出版一系列前瞻性的社區研究。杜氏係美國有色人種協進會創始人之一，自一九一〇至一九三四年，任該會研究主任及「危機」雜誌編輯。是一位泛非運動的長期領袖，在其逝世前才成為迦納公民。

代之大事，確立了公立學校之種族隔離係違憲的原則。可是，改變進行緩慢。十年後，南方十一個州，近三百萬黑人學生中，僅有百分之一與白人學生同校上課（U.S. Commission on Civil Rights, 1976: 6）。

墨裔美籍之退伍軍人及其引以為榮的社區，成立了種種新的組織，如加州的社區服務團（Community Service Organization）及德州的政府爭議論壇（G. I. Forum），透過立法及政治行動，對抗種族隔離。墨裔美人的法律保障及教育基金會，運用訴訟幫助所有的少數團體。雙語教育經其遊說而成功。其後的種種活動，使最高法院決定非法移民之子女，有在德州接受公立教育之保障（O'Connor and Epstein, 1984; San Miguel, 1984）。布瑞南（William J. Brennan）法官寫道：

在我們的社會範圍之內，州希望製造一種文盲次階級，並使之長期存在的意向，很難正確了解。無疑的，會增加失業、福利，及犯罪之問題與代價……如果州拒絕給予一羣個別的無辜兒童自由的公共教育，而卻給予居住本州內其他兒童自由的公共教育，則此種拒絕，必須顯示可以促進該州之實質利益，方為合理。而此處卻看不出有此實質利益。（102 S. Ct. 2382, 2402, 1982）

一九六一年，自由
的黑人乘客，焦慮
地注視帶有敵意的
白人羣衆。

許多社會科學的研究，支持布瑞南的意見，並强調隔離與歧視對於少數團體本身及整個社會之反功能（ dysfunctions ）。

(四) 抗議

現代的抗議活動，應從個人抗議的脈絡中去了解，在美國歷史中，它是一種週而復始的問題。在內戰之前，楚絲（ Sojourner Truth ）可說是這方面的英雄人物（見選文 8-1 ）。一個世紀之後，少數團體與白人自由分子，對於法律行動之進步緩慢，無法容忍，轉而從事公然抗議。一九五五年，阿拉巴馬州蒙哥馬利市的公車杯葛活動，由當地抗議組織及教會牧師組成，旨在「讓

黑人知道，大衆運動的策略與戰略⋯⋯遠比『全國有色人種協進會』的合法方法更快」（ Morris, 1984: 38 ）。

當全國有色人種協進會，持續以法律行動對抗在居住及公共設施方面的歧視之際，另一個組織——種族平等議會（ Congress of Racial Equality ，簡稱 CORE ）從事種種革新工作。一九六〇年代初期的「自由乘車」（ freedom rides ），考驗最高法院規定州際運輸不可有種族隔離之裁決。種族平等議會主要負責推動非暴力的直接行動，以作爲一種民權的策略，但在整個南方由金恩（ Martin Luther King, Jr. ）領導的南方基督敎領導聯盟（ Southern Christian Leadership Conference，簡稱 SCLC ），為非暴力的大眾對抗，開闢一個新的紀元。由於教會牧師的領導，「其與兩個持久的黑人社區機構——全國有色人種協進會及教會——密切關連」（ Morris, 1984: 87 ）。金恩的感召型權威及南方基督教領導聯盟發動的數百次抗議活動，對於一九六四年的民權法案，貢獻匪淺。此法案禁止在學校、投票、公共場所及設施、法庭及就業等方面之歧視。一年之後，一九六五年的投票權法案，中止了教育程度的檢定，並使聯邦政府在南部各州派遣投票觀察員。

南方基督教領導聯盟，在投票人登記及其他種種抗議活動上的成功，可以下述事實直接測量：在一九六〇年，南部十一州中，黑人投票年齡登記只占百分之二十九，而白人則占百分之六十一。到了一九七〇年，黑人占百分之六十二，白人占百分之六十八。現在黑人與白人登記比例類似（見第六章）。

在現代美國史上騷亂最嚴重的十年當中，金恩呼籲非暴力與和解。任憑其懇求，全美黑人貧民區，仍有暴力及反越戰示威暴發。一九六四年的哈林區（ Harlem，譯按：位於紐約），一九六五年的瓦茲（ Watts，譯按：位於洛杉磯近郊）與底特律（ Detroit ）發生了搶劫、縱火、擲石頭、射擊、受

傷及死亡等事件。暴動引起白人對於黑人生活情況及黑人忿恨與絕望力量之重視。

當全國注意力集中在黑人民權運動之際，墨裔美人變得更加凶狠好鬥，對於現有組織益加不能容忍。到了一九六〇年代，一個與美國及其制度相認同的「墨裔美人的一代」，由「奇卡洛的一代」所取代，強調自己的文化遺產及政治自決。（ Alvarez, 1973 ）

查維茲（ Cesar Chavez ）及全國農工協會（ National Farm Workers Association，後來變成美國農工聯盟），在墨裔美人的民權運動中扮演領導角色，與金恩及南方基督教領導協會，同出一轍。查維茲領導一次長期而且充滿火藥味的罷工，以對抗加州的葡萄園主人及投機商人，成為廣大社會運動的一次團結象徵。主張對抗的農工聯盟、墨裔美人青年協會，以及墨裔美人學生聯盟，在都市及大學校園尋求支持，強調民族自尊心，並主張，「一個人保持其極大程度之民族遺產，仍不失為一個完整的『美國人』」（ MeLemore and Romo, 1985: 23 ）。

美國少數團體對於奴隸制、徙置、征服、殖民化及排斥，一一容忍。但到了二十世紀中葉，未被同化的少數團體，在其文化遺產中發現了新的自尊和

忠心，並發展出政治力量，要求其被接受。他們拒絕同化，在傳統印象中，美國是一個大「鎔爐」，努力追求**多元論**（pluralis），即不同團體可以在同一社會之中一起工作，共享報酬。

文選 8-1

自由女性楚絲

Source: Based on Hertha Pauli, *Her Name Was Sojourner Truth* (New York: Avon, 1962); and Miriam Schnier, ed., *Feminism: The Essential Historical Writings* (New York: Random House, 1972).

美國的奴隸制，是對人格的一種制度性侵害，但有些奴隸發現，克服奴隸制的壓力以追求自由，不僅為自己，也是為別人。惟此種人寥寥無幾。部分原因在於大多數的奴隸均為文盲。由殘留文獻中展現的英雄人物，其中之一是生於一七九〇年代紐約州阿爾斯特郡（Ulster County）的楚絲（Sojourner Truth）。她是文盲，但卻為其時代與歷史留下了不朽的一頁。

楚絲的前半生，眾人皆知其奴隸名字為依薩白拉。十歲以前即離開父母，十三歲以前便有三位主人。最後一位主人杜蒙特（Dumont），擁有楚絲達十八年之久，並選擇一位奴隸與之「婚配」。杜蒙特保證在紐約州的全部奴隸恢復自由的前一年，使她獲得自由，但當她要求釋放文件時，杜蒙特決定再留她一年，因為她生育一子，使他蒙受種種損失。為了彌補此等損失，她一直等到羊毛紡畢和秋收工作完成，才與她最

小的孩子逃往他鄉。第二天杜蒙特找到她時，由收留她過夜並主張廢除奴隸制度的家庭，為她尚未完成的服務工作付給杜蒙特二十元，另為她的孩子付了五元，然後才將她們釋放。

她甫自解除奴隸身分，即訴諸法律，使其另外一個兒子自阿拉巴馬州的一個農場獲得自由；後來在紐約作女傭。她是第一位贏得誹謗知名白人官司的黑人。此案涉及到許多宗教醜聞，並有兩本書加以報導——一本書粗魯地罵她，另一本書支持她——且意外地使她在獲得自由之最初幾年，得以充分就業（Pauli, 1962: 11 ）。

宗教控制她一生，後半生以索瓊納·楚絲為名，周遊全國，到處演講與佈道。她把聽眾視為「子女」，她說他們均是上帝的子女，而她年事稍長，可以作他們的母親。在內戰之前，她的聽眾幾乎全是白人，她常常談到廢除奴隸制度。黑奴解放之後，她敦促自由的黑人，要抓住戰爭為他們贏得的一切。

她為廢除奴隸制度，一生不餘遺力，但也為女權主義奔走呼籲。她是出席一八五○年第一屆全國女權大會的唯一黑人女性。一八五一年，她在俄亥俄州亞克朗（Akron）婦女大會上，發表了女權主義文獻中最動人的演講之一，其中部分如下：

孩子們，什麼地方喧鬥不休，必定是發生了問題。我想南方的黑人與北方的婦女都在談論權利，而白種男人必將很快進退兩難，陷於困境。但在此要談的一切是什麼呢？

那邊的一位男士說，女人上車需要幫助，過溝需要攙扶，處處受到最好之待遇。但從來沒有人扶我上車，或攙我過泥濘四濺的路面，或給我任何最好之照顧。難道我不是女人嗎？看看我，我耕田、種植、收割、搬進穀倉，沒有一個男人超過我！我不是女人？我能像男人做的一樣多，吃的一樣多——我做到了，還要被鞭打！我不是女人？我生了十三個子女，幾乎均廉價出賣為奴，當我對母親的不幸大聲埋怨時，除了耶穌之外，誰也沒有聽到！我不是女人？（Schnier, 1972: 94-95 ）

大約十五年後，在黑人選舉權成為主要爭議之時，她說：

我聽到許多黑男人爭取權利的事，卻沒有一句話想到黑女人……我要女人有她們的權利，大水來時，我抵擋。既然黑男人如火如荼地爭取權利，而黑女人爭取權利亦

正是時候。……你從未要求每件事
而喪失任何事。如果你以女人爲投
票之餌，釣到的一定是黑男人。
（Pauli, 1962: 220-21）

黑奴解放之後，她從事自由黑人的
福利工作，並四處活動，使政府將西部
的土地讓與黑人，如此黑人的經濟方可
自立。她教導從前在農田工作之奴隸各
種家事技巧。當她們的子女被綁架到馬
利蘭州（Maryland）時（此州對於
廢除奴隸制度，尚在法庭爭辯不休），
她敦促驚慌不已的母親，爲找回她們的

子女，發誓奮鬥到底，就像她自己在許
多年前的作爲一樣。

內戰結束之後，華盛頓的大衆運輸
工具對黑人採取隔離措施，但從前的奴
隸，很少願意以身試法。楚絲決心對此
挑戰，在她到該市訪問時，抓住每一個
乘車的機會。有一次，一位車掌把她推
下電車，使其肩骨脫臼。

即使到了老年，楚絲依然爲廢除種
族隔離，努力不懈。她永遠堅持她的權
利。終其一生，這位一度爲奴隸，後爲
自由人的十九世紀最現代的婦女，均爲
改變體制而奮鬥。

第四節
多少平等？

美國種族隔離與歧視的痛苦體制，
於第二次世界大戰之後解體，而於一九
六〇年代之初全面崩潰。連串的行政命
令和民權法案，對於就業方面的歧視結
構，當頭棒喝，予以痛擊。一九六三年
的立法章程，規定同工同酬。詹森總統
在一九六五年下達行政命令，要求所有
與政府簽約的商人，採取**肯定行動**

(affirmative action)，消除就業方面
的歧視。一九七二年成立的就業機會平
等委員會（The Equal Employment
Opportunity Commission），負責確
立目標和時間表，以消除種族、民族及
性別在所得方面的歧視。這些政策的主
動精神，改變了團體之間關係的氣氛，
並拋下了一個肯定行動需要什麼的爭論
問題。它是說對於過去選擇雇用之歧
視，應採取措施加以補償嗎？

彼一問題尚未有肯定答案，許多白
人對此政策抱怨不已。他們認爲，(1)對
少數團體優待，會使歧視逆轉，否定了

非少數團體的平等機會，(2)以專長作為雇用和擢升的普遍原則，將遭受打擊。此等態度一直揮之不去：在一九八〇年的一項民意調查中，被訪問的白種成人，百分之六十以上認為，優待黑人並非公允之舉（Kluegel and Smith, 1982：520）。最高法院於一九八九年的判決，加強了反對「肯定行動」的力量。本節在評估少數團體的情況改進到什麼程度，政府對少數團體的障礙消除到何種程度。

表 8-3 指出近幾十年來，美國種族及民族組合的改變情況。自一九六〇年以來，西裔的人口（祖籍墨西哥者居多）比例增加一倍。表的「其他」一欄包括日本人、中國人、菲律賓人，及來自東南亞的人口集團，尤其是越南人，是異質性高、成長快速的一類。黑人增長逐漸遲緩，而白種人口的比例減少。從人口可以透露出，美國於下一世紀的某一時期，白人在數量上也許會變成少數團體。

一、美國的黑人

美國黑人在政治、教育、職業，及收入方面，雖未能與其他種族絕然平等，卻有極大的收穫，但種族不平等，依然是美國社會的一種明顯特徵。自一九八〇年以來（見第七章），黑人的所

表 8-3　美國人口的種族與民族組合 1960-1987（百分比）[a]

種族— 民族類別	1960	1970	1980	1987
白　　人	84.7	83.0	76.7	74.3
黑　　人	10.5	11.1	11.7	12.2
西裔美人	3.8	4.5	6.4	7.5
其　他[b]	0.9	1.4	5.2	6.0[c]

a 各行並非永遠為百分之百。
b 主要類別：美國印地安人、日本人、中國人、越南人、菲律賓人。
c 預估

Sources: Bureau of the Census, *General Population Characteristics: U.S. Summary* (1960): 1-444 (1970): 1-262 (1980): 1-20, Table 38; *Statistical Abstract* (1988): 17, Table 20; *CPR*, P-20, No. 416 (1987): 2.

得及教育程度，與白人比較並未改進。就業機會平等政策，也未能使之平等：「一九八二年，在全部就業的黑人男性中，大約百分之三十擁有白領工作；約與第二次世界大戰前白人擁有此等工作之比例相同。因此，黑人男性的職業成就，比起白人男性落後四十年」（Farley, 1984: 195）。黑人男性的失業率，最少是白人男性的兩倍。一九八八年，百分之十的黑人男性失業，但白人男性失業者，卻只有百分之四（BLS, Employment and Earnings, 36, 1989: 45）。與白人的家庭所得比較，黑人家庭的收入稍有增加。黑人家庭在中數所得（median income）方

面，已稍有改善，從一九五九年為白人所得的百分之五十二，增到一九八七年的百分之五十六（CPR, P-60, No. 161, 1988: 4）。如第七章所顯示者，黑人貧窮，依然普遍。自從一九五九年以來，黑人與白人之貧窮發生比率，幾乎永遠為三比一，無論是在兒童、成人或老人皆如此，「對於使黑人經濟進步者而言，是一種諷刺」（Cotton, 1989）。

在政治方面，黑人登記投票人數極多，其在政治職位與影響方面，均有所獲。一九六二年黑人眾議員有四位，一九八七年有 23 人；一九六二年黑人州議員有 52 人，而一九八七年，幾近 400 人。一九七〇年，黑人在市與郡擁有職位者 719 人，一九八七年則有 3,949 人（Darcy and Hadley, 1988: 632; Statistical Abstract, 1988: 247）。在一九八〇年代末期，亞特蘭大、巴地摩爾、伯明罕、芝加哥、克里富蘭、洛杉磯、紐瓦克、新奧爾良、費城、里奇蒙、維吉尼亞，以及華盛頓等市之市長，均為黑人。而賈克遜（Jesse Jackson）牧師是第一位有志問鼎白宮的黑人。

在南方及全國中小型都市中，大多數學校均已廢除種族隔離政策，但在北部大都會中，黑白學生仍各有自己的學校，「正如『隔離但平等』原則實行之時所表現的」（Farley, 1984:199）。自一九七〇年以來，西部及西南部各大都市的居住隔離已有減少，但在別處依然如故（Massey, 1987）。幾乎有半數的美國黑人，住在二十個都市之中，仍被繼續地高度隔離（Denton and Massey, 1988）。無論其教育程度或職業成就如何，他們仍不能將其社會經濟成就，轉移到較大的居住整合之上。因此，「中層階級黑人被迫居住的鄰里，比起階級背景類似之白人，品質相去甚遠」（Denton and Massey, 1988: 814）。

縱然黑人比一九六〇年代及七〇年代的景況富裕，但其與白人比較，仍嫌不足。「不論社會階級、婚姻狀況或年齡如何，黑人比白人在生活上的滿足較少，不相信他人，一般的快樂少，婚姻幸福少，而雜亂迷惘多，且不重視身體的健康」（Thomas and Hughes, 1986: 839）。

白人偏見性的刻板印象，或已減少，但對於種族之間的互動，依然有所曲解：

佛蒙特（Vermont）州的一位黑人副警長皮爾斯（Ronald Pierce），押解一位白人凶犯到法庭應訊。依照正常程序，他把犯

人的手腕與自己的銬在一起。到了法庭，鬆開犯人的手銬。「他甫鬆手銬，一位白人州警即將皮爾斯的雙手撤在背後加上手銬，接著就是一場混戰。一位法庭書記，急忙趨前告訴州警，他是皮爾斯警長不是犯人，一場風波瞬即平息。」（Randolph, 1987: 46, 48）

公共政策對於黑人的人口組合，和改進全體黑人狀況之所需，看法過分單純。全國性的計畫，並未考慮少數團體人口中之極大歧異。一般而言，它們「爲少數團體人口中，訓練好、才能高、教育優的部分，創造良機——他們是以往歧視負擔下受損失最少的一羣」（Wilson, 1987: 113-114）。因此，自一九六〇年代以來，黑人平均獲得，遮蓋了黑人的經濟與社會的兩極化。文選 8-2〈威爾遜：眞正的不利者〉中指出，在都市及市郊中黑人中層階級之成長，對於都市中黑人貧窮者之削弱，有其始料未及之影響。

二、次大的少數團體

黑人人口接近三千萬，是美國最大的少數團體，但如果現在的趨勢不變，大約二十年後，西裔美人人數，即可超過黑人（Exter, 1987: 38）。西裔之美洲移民人數衆多，出生率高，一九八年接近二千萬，約爲一九七〇年的兩倍。大約百分之六十二的西裔美人爲墨西哥籍，百分之十三是波多黎各人，來自中南美洲者約占百分之十三，而古巴人則占百分之五（CPR, P-25, No. 431, 1988: 1）。將西裔美人與白人或黑人加以比較，墨西哥人、波多黎各人，以及古巴人的不同歷史與環境，不應疏忽。在這方面，他們有著共同之處，然而都須應付他人的偏見。在一九八二年的一項全國調查中，百分之三十四的受訪者認爲，墨西哥人對「美國有害無益」，百分之四十三的人說波多黎各人如此，而百分之五十九的人說古巴人如此（Moore and Pachon, 1985: 8）。

表 8-4 扼要說明西裔團體中，許多主要社會指標之差異。諷刺的是，在調查中被認爲最不利於美國的古巴人，其在所得、教育，及職業方面，與總人口最爲類似。許多於一九六〇年代移民美國的古巴人，屬於中層階級，而且教育良好。他們來時攜帶金錢，並有一技之長。比起其他之西裔團體，家庭可能更完整且子女不多，有兩位或多位家庭成員從事工作。根據目前的趨勢，不出幾年，他們的中數所得即可超過總人口的中數所得（Schwartz, 1988）。

在社會經濟的測量上，波多黎各人

表 8-4　　美種族與民族團體之社會指標，1987 年

	黑人	波多黎各人	墨西哥裔美人	中南美洲人	古巴人	美國總人口
失業比率	15.1	11.0	11.7	7.9	5.5	7.0
經理或專業人員比率	14.6	12.8	8.8	10.0	19.0	27.5
中數家庭所得	$17,604	$14,584	$19,326	$22,246	$26,770	$29,458
貧窮線以下之家庭比率	28.0	38.1	24.9	18.7	13.3	13.6
中數教育程度（25 歲以上者）	12.3	11.1	10.6	12.2	12.3	12.6
中數家庭規模	3.6	3.6	4.1	3.7	3.3	3.2

Sources: CPR, P-20, No. 416 (1987): 1-7; *Statistical Abstract* (1988): 427.

在黑人之下。墨裔美人在某些指標上，位居古巴人與波多黎各人之間，而在其他指標上，則在其下。最近之移民大多從事職業與所得低的工作，這些新移民使整個西裔團體之平均家庭所得，爲之降低。

波多黎各人是表列團體中最爲貧窮者。其地位低落的原因，在於家庭結構與貧窮之間的關係，第七章已有論及。波多黎各的家庭，極可能以女性爲家長。在波多黎各，傳統的家庭是窮人力量的憑藉，而在美國則已崩潰，家庭的失敗帶來了青少年輟學、少女懷孕，及濫用藥物的極高比率（Fitzpatrick, 1987: 12–13, 97 ）。

因有黑人先例可援，西裔美人在邁阿密、聖安東尼（San Antonio），丹佛等市，均顯示出其政治力量，這些都

市之市長均爲西裔美人。西裔美人出動投票之人數日增，在民主黨中的影響力日大；他們有支持西裔候選人的傾向，並以一種全國性的政治力量展現於世（Garcia et al., 1985: 188–189 ）。一九八八年，120 位州議員爲西裔美人，在市政府任職者，計 1,106 人。一九八九年，有十位國會議員和佛羅里達州州長爲西裔美國人（*National Association of Latino Elected Officials*, 1988; Valdivieso and Davis, 1988: 13 ）。

三、亞裔美人

像西裔美人一樣，亞裔美人的來源不一，且依據其祖國與社會經濟地位，各有不同的歷史經驗。日本人、中國人，及菲律賓人在美國已有數代，成就

非凡。其他之人，尤其最近來自東南亞的移民，正自基層開始，拾級而上。

(一) 原有的亞洲人

在十九世紀末期，以農場勞工身分抵達美國的許多日裔美人，現在夏威夷和美西太平洋沿岸，已成了自營農人、承包園丁、漁民以及小商人。他們與經濟成長的地區，很快地加以整合，建立起穩定的家庭單位（ Broom and Kitsuse, 1956／1973: 11 ）。一九三〇年，日裔青年入學之百分比較本地白人為高，且自一九四〇年以來，他們達到的教育標準，亦較任何其他之美國團體為高。除了越南人之外，所有亞裔美人團體之男性，高中畢業之比率與白人相等，或略高一籌。亞裔美人的中數教育程度為大學畢業（ Gardner et al., 1985; Hirschman and Wong, 1981, 1986 ）。只占美國人口百分之二稍多之亞裔人口：

在大學入學的智力及性向測驗（ Scholastic Aptitude Test ）方面，數學一科的平均成績，為包括白人在內的任何民族團體所不及；一九八四年，高中生西屋科學才能獎（ Westinghouse Science Talent Search ），四十位準決選者中有九位是亞裔，而一九八五年有七位；一九八四年亞裔進入哈佛大學者，占新生的百分之十一，進入普林斯頓大學者占百分之九，而進入柏克萊加州大學及加州理工學院者，各占百分之十九。（ Gardner et al., 1985: 24 ）

由於統計對於亞裔美人之過分宣揚，遂引起主要大學之關切，有些學校以非正式配額，限制亞裔美人在大學部之入學。

原有之亞裔美人，在工作界之表現，亦可圈可點。他們在專業及技術方面之就業率極高，整體的失業率極低。原有亞裔美人之社會經濟成就，普遍以其文化背景解釋之：如工作勤奮、抱負高、能控制衝動、可靠、有禮貌、節儉（ Kitano, 1969: 76 ）。這些價值加強了「極大的父母壓力與支持，以及其他民族團體所缺乏的紀律表現」（ Gardner et al., 1985: 26 ）。

(二) 新的亞洲移民

一九六〇年代的一項自由化移民法，廢除了國籍配額制，支持家庭團聚，及美國所需技工的優先政策。新法通過之後，亞裔移民激增。一九七五年越戰結束，亞洲移民加速湧進，顯示出移民來源與類型有了改變。緊接著的十年之間，有七十多萬東南亞人，其中多

數是來自越南、高棉，及寮國的難民進入美國。到了一九八五年，美國有一百多萬東南亞人，和一百萬菲律賓人、一百萬中國人及七十五萬日裔美人比較，爲數可謂不少。今天，亞洲人是美國增長最快的民族團體。

最近的中南半島難民——其中許多是「船民」（ boat people ），乃亞裔美國人口的新成分。他們的英語差、教育程度低、都市職業經驗少，對於西方文化欠缺認識（ Gardner et al., 1985: 34, 38 ）。抵美之際，幾乎三分之二的成年男性不諳英語，在美國一年之後，有三分之二的家庭處在貧窮線以下。然而，百分之四十的成年人上英語班，有三分之二以上曾經接受語言課程。貧窮家庭的比例，隨著在美的居住，逐年減少（ Caplan et al., 1985: 27 ）。顯然地，越南人有著其他亞洲人勤奮努力之特性。

四、美國印地安人

在所有的美國少數團體中，印地安人有最含混、最不同，且在許多方面最爲沮喪的問題。奴隸制的遺毒和長期的歧視行爲，白人與黑人均認爲是一種負擔，所以雖然嫌遲，雖不經心，可是融聚一種全國共識以補救過去對黑人壓迫所造成之目前後果，誠屬可能。然而美國印地安人的困境，卻不能如此順利解決。他們在許多不同環境中對抗許多不同之敵人，有長達五百年的血淚史。美國印地安人的文化分歧，社會組織的形式不一，其中有些足以抵抗外來的強大壓迫，但多數無能爲力。

土地所有權之爭，持續不已。雖然，現在的法律或對原主人的後代有利。美國與加拿大的印地安人及澳洲土人，在法庭上均能成功地向政府挑戰。他們辯稱，當年的土地價格，微不足道，而是使用武力或違法行爲奪取的。他們索回數代以前被奪土地之報酬。他們也成功地保持礦場、漁業及林業的權利，並達到保護聖地的目的。

當首批歐洲探險者抵達北美之際，印地安人有一百多萬。四個世紀後的一九○○年，大約只有二十五萬人（ Tyler, 1973: 234 ）。現在人口已經回升，但就遺傳、文化，及社會而言，確實是一羣與眾不同的族羣。

印地安人的歷史，是一部長達數世紀、種種事件的不解之迷。北美的原居民，有其特殊之語言與文化認同，有時尚能擴大成爲一種社區感。但他們自始就未組成團結一致的政治單位。其成爲種種政治部落，乃在對歐洲人侵入加以反應的結果（ Cornell, 1988 ）。

目前的部落，大約是由涵化的團體

（acculturated groups）所組成，或多或少自主流的美國社會中被孤立。大多數的保留區生產力薄弱，許多居民因失業而貧窮。在許多保留地區內，大約有一半，甚至一半以上的勞動力，投閒置散。在一九八〇年人口普查中，美國印地安人超過一百五十萬，但此數字無疑地大約低估五十萬。美國印地安人的出生率高，死亡率亦高。大約有半數住在保留區內，或近保留區而居。因此，由美國內政部印地安人事務局掌管。保留區之環境貧乏，在此種貧乏地區為大社會中之生活作準備，自然不足，故也不能阻止印地安人離開保留區到都市尋找工作或活動。在都市之中，他們遇見來自其他部落的印地安人，於是在不同文化源流之中，達成一種廣泛的認同感。

在美國印地安人的政治生活之中，泛印地安運動（pan-Indian movement）可能會成為主要議題。這並非是說各部落單位願意聯合以追求共同目的。有些部落，諸如霍皮族（Hopi）和納瓦侯族（Navaho）處於直接競爭的狀態，利益衝突防礙了具體的聯合行動。可是，許多印地安領袖相信，如果他們在對付州及聯邦政府方面採取聯合戰線，便可達成他們的大政治目標，至少可以提高全體美國印地安人的健康、教育及生活水準。

土著美人的一項聲明

威爾遜：
真正的不利者

Source: Abridged and adapted from William Julius Wilson, *The Truly Disadvantaged: The Inner City, the Underclass and Public Policy* (Chicago: University of Chicago Press, 1987) pp. 56–62. By permission of the author and the publisher.

經濟成長、黑人抗議、民權立法，以及肯定行動，使許多黑人的教育及職業得以流動。可是，大多數的黑人，並未因此改變而獲益。在反歧視之立法如火如荼的發動與強制實行之際，一羣黑人下層階級（under class）依然身陷都市的貧民窟中。威爾遜（William Julius Wilson）指出，雖然若干黑人的成功，使他們離開了貧民區，而他們留下的，不僅是一羣同族的、貧窮的、教育不足的人，沒有主要的角色模範，而且社會制度已失去其根本基礎。

❋ 集中與隔離 ❋

都市內區的社會蛻變，將大多數貧窮的都市黑人集中在一起，其所造成的社會環境與數十年前的貧民區，迥然不同。貧苦的黑人，經常發現被孤立在貧窮的都市鄰里之中。另一方面，貧窮的白人很少住在此種地區。在所有的窮白人之中，只有百分之七住在五大中心都市的赤貧地區，相形之下，有百分之三十二的西裔窮人和百分之三十九的貧苦黑人，住在此等地區。

住在都市內區貧窮鄰里極度集中的居民，與都市中的窮苦白人，甚至與早幾年都市內區的黑人不同的是，他們很

少與有穩定工作經驗，和幾乎不與福利及公共救助牽連的人相來往。他們也不與都市貧民區以外，或市郊之朋友或親戚有所接觸。這種與中層及勞工階級家庭接觸的缺乏，把貧民窟之窮人自主要之制度中加以孤立。此種社會孤立的結果爲何？

都市內區的孤立，使個人很難打入工作的網絡。即使在接近或在都市內部鄰里有工作空缺，因貧民窟的居民與工作網絡毫無接觸，而住在貧民區之外的人，可能首先獲得工作機會。由於就業前途暗淡，其他之方式，如福利與地下經濟，不僅依賴日甚，且視爲一種生活方式。

都市內區的社會孤立，對於發展良好的工作，頗爲不利。種種之行爲模式，如遲到、曠工、工作敷衍等，與公司例行的或穩定的工作行爲，迥然不同，例如，鬧鐘一響就起床的習慣。在多數家庭至少一人有穩定職業的鄰里，正常的就業規範和行爲模式，乃一般社區文化的一部分。相對之下，沒有幾個家庭有穩定職業人員的鄰里，則偶然的或少見的工作規範與行爲模式普遍。不與正常就業者來往的人，自我表現無模範可資借鏡，故可能遲到或曠工，且可能很快被解雇。大多數的都市內區工作，仍有疏離存在，即使有長期而穩定

工作之人亦然。無吸引力的工作和缺乏加強穩定工作的社區規範，增加個人轉入地下非法活動或懶散怠惰的可能性。

因爲兒童很少與有工作的人互動，或與有負擔正常生計之人的家庭來往，故不了解學校教育與學後就業之間的關係。因此，在主要的經濟之中，工作方面所需之教育與工作技能之發展，受到不利的影響。教師倍感挫折而不願意教，兒童則不願學，造成家庭、社區，與學校之間的惡性循環。其結果從都市內區就學的數字可以明顯地顯示出來。例如一九八〇年，在芝加哥公立學校九年級註冊的學生計 39,500 人，只有18,500 人（或占百分之四十七）於四年後高中畢業；其中只有 6,000 名學生之閱讀程度，達到十二年級的水準。

※「社會緩衝」※
中層階級與勞工階級家庭退出貧民區，對於教會、學校、商店、娛樂設施，以及志願結合等鄰里之基本制度，均有不良作用。這些制度爲對抗都市內區之頹敗，提供了一種「社會緩衝」（social buffer）。穩定而有經濟安全的家庭流失，影響所及，使這些制度再也無法滿足貧民社區之需要。貧民區失去了提供主要角色模範的勞工和中層階級家庭，這些家庭可幫助人了解到教

育的目的，使人願意就業而不靠福利，
如此，家庭穩定是正常的，而非例外。

在貧民區的青少年居住的鄰里有勞
工及專業家庭時，他們也許看到了無業
和疏懶，但他們也目睹了許多有正常工
作的人。他們也許察覺到退學者日增，
但他們也可看到教育與重要職業之間的
關連。他們看到了單親家庭，但也注意
到許多已婚的夫婦家庭，他們也許注意
到福利之依賴，但也看到無須靠福利過
活的家庭。他們也許意識到犯罪，但也
認識無犯罪行為的鄰居。簡言之，貧民
區的中層和勞工階級家庭，可作為一種

社會緩衝。

結　論

民權運動與詹森總統的大社會
（ Great Society ）計畫，為向上流動之
黑人中層階級創造了各種契機，而在以
知識為重之白領工業方面，為貧民區留
下種種新的機會。同時，由於藍領工業
中的工作式微，為教育不足之黑人留下
的傳統低層工作機會，正在消失之中。
窮人、失業者和依賴者被拋在後頭，而
老鴇、毒販、惡棍取代了工作的父親，
成為青年男子的角色模範（ Kasarda,
1988 ）。

主要名詞

涵化 acculturation
同化 assimilation
民族團體 ethnic group
偏見 prejudice

肯定行動 affirmative action
殖民主義 colonialism
少數團體 minority
種族 race

種族隔離 apartheid
歧視 discrimination
多元論 pluralism

補充讀物

Adam, Heribert, and Kogila Moodley. 1986.
*South Africa Without Apartheid: Dis-
mantling Racial Domination.* Berkeley
and Los Angeles: University of Califor-
nia. A discussion of the prospect for
peaceful reform, political pluralism, and

participation involving all groups in
South Africa.

Bean, Frank D. and Marta Tienda. 1990.
*The Hispanic Population of the United
States.* New York: Russell Sage. A de-
mographic and sociological survey of

the major Hispanic population groups.

Farley, Reynolds, and Walter R. Allen. 1987. *The Color Line and the Quality of Life in America*. New York: Russell Sage. A comprehensive comparison of the status of black and white Americans as well as their internal diversity.

Fitzpatrick, Joseph P. 1987. *Puerto Rican Americans*. Englewood Cliffs, N. J.: Prentice-Hall. An overview of the poverty and social problems of rural Puerto Rican migrant families in mainland ghettos.

Mclemore, S. Dale. 1983. *Racial and Ethnic Relations in America*. Boston: Allyn and Bacon. An examination of intergroup processes and the history of ethnic groups in the United States.

Schuman, Howard, Charlotte Steeh, and Lawrence Bobo. 1985. *Racial Attitudes in America: Trends and Intepretations*. Cambridge, Mass.: Harvard University. An examination of survey findings in the context of political, economic, and social changes to show how attitudes toward blacks have shifted.

Snipp, C. Matthew. 1989. *American Indians: The First of This Land*. New York: Russell Sage.

Wax, Murray L. 1971. *Indian Americans: Unity and Diversity*. Englewood Cliffs, N. J.: Prentice-Hall. An assessment of the historical and contemporary forces that dispossessed and weakened Native American socieities.

Wilson, William Julius. 1987. *The Truly Disadvantaged: The Inner City, the Underclass, and Public Policy*. A discussion of the social processes leading to the isolation and entrapment of ghetto blacks, with suggestions for new public policies.

第九章　大分界：年齡與性相

妮莎（ Nisa ）是工山族（ Kung San people ）的一名婦女，一九二○年左右，生於非洲南部波札那（ Botswana ）的喀拉哈里沙漠（ Kalahari Desert ）。十二歲時，妮莎的父母將她許配給一位長她數歲的男孩，但她拒絕成婚。她覺得肩負婚姻的責任，尚嫌年輕，要求保持童年的自由。小屋已為這對年輕人搭好，成人迫其就範，但她仍不接納她的丈夫和作妻子的本分。雖然許多工山族婦女年少出嫁，她則堅持大約十五歲才結婚，同時開始參加採集野外食物的行列──這是婦女提供最多的工族食物（ Shostak, 1981 ）。

妮莎的生活，說明了與當代的西方觀念，及年齡與性相（ gender ）之社會安排的相似與對比。美國人認為，童年應該無憂無慮，所以妮莎及其家庭理應如此，但她對於童年何時方可結束的看法，與父母並不一致。美國的父母認為，子女與大人分離，相當不可思議，所以法律禁止少年結婚，或從事酬勞的工作，除非是在管制的條件之下進行。在工族社會和當代的西方社會，成人對兒童具有權威，而兩個社會的兒童，均反抗成人的控制。在這兩個社會中，大多數的婦女嫁人為妻，但美國人則希望婦女去尋找婚姻，反之，工族婦女則儘量拖延出嫁。西方人對於工族婦女提供食物，驚訝不已，因為傳統的西方性相概念認為，供應食物的是男人，不是女人。

本章探討兩種普遍的社會分化形式：年齡與性相。姑不論一種文化所造成的其他社會區分為何，每一個社會均期望男女行為有別，每個社會均將生命廣度至少分成三個部分：童年期、成年期，與老年期年齡、性相，以及社會分化的其他形式，諸如種族與民族性，彼此交互作用，形成一種複雜的影響網，以致很難表達出一般團體的基本特徵。美國社會的少年在十七歲之前，大多在校就讀，並與父母同住，可以說是一種共同的情勢。法律禁止他們飲酒或投票。但少女在高中選讀的功課與少男不同，而白人少年比黑人同學更可能有上大學的計畫。因此，了解一個人的年齡，固可顯露出重要的訊息，但年齡本身只能說明部分事實。我們對於一個人站在大分界的地方了解愈多，則對其環境與生命情勢之了解，也愈完整。

本章第一節主要說明生命過程的基本結構，並追溯童年性格的改變史，作為與現代美國童年期與青年期的比較基礎。第二節探討成年期與老化過程。這兩節如第三章論社會化一樣，遵循著同一生命結構，但鑑於第三章強調社會能力與人格之產生，而本章重在不同年齡

如何塑造個人經驗，及形成部分之社會結構。第三節關係到基本性相之安排、性相如何從社會上產生，以及其社會的與經濟的影響。本章結論，將探討在生命過程的轉捩點上，性相與年齡之互動。

第一節
生命過程：
童年期與青年期

公認的年齡類別數，及與此等類別有關之權利與責任，隨著歷史而改變，在不同的文化之中，亦有不同。年齡與其他先賦之地位不同，它是一種過程，也是一種地位：地位是新形成的，也是先賦的。長壽的人年年安然，並在人生過程中，經歷社會上的各種各齡地位。生為白人男子，終生為白人男子。但如果他活到老年，則會經歷每一個年齡地位。因此，與其他固定在一生中之先賦地位不同的是，一個人的年齡地位，隨著歲月流逝而改變。本節探討生命過程的最初階段，第二節則討論成人階段。

一、生命過程

每個人於生死之間，都會經歷一個可以預測的種種連續階段，稱為**生命過程**（ life course ），由社會的及生物的特徵確定之。其中包括接受新角色和失去舊角色之連串轉變。為人配偶或父母，與開始一項新的工作，均是角色之獲得。配偶或父母的退休與逝世，涉及到角色之消失。就某種程度而言，角色獲得與消失，乃一體之兩面。一旦妻子過世，則其丈夫角色中止，鰥夫角色開始。一個角色與另一個角色相交換。在為人父母之後，男女獲得作父母的新角色，通常會與自己的父母發展出一種新關係，蓋在父母的家中，他們不再是孩子了。因此，無論一種改變涉及到角色的得或失，個人必須學習履行新的義務、適應新的環境，以及改變現有之關係。

(一) 與年齡有關之角色與地位

在現代社會中，生命過程充滿在童年、青年，和壯年時期得到的地位與角色，以及於生命末期所喪失的種種地位與角色（ Rosow, 1976 ）。個人在嬰兒期，社會功能不多，嗣後，獲得一連串之角色，每一項角色均能增加新的功

兩位美國社會學家為重要的調查探討，啟開兩個主要的研究領域：薄納（Jessie Barnard, 1903－）（上）是性相社會學研究的先驅，懷特（Matilda White, 1911－）（下）為年齡與生命過程之研究，另闢途徑。

能。他們變成學生、獨立的青年、雇員、配偶、父母等。在中年達到高峯之後，由於系列角色之喪失，社會功能日趨微薄。子女離家、事業終了、朋友與家人去世，一切種種不復以往。

順著生命過程之推移，個人賦予了種種新的地位。對大多數人而言，成年期是角色最稠密的時期，也是社會權力與聲望最大的時期。因為美國社會對於經濟所得與年輕誘力，予以高的價值，兒童與老朽便成了社會的邊際人。相形之下，他們既無權力而且脆弱，其人格特性所能得到之名譽，與青年人及中年人相比，自不可同日而語。

(二) 過渡禮

從一個年齡類屬到另一個類屬的轉變，可以逐漸為之或驟然而至；可以正式觀察或毫無感覺。當一個社會地位到另一社會地位之轉變，在一種典禮中表示之，便是一種**過渡禮**（ rite of passage ）（ van Gennep, 1908/1960 ）。出生與弱冠儀式、結婚、喪葬等，均是最普遍的過渡禮。在一項退休典禮中，或將責任傳給子女的儀式上，可以正式看到一個人老了。在傳統的日本文化中，慶祝儀式表示大約從七歲的幼稚期到青春期之轉變，這是兒童「被認為是人類社會成員」的最初階段，並且

開始「履行傳統的義務」（Norbeck, 1953: 374）。

凡此一切之社會標誌，均在提醒人正經歷一種地位改變。過渡禮通常有三種基本要素：(1)分離面，由此個人擺脫以前的地位，(2)轉換面，(3)結合面，以確認新的地位（van Gennep, 1908/ 1960: chap.2）。在典禮中，分離可能象徵個人以往的地位，如昨日死，而納個人於一種新的地位之上，則如今日生。儀式清楚的指出，舊的權利與義務業被拋棄，而新的則已獲得。

在傳統上，婦女出家做修女，其裝束須與常服不同，在集會場合舉行典禮，並宣誓堅守仁慈、持貧，俾使其與世俗生活永無瓜葛。這些動作，標明其與以往之地位一刀兩斷。在轉換面上，新修女頭戴荊棘冠冕，臉貼教堂地面，雙臂伸展，作耶穌釘在十字架狀，由此象徵其追隨耶穌基督，永遠虔誠。她融入了新的生活，按其職位，一身宗教裝束，接受祈禱者的正式歡迎，及其他修女之肯定。在現代社會中，此種完整的過渡禮已屬少見。

個人在生命過程中的按時改變，影響到社會對其如何認定，及其個人的經驗。當過渡禮準時進行時——即何時期望其表現並為社會接受時——對於直接有關之個人與他人，認為生命進程原本如此的觀念，便更加容易接受（Hagestad, 1986）。另一方面，即使是受歡迎的事，如生育子女，在生命過程中發生的過早或太遲——如少女懷孕，都常受到社會及個人的孤立。同理，如果他們覺得分離與死亡適得其時，則其傷痛便較易忍受：白髮人送黑髮人，比因年老而亡，更有切膚之痛。如果因為改變非時，而使過渡儀式省略，此種「不能同步」之痛苦，可能因為缺乏儀式提供的社會認可和再整合而加深。但不論階段的改變如何標示與控制，生命過程的性質，不僅受年齡轉變的限制，而且受每一個特殊年齡的社會內涵所規定。

二、何謂兒童？

乍想之下，對於「何謂兒童」這個問題的答案，自應不究自明：他們是些年幼的孩子，對於社會依賴較多之成員。無疑地，所有的嬰孩與幼童都有許多共同特質。由於先天的能力與反射作用，一個有適度營養和良好照顧的嬰兒，時機一到便會笑、牙牙學語、取物、坐、爬、走、說。嬰孩與幼童也有些可資識別的心理特質。在情緒上，嬰兒依附少數重要成人的需要，第三章已加討論。對於陌生人和新情況之恐懼，可能同好奇心及一探究竟之衝動，與生俱來。但從社會術語言之，何謂兒童？

(一) 童年的形象

無論全世界兒童在身體與心理上如何相似，各社會在界定或從社會上建構童年時，每各有不同。關於兒童的性質、兒童的能力、需要與責任，甚至童年期的長短等基本觀念，不同文化及不同時代，迥然有別。這些不同之觀念，便影響到「兒童」的社會地位。

1. 小大人　有些史學家相信，一七○○年之前的歐洲，童年期並未爲社會所認可。自七歲到十歲的年幼之人，仍被認爲是嬰孩，然後由嬰孩直接進入成年。

在中世紀社會，童年期的觀念並不存在，但此非暗示兒童受到忽視、遺棄或輕視。童年期的觀念與對童年特性之了解有關。兒童與成人有別，即在童年期之特殊性，甚至與年輕成人，亦不相同。中世紀的社會，對此有欠了解，此何以兒童一旦不需要母親、保姆、推搖籃的人不斷擔心而生活時，便屬於成人社會了。（Ariès, 1960/1962: 128）

成人與兒童一塊遊戲；每個人都玩跳青蛙、捉小雞、捉迷藏，及瞎子找人等遊戲；兒歌與猜謎不分年齡；十二歲與二十歲的學生一起讀書。十歲的兒童作成人裝束，並鼓勵其少年老成。他們逛酒吧，且在年紀頗幼之時，可能已有雲雨巫山之經驗。現在許多認爲早熟的人，彼時是正常現象。兒童犯法，與成人同罪。「在英國，遲至十八世紀……七歲女童因偷竊襯裙而處絞刑」（Tucker, 1977: 93）。

2. 小工人　確定童年期爲特殊之生活階段之後很久，兒童與成人間的區別，與今日美國人所定的方式，截然不同。例如，兒童與成人一起做大人之事，而工作常未按兒童的大小與力量予以減少。無論他們在家或在工廠做些計件或計酬工作，在農場幫忙或侍奉主人，照管羊羣或在礦坑埋頭苦幹，兒童工作的時間長而艱苦。一份十九世紀的報導，說明了幼年礦工遭受剝削之情形。

兒童被迫在地上爬，拖著鐵鍊的那種姿勢，倒像兩條後腿；他們必須爬過潮濕、狹窄，連普通排水溝都不如的通道。此種工作，須在難以忍受的氣溫下持續數小時之久。從工人們自己的證詞可知，此種工作異常艱難；腰帶把身體兩側磨起水泡，疼痛難當。「先生」，一位老礦工說：「我只能說母親們所說的，慘無人道，絕對慘無人道。」諾斯（Robert North）說：

「我七歲下礦坑。被腰帶和鏈子拉緊時，皮破血流……如果我們稍有怨言，即遭毒打。」（ Cooper, 1842: 49 ，引自 Skolnick, 1973: 348 ）。

今天，童工並未消失。兒童仍在做苦工，備嘗艱辛的做大人之事。一九七三年，聯合國國際勞工組織（ International Labor Organization ）規定，工人年齡最低為十五歲。可是六到十四歲之間的幼童，在許多國家仍然是「經濟活躍分子」，尤其以非洲與南美為然（ *UN Demographic Yearbook,* 1984: 503–515 ）。遍觀全世界，雇用兒童已司空見慣，惟官方統計不便記錄罷了。兒童工作時間長而報酬少，對童年及成年所受害處最大：兒童的無力感和依賴，而成人須為生活而操勞。在開發之國家，窮苦兒童擔負成人義務較中層階級或富有階級之兒童早。例如，他們可能輟學在家，於父母工作時照顧年幼弟妹。儘管法律反對童工，可是移民勞工的子女，有時與父母一起在田野工作。

3.童年情況不一 像今天的情形一樣，以往的童年經驗根據兒童的性別、社會階級、民族特性、居住地區而各有不同。雖然對於少女時期比少男時期知道的少，但傳統上，女孩所受之教育不

第三世界的童工

及男孩的多。維多利亞時代的（ Victorian ，譯按：指陳腐偽善的道德標準，和華麗藻飾之文藝風格）作家曾警告「教育對婦女健康與道德之危險」（ Smith-Rosenberg, 1978: 230 ）。對於女孩的監督比男孩更加嚴密，尤其以貞操受到重視的少女時期為然。女子可能比男子先達到社會成年期，而且結婚較早。

社會階級是童年性質的另一變動來源。貧家子女比富家子女較早開始工作。鄉村的兒童，只要能力所及，即與

父母並肩工作，以便獲得其長大後的工作知識與技能。在城鎮及都市之中，窮苦兒童則為學徒、做工或為人僕傭。隨著工業化的來臨，兒童在工廠與礦場有了新的工作。窮苦兒童及孤兒被送往貧民習藝所或賣入工廠之中（Stone, 1977: 472）。直到二十世紀，認為依賴期的延長是童年期的正常現象，此種觀念只有在上層階級中發現。對大多數人而言，其童年期比今天的童年期短而艱辛。

(二) 現代美國人的童年期

在過去的半個世紀中，由於對兒童身心發展知識之累積，不可能再將兒童視為小大人（little adults）。今天，在兒童心理學、兒童精神病學、小兒科以及教育等方面之專家，建立了一種發展兒童知識及照顧的工作。此外，設計滿足兒童需要的種種機構，如雨後春筍，各具專長。在這些機構中，最明顯而且最重要的就是學校了。其他機構有兒童圖書館、夏令營、主日學校，以及男女童子軍等。兒童生病治療時，有專門的兒童醫院或在綜合醫院之兒童病房。少年罪犯由特殊之法律及法院體系處理。少年犯與成人犯隔離，如屬可能，送往各別的矯治機構，或指定特殊之矯治計畫，以因應其特殊需要。

1. 兒童與學校　在改變兒童的生活方面，普及教育比任何其他之措施更為有效。從前教育只為少數人專有，而現在則是所有青年人的主要活動。直到十九世紀，只有精英家庭的子女才能上學。十九世紀中葉，五至十九歲的美國人，上學者不到一半，其學校小，僅有一位教師，即使上學的兒童，只偶爾到校上課，大部時間乃從事工作。除非一個家庭或社會富裕，否則不可能對於兒童的生產力，置若罔聞。今天，年在五至十七歲之美國少年，百分之九十以上在校註冊，且經常到校上課（CPR, P－20, No. 429, 1988: 5）。義務性的學校教育，使兒童逐漸擺脫對家庭生活所肩負之責任。但此種自由的另一面，是對少年尊重與自立的一項損失，他是一個經濟單位的重要分子。

對於一個工人需要有教育程度的工業社會而言，普及的學校教育是不可或缺之生機所在。也可使青年完全免於勞動，或限制他們做些待遇低的、兼差的工作，藉以控制勞工之流動。今天的兒童，大約從五到二十歲之間，其用在學校的時間比從事任何其他活動為多，唯看電視例外。兒童的歲月即學校歲月。平均言之，今天兒童在校時間，為百年前之兩倍（Bane, 1976: 15－16）。普及的、年齡級的教育，反映出對於兒

童特殊需要之現代看法。隨著兒童之身體、智力、及情緒發展階段以調整種種活動，對其助益匪淺。兒童沒有其他負擔，故可全心全力從事學習，而社會視此為兒童的主要義務和首要目標。

雖然學校應滿足兒童的需要，但卻限制其與大人的互動，也限制其直接學習其他年齡生活真相的機會。學校把學生從幼兒到成人皆加隔離，並將之分成年齡近似的小團體。雖然年齡分隔與種族隔離不可相提並論，但卻有類似之處。因年齡是必然的和天生的，所有兒童──不像種族的少數團體──終會因年齡增長而放棄隔離。種族隔離以犧牲少數團體見稱，而年齡隔離，意在對兒童及成人有利。但把兒童局限在各別的環境與活動之中，雖非有意壓制，卻能減少其學習能力，阻礙其獨立發展，直到適合兒童「成長」的成人社會為止。

2. 重視兒童　把兒童從成人生活中剔除，加深了兒童力不如人的觀念，致使他們不能做成人所做之事。

傳統上，童年期是一種無憂無慮、純係幸福快樂的時期……兒童〔相信是〕無須工作，而且不惜代價，恣情逍遙……。在美國，此種信念至少延長到結婚和就業。（Denzin, 1970: 13）

因顧及兒童無法規劃自己的生活，成人代行其事。故即使幼兒，亦置於極有結構的環境之中，對其日常作息詳加計畫，對其活動嚴加監督。許多人認為，如無成人指導，兒童會荒於嬉、毀於惰，一無所得。所以，學校的設立在阻止此種浪費，並保證兒童獲得長大成人時所需之紀律、技能與知識。但事實上，許多縱容性的童年活動，既非毫無價值，亦非毫無組織；反之，是兒童建立有秩序、有意義生活之重大努力。「兒童活動所涉及之大事，計有發展溝通之語言，在艱難的情勢下，展現並保護其社會自我」（Denzin, 1970: 14）。

在學校內外，兒童行動均有組織。他們從事的活動，常常需要極度的專心和許多的努力。在成人，類似程度的努力與執著，稱之為工作。大多數兒童上學時熟練之行動性技能，對於嬰兒而言，絕無可能：如使用湯匙、用杯喝水、站立與走路、扣緊皮帶和鈕扣、綁鞋帶──所有的行為，均牽涉到協調和持久的努力。殘障的成人欲再度學習此等技能，被認為是件大事。但一個兒童做類似工作之熱誠，卻不受重視（Holt, 1974）。

正如有些成人把兒童的活動看得微不足道一樣，他們認為，兒童的感情不

如成人的情緒重要。他們假定身材小、天眞無邪，和了無經驗的兒童，所有之情緒亦少；他們對兒童的痛楚不以爲然的說：「不痛，是嗎？」把兒童當作天眞無邪、無憂無慮的刻板印象，與某些兒童痛苦與悲傷之事實，並不相符。由年僅六歲或八歲兒童的自殺企圖，顯現兒童的情緒力量，不可忽視。

三、青年與青年期

在生理上，童年期的結束，即青春期（ puberty ）的開始，其出現較以往爲早。十八世紀中葉，美國少女初次月經的平均年齡爲十六或十七歲；一九〇〇年代之初，約爲十五歲；今天大約十二歲（ Coleman, 1975: 94; Lancaster, 1985; Laslett, 1971/1973 ）。少男亦較一八〇〇年代成熟爲早；今天青年的體型，比其父母或祖父母高大（ Gillis, 1974: 187－188; Tanner, 1971: 21-24 ）。可是，並未因其身體成熟而給予成人地位（ Brooks-Gunn and Petersen, 1983 ）。當代童年期的許多因素——年齡隔離、學校教育、經濟依賴——繼續限制青年人的生活，他們不再被稱爲兒童，然而尚未成人。

十九世紀的兩項革新，把青年向獨立的逐漸演化階段，改變到部分依賴和成長自立的曖昧階段。普遍的義務教育，使工人對新工作有所準備，在其他機構有所參預，例如工會或政黨。在社會日漸科層化以後，學校亦然。像教育一樣，童工法是一八〇〇年代末期人權運動的部分結果（ Kett, 1973 ）。改革者反對礦場與工廠榨取年輕人的勞力，遂提倡立法，使其免於粗重工作、長時間工作，以及不良的工作環境。最後，禁止年輕人從事一切有酬勞的工作。現代的青春期，即是在反應這些社會變遷而逐漸形成的，其中有許多尚在持續童年期的社會目標。

(一) 青年期的概念

青年期（ adolescence ）一詞，於一八〇〇年代末期始普遍應用（ Hall, 1904 ），與現在的中學時期十分相近，約從十二歲開始，到二十歲之前結束。小學四到六年級之兒童是「少年」（ preteens ），而高中畢業生是「青年」（ young adults ），即使上大學也由父母資助，放假便回家。青年期的結束，可從離開學校、單獨駕車、婚姻自主、投票、飲酒，以及對犯罪行爲完全負責等權利表示出來。除了投票之外，此等特權與責任之開始年齡，各州不一。因此，青年期結束的法定標誌，並不是特定的年齡。

像兒童一樣，青年期的重要工作在學習。美國人認為，健全的心理發展，需要對於青年期的種種工作不斷關注，而年輕人不能對此有所分心。現代的中層階級文化主張，年輕人在形成一貫人格及獲得技能與知識的青少年期間，應該加以保護。

(二) 青年期的衝突

青年期的許多痛苦與家庭壓力有關，包括離婚與財力拮据。近三十年來，美國青少年的自殺率與離婚率密切相關。當離婚率增加或保持穩定時，青少年的自殺率便遙相呼應。有時，青少年因父母問題而自責不已，卻又因失去父或母而心煩不定，且認為財力拮据悉由父母離異而起（ Stack, 1986: 34 ）。青少年自殺與父母離異間的關連，似暗示離婚有導致自殺之嫌。然而，兩者可能受外在之社會或經濟壓力所引起，或者此等因素，也可能助長家庭的瓦解及青年自戕行為之發生。

尋找酬勞工作的年輕人，比其年長之兄姐更可能面臨失業的危險。一九八〇年代末期，全美年在十六到十九歲之間的失業率，幾乎為二十五歲以上者之三倍。黑人青年的失業率比白人青年高出兩倍有餘（ Statistical Abstract, 1988: 368 ）。因為青年尚未建立職業認同，且不可能有家屬待養，其失業似非一個嚴重問題。可是，從青年失業的種種研究顯示，青年由此遭遇到財力困難和社會孤立，且其問題之嚴重能影響到整個的家庭（ Coffield, 1987 ）。如果持續失業，嗣後的傷害可能殃及成年期。

第二節
生命過程：成年期與老化
（與葛林〔 Norval D. Glenn 〕合撰）

成年期以個人的獨立與責任為標誌。婚姻與獨立生活等兩個階段，切斷了依賴的最後聯繫，並象徵著成人期的開始。大部分的成人生活，因關心就業與家庭而備受影響。進入工作、改變工作及晉升、結婚、生子等，是成人期的主要大事與活動。一旦找到工作，接著便離開父母、結婚、生子，此種到成人期的轉變，是生命過程中的一種清晰分野。既然這些變為成人的傳統標誌，並非密切吻合，因此，一位年輕的美國人

成爲「成人」的起點，也就殊難界定。

直到最近，美國及其他西方社會的中層階級成人期，係以工作及家庭地位中之若干生活轉變說明之。此種轉變，對於同一性相之大多數人而言，均發生在同一次序之中。對於成年婦女一生極爲重要的家庭轉變，是婚姻、母愛、主要育兒責任期。此種責任之結束，以及喪夫守寡。對於男人而言，典型的工作轉變，是在成年初期擔任工作開始，及通常約六十五歲退休結束。婦女的工作轉變更加複雜，常常涉及若干有酬工作之斷斷續續，進進出出。

雖然，許多人仍然經過了傳統秩序中的種種轉變，唯此轉變及其順序，漸難預知（ Swidler, 1980 ）。青年期未婚者漸多，其中許多已婚者，寧願不生子女（見第六章的第一節）。離婚與再婚，司空見慣。婦女的就業史與男性日趨相似，而男性工作轉變之秩序與預測，日漸困難。

因此，成人地位的標誌與成人期的意義，正在改變之中。僅在一兩代以前，父母身分對於成人幾乎不可或缺，而對於婦女尤然；大多數成年人均有子女，有子女方爲成人。既然有些子女有了子女，而許多成人則無子女，父母身分與成人期之間的關係，便曖昧不明。事實上，成人期本身尚在未定之天。

不過，達到成人期的轉變，不論如何達成，何時達成，卻使人擁有正式的及非正式的新權利和新責任。在西方社會，成人期是人生過程中，授以最大權力、聲望，以及支配社會、政治，及經濟資源的時期，直到人生最後階段而後已。因此，成人期不是一個單獨一致的階段，反之，是在各重要方面不同之連續階段。

一、成人初期：轉變與決定

成人期的最初階段，可延伸到二十五歲左右或接近三十歲。此時，正是對於影響一生之許多決定需要作成的時期：決定完成正式教育的時間和取得何種證書，決定婚姻，決定是否生男育女。成人初期是大多數人東遷西播，居住無常的時期，在工作及個人關係方面，飄忽不定。社區依附與政治參預，包括選舉在內，低落忽視極其平常（ Glenn, 1980; Wolfinger and Rosenstone, 1980 ）。此一時期的意外與暴力犯罪率，較成人後期爲高（ Cline, 1980 ）。短期內的諸多改變，使此一成人階段的緊張難紓，壓抑難解。與妮莎不同的是，美國青少年均渴望成人的特權，但一俟成了年輕成人，則發現成人的責任比其預期的艱鉅得多。

成人初期是個人接受成人責任、角

色及地位的轉變階段。對於高中畢業生而言，此一時期於二十多歲結束。而對於讀研究院或專業學位者，此一轉變尚可持續若干年。正如富家兒童的童年期較長一樣，成人初期也可以延長。除了少數職業之外，如最新時裝模特兒及運動員，最大的權力和聲望，直到成人中期方能達到。

二、成人中期：黃金時期

鑑於二十歲是進入成人期與確定獨立生活的一個時期，大多數的成人，從三十五歲左右到五十五歲左右，均能經歷生命中的黃金時期。他們於人生中期，達到社會能力、職業安定，及工作滿足之最高層次。對於自己及其個人環境的掌握，比任何其他時期爲多。體力依然充沛，而子女卻長大成人，故子女照料的負擔甚少，而社會及政治參預達到極點（ Glenn, 1980; Wolfinger and Rosenstone, 1980 ）。平均言之，他們藉購買房屋和人壽保險，使財力得到一定程度的保障，並有能力稍作儲蓄。人生中期在專業及創作方面，通常是最豐富的時期。科學家、藝術家及學者，皆以中年期的作品最多（ Dennis, 1968: 114 ）。

此種情況表示，成人中期是一種頗爲穩定的時期，沒有青年期和成人初期之急劇改變。人們通常享受一段安定期；他們有經驗上的優勢，精力依然旺盛，並有決心與毅力去追求種種目標。然而，中年有其自己的緊張與轉變。婚姻滿足比其他時期爲低，家庭責任的壓力日增，尤其以需要同時照顧子女及父母者爲然（ Estes and Wilensky, 1978; Rollins and Feldman, 1970 ）。文選9-1〈布勞黛：奉養父母係家庭的壓力〉，說明了對於「中年婦女」的種種要求。

「中年危機」（ mid-life crisis ）之觀念，已引起諸多討論，但此一時期是否存在，尚難確定，如果確實存在，則該如何界定。沒有多少證據顯示，中年危機（或任何其他階段）可以預知，更遑論避免了。反之，有些人在成人期間似乎經歷到若干危機，而大多數人則了無明顯之危機跡象（ Farrell and Rosenberg, 1981; Valiant, 1977 ）。不過，對許多人而言，離婚使成人中期寢食難安，則是事實。

人到中年，會經歷到重大角色之失與得。成人目睹子女由生命歷程中的最初階段，變成了少壯之人。上「觀」各代，看到了父母的年老與謝世。促其放下主動的父母角色時，中年人也許已經爲人祖父母了，且須肩負起照顧年老親屬的責任。凡此改變，均是種種主要

的、明顯的地位之澈底變動，個人不得不重組其生活及改造其人格。許多中年人，也許覺得光陰似箭，機會難再，一生之個人與事業目標，必須及時達成。修改青年時期的野心，也許有種失望與挫敗之感，否則可能更趨現實，更可能朝生活目標去發展。無論其以挫折感結束，或以成就感告終，回首中年，常有韶光易逝、機會不再之嘆。

三、「幼老」：得或失？

當人為父母的責任減少，退休或提前退休之時，便由成年中期進入一個「幼老」（young-old）階段。幼老之人，頗為健康，有活力、有經濟能力，而無工作及作父母之傳統責任（Neugarten, 1974; Neugarten and Hagestad, 1976）。

老年初期，由於沒有巨大之壓力責任，可說是享受早期人生果實的時期。當最後一位子女離家他去，大多數父母婚姻的滿足，隨之增加，尤其是母親，因重獲自由而身心舒暢（Rubin, 1979）。對許多老人而言，此種新自由，尚包括遷移到氣候良好、健康照顧較佳，以及犯罪率較低的地區（McLeod et al., 1984）。因為所得不再與居處關連，有些老年人由於遷移到生活費用較低的地區，而增加其固定所得的

購買力（Fournier et al., 1988）。也許令人驚奇的是，由老年人的報告顯示，其在人生許多方面之滿足，皆比年輕人強烈，尤其以住處為然。「此種模式，在許多研究和若干開發之國家，莫不如此」（Herzog and Rodgers, 1986: 240）。

㈠ 退 休

工人六十五歲時，雇主通常迫其退休，而美國人在此年齡，正符合社會安全給付、醫療保險津貼，以及若干稅賦減免之優惠。但非所有工人皆於六十五歲退休。許多人於六十五歲之前退休，而在六十五歲以後繼續有酬之工作者，為數亦不少。在一九八六年，年過六十五卻依然終日辛勞者，男性占百分之十六，女性占百分之七點四（*Statistical Abstract*, 1988: 366）。對於老人而言，兼差更是趨之若鶩。

與一般看法適得其反的是，大多數的退休者，均能很快適應停薪後的生活方式（Atchley, 1981）。雖然有些退休者及其配偶，由於所得減少而經濟困苦，然在此年齡組中之窮人比例，比整個人口中之比例為少（*CPR*, P-60, No. 161, 1988: 7）。一項對六國（美國、加拿大、西德、挪威、瑞典，及英國）老人的經濟研究指出，「美國的老

人所得，在全國平均所得之上，比其他國家的老人高」（Torrey et al., 1987: 43）。

大體言之，直到成人中期為止，美國的家庭所得不斷增加，於三十六歲到四十五歲的十年間，達到頂點。此年齡之後，由於若干賺錢者提早退休，所得開始減少，然而家庭規模（需要亦少）亦為之縮小。結果，平均的生活水準繼續提高，直到進入六十歲之後，所得突然驟減為止。在所有之成人年齡組中，六十五歲以上的平均所得最低。而各種年齡的婦女所得，皆比男性為低。有些人，尤其是婦女，在人生歷程中之所得驟減，最易受到傷害（Burkhauser and Duncan, 1989）。

退休者比其同齡而仍在工作者，更可能覺得年華易逝，垂垂老矣。部分原因也許是健康不佳之人，比他人有較早退休之趨勢。無論何種年齡退休，大約只有三分之一的退休者，在放下工作上有其困難；主要問題在健康欠佳和所得之損失。如果幼老之人能維持適當的生活水準和相當好的健康，則退休並非問題的所在（Atchley, 1981）。

(二) 守　寡

雖然個人工作的喪失，通常不是一項主要困擾，但配偶的死亡則是。一九八六年，全美六十五歲以上的人口中，寡婦占百分之五十以上，鰥夫幾占百分之十四。因為婦女平均比男人長壽，而且早婚，故喪夫守寡的可能亦大。在七十五歲以上的人口中，寡婦幾占百分之七十，鰥夫則有百分之二十三（*Statistical Abstract*, 1988: 40）。寡居的壓力，至少有三個因素：(1)憂傷，(2)財力問題，及(3)孤獨（Barrett, 1977: 857−859）。

配偶逝世之後，有段時期的情緒，甚至身體症狀，常使存者痛不欲生。許多傳統文化鼓勵為死者設祭禱念，使喪偶的苦痛在社區之前儘量表露。然而在美國，基督新教的倫理遺訓——如個人主義、自恃、獨立，及工作努力等價值——影響到有關憂傷的態度與習俗。它是：

> 僅是由喪偶者處理的事。憂傷問題之所以成為問題，只對逝者重要的他人（significant others）為然——不是大社區的問題，甚或親戚們的問題……因此，當感情「應該」出現並須面對的當時，在新近喪偶者與新的責任掙扎之際，悲傷即被壓制，同時也承擔起他人情緒反應的責任。（Charmaz, 1980: 285−286）

限制悲傷之表現，可能延遲或損及喪偶者對於守寡的調適。

除了壓抑在心頭的悲痛之外，配偶的死亡還會造成財力問題。長期的不治之症，由於住院、醫療，及喪葬等費用，可使儲蓄殆盡，一無所有，而生者的所得，常不足以維持從前的生活標準。

(三) 健　康

除了健康之外，老年人對其生活之多數方面，均較年輕人滿意：「隨年齡日增，對於健康的滿意日減」（Herzog and Rodgers, 1986: 236-237）。老人健康問題，尤其是慢性的疼痛與疾病，較年輕人為多。他們的聽覺、視覺，或平衡感，更可能日趨衰退，走動成為問題。然而，「儘管老年期間慢性痛苦遍布全身，只有為數甚少之人，由於身體殘障不能從事主要活動。」健康的老人，不僅比體弱多病之老人更加活躍，而且樂而忘憂，不知老之將至（Riley and Foner, 1968, vol. 1,345 – 347, 416, and chap. 9；引文 P.292）。事實上，好的健康是「老人之間，生活滿足與精神抖擻的唯一最好預測器」（Myles, 1978: 509），也是區別幼老（young-old）與「老老」（old-old）的最重要特徵，其中許多「老」之人，年多在七十五歲以上，身體孱弱、舉步維艱。老老之人的社會資源、生活方式及依賴，使其與幼老之人，恰成鮮明對比。

四、「老老」

在美國人口中，年在六十五歲以上之百分比，自一九〇〇年以來，從百分之四到超過百分之十二，已增至三倍（*Statistical Abstract*, 1988:13）。而更具社會意義者，是「老老」人數之增加。自一九五〇年以來，八十五歲及其以上之人數增加五倍，比較之下六十五歲以上的人數則增一倍（*CPR*, P-23, No.153, 1987:1）。在未來的數十年間，美國人在七十五歲以上之比例，將增加兩倍，像六十五與七十四歲之間的老人增加一樣之快（*Statistical Abstract*, 1988: 15）。

一方面，此一大的數字，使老年人成了一羣有潛力的經濟與政治支持者。開發專家正為老人建立具有特殊需要的住宅社區，旅行社為他們籌辦觀光團，各式各樣的食物和其他產品，在市場上特別為他們推出。各種辯護團體，如灰豹黨（Gray Panthers）和美國退休人協會（American Association of Retired Persons），代表老人遊說，以設法增進他們的福祉。一俟老人占了

人口的大部分，政客們不得不考慮他們的要求，也許會因此而犧牲選舉力量欠缺的其他團體（ Pifer, 1986: 392 ）。另一方面，在西方社會，隨著年老而喪失地位，能減少對老人的社會尊敬，以致助長了偏見、歧視和衝突。

(一) 年齡歧視

在美國年齡並不大受重視，因為提及年齡，每與動人的身材、活力、健康、性本領、智力，以及經濟獨立等之衰退聯想在一起。更重要的是，與風燭殘年、歲月無多聯想在一起。有些「對年老人極具敵意的人，視老人為一種類屬，卻對自己最終的凋落與逝世，戰慄不已。他們對於死亡沒有安排，對於可能提醒他們未來情況的人，避而不見」（ Streib, 1976: 162 ）。

年齡歧視（ ageism ）是對一個年齡組的偏見與歧視——在西方社會，主要指老人而言。原因在把老人視為一種同質的和弱勢團體的刻板印象，而不管其真正的環境與能力。年齡歧視是把超過某年齡的人，歸為單獨的一組，並強調歲月的流失，會喪失對社會的貢獻和後半生之可能滿足。當人口老化之際，西方世界便進入一個年齡歧視可能增加的時代，而老年人的鬥爭，可能像早期其他團體為政治和經濟權利鬥爭同樣的

重要。有些觀察家的看法樂觀，並預測有更公平的社會體制出現，以增進老人的地位（ Neugarten and Hagestad, 1976: 38 ）。

一個人「老」的時間，要看是誰問這個問題，以及為什麼問而定。一個健康的老人，也許會說，老年於現在年齡十年後開始，真相姑且不論。但如果健康欠佳、配偶死亡；或身體健康，欲工作卻被迫退休，則可能未老先衰（ old before their time ）。老年人在體力、社會參預及快樂方面，均有極大的變化。有的人到了八、九十歲，依然活躍而樂觀，其他的人則對大多數的活動，退避三舍，並覺人生乏味，六十歲之前即已消失無蹤。

儘管「老老」之人為其健康問題和寂寞而苦惱，大多數人與其親戚有經常接觸；接觸殊少的人則倍感孤獨寂寞。值得注意的是，少數人的所得不足，或僅能維生，由於疾病和配偶喪葬支出而捉襟見肘，困難重重。對於被忽視與無力老人之刻板印象，很少加以證實。比較之下，住在養老機構之老人為數不多，六十五到七十四歲的老人，由機構照顧者不到百分之二，年在七十四至八十五者，增至百分之七，而八十五歲以上者，則有百分之二十三（ Torrey et al., 1987: 29 ）。老人在養老機構可能

大分界間的接觸

遭遇嚴重痛苦。對他們而言,在某些方面,後半生類似童年期:無力、年齡隔離和依賴。

㈡ 脫離與死亡

三十年前創立的一種理論認為,人到老年,與年輕人涇渭分明,互不牽涉,對兩者均有利(Cumming and Henry, 1961)。根據**脫離理論**(disengagement theory)的看法,此種相互擺脫是準備死亡的一種方式,比以其他方式產生之社會破壞為少。此種功能論的測驗顯示,只有一半正確。至少在美國,某些人有與老人斷絕關係的趨勢,但少有證據顯示,大多數的老年人本身自願離羣索居或自社會退縮(Palmore, 1968)。親密的家庭成員常與其年老親屬維持連繫。即使由於身體殘障自社會被迫退縮,個人對社會的聯繫依然很高(Atchley, 1971)。與此理論之看法相反的是,當脫離行為表現之際,並非永遠令人感到滿足(Longino and Kart, 1982; Palmore, 1979)。

在現代社會,死亡的過程已從日常經驗中挪走,交由特殊地方(醫院或護理之家)的專門人員掌管,並由專門科技處理。醫生與護士在此種責任上,經常準備不足,而在醫護專家或一般大眾

之間，對於死亡方面的社會化，更屈指可數。老人也許接近自己的生命終點，而其同齡之輩，比在社會中可以直接觀察死亡和樂意討論死亡的老人，更覺恐懼與憂傷。選在醫院死亡和爲垂死病人設計的照料計畫，在美國社會則剛開始。一種與醫院科層制相反的收容所（ hospice ），「強調垂死病人在所中照顧，包括病人與家屬」（ Riley and Riley, 1986: 72 ）。

文選 9-1

布勞黛：
奉養父母係家庭壓力

Source: Abridged and adapted from Elaine M. Brody, ''Parent Care as a Normative Family Stress,'' *Gerontologist* 25 (1985): pp. 19–29. Published in this form by permission of the author and publisher.

照顧老人，常把性相與年齡連在一起。大多數的老人爲婦女，而照顧老人者，亦多爲女性。在本文選中，老人學家布勞黛（ Elaine Brody ）鑽研「成年人怎樣奉養父母？」並對此問題提出答案。她探討成人子女奉養年老雙親，已大不如前的神話（ myth ）。布勞黛發現，今天有更多的家庭照料年長的親屬，而他們所給的照顧，比從前更需要、更長久。

她的研究是建立在「老老」比例增加的情況之下。與一九〇〇年代對照，現在大多數的中年夫婦，有兩位或多位父母仍然健在。雖然多數人活到老年，而其後的各代，子女甚少，因此，照顧老人的家庭成員便寥寥無幾。布勞黛指出，由於此種人口變遷的結果，「有年老待養之父母，變成個人和家庭的一種規範性經驗。」即大多數人現在可以預期，其一生中須對一兩位年長親人做某

段時間的照料。因此，對於了解奉養父母者，以及接受奉養者的個人及社會影響，比以往更加重要。

據估計，在非養老機構而需要幫助的老人，占全部比例的百分之十七到百分之四十。每有一位住在護理之家的殘障老人，便有兩位或多位同樣健康欠佳之老人與家人同住，並受到家人的照顧。而幫助未與家人同住老人的人，為數更多。

不僅比以往有更多的人奉養父母，而在奉養性質和持久上，也有種種差別。因為今日之人，罹患慢性疾病和殘廢之後，依然能活得很久，因而在生命終了而不依賴者，為數鮮少。依賴時間愈久，意指必須有人加以依賴的時間，亦愈長。

從統計的意義上可以預期，長期照顧父母可變成規範性經驗（ normative experience ），而在個人意義上，通常則否。「長期照顧」一語，說明了政府及各種機構之正式體制，需要提供奉養幫助的種種服務。但實際上，未被重視的家庭，在上述一語出現之前，即發明出良好的長期照顧計畫。家庭在偶爾的、短期的、緊急的輪流照顧上，較專業人員或養老機構為快，而且更靈活、更情願、更有效。

不管神話為何，現今之成年子女，比「美好的往日」對父母提供更多、更難和更長久的照顧。而且對老人提供之情緒支持，比以往更加豐富。每當年老成人有種新的角色需要時，幼老之人即有一種主要的新角色：奉養「老老」之人。

❋ **孝行研究** ❋

有關老人醫療與個人照顧、家務、交通及採購等，十之八九由家庭提供，而非正式機構之協助。家庭把老人與正式的支援機構加以連繫，緊急時即刻處理，並提供間斷性的急需照料。家人與體弱多病的老人住在一起，其比例隨父母年長及健康愈下而增高。奉養老人的家庭提供紓情上的支持——社會化、關懷、感情，以及有某人可以依賴之感——就是大多數老人所要的家庭。但調查研究，通常未把這種真情的支持，當做是服務。

家中的主要照顧成員，是成年的女兒（就某種程度而言，兒媳亦然）。對於照顧體弱配偶的老人而言，女兒是得力的助手，而對於大多數無配偶的老人而言，主要的幫助均來自女兒。當與其住在一起的老人不能自己處理事務時，一切由她們代勞。老人與兒子維持感情聯繫，兒子做些性相規定的工作，且是

無女兒或女兒不在近處之老人「可以信賴的親人」，有的女婿肩負一切，更是無名英雄。

※ 照顧父母是種壓力 ※

大體言之，家有一老，如獲一寶，是一切滿足的來源。年長者對子女有多方面之協助。大多數人於父母有所需要時，心甘情願予以幫助，並從此幫助中獲得滿足。有些成年子女在解決人生此一階段的問題上，並沒有過分的緊張，且在此過程中，心理上也可以成長。然而，當父母漸次依賴時，家庭就須相互適應了。

有人因為照顧殘障父母而財力拮据、健康日衰。而情緒緊張是最普遍和最嚴重的後果。有許多心理衛生的症候，與時間及自由的限制有關，包括抑鬱、焦慮、挫折、無助、失眠、心情低落，以及情緒疲憊等。有人發現，對於孤單、要求與責任之衝突、設定優先順序的困難、生活方式及社會與娛樂活動之干擾等，很難應付。

配偶與其他親戚之支持，可減輕照顧者的緊張。但當家中改變造成人際摩擦時，則在夫妻、成年兄弟姐妹及各代之間的關係上，均可能受到傷害。簡言之，對於年長者之孝順變成了規範，但有壓力，並能影響到整個家庭的氣氛。

※ 照顧父母是一種「發展階段」？ ※

照顧父母雖具有規範性，但在個人及家庭的生命歷程中，並未把發生的情況見之於概念化。因為大多數照顧父母的女兒，均在四、五十歲，且有三分之一在四十歲以下，或六十歲以上。照顧者也許自身是年邁的祖母，或家有幼子尚待照料。

人到中年，因為照顧父母不是生命歷程中唯一的工作，在特定時間照顧一位特定父母，是中年後期或老年初期諸多照顧工作的一面而已。在一項對已婚婦女照顧年老寡母的研究中發現，其中半數曾經在年老父親逝世之前即予幫助，而有三分之一則曾經幫助過其他之親人。百分之二十二的已婚婦女，對於其他年老親人及自己的母親提供過幫助。其中三分之二家中子女多在十八歲以下，且有些（約 10 %）不到六歲。照顧父母開始的年齡，各有不同，且可以將此照顧算到其他個人的與家庭的生命階段之上。

即使在同一年齡組，照顧父母的子女也有極大差異。一位中年婦女，也許要適應初期的慢性病痛和殘疾；而另一位則可能競選美國的副總統（譯按：指費拉蘿［Geraldine A. Ferraro］，1984 年美國民主黨副總統候選人）。健康、婚姻、經濟地位、生活安排、與

父母的居住距離、人格、適應能力，以及父母子女關係的良好等，均不相同。照顧者也許尚在就業，她或其配偶也許退休或行將退休。滿足一位父母的需要，也許與一個人讓初成年的子女「離家」，正相吻合。否則理論上的「空家」，可能包括尚未離家或離家復返之初成年子女。

❋ 依賴與獨立 ❋

照顧父母不論由何種年紀或階段開始，依賴與獨立之間的緊張，乃問題之所在。角色互換（ role reversal ）是此過程的一種明顯、但非滿意的解釋。在內在意義上，父母依賴與未成年子女的依賴，迥然不同。當一個人照顧嬰兒或孩童時，保證未來依賴會逐漸減少；而照顧一位年老體弱之人，可以預知其依賴會持續而增加。照顧者對於子女表現不當的正常行為，有著極其不同之反應——例如隨地小便，但對老人而言，它們卻是病痛的徵兆。

對父母提供從健康到疾病照顧需要的種種反應，就像對其他生命危機的反應一樣。照顧父母之情況複雜，常發生在個人的與家庭的人格及家庭史、定性關係，以及應付能力的關連上，這些均能影響達到和適應需要新平衡的能力。但整合完善的個人與最能發揮功能的家庭，往往在面臨不能滿足的現實要求時，則會澈底瓦解。不可像神話者所認為的一樣，家庭是問題所在；家庭經常會有問題。假定有現實的壓力，和有人際的、心理的緊張，則某些成年子女在別人認為其應照顧父母之前，即棄置不顧，就無足為奇了。值得注意的是，有許多人擺脫緊張、逆來順受一段極長的時間，方達到忍無可忍的地步。

但是，批評家庭的不是，正如把家庭浪漫化一樣的不當。浪漫的觀點，欽佩那些在極其緊張情況下，繼續照顧體弱老人的人，以致把整個家庭陷入辛酸與痛苦。要澈底解決此一危機，成年子女可能要逆來順受，對於其能做且應做的，更應勇於承擔。就他們而言，老年人對於依賴的良好適應，在於對成年子女做不到的，要能接受。可是一種奇怪的價值卻要人不顧一切、竭盡照顧之能事，但對於受照顧者減少不必要的照顧需要，卻予忽視。

❋ 社會政策 ❋

社會政策表現當前流行之價值，因之，對於家庭不能奉養年老父母的神話，加以回應、採納，並永遠遵循。所以，政策對於成年子女施以心理壓力，加深其內疚，並因未能提供緊急需要的服務和設施，以支持家庭的種種努力，

而益加緊張。需要長期照顧的人數將繼續增加，至少在未來數十年間如此。然而，各種支出的節約措施，使護理之家的床位受到限制，使完善照顧的努力遭遇挫折，把急需護理之家照顧者拒於門外，如老人癡呆症（ Alzheimer's disease ）患者。照顧者捉襟見肘，卻沒有救濟金，雖然對於殘障嚴重之老年人的照顧，社區照料不比護理之家便宜。

有老人待養的家庭，減輕其痛苦緊張的各種服務，正在減少之中。以家庭為重心的服務 —— 最明顯地是暫時照顧與白天照顧 —— 少了，且隨地區而不均，基金亦無以為繼。

社會政策之動向，可顯示出此種現象。政策的制定者強烈主張，機構不應「取代」家庭的服務，雖然研究證據指出，服務可增強家庭的照顧表現。「鼓勵」家庭照顧老人的各種建議指出，家庭需要的是服務，而不是幫助它做欲做之事和已做之事。政策問題是人為的，互有爭執，諸如，收容照顧抑社區照顧，家庭（非正式的）照顧抑正式（政府與機構）照顧，甚至，暫緩對照顧者提供臨時性救濟服務或制定其照顧技術的訓練計畫，均難一致。支持正式體制的非正式體系，應予加強不宜削弱。

成年子女將繼續照顧和關心其年老父母。對於他們繼續提供父母感情與情緒支援，繼續做其能做之事，以及繼續安排他們不能提供的必要服務，會不斷受到關心。也許那些是對孝順行為的唯一適當規範。家庭所遭遇的種種緊張，不能完全預防或補救。如果要建立一種機構輔助的可靠體制，設計出與家庭相關的有效合夥關係，則政策應基於知識，而不是神話。

第三節
性別與性相

在一羣新聞記者參觀一座州立監獄新建的行刑室時，引導人員在前大呼小叫，告訴守衛說：「我同八位新聞記者和一名婦女來參觀」（ Ivins, 1987: 84 ）。此暗示出，真正的新聞記者是男人；對一名婦女而言，最重要的是其**性相**（ gender ），而非其職業。本節探討性相差異，在社會上如何產生，以及性相界定後所產生的若干社會的與經

濟的後果。

像年齡的差別一樣，性別之間的生物差異，是從社會上加以解釋的。**性別**（sex）係指男女之間的生物差異，而男性與女性的社會及心理特質，則稱為**性相**。性別與性相之間的區分，重在男子氣概與女子氣質是由社會而生，非由遺傳而定。但很難把人之生物的與社會的現象加以分開，因爲社會生活，永遠是人以肉體之身所經歷到的，而肉體的因子，如基因與荷爾蒙，則在一種社會的情況中表示出來（Gatens, 1983）。爲强調生物與社會兩者間的互動，有些作者求助於性別性相體系（sex-gender system）。

一、性相的社會構造

在受精的剎那之間，染色體的結合決定了胚胎是女抑是男。雖然，所有的胚胎在開始時，看來一般無二，懷孕六或七週之後，遺傳正常的男性，便開始產生胎兒雄性激素（荷爾蒙），以促使男性生殖器官的發展。在缺少這些荷爾蒙的情況下，女性（及有些反常之遺傳男性）便發展出女性外在生殖器官之特徵。因此，遺傳特質與身體外表，並非必然一致，雖然在大多數如此。生殖器的外觀，爲新生嬰兒的性別提供了基礎，而性相的社會構造亦於焉開始。

㈠是男與是女

女孩與男孩出生之始，其待遇即不相同。生產時的護理人員，將嬰兒的性別立即告知其父母，而性別是報喜時不可缺少的一項。嬰兒的衣服和物品，便根據性別加以選擇。粉紅色的毯子或藍色毯子、縐邊的內褲或運動衫，象徵着社會對女孩與男孩的不同期望（Bernard, 1981: 133）。

父母在講述新生之女或子時，就不相同，即使他人不覺有別，直到換尿布時，方恍然大悟。與生女的父母比較，生子之父母說，出生才一天，孩子就長的更大、更機靈、更强壯，其有子萬事足的喜悅，流露無遺，縱使醫學上的檢驗顯示，嬰兒在大小、肌肉組織或反應方面，並無客觀差別（Rubin et al., 1974）。父親尤可能對於子女的性別有所反應。等到嬰兒長到更獨立、更好動，父母均鼓勵兒子從事身體方面的活動，遇有錯誤，即予體罰，而父親也可能與兒子玩些粗魯的遊戲，與女兒則否。

在以往，社會學家和心理學家强調，子女在六歲之前，父母對待他們的行爲，對其日後行爲與人格方面的性別差異，會有强烈影響。然而，從若干最近的研究發現，父母對於子女的性別少有區分的趨勢。只是父親常給些「性別

適中」的玩具，並與兒子玩些粗魯的遊戲。今日的父母，「對待小男孩與小女孩似無不同」（Turkington, 1984: 12）。教師、鄰居、親戚及傳播媒體，常以性別的刻板印象、而非個體對待兒童，而父母則否。

嬰兒保姆、其他兒童、親戚、家人的朋友及教師等，均使用性相標誌對兒童作社會安排，並使其關係條理分明。男孩與女孩之玩具與遊戲不同。男孩的玩具鼓勵「各種活動向家庭以外發展——向運動、汽車、動物及軍事方面發展」，反之，女孩的玩具鼓勵「在家中的活動——持家和照顧子女」（Rheingold and Cook, 1975: 463）。在學校，男女生使用之洗手間亦有別。兒童的衣服標明「女孩」或「男孩」（雖然除了標籤以外，其他的也許完全相同）。學校與傳播媒體，包括兒童讀物在內，製造性相不同的觀念，並使之永不改變（見文選 3-1：〈兒童圖書係性相的社會化者〉）。一個沒有標示男孩或女孩的兒童，可說是一位社會空白（social blank）。

人生之初，即獲得一種性相身分，它是社會指定的標誌，使個人有是男或是女之自知感。在幾乎所有的情況之下，性相與身體特徵相互配合。配合性相身分，兒童開始收集與男性氣慨與女性溫柔相符合之外表、人格及行為等觀念。男女之行為特徵，有時指性相角色（gender roles），為如何穿着、舉止如何、如何走路和說話、做什麼、何處去與誰同行等，提供種種線索。

許多作者使用性別角色或性相角色，泛指男女之間任何生物的、心理的，或社會的差異，而未詳細說明差異之點何在。此種困擾，使若干社會學家懷疑，角色一詞在性別與性相的全部討論上是否應該應用，除非承認有些社會角色（諸如父親或幼稚園教師）多多少少限定在一個性相之上。對於性別角色或性相角色之廣泛運用，問題有三：(1)所指的行為比通常所謂之角色行為籠統而廣泛；(2)是女或男的方式，不一而足（例如，不是一種單一的「女性角色」）；(3)把性相當作一種互相關連的心理及社會要素之複合體，比當作一組清楚的角色界定行為，更容易了解。

(二) 刻板印象

在西方社會，女性氣質的傳統規範，重在高雅、被動、依賴、多情、嬌柔、教養、「社會」取向和善於言辭。在人被問到確定女性的行為或特徵時，他們通常會提到女性敏感、需要誇獎和安全、善哭、虔誠和熱衷家務等。相對地，北美社會的男性，則要堅強、無

畏、獨立、理性、強壯、競爭和精於數學。標準的男子漢應該支配、粗獷與有社會進取心（Doyle, 1983）。

當然，真正的人與強男弱女之刻板印象，並不相符。而刻板印象本身在中層階級的白人中間，也許更加流行。事實上，大多數的性相刻板印象，並無準則可循。如大多數婦女的耐性並不比男人大，或更適於枯燥的工作。但刻板印象可以積非成是。完全接受性相刻板印象的人，可能使其行為及選擇，覺得與適合其性別之特性相一致。

如果一再地告訴女孩，其數學與科學能力不如男孩強，她們便開始信以為真，而刻板印象可以變成事實──一種自我實現的自知之明。一項對二十個國家十三歲學童的數學成績比較研究發現，國家之間的差別比性別之間為大。在若干國家，女生的表現超過男生（Hanna 1988）。可是，女生及其教師均深信，女生的數學遜於男生（Dornbusch, 1974; Ernest, 1976）。在少女進入大學之際，在主修科學、工程，以及其他數學基礎課程方面，以數學為必要條件之比例甚低（Weitzman, 1979）。此對其高學位、職業選擇以及合格工作之追求，便受到限制。雖然美國婦女在與數學有關之學科上，已有進步，但得到工程博士學位者，不及百分之五，獲得數學和物理科學博士學位者，不到百分之十四（Vetter, 1987: 2）。

教導女孩要隱藏或壓制「男性」的氣質，而教男孩了解，溫柔善感非男子漢，故要學着掩蓋「溫柔的」情感。如果男孩因為哭而遭責罵或揶揄，無須驚奇，因為不如此，成人之後，對於遭遇之傷害，便難以應付。當把此種順從的行為轉移到抽煙、喝酒、鹵莽駕車，以及人際暴力方面時，若干男孩為符合男性的刻板印象，而付出極高的代價（Waldron, 1976）。

鑑於男性特質，如自恃和情緒控制，在成人之中司空見慣；刻板的女性特質，如敏感、缺乏自信、激動，則被視為幼稚。因此，「成熟女性」一詞，諸多矛盾，而婦女則受到雙重束縛：因為成人行為的標準是男性的，故要同時是成人，又是女性，魚與熊掌，殊難得兼（Broverman et al., 1972）。

然而，有些與一種性別關連之特質，可視為男女雙方的共同理想。例如，熱誠、同情，和親切等婦女美德，也是兩性的理想特質。與此類似者，獨立與自信是婦女之理想特徵，也是男子的典型所在（Spence, et al., 1975）。然而，社會上期望之男性特質不可勝數（Richardson 1981: 9-10）。結果

形成了一種**性相階層化**（gender stra-
tification）體系，其中社會經濟資源
和政治權力，便基於男支配而女服從的
原則，加以分配。

　　相信刻板印象和貶抑婦女的所有特
質，都會造成**性別歧視**（sexism），或
對婦女持有偏見與歧視。有些性別歧視
行為是蓄意的，但多數是無意的。例
如，某些工作，如消防，公開只限於男
性，因為消防隊員必須身體強壯、孔武
有力，而性相便被一種正當的職業要件
所取代。因此，縱使其中某些人足可勝
任，婦女仍被拒於一種行業之外，；即
使其中有些人不能勝任，有些職業只限
男性。

二、性別分工

　　性別分工是維繫性相階層化的一種
方法。儘管大量的婦女進入有酬之勞工
界，尤其自第二次世界大戰以後為然。
當代西方社會的性別分工特徵是：男人
在外賺錢養家，女人在內做無酬之家
事。在有報酬之勞工界，職業分類——
與報酬——根據性相而有別，雖然此種
分工現在多屬非正式的。以下之討論，
在探究性別分工的某些特質。

　　在不久之前，鄉村家庭所需之大多
數食物、衣物和其他之物品，均由自己
生產。所有的家庭成員，均須貢獻技能

與勞力，無一例外。從農業經濟到工業
經濟的轉變，把若干工作移到新的環
境，並改變了家庭工作的性質。大量生
產與大量銷售，取代了家庭生產的貨物
與服務。大量分配代替了流動小販。現
在的家務人*，必須到商店才能購得眾
多用品，從前這些用品是逐戶兜售或供
應到家的。由於在工廠和商店賺取工資
的人益多，工作的意義便改變了，工作
被界定為有酬之職業。因為錢不易手，
故家中之工作不認為是真正的工作，且
所給予的聲望有限（Bernard, 1981:
244-245）。

(一) 家　務

　　最近，對於此種性相限制的家務
觀，有所反應。女性不再視家務為理所
當然之事，因為只有酬勞之工作方是工
作。「每位母親都是位工作的母親」之
口號，要求家事的價值要像早年一樣得
到承認，而此種無酬工作的代價，須加
以計算（Broom, 1986）。如果全國

---

*家務人是做一般家事之人。此一名詞不含
工作者之性別，或工作者與家庭其他成員
之間的關係。除非另有說明，家務人無薪
資報酬。通常家務人也是妻子且常為母
親。家庭主婦（housewife）一詞限於婦
女的妻子地位，與社會關係直接有關。

的計算包括所有工作，而非僅指有酬之工作，則其情況必然大不相同。從家務的金錢價值估計顯示，現代的、開發的國家之富足，如無婦女貢獻無酬之家庭勞力，則不可能長久。

今天，大多數的家庭工作是非技術性或半技術性的服務活動，像洗衣、洗碗和清潔房屋。現在的家務是最常見的手工方式。在家庭製做物質東西的時候，生產包括許多非技術性的勞力。但有些工作，如紡紗、織布、製造和修理工具，則是技術工作，所有的家人均需參預。

如果你是一八〇〇年以前的家庭主婦，你必定要做許多烹調和烘焙工作，但大多數的準備工作，則由丈夫去做——諸如劈柴、剝玉米、輾粉；你的子女也會幫忙……。但隨著工業化的來臨，你們的生活會徹底改變。鑄鐵的爐子、自動輾粉廠，及製造食物與衣物之工廠，意味着你肩負起家務的全部重擔。（Cowan, 1983: 47）

在上一世紀，技術工作和粗重的勞力工作，自日常的家事中消失，而家務人在社會上被孤立。工藝技術，如家中的木工、紡織、縫衣，是為了嗜好與自己動手的滿足，不是必要的功能。不過，家務人的勞力，對於家庭和經濟極為重要，而家務的若干方面，亦深具挑戰性。在預算拮据的情況下，能準備令人垂涎欲滴、營養豐富的膳食家務人，必定是位會計、貨比三家的採購員、飲食專家和大廚師。在經濟艱困時期，家務人的家事技巧，可使家庭經濟的表現更為突出。

自十九世紀以來，美洲與西歐工業國家以外的地區，家務的改變不多。在若干東歐國家，大多數婦女對於勞動悉力以赴，對於家務事必躬親，這是上一個世紀西方社會的特徵。在對波蘭與南斯拉夫城市所做的一項長時期研究中發現，許多家庭缺乏自來水，使用燒柴或燃煤的爐子與暖氣。「在做其他的家事之前，必須花費極多的時間在『劈柴和打水』上」（ Robinson et al., 1972: 125 ）。

(二)分攤家事？

家事主要是婦女的工作，全世界均不例外。丈夫做一些家事，但大多數男人均不可能對家事負責，除非他們獨居，並雇不起女傭。丈夫所做之家事，至少有下述幾種特點：(1)工作的範圍與完成的時間，規定清楚，如剪草坪；(2)何時去做則更為慎重，如修理工作；(3)含有若干休閒的意味，如與子女玩耍

（Meissner, 1977）。男人所做之事（庭院、修理、及汽車維護等工作），認為是「男性」之事，一般極少引人注意。可是「婦女的工作」，卻包括日常雜務，像煮飯、清潔、洗衣，及照顧子女（Berk, 1985: 66-78; Robinson, 1988: 26）。男人分擔妻子的工作，可能是些最容易的和最有價值的工作（Lein, 1984）。即使丈夫施以援手，妻子對於大多數的家事，仍然肩負主要責任。

家事是種費時的工作。事實上，對專職之家務人而言，一九七〇年代初與一九二〇年代，每週工作時間同樣的長（Oakley, 1974; Robinson et al., 1972; Vanek, 1974）。「省力」（Labor saving）的設計，通常對減少家務的時間有限。例如，自動洗衣機的普遍採用，減少了用手搓衣、掛起晾乾，及扭乾衣物的時間，但富有國家的人民，衣物盈箱、常常換洗。

在一九六〇年代，男女用在家務上的時間，差別懸殊。即使婦女工作賺錢，其用於家務上的時間，亦遠較男性為多，而職業婦女較任何工人的工作週（有酬加上無酬）為長（Vanek, 1974）。然而，由於性別之間有酬與無酬工作的分配不均減少，這些差別現正在縮小之中（Berk, 1985; Pleck, 1982; Robinson, 1980; Robinson et al., 1977）。一九六五年，婦女每週做家事的時間平均二十七小時；而男人則為五小時。十年後，兩者的差別減少，婦女每週十五至二十二小時，男人為七小時。一九八五年，婦女為二十小時；男人為十小時。一九六五年，婦女做家事的時間，幾乎為男性的六倍，而一九八五年，則「僅」為二倍（Robinson, 1988）。

由於西方國家的人口老化，夫婦的子女數不多，照顧子女的責任將可減少，但卻為照顧老人日益增加的責任所取代，尤其以對老老之照顧為然。因為他們的行動可能更為不便，需要多方照顧（見文選 9-1）。大多數照顧老年及殘障的人是婦女，她們提供種種主要的服務，否則對公私機構必然造成經濟負擔。這些婦女在獻身照顧他人的過程中，不能全心全力從事有酬勞之工作，因此，最易造成財力依賴和貧窮（Sapiro, 1986: 232）

三、外出工作

婦女從事酬勞工作，乃二十世紀最重要的經濟與社會轉變之一。在本世紀之初，約有五分之一的美國婦女，和約五分之四的美國男性從事勞力工作，即受雇或尋找工作。到了第二次世界大

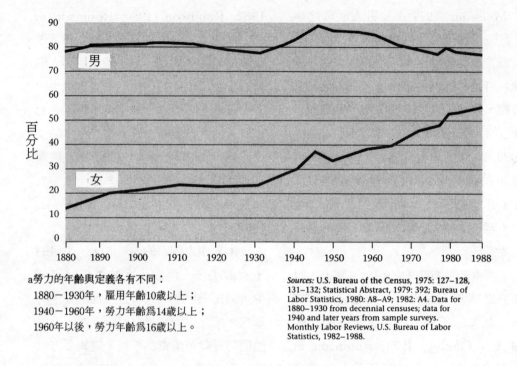

a勞力的年齡與定義各有不同：
1880－1930年，雇用年齡10歲以上；
1940－1960年，勞力年齡為14歲以上；
1960年以後，勞力年齡為16歲以上。

Sources: U.S. Bureau of the Census, 1975: 127–128,
131–132; Statistical Abstract, 1979: 392; Bureau of
Labor Statistics, 1980: A8–A9; 1982: A4. Data for
1880–1930 from decennial censuses; data for
1940 and later years from sample surveys.
Monthly Labor Reviews, U.S. Bureau of Labor
Statistics, 1982–1988.

圖9－1　美國性別勞力參預率，1880－1988[a]

戰，婦女在勞力工作方面的百分比逐日增加。因為婦女從事的工作，係由男人服務軍中後所留下的空缺，因而超過三分之一的婦女擁有酬勞之工作。戰後，此種趨勢曾作短期回轉，但到了一九五〇年代中葉，婦女在勞動市場上的百分比，與戰爭高峯時期不相上下。到了一九八八年，婦女就業超過百分之五十六。同時，由於退休提早與學校教育延長，男性之工作參預業已衰退。一九五〇年，十六歲以上之男性，約有百分之八十七從事勞動工作。一九八二年，此一比例降到百分之七十七以下，到了一九八〇年代，依然如故。圖 9–1 顯示自一八八〇年以來男女參預率之改變。

(一)勞工的性別隔離

一般而言，大多數婦女與男性各在不同職業與不同工業之中工作 (Bielby and Baron, 1986)。男人在技術、管

理，及農場上的工作人數，遠超過女性；而婦女在文書和家管方面之工作，為數較多。婦女多受雇於少數幾種職業：其中半數以上是服務業或文書工作。然而，男人從事的工業，則繁多不一，在此等工業中，又可從事不同之工作。大多數集中在技術性工作上的男性，約占男性勞動力之百分之二十。細加分析顯示，婦女多集中於薪資少、地位低之工作。因為約有百分之四十六的專業及技術工人由婦女組成，在勞動力方面亦占百分之四十六，婦女似乎該有份好工作，但非如此（ BLS, *Employment and Earnings*, January, 1989: 35 ）。百分之六十五以上之女性專業人員是護士、其他的衛生人員及教師，所得與聲望頗低。大多數的男性專業人員，從事地位高與所得好之工作，如醫療、法律和工程。

即使……在女性多於男性的地方，例如圖書館工作，……女性通常多為館員，而非行政人員。在社會工作界，女性多為個案工作員，而非督導；在教育界，是教師而非校長，是講師而非副教授或教授。（ Sassower, 1972: 352－353 ）

對於「男」、「女」工作特徵之性別刻板印象，對於整個工作界有深遠地影響。傳統的男人工作，該是骯髒、危險、技術和粗重的工作；而女人的工作則是清潔、安全、無技術和輕鬆的工作。然而，對於工作的形容，似更與工人的性別、非工作本身有關。當一種性別可做的工作而另一性別也能做時，工作的形容便加改變，以符合典型工作者的性別，縱然工作相同亦然。例如，在器械工廠，男女均從事冰箱塑膠組件之製作；男人製作箱門與襯裏，而女人則做些小零件。男人做的工作稱為「技術」（ technical ），而管理員與男工則說，女人做的所需「技術有限」（ Game and Pringle, 1984: 37 ）。原本以科技變遷可以減少工作隔離的期望，並未實現。且在某些就業的領域中，科技的革新似乎增加了隔離（ Feldberg and Glenn, 1983 ）。有關「男」、「女」工作之刻板印象，造成了勞工之性相隔離，男人的工作聲望高，待遇上也不平等。

(二) 薪資不平等

在所有的專任員工之中，婦女的工資僅為男人的百分之七十（ *CPR*, P-70, No. 10, 1987: 4 ）。男女薪資所得之詳細比較，要考慮工作的時數與週數。兼差之人或一年僅工作幾個月的人，不應與專任的、全年工作之工人混

表 9-1　美國的職業別與性別之中數所得，1987[a]

職 業 團 體	中　數　所　得		女性所得占 男性的百分比 （女性÷男性）
	男	女	
行政管理與經理	36,155 元	21,874 元	61
專業專家	36,098 元	24,565 元	68
技　術	29,170 元	19,559 元	67
銷　售	27,880 元	14,227 元	51
文書與相類似之人員	23,896 元	16,346 元	68
精密生產與手工藝	24,931 元	17,190 元	69
機器操作員	20,821 元	13,028 元	63
運　輸	22,472 元	12,770 元	57
勞工與傭人	16,730 元	13,118 元	78
私人除外的服務工	17,335 元	11,214 元	65
全部職業	26,008 元	16,909 元	

a 資料包括年在 15 歲與 15 歲以上全年工作之專職工人。

Source: CPR, P-60, No. 161 (1988): 19–20.

為一談。這些區別，意義深遠，因為只有半數之受雇婦女，全年專職工作。而相較之下，受雇之男性全年專職工作者超過三分之二。表 9-1 及表 9-2，均限於全年專職之男女員工，因此，對於全部人口所得差異之說明，並不完整。從兩表顯示，無論工人的工作類型如何，教育背景或經驗如何，男人薪資均比女人多。即使在公職方面，同工同酬是官方之政策，但女人平均只能賺男人所賺一元的七毛六分（ *CPR*, P-70, No. 10, 1987: 24 ）。

㈢所得、職業與教育

　　雖然在各類職業之中，男人的薪資較高，而男女所得之間的差距，亦因團體不同而有異，如表 9-1 所顯示者。勞工之間的所得差距最小，依次是精密業、專業、文書業及技術業等方面之工人。銷售員間的所得差距最大，其間婦女薪資僅為男人之半。部分原因是男人銷售「高價商品」（ big-ticket ），回扣較多，諸如汽車與重要之電氣等，而女性則可能只賺一份工資。表 9-1 顯示的職業類型，極其廣泛，因此，隱瞞

表 9-2　美國教育別與性別之中數所得，1987[a]

學校受教年限	中　數　所　得		女性所得占男性所得之百分比（女性÷男性）
	男	女	
不足 8 年	14,903 元	9,927 元	67
8 年	18,939 元	12,174 元	64
9-11 年	21,269 元	12,940 元	61
12 年	25,394 元	16,641 元	65
大學 1-3 年	29,536 年	19,843 元	65
大學 4 年	35,244 元	23,406 元	66
大學 5 年及 5 年以上	41,691 元	29,694 元	71
合　計	28,313 元	18,531 元	

a 資料包括年 25 歲及其以上全年工作之專職工人。

Source: CPR, P-60, No. 161 (1988): 19–20.

了職業隔離之程度，而此乃所得不一之主要原因（ Reskin and Hartmann, 1986 ）。

　　教育對男女均有經濟效益，但男人由教育投資上得到之回報較高。如表 9-2 顯示，在每一級的教育程度上，男人的報酬均比學校教育年限相同之女性為高。學校教育年限對於男女之間中數所得之影響，出奇之少。一位女性必須獲得大學學位，薪資方能與一位高中未畢業之男性相等。

　　在本世紀前半期，就業之婦女，通常於結婚及生子之時離開勞動市場。因為大多數的婦女結了婚，女性勞動力所占極微，其中所包含之女性，主要是未婚者或無子女依賴者。離職及再回到工作界之婦女，報酬比連續就業之工人少。婦女的薪資仍然受就業中斷的壓制，但即使事業未曾中斷的婦女，其薪資亦較男人為少。

　　為了生養子女而中斷就業的模式，已經改變了。在一九八○年代，年輕婦女因為養育子女而離開勞動界者，為數很少，多數回去工作；與以往比較，她

們多能在生育之後很快回到工作崗位。事實上在勞動力參預方面，增加最多的是家有子女的婦女（Bloom, 1986）。近二十年間，男女的薪資差距，僅稍有改善。只有大約三分之一的薪資差距，可以用技術、曠工及自願限制工作時間等方面的不同，加以說明。其餘的顯然是由於正式與非正式歧視等因素造成的。男人在有多種在職訓練機會的工作上，和超越其他工人之權威職位上，備受優待，這些因素均有助於所得之提高（Corcoran et al., 1984）。

下節探討不同的情況如何影響男女一生中之社會經濟境遇，尤其是家庭與經濟。

第四節
人生過程中的性相

本章的前面兩節，在說明男女的生命過程在傳統上如何受相等、但卻又有規定明確次序之影響：婦女的生活，圍繞在家庭的成長與變遷，而男人的生活，則着重在酬勞之工作。誠然，男女使用不同的標誌界定他們所謂之老，但兩者對老的定義與其主地位（master status）的喪失或行將喪失有關（見第四章）。因此，如上所言，當女人的配偶老了或病了，她比男人更可能認為自己「老了」，而男人在退休之後，更可能比女人認為自己「老了」。現在比從前有更多之婦女從事酬勞工作，但她們的生活繼續受家務之影響，遠較男人為甚。儘管男女的成長類似，但無疑地，其生活仍與性相息息相關。

結論一節，將詳細探討性相與年齡如何互動，以產生性相之特定生命過程。在回顧一生過程中性相改變的特性之後，焦點轉到性相差別的特殊面——依賴——及其社會的與經濟的影響。其次，將討論重點集中在女性的貧窮上，最後，探討男女生命過程中，青年及老年兩個特殊階段之生活情況。

一、變化多端的性相

在人的一生中，性相本身並非一成不變，但其在對社會及個人的重要性上，卻起伏不定。即性相對於個人自己及他人的凸顯，隨年齡不同而迥異。在西方社會，性相在嬰兒期與童年初期僅

稍有區別；即在早年性相區分頗小。幼童及其家庭，幾乎均未對其性相之適當外表或行為，像子女達到青年期時一樣的關注。到了少年期，性相區別突然加大，重點放在性別之間的差異上。在整個成年初期和中期，對於性相順從和性吸引力之考慮，依然頗為重要，到了老年，便趨衰退。雖然性相在人生後期並不十分顯著，性相模式的累積影響，在老年男女對照的情況下，卻很明顯。

不僅性相特徵隨年齡而有異，性相之內涵（ content ）亦然。十幾歲的男孩，以參加美式足球隊及與多位女孩約會，顯示其男子氣概。反之，一位三十五歲的父親有年幼子女待養，可能以供應家人一切所需和事業上的奮發進取，表現丈夫的氣概。在性相的內容方面，也有民族、階級以及種族的差異。白人中層階級，不容未婚母親出現。他們覺得，未婚生子，有辱聲譽，但在黑人中層階級之間，少女懷孕則易被接受。總之，性相不只是一種二分法，根據此種分法，每個人都有一種性別，或者「相反的」性別。反之，它是一個變數：根據年齡、社會位置、個人性向，以及文化規範與價值，而有許許多多男子氣概與女子氣質。

二、依　賴

所有與典型女性氣質有關之特性，一個有深刻且常影響一生的，便是依賴（ dependency ）。從小時起，女孩即以事事求助對待之。對於男孩不能解答的問題，教師鼓勵他們另外設法，並要自己解決。反之，女孩則即告以正確答案（ Crawford, n.d. ）。此種對待男孩的方式，隱含的啟示是：犯錯無所謂，他們有充分的能力解決自己的問題。對女孩而言，此種啟示是：得到正確答案最為重要，而且需要他人幫助才能得到。

類似之啟示可傳到年青人及成年人身上。雖非刻意為之，但多數的禮儀都是一種象徵性的表示，認為女人需要男人幫助，才能表現出簡單的動作，如出入大門或下車。社會支持夫妻做各種家庭安排，使妻子在經濟上依賴丈夫。即使在今天結婚延後了，而且大多數婦女在結婚時就有酬勞的工作，而媒體、親戚，及教師卻繼續主張，男人才是家計的負擔者，婦女是由丈夫扶養的妻子。由於薪資的差距，以及女人的工作沒有男人重要之意識型態的增強，每一代，都陷於男性自主而女性依賴之泥淖之中。依賴的黑暗面就是傷害。

一位有工作收入的婦女，如果工作不穩，如果是兼差，如果收入微薄，則在經濟上均可能受到傷害。而一位全心

全力盡心家務的婦女，尤其容易受到傷害。由於婦女操勞家務和照顧子女，丈夫方能專注於事業，但妻子對於丈夫收入的貢獻，通常不被承認，縱使為他洗襯衫，為他事業上的同事舉行宴會，或為他修正報告。有些工作對於無酬配偶做此種經常而廣泛的要求，稱之為「雙人事業」（ two-person careers ）。即使婦女對丈夫的事業未直接有所幫助，然其操持家事，卻為他節省時間與金錢。但妻子對於丈夫的所得，並沒有直接的法律要求，無非是要求他履行提供家人食、衣、住等義務罷了。只要家庭的基本需要得到滿足，即無須付給妻子或子女任何金錢。「除非妻子有意離開丈夫另外成家，否則妻子不能採取法律行動要求丈夫提供她及其子女足夠之生活所需」（ Weitzman et al., 1979: 308 ）。

大多數的家庭，對於所得共同運用，雖然妻子的職業地位，可能會影響到如何運用的公平性（Edwards, 1984 ）。人們總認為，有工作收入的婦女，在對自己的花費上，理應享有家庭所得的一份，但如果婦女是一位全職的家庭主婦，她與丈夫均可能把所得視為「他的」，對其無酬工作之價值則隻字不提。此種觀點造成了婦女的經濟依賴，因為婦女的工作——尤其是無酬工作，少有價值，婦女自己無需金錢，以及婦女的收入對於家庭福利並無意義。

三、貧窮的女性化

婦女經濟脆弱是眾所謂「貧窮的女性化」（ the feminization of poverty ）趨勢的一部分（ Pearce, 1978 ）。在全世界的窮人中，婦女貧窮比例之增加，係由於若干因素造成的：需要照顧身體依賴的家庭成員；薪資差距；分居、離婚及單身母親比率之增加（見文選 6-1：〈魏茲蔓：離婚革命〉）。年老婦女尤其容易受到傷害，老年婦女的貧窮率比老年男性高。年在六十五歲以上的白人中，幾乎有百分之十三的婦女和百分之七的男性，生活在貧窮線以下。西裔女性和男性的貧窮比為百分之三十一比二十三，黑人為百分之四十比二十五（ *CPR*, P-60, No. 161, 1987: 34) 。

有一種普遍的神話認為，婦女不需要工作，因為其一生之生活由男人負擔。此種看法，顯然與未婚婦女，及許多其他之離婚或寡婦無關。但對於多數丈夫所得不足以養家活口的已婚婦女，此說亦不正確。

㈠ 男性養家的神話

雖然就業婦女的平均所得比男人低很多，可是婦女對於家庭所得，常有

極其重要之貢獻（Laws, 1976: 34－35）。妻子的就業收入，平均幾占家庭所得的百分之三十，而專職工作的婦女，約提供百分之四十的家庭所得（Bell, 1976: 241; *CPR*, P-23, 1980: 15; McLanghlin et al., 1988: 115）。生活在貧窮線以下或剛在貧窮線以上的家庭，經常靠妻子的薪水支票，給付一切所需。由於某些趨勢使婦女賺取全部或大多數家庭所得之人數正在增加（見第六章），因此，婦女收入微薄而在財力上須依賴他人，但卻逐漸要她們自食其力，養家活口。經濟上的負擔轉移到最無力負擔者的身上——即收入低的婦女身上。

㈡ 窮人中的赤貧

第三世界國家的婦女，是「窮人中的赤貧」（The poorest of the poor）。在這些國家，發展已經瓦解了傳統的社會與經濟，剝奪了婦女的自主，並損及男女之間傳統的互賴關係。雖然婦女是主要的食物生產者，而發展的補助計畫卻很少承認她們對於生計的貢獻，補助通常直接針對男人。「婦女的傳統土地權常受剝奪，禁止其接受新的科技與技術，早期的職業被取代，或再度被視為無酬的家庭勞工」（Bandarage, 1987: 3）。強調咖啡與煙草等經濟作物，雖免除了男人生產食物上的勞動，卻留給婦女更大的負擔（Scott, 1984: chap. 3）。為了配合市場供應上的轉變，常把自給自足的經濟變成仰賴食物的進口，因為對人民的補助在配合世界經濟，而非為了生計。諷刺的是，同樣造成西方世界女性貧窮的一些不切實際的看法，輸出到了第三世界，造成了整個人民的貧窮，尤以婦女與兒童為然。

四、變男與變女

性相差異的基礎，建立在最初的童年期。但在青年期，這些差異加以刻意創造與重視。青年便處在變男與變女的過程之中。他們對於未來的期待與準備迥然不同，而那些未來的輪廓，十幾歲時即可預見。

㈠ 外貌與興趣

青春期的身體轉變，能改變性別的外貌，並由於習慣行為和時尚，對此改變加以誇大。女孩的化妝、衣著、首飾及髮型著重在女性氣質，而男孩則將注意力放在鍛鍊身體和不同衣著上，以顯示男子氣慨。外貌上的性相區別，對於男女均甚重要，但外貌對少女和少婦而言，意義尤其特別。與男孩外貌相較之下，女孩的外貌在一生中占有極為重要的地位，可影響其社會地位、自尊，及

個人之被接納。所以在這方面，女孩比男孩花費更多時間；其在化妝品與衣着上的花費毫不吝嗇，以便顯示女性的嫵媚。她們在修飾、姿態、舉止上，甚至花錢請人正式指導，以便創造一種適合女性外表的美。

強調外表之美，可能使人走上極端造成危險。少婦對於身材極其不滿時，可能吃些無益於健康的食物，或忍飢挨餓，以期達到模特兒般的窈窕身材。有些不當的食物，可能造成終身威脅：

　　神經性厭食症（anorexia nervosa）可使體重驟減，厭食症對身體形像也有各種幻想，事實上，在其骨瘦如柴、危及健康時，依然認爲自己臃腫不堪。他們不承認有營養的需要，以致忍飢挨餓，乃至死亡……。冷觀爲婦女減肥設計的各種全套設施，如束腹、節食、縮胸、手術，以及其他極端的方式，在一個以纖細爲美的文化裏，厭食甚至是衆所期盼的……。貪食症（bulimia）是婦女對於大量食物縱情享用之症候羣，食後再將食物嘔出。使用瀉藥或斷食似乎在快速增加之中，尤以年輕的大學生爲然。（Andersen, 1988: 196－197）。

符合男性的美，亦有害健康，如暴飲暴食、食用藥物、駕車鹵莽，以及其他高度危險之行爲。意外是青年死亡之主因；其中男性死亡率比女性高出三倍有餘（Statistical Abstract, 1988: 78）。

自高中起，男女選課就不相同。女孩選擇語文、人文，及生活科學，而男孩則被自然科學與數學所吸引。此種差異，雖不如本世紀中期之大，但對於就業和深造，仍能創造種種機會。

少年關注之事，在於性相之差別上。雖然青年人也發展出種種共同的興趣，尤其以在娛樂及藝術方面爲然。有些童年早期的活動，如嗜好與運動，可以持續到青春時期，特別以男孩爲然。對女孩而言，進入少女時代，以「成熟的生活狀況交換童年期關注之事。在此狀況中，愛情與男友便逐漸成爲其支配的焦點」（Burgoyne, 1987: 46）。

一般而言，女孩比男孩在家的時間多，所做的家事也多，可爲其未來操持家務預作訓練。雖然所有的少年均能獨立自主，不依賴父母，但此一過程的性質却不盡相同，因爲父母擔心，不同之危險正潛伏在子女的面前。其中明顯有關的就是性。少年時期的主要方向，由表現或控制青春期性慾之種種努力確定之。

青年互動：性相抑性別？

(二) 青春期的性問題

當少年夜晚外出時，父母總會告訴女兒何時回家，並要了解她們到何處去、做什麼、與誰在一起。而兒子則否，只要說一聲即可外出，而且也可以晚些回家。此種差別，與青春期性的雙重標準有關。儘管近數十年來社會變遷不已，可是此種差別依然如故。對於少女的諸多限制，或在禁止其有性行為，或在使之延後發生。父母與少女均關心有性行為女孩的聲譽，但這些關心卻不及於男孩。男孩可能覺得，同伴期望其證明自己是男人，因而說服女孩與之交媾（ Coles and Stokes, 1985 ）。

儘管雙重的性標準依舊，青春期的性行為，尤其是女性之行為，在性革命時期急劇改變。比較言之，在一九六〇年代，年輕女性在婚前有性行為者殊少，但到了一九八〇年代，大多數的女性早已偷嚐禁果，其行為酷似當年的男人一般（ Sherwin and Corbett, 1985 ）。然而，行為的意義解釋不同。大多數的女人續以愛當作性的藉口，而年輕男子則更傾向為肉體滿足而求歡。少女常把她們的行為視為「友誼的」（ friendly ），而其男朋友卻認為是一種性的挑逗。在一項對十五歲而有性行為的少女所作之研究中，半數以上的女孩認為，有一天她們會嫁給現在的伴侶，但認為如此的男孩，不到百分之二十。由此顯示，青年人在有關性的信念與感覺之溝通上，與成人有同樣多的困擾

（ Coles and Stokes, 1985 ）。

在過去的數十年間，青春期開始的年齡降低了，因此性相與性慾在社會上的相關年齡也降低了。雖然少年男女的性慾成熟了，但卻不認為其在社會或情緒上成熟到足以維持成人般的關係。從少女懷孕率之高顯示，許多青年對於性行為依舊我行我素，即使受愛滋病流行之威脅，亦難改變。在性並非如此嚴重的社會中，少年及成人均認為，少年的性活動不過偶然為之。例如，在前述的工山族中，父母期望年輕人在一起作性遊戲，只要他們對性小心謹慎，則無人干涉。

五、老年性相

在某些方面，性相隨着年齡增長而不重要。由於生育年齡已過，吸引配偶少為考慮的因素。雖然，這並不是說老人無性慾能力，如對老人的刻板印象所表示的。此種屬於性別方面的特殊人格特徵與行為，可能由於晚年的生活經驗而有些緩和。

老年境遇中的大部分問題，是年老婦女的問題。老年男人因死亡率較高，造成老年女人口的不斷增加。例如，年在六十五到六十九歲之人口中，百分之五十以上是婦女；但在八十歲以上的人口中，女人數超過男人數在二比一以上

（ CPR, P-23, No. 153, 1987: 3 ）。婦女的長壽及較大的守寡敏感性，「使其在生活上之安排處處優先，因之，造成高度的依賴危險。」在「老老」之間（八十五歲以上者），婦女獨居、與親屬而非配偶居住，或在養老機構者，可能超過男人的三倍以上（ Bould et al., 1989: 41 ）。在所有已開發國家和開發中之社會，其情況多所類似，但也有例外。「在開發中國家之婦女，活至老年的可能性比已開發國家的婦女為低。如印度與孟加拉等國的報告指出，在大多數的老人年齡組中，男性比女性為多」（ Torrey et al., 1987: 21-22 ）。

然而從統計上看，大多數老人為婦女。此一事實如何影響老人的刻板印象、年齡歧視或對老人提供之服務等，尚不明朗。可是，當大多數老人為婦女，而她們在年輕時又被當作無生產力者，因此，把老人標示為「無生產力者」就不足為奇了。在美國社會老人，不受尊重，對老年婦女而言，常是一生邊際化（ marginalization ）模式的延續。在某些方面，男人晚年受到的待遇與女人一般無二。就某一意義而言，由於絕大多數團體為女性團體，男人為其中一員，而被「女性化了」（ feminized ）。

(一) 守　寡

無論對女人或對男人而言，喪偶是種主要的危機。與同齡之已婚者比較，新近守寡之人，罹患身體或心理疾病、自殺，或由其他原因而死亡之可能性較大（Lopata, 1973）。雖然男女喪偶涉及許多共同的因素，但喪偶帶給男人的負擔與女人的不同（Berardo, 1973; Gove, 1972; Verbrugge, 1979）。寡婦的經濟問題可能比鰥夫大，如為缺乏交通工具而困擾，有慢性的、殘障的疾病，而且再婚也少有可能。寡婦的經濟問題，是其一生收入低（或無）的結果。她們的患病率較高，也是性相差別進入老年期的一種延續，此種差別，終其一生。在所有的年齡之中，婦女罹患急慢性疾病的多，雖然男人可能去世較早。由於未婚男性所存無幾，老寡婦期盼之配偶不多，再婚之希望渺茫。

另一方面，男人在喪妻之後會有一些明顯的問題。因為在傳統上，社會網絡由女人負責處理和維持，故鰥夫可能比寡婦更會受到社會孤立。其罹患精神病的比率較高，而且可能於喪偶之後，不久去世。這些差別顯示，由於女性有更多之經濟依賴，而男人則可能有更多之社會的和個人的依賴。如果妻子先逝世，則會造成孤立和嚴重的情緒煩惱。

此外，始終獨立的男人，也許發現老年時的依賴，尤其是行為依賴。男人與女人不同，女人依賴他人已習以為常。而且對她們來說，這種依賴已被社會所接受。可是當男人也須依賴別人時，便會喪失其地位與自尊。雖然男人不像女人常須照顧殘廢的配偶或父母，而需要負起此種照料責任之男人，則必須學習新的技術和能力，而且其必須滿足的需要，與其過去所遇見者，可能全然不同。

(二) 年老婦女改變的遠景

從現有之趨勢顯示，老年婦女在某些方面上的生活品質可能提高。由於大量的婦女從事有收入的工作，而且時有升遷，因此對於寡居與老年，將可應付裕如、勝任愉快。

> 就業有很多財力上的益處……在那些歲月之中，許多婦女認為，自己達成了多方面之角色。事實上，作為布朗的祕書或史密斯的上司，可能像作為鍾士的妻子同樣重要。萬一與鍾士的關係終了，這位老婦人只失去其中一個角色（Coleman, 1988: 321）

獨居也不是一種完全無益的選擇。因為遲婚而有更多獨立歲月之婦女，對婚姻的看法，與上一代之婦女迥然不

同。上一代的婦女會對年滿二十一、而依然小姑獨處之女性，深覺惋惜（Coleman, 1988: 321-322）。最後，如果由婦女構成之個人關係支持網絡能持續到晚年，則這些婦女於晚年時期，會得到社會參預和情緒支持。此種改變，對於減少老年婦女之個人與經濟依賴，均有潛力。除了婚姻與母親地位以外，有認同來源與社會連繫的婦女，其寡居的痛苦不會太大。有了獨立的收入，老年婦女對於居於何處，如何居住，自有更多之選擇餘地。總之，近來婦女生活之變遷，可能隨著歲月而加強其社會與經濟力量。

主要名詞

年齡歧視 ageism

脫離理論 disengagement theory

性相 gender

性相身分 gender identity

性相階層化 gender stratification

生命過程 life course

過渡禮 rite of passage

性別 sex

性別歧視 sexism

補充讀物

Age and the Life Course

Binstock, Robert H., and Ethel Shanas (eds.). 1985. *The Handbook of Aging and Social Sciences*. New York: Van Nostrand Reinhold. A summary of the recent growth of ideas, information, and research literature on the social aspects of aging.

Bould, Sally, Beverly Sanborn, and Laura Reif. 1989 *Eightyfive Plus: The Oldest Old*. Belmont, Calif: Wadsworth. An examination of the lives and resources of America's very elderly using the themes of dependence, interdependence, and independence.

Brown, Judith K., and Virginia Kerns(eds.) 1985. *In Her Prime: A New View of Middle-Aged Women*, South Hadley, mass: Bergin & Garvey. Essays by social scientists exploring the social conditions that give rise to a general increase in energy and autonomy among women in their middle years in different societies.

Clausen, John A. 1986. *The Life Course: A Sociological Perspective*. Englewood

Cliffs, N.J.: Prentice-Hall. A short text treatment of the life course from a sociological point of view.

Haraven, Tamara K. 1978. *Transitions: The Family and the Life Course in Historical Perspective*. New York: Academic. A historical treatment of the life course from a sociological point of view.

Sex and Gender

Andersen, Margaret L. 1988. 2d ed. *Thinking about Women: Sociological Perspectives on Sex and Gender*. New York: Macmillan. A comprehensive overview of women in American society, grounded in critical feminist scholarship.

Archer, John, and Barbara Lloyd. 1987. *Sex and Gender*. 2d ed. Cambridge: Cambridge University. A review of evidence concerning how far the sexes differ and a discussion of methodological problems in the study of sex differences.

Bernard, Jessie. 1981. *The Female World*. New York: Macmillan. An exploration of the sturcture, culture, and political economy of the female world, based on the premise that men and women live in separate and quite different single-sex worlds.

Chafetz, Janet Saltzman. 1988. *Feminist Sociology: An Overview of Contemporary Theories*. Itasca, Ill.: F.E. Peacock. An exploration of the relevance of a range of sociological theories to the feminist project of explaining the foundations and perpetuation of gender stratification.

Connell, R. W. 1987. *Gender and Power: Society, the Person and Sexual Polities*. Sydney: Allen & Unwin. A critical analysis of theories of gender proposing an approach to understanding masculinity and femininity.

Cowan, Ruth Schwartz. 1983. *More Work for Mother: The Ironies of Household Technology from the Open Hearth to the Microwave*. New York: Basic Books. The social history of household work, with special attention to the unanticipated consequences of domestic technology.

Morgan, Robin (ed.). 1984. *Sisterhood Is Global*. Garden City, N.Y. Doubleday (Anchor). Contributions from women in nearly 70 nations describing the social, economic, political, and family circumstances of women.

O'kelly, Charlotte G., and Larry S. Carney.

1985. *Women and Men in Society*, 2d ed. Belmont, Calif.: Wadsworth. A crosscultural approach that considers gender stratification in different societies: forager, horticultural, pastoral, agrarian, capitalist industrial, Third World, and socialist.

United Nations. 1991. *World,s Women, 1940-1990: Trends and Statistics.*

第十章　人口透視

社會各行各業之人，越來越受人口變遷對其環境衝擊的影響。對於學校或醫院事先規畫，行政人員必須估計人口減少或擴張，或各年齡組之規模改變時，未來所需何種服務。社會學家研究婦女及其他少數團體的經濟與社會狀況之趨勢，以評估在達到平等上，是否有所進步。

商界巨子必須考慮現在及未來的人口規模與狀態。要想選擇一處商業地點，必須預期其社區的興衰，及構成市場者的年齡或民族團體。有了此種資訊裝備，他們方能為其產品需要上的轉變作準備。為了掌握機會，道瓊斯（Dow Jones）財務出版公司將為商界提供的人口研究結果，發表於《美國人口統計》（*American Demographics*）月刊。

精於人口的人口學家，從事研究、解釋並發表有關之人口資訊。但人口學太重要了，不能當作是專家的專利。一般公民雖非專門的人口學家，也應該熟習基本的人口趨勢。本章在提供人民必要之知識，以便於制定公共政策時，見聞廣博、知識豐富而不至外行。

無論何時，州或國家的人口，均由三個因素決定之：年齡組合、性別分配，及一個地區出入人口流動之增減。因此，第一節先回顧人口資料的來源，然後探討年齡與性別等人口特徵。其他之人口特徵，諸如種族、民族、職業、所得，在前幾章已作分析。第二節討論生育力、死亡，及壽命期望。國際移民及國內移民，則於第三節從歷史的及當代的觀點加以探討。第四節討論在資源有限的情況下，世界人口之快速增長，並說明未來之人口成長如何導致廣泛的政治不安和社會沒落，除非人口增長得以控制。

第一節
人口資料與組合

人口研究或人口學（demography源自希臘文「人民」[demos] 一字），依靠官方對出生、死亡、婚姻，及移民之紀錄統計，或由政府、學術研究人員，及私人調查機構所從事之普查及抽樣調查統計。在一個國家，紀錄生死人數，易如反掌。但把一些事實與另一些事實加以關連則非易事，惟其更加重要——例如，母親及嬰兒死亡率與母親之

年齡、所得，及種族的關係。此種資訊藉著認清最有需要之團體，及公共衛生官員建議採取的新措施，以引導社會政策之制定。

本節在敘述人口資料的主要來源，並探討人口組合，即根據性別、年齡、種族、出生地、依賴，以及其他特質說明一個人口的生物與社會構造。

一、人口資料

因爲觀察和紀錄全世界每天數以千萬計的出生、死亡、移民，毫無可能，關心人口特徵的研究人員，必須依靠其他方面蒐集的資料——主要是普查、社會調查及生命事件的登記。

(一) 普 查

普查（ census ）一字源自拉丁文 censere ，意指「估價」或「課稅」。即使在古代，政府爲募款與徵兵等實際理由，常從事普查工作。早期的普查記錄在聖經之內，其中最有名的是羅馬帝國命令馬利亞與約瑟回到伯利恆，以便清查人口（路加福音：第二章，第一至五節）。雖然不常計算婦女與兒童，而男人則必須留在家鄉，以減少被遺漏之可能。

即使在今天，大多數國家的普查是其人口資料最重要的唯一來源。首次完整的全國性普查，於一七四九年在瑞典舉行，美國則位列最早提供一般人口計算的國家之中。文選 10-1 ：〈美國的普查〉，扼要說明過去二十年來，美國人口計算之歷史與執行的情形。

除了每十年之普查之外，人口普查局每年均從事抽樣之實地調查。最近的人口調查，每月舉辦一次，對於從所得與就業，到移民與少數團體等之人口特徵，提供最新和更詳細之資料。這些全國調查的發現，已被財政、政治及學術界所採用。調查結果載於《當前人口報告》（ Current Population Reports ）之中，本書已廣被引證。

(二) 人口登記

許多國家都有人口登記（ population registers ），對全國每個人的個人特徵及其一生之主要大事，均有連續的、最新的檔案紀錄。每個人於出生或移民時，編就一個號碼，以便使政府保持一種連續的資料記錄，如出生日期與地點、性別、民族、宗敎、婚姻狀況、子女人數與性別、住址變動，以及其他重要的大事。以色列政府可以據法要求居民於上述情況變動時，通知政府（ Lunde, 1980 ）。

人口登記可以提供更廣泛、有效及適時供應之人口資料，此非大多數的人

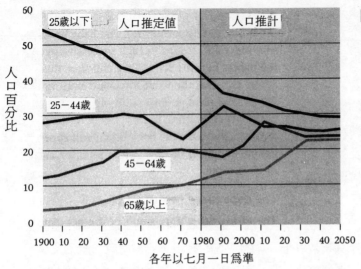

圖10-1
美國人的年齡分佈趨勢[a]
1900-2050年

a.包括海外軍隊

Source:
Metropolitan Life, *Satistical Bulletin*, Jan-
uary–March 1984: 19. From reports and un-
published data of the Bureau of the Census.

口普查可比。其在研究移民與疾病來源及傳染之流行病學上，尤其有用。可是，登記也可能造成公民隱私外洩的威脅。公民自由論者即反對賦予政府監視公民生活的能力。對於出生、死亡、結婚、離婚，及其他重要生命大事的資料，稱為**生命統計**（ vital statistics ），在美國，這些資料由州及地方政府蒐集。

人口資料的運用，將在本章相關部分擧例說明。此等資料在品質、廣度、頻率及新舊上，各國均有不同。如第二節所討論者，有時提出來的資料，比一個國家根據某些社會指標看來還好。所以國際間的比較解釋，尤須審愼。

二、人口組合

一個人口的組合，永遠都在改變之中。它是以往的結果，同時包含未來可能發生變化的種種線索。例如，美國人口的年齡組合指出，六十五歲以上的比例將持續成長。圖 10-1 說明了一直到下一個世紀年齡組合的改變。無疑地，老人在政治上將更具影響力，而且人數亦多，同時兒童及青年人為數頗少。此種演變中的年齡結構，對社會政策之形成，有其重大之挑戰。

㈠ 性比例

在一個人口之中，男女數量之間的關係，稱之為**性比例**（ sex ratio ）。

由每一〇〇女性中男性之人數表示之。性比例爲一〇〇，意指人口分配均勻；比例數字超過一〇〇，意指男多於女；數字少於一〇〇，意指男性較少。美國白人出生時之性比例約爲一〇六，但自此年齡之後，男性對女性之比例減少。年齡增加而性比例降低，是因開發國家女人比男人長壽之故。在某些低度開發之國家，女人不如男人長壽。美國初期亦復如此，蓋生育子女危險頗多，而且女人須做更爲吃重的勞力工作。

在當前的西方國家，性比例偏離一〇〇甚遠時，認爲是失衡現象。從整個北美的歷史觀之，因男人移入者多，性比例顯得高。適婚年齡的男子數高出女子數極多，尤其在移民社區建立時爲然。許多男人依舊單身，其他遲婚者回到故鄉尋找新娘，或與他族女子成婚。像加拿大及美國等「新」國家，男性移民久占多數，結果性比例偏高。對照之下，大不列顛這個「老」國家，數十年來一直是一個純男性輸出的國家。再因戰時大量死亡之故，不列顛性比例之低，超過一個世紀。由於不列顛的性比例低，許多女性終身未嫁。

就全國而言，直到一九四〇年代，美國男性人數一直高於女性。最近的性比例像一九一〇年一樣，高達一〇六。現在美國整體的性比例爲九十五，接近最低記錄（ *Statistical Abstract,* 1988: 16 ）。加拿大的性比例大約九十七，也在最低點上（ *Statistics Canada,* 1986, 96-101: Toble 1 ）。性比例也變動不居，一九一一年普查時爲一一三，可謂高峯（ Norland [Yam], 1974 ）。

美國黑人的性比例一向較白人低。即使考慮到普查時許多年輕黑人男性被遺漏，黑人與白人之間的性比例，仍有重大差異。一九八六年，整個黑人的性比例爲九十，比較之下，白人則爲九十六。十四歲以下，白人和黑人的性比例頗爲接近，黑人大約爲一〇三，白人爲一〇五。然而，在二十五歲到四十四歲之年齡級，差別極其懸殊：黑人的性比例爲八十七，而白人則爲一〇一（ *Statistical Abstract,* 1988: 16 ）。雖然其原因尚不明確，無疑地，與意外及暴力的不同比率有關。年在二十五到四十四之間的黑人男性，其可能死於車禍與其他意外、凶殺及自殺者，幾乎是同齡白人的二倍。然而，黑人女性可能因暴力而死亡者殊少（ *Statistical Abstract,* 1988: 81 ）。不論原因何在，在大多數男子在應該工作的年齡，其性比例却低，致使許多黑人面臨的個人與家庭問題，錯綜複雜，難以處置。在一本流行的雜誌中，其規勸個人的專欄文

章，提出一種偏激的說法：「我想把他的妻子作我的婚外情人，因為她是白人。就黑女人而言，我覺得黑男人屬於黑女人，因為（黑）男人已經供不應求」（ *Ebony*, March 1988: 108 ）。

性比例失調也有危險的社會含義。例如，在傳統中國，養子防老，綿延香火，祭祀祖先。另一方面，女兒則不須綿延家庭香火，或參預祖先祭拜。此外，她們還是一種財力上的負擔，因為女兒出嫁時，尚須附送嫁妝。殺女嬰是一種「解決」之道。此種情形一直延續到二十世紀，其普及的程度足可使性比例提高（ Orleons, 1972: 36-37 ）。在中國仍然偏愛男孩，尤其是在鄉村家庭，他們覺得有子萬事足，故殺女嬰在某些地區依然存在。

(二) 年齡組合的改變

出生率、死亡率，以及驟然之災害，如戰事、飢饉，及流行性疾病等方面的長期趨勢，對於一個人口的年齡組合——每一年齡或性別組中之人口百分比，均留下不可磨滅的影響。圖型特殊的人口金字塔，及對同期羣（cohort）概念之回顧，均有助於澄清年齡組合改變的意義。

凡生於某一年次之人，即形成一個年齡同期羣（ age cohort ），凡在某一年開始工作之人，是為一個職業同期羣（ occupational cohort ）；凡同年上大學的學生，便構成一個教育同期羣（ educational cohort ）。所以同期羣的觀念，重在同一時間內有類似經驗的許多人。研究者分析同期羣，旨在從時間上去追索團體。事情何時發生與發生何事同樣的重要。當一個同期羣剛要進入工作界時，此時的經濟不景氣，對於同期羣工作機會之傷害，比五年前他們尚在高中時，或十年後他們已經有了工作時的不景氣更大。同期羣的相對規模與性別組合，可以人口金字塔（ population pyramids ）之圖解說明之。

(三) 人口金字塔

人口金字塔（ population pyramid ）既可顯示某地某時的年齡組合，又可顯示性別組合（見圖 10-2 ）。一條垂直線把左邊的男性數（或百分比）與右邊的女性數分開。在開發中的國家，如一九八〇年代的墨西哥，出生率與死亡率均高，或如一八〇〇年代尚是一個開發中國家的美國，其圖型下闊上尖，看來酷似一個真正的金字塔。在圖 10-2 之中，一九八〇年及一九九〇年之金字塔圖型，乃工業國家今日人口之典型。

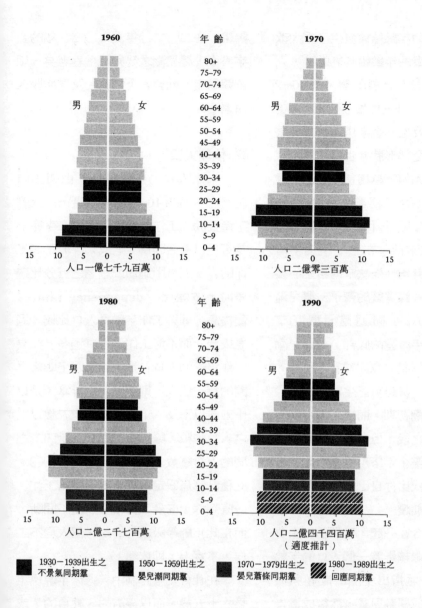

Sources: 1960–1980: U.S. Bureau of the Census, 1990: unpublished tabulations prepared by Leon Bouvier for the Select Commission on Immigration and Refugee Policy, 1980.

圖10－2　美國的年齡與性別金字塔，1960－1990

一旦人口的年齡結構發生了重大改變，即使受影響的年齡組年老之時，人口仍將繼續反應出此種改變。圖 10-2 顯示一九六〇年到一九九〇年之間，美國的四種年齡及性別金字塔。請注意這些圖型改變的全部形狀。也要注意特定之出生同期羣如何穿越種種年齡組（爲方便計，指出的同期羣以十年爲一級）。在一九三〇年代經濟不景氣時期，出生率非常低，在每一座金字塔中，蕭條同期羣均像條狹窄的帶子。嬰兒潮同期羣是一條寬闊的帶子。嬰兒蕭條（ bady bust ）同期羣，再度窄狹。一九九〇年圖型的底部，是嬰兒潮的一種反應，即嬰兒潮同期羣之兒童。讀本書的學生，父母可能生於一九四〇年代，或嬰兒潮初期。而學生則可能生於嬰兒潮終了之後，但非最近的嬰兒蕭條時期。從四座金字塔可以探索你父母的同期羣，並找出你自己的同期羣，即所謂的回顧與前瞻。

四種圖型合在一起，可顯示出主要的變遷，如何繼續影響一個人口的年齡與性別組合，並指出生活的問題與機會。當嬰兒變成學齡兒童，然後成爲青年，進入工作界之後開始成家（ 1980 年 ），再後爲中年初期之成人並接近獲致權力的高峯（ 1990 年 ），則嬰兒潮在一個個接續的金字塔中，進入老人年

齡組。在二〇二〇年及二〇三〇年的金字塔中，嬰兒潮之嬰兒則垂垂老矣，須依賴儲蓄、社會安全制度，及退休收入而過活。

(四) 依賴人口

未來人口的年齡組合，由圖 10-1 說明之。而圖 10-2 所顯示者，使我們不僅要問：工作年齡之人口，在生產上是否足以養活因爲太老或太小而不能工作的人。人口中過幼或過老之百分比過多時，**依賴比**（ dependency ratio ）便提高，即與工作年齡之人口比較，過老或過幼而不能工作之人口過多。如果工作年齡的人口包括十五至六十四歲之間的每一個人，則依賴比之計算，是以十五歲以下及六十五歲或六十五歲以上之人口總數，除以十五歲到六十四歲之間的人口總數，將其結果乘以一〇〇。此種計算係假定人於十五歲開始工作，一直到六十五歲，持續勞動從不間斷，而在此年齡等級之外的每一個人均不工作，事實上，即依賴。

在社會安全體制中，退休年齡規定爲六十五歲，而以經濟的、社會的，或人口的理由而言，很難有根據予以佐證。六十五歲退休，是十九世紀德國首相俾斯麥（ Otto von Bismarck ）所創造的歷史意外。爲了贏得勞動階級的

支持，他制定了許多福利政策，包括年金制度在內。當時可說「人生七十古來稀」，所以規定六十五歲退休，俾斯麥確信國家無需支付大量年金。但自俾氏時起，工業化國家的出生率下降，人的壽命延長，許多仍有工作能力的人，却過早退休。此種結果造成對社會安全支出的逐漸關心，致使美國的計畫最近有所改變：增加社會安全稅率，提高退休年齡，以為未來退休同期羣創造盈餘（Myers, 1985）。

在工業化的國家，基於實際情況之依賴比，確定兒童的依賴至十八歲或稍晚截止，以便其完成學校教育。對於工作退休之人，訂於六十七歲或更晚。年輕人口大都依賴他人，但也是未來生產力的儲藏庫。實際上的退休年齡，亦根據職業類型而有所不同。一位勞力工人因工作沉重，顯然比在辦公室之工人早顯疲態。然而，十五至六十四之年齡等級，是國家間比較常用的尺碼，許多人甚至更早退休。依傳統的測量方式，在一九八〇年代，美國與加拿大的依賴比約為五十，比日本的四十七為高，但比印度的七十三却低出甚多（1985 Demographic Yearbook 1987: 188–195），我們可以預期開發中之國家，像印度，有高出生率和更高之死亡率，故年輕人多。而已開發之國家，如

美國，出生率與死亡率均低，老人多而年輕人頗少。事實確屬如此。印度的依賴比較高，但其與眾不同。它是由百分之三十五的十五歲以下人口，和百分之四的六十四歲以上人口組合而成。在美國，十五歲以下之人口只有百分之二十二，但六十四歲以上之人口，則占百分之十二（1985 Demographic Yearbook, 1987: 188–195）。因此，印度的勞動人口，必須把大部分有限之資源用於保健、教育，最後用於眾多青年的工作之上；而在美國，則必須把大量之資源用於為數眾多之老人保健與經濟安全之上。

(五) 依賴的前途

最近在生育力、長壽及年齡方面的趨勢，形成了一種嚴重的全面社會挑戰。第六章曾述及西方社會的低出生率和提早節育，如何使許多夫婦仍在頗為年輕時，即無子女的負擔義務。換言之，在早期的婚姻生活即無子女，同時，在夫妻無事可做或無子女照顧的責任時，較早的退休却留下了一段大的年齡失調。然而，他們可能是年老父母的照顧者。如果此種趨勢持續不變，則社會必須提供更多年金、保健，及社會與娛樂服務。但除非生產力快速成長，否則經濟將不能一面維持此種利益，又要

無限制的個人支出。

以下所列學者，係對此等改變中之生育與退休模式所作的種種選擇適應方式。其中許多已經開始躍躍欲試：

1. 對於人生過程中的經濟與休閒活動重新分配，提高退休年齡，並以自願方式達成之，鼓勵各年齡之人從事兼任工作。

2. 在生產活動方面，使老年人有更多公開的和自願的參預，並不一定與報酬工作有關。志願主義的社會與經濟價值，已於第五章中論及。

3. 青年教育與臨時的及兼職的工作，交替並行。增加日後青年入大學之人數，或者使其輟學就業。畢業年齡模式明顯地顯示，高中之後緊接著四年大學之標準模式，越來越不受重視。

4. 把生育延至人生過程的後期（ Livi-Bacci, 1982: 780-781 ）。是否有許多婦女延遲生育，以使及早生育之趨勢倒轉，確是疑問。然而，婦女在工作界的參預日多，為母之道日切，很容易使生育的年限拉長。

這些選擇的相對可行性，有賴於生育力與死亡的未來趨勢。

文選 10-1

美國的普查

Source: Based in part on *Bureau of the Census: Fact-finder for the Nation* (1948); *The Story of the Census, 1790-1916; Census '80: Continuing the Factfinder Tradition;* and other publications of the Bureau of the Census, Washington, D.C.

美國是憲法規定作例行普查的第一個現代國家：

衆議院議員人數及直接稅稅額，應按合衆國所屬各州人口分配之。……各州人口，包括所有自由人與服役滿相當期間之人，以及其他人民數額的五分之三，但未被課稅之印地安人不計算之。人口之統計，應於合衆國國會第一次會議後三年內及此後每十年，依法律之規定舉行之。（第一條第二款）

從開始起，普查蒐集的資訊就比憲法要求的多。圖10-3所顯示者，係第一次普查時五十六頁手冊中之簡化格式。在首次（1790年）普查計畫中，麥迪森（James Madison）總統認識到其潛在的價值，乃敦促國會擴大資訊之蒐集，不限於簡單的人數計算。每個家庭之家長姓名，均加登錄，將總人數別為自由人或奴隸。自由人進一步分為白人或其他人種，自由白人分為男或女，而自由男性別為十六歲以上或十六歲以下。從普查的規定暴露出，不平等乃美國早期的社會問題。在憲法之中，奴隸是「其他人」，其總數的百分之六十，是為分配代表和稅收目的而計算之。此種計算奴隸的方式，是奴隸與反奴隸利益團體之間的一種妥協。

普查的演進是兩百年來人口成長、工業發展、處理資訊的科技進步、發現事實技術之改進，以及有關如何處理大量資訊之日漸成熟的結果。印刷的普查表，首於第五次普查（1830年）中使用。第七次普查（1850年）的計算單位是個人而非家庭，對於年齡、性別、種族，以及職業等個人之資料，均加以紀錄。蓋計算個人而不計家庭，統計人員便可製成更加詳細之統計列表和交叉列表。無論普查之進行如何復雜，十九世紀並無永久性的普查組織存在，只是每十年成立臨時性的普查組織。直到一九○二年國會成立普查局，方為政府組織中的一個永久性單位。

普查在統計處理的範疇中，久已領導羣倫。機器列表，首於第九次普查（1870年）中使用。一八九○年普查時採用的打洞卡列表機，為該局社會科學家何列瑞茲（Herman Hollerith）

SCHEDULE of the whole Number of PERSONS within the several Districts of the UNITED STATES, taken according to "An Act providing for the Enumeration of the Inhabitants of the United States;" passed March the 1st, 1790.

DISTRICTS.	Free white Males of sixteen years and upwards, including heads of families.	Free white Males under sixteen years.	Free white Females, including heads of families.	All other free persons.	Slaves.	Total.
* Vermont	22,135	22,328	40,505	255	16	85,539
New-Hampshire	36,086	34,851	70,160	630	158	141,885
Maine	24,384	24,748	46,870	538	NONE	96,540
Massachusetts	95,453	87,289	190,582	5,463	NONE	378,787
Rhode-Island	16,019	15,799	32,652	3,407	948	68,825
Connecticut	60,523	54,403	117,448	2,808	2,764	237,946
New-York	83,700	78,122	152,320	4,654	21,324	340,120
New-Jersey	45,251	41,416	83,287	2,762	11,423	184,139
Pennsylvania	110,788	106,948	206,363	6,537	3,737	434,373
Delaware	11,783	12,143	22,384	3,899	8,887	59,094
Maryland	55,915	51,339	101,395	8,043	103,036	319,728
Virginia	110,936	116,135	215,046	12,866	292,627	747,610
Kentucky	15,154	17,057	28,922	114	12,430	73,677
North-Carolina	69,988	77,506	140,710	4,975	100,572	393,751
South-Carolina						
Georgia	13,103	14,044	25,739	398	29,264	82,548

	Free white Males of twenty-one years and upwards, including heads of families.	Free white Males under twenty-one years of age.	Free white Females, including heads of families.	All other Persons.	Slaves.	Total.
S. Western Territory N. Do.	6,271	10,277	15,365	361	3,417	35,691

Truly stated from the original Returns deposited in the Office of the Secretary of State.

TH: JEFFERSON.

October 24, 1791.

* This return was not signed by the marshal, but was enclosed and referred to in a letter written and signed by him.

圖10-3 美國首次普查的簡化格式

Please fill one column ➡ for each person listed in Question 1a on page 1.	PERSON 1	PERSON 7

PERSON 1

Last name

First name / Middle initial

PERSON 7

Last name

First name / Middle initial

2. How is this person related to PERSON 1?

Fill ONE circle for each person.

If **Other relative** of person in column 1, fill circle and print exact relationship, such as mother-in-law, grandparent, son-in-law, niece, cousin, and so on.

START in this column with the household member (or one of the members) in whose name the home is owned, being bought, or rented.

If there is no such person, start in this column with any adult household member.

If a RELATIVE of Person 1:
- ○ Husband/wife
- ○ Natural-born or adopted son/daughter
- ○ Stepson/ stepdaughter
- ○ Brother/sister
- ○ Father/mother
- ○ Grandchild
- ○ Other relative ⌐

If NOT RELATED to Person 1:
- ○ Roomer, boarder, or foster child
- ○ Housemate, roommate ■
- ○ Unmarried partner
- ○ Other nonrelative

3. Sex
Fill ONE circle for each person.

- ○ Male   ○ Female
- ○ Male   ○ Female

4. Race

Fill ONE circle for the race that the person considers himself/herself to be.

If **Indian (Amer.)**, print the name of the enrolled or principal tribe.

If **Other Asian or Pacific Islander (API)**, print one group, for example: Hmong, Fijian, Laotian, Thai, Tongan, Pakistani, Cambodian, and so on.

If **Other race**, print race.

PERSON 1:
- ○ White
- ○ Black or Negro
- ○ Indian (Amer.) (Print the name of the enrolled or principal tribe.) ⌐
- ○ Eskimo
- ○ Aleut

Asian or Pacific Islander (API)
- ○ Chinese   ○ Japanese
- ○ Filipino   ○ Asian Indian ■
- ○ Hawaiian   ○ Samoan
- ○ Korean   ○ Guamanian
- ○ Vietnamese   ○ Other API ⌐
- ○ Other race (Print race) ⌐

PERSON 7:
- ○ White
- ○ Black or Negro
- ○ Indian (Amer.) (Print the name of the enrolled or principal tribe.) ⌐
- ○ Eskimo
- ○ Aleut

Asian or Pacific Islander (API)
- ○ Chinese   ○ Japanese
- ○ Filipino   ○ Asian Indian ■
- ○ Hawaiian   ○ Samoan
- ○ Korean   ○ Guamanian
- ○ Vietnamese   ○ Other API ⌐
- ○ Other race (Print race) ⌐

5. Age and year of birth

a. Print each person's age at last birthday. Fill in the matching circle below each box.

b. Print each person's year of birth and fill the matching circle below each box.

a. Age	b. Year of birth
0 ○ 0 ○ 0 ○	1 ● 8 ○ 0 ○ 0 ○
1 ○ 1 ○ 1 ○	9 ○ 1 ○ 1 ○
2 ○ 2 ○	2 ○ 2 ○
3 ○ 3 ○	3 ○ 3 ○
4 ○ 4 ○	4 ○ 4 ○
5 ○ 5 ○	5 ○ 5 ○
6 ○ 6 ○	6 ○ 6 ○
7 ○ 7 ○	7 ○ 7 ○
8 ○ 8 ○	8 ○ 8 ○
9 ○ 9 ○	9 ○ 9 ○

6. Marital status

Fill ONE circle for each person.

- ○ Now married   ○ Separated
- ○ Widowed   ○ Never married
- ○ Divorced

7. Is this person of Spanish/Hispanic origin?

Fill ONE circle for each person.

- ○ No (not Spanish/Hispanic)
- ○ Yes, Mexican, Mexican-Am., Chicano
- ○ Yes, Puerto Rican
- ○ Yes, Cuban ■
- ○ Yes, other Spanish/Hispanic (Print one group, for example: Argentinean, Colombian, Dominican, Nicaraguan, Salvadoran, Spaniard, and so on.) ⌐

If **Yes, other Spanish/Hispanic**, print one group.

FOR CENSUS USE ➡

a第一個問題（此處略）是問家中的每個成員的姓名。432頁之表格只包括若干同一欄中的兩個。

圖10-4　1990年的簡式普查問卷ª

NOW PLEASE ANSWER QUESTIONS H1a—H7b FOR YOUR HOUSEHOLD

H1a. Did you leave anyone out of your list of persons for Question 1a on page 1 because you were not sure if the person should be listed — for example, someone temporarily away on a business trip or vacation, a newborn baby still in the hospital, or a person who stays here once in a while and has no other home?

○ Yes, please print the name(s) ○ No
and reason(s).

_____

b. Did you include anyone in your list of persons for Question 1a on page 1 even though you were not sure that the person should be listed — for example, a visitor who is staying here temporarily or a person who usually lives somewhere else?

○ Yes, please print the name(s) ○ No
and reason(s).

_____

H2. Which best describes this building? Include all apartments, flats, etc., even if vacant.

○ A mobile home or trailer
○ A one-family house detached from any other house
○ A one-family house attached to one or more houses
○ A building with 2 apartments
○ A building with 3 or 4 apartments
○ A building with 5 to 9 apartments
○ A building with 10 to 19 apartments
○ A building with 20 to 49 apartments
○ A building with 50 or more apartments
○ Other

H3. How many rooms do you have in this house or apartment? Do NOT count bathrooms, porches, balconies, foyers, halls, or half-rooms.

○ 1 room   ○ 4 rooms   ○ 7 rooms
○ 2 rooms   ○ 5 rooms   ○ 8 rooms
○ 3 rooms   ○ 6 rooms   ○ 9 or more rooms

H4. Is this house or apartment —

○ Owned by you or someone in this household with a mortgage or loan?
○ Owned by you or someone in this household free and clear (without a mortgage)?
○ Rented for cash rent?
○ Occupied without payment of cash rent?

If this is a ONE-FAMILY HOUSE —

H5a. Is this house on ten or more acres?

○ Yes   ○ No

b. Is there a business (such as a store or barber shop) or a medical office on this property?

○ Yes   ○ No

Answer only if you or someone in this household OWNS OR IS BUYING this house or apartment —

H6. What is the value of this property; that is, how much do you think this house and lot or condominium unit would sell for if it were for sale?

○ Less than $10,000   ○ $70,000 to $74,999
○ $10,000 to $14,999   ○ $75,000 to $79,999
○ $15,000 to $19,999   ○ $80,000 to $89,999
○ $20,000 to $24,999   ○ $90,000 to $99,999
○ $25,000 to $29,999   ○ $100,000 to $124,999
○ $30,000 to $34,999   ○ $125,000 to $149,999
○ $35,000 to $39,999   ○ $150,000 to $174,999
○ $40,000 to $44,999   ○ $175,000 to $199,999
○ $45,000 to $49,999   ○ $200,000 to $249,999
○ $50,000 to $54,999   ○ $250,000 to $299,999
○ $55,000 to $59,999   ○ $300,000 to $399,999
○ $60,000 to $64,999   ○ $400,000 to $499,999
○ $65,000 to $69,999   ○ $500,000 or more

Answer only if you PAY RENT for this house or apartment —

H7a. What is the monthly rent?

○ Less than $80   ○ $375 to $399
○ $80 to $99   ○ $400 to $424
○ $100 to $124   ○ $425 to $449
○ $125 to $149   ○ $450 to $474
○ $150 to $174   ○ $475 to $499
○ $175 to $199   ○ $500 to $524
○ $200 to $224   ○ $525 to $549
○ $225 to $249   ○ $550 to $599
○ $250 to $274   ○ $600 to $649
○ $275 to $299   ○ $650 to $699
○ $300 to $324   ○ $700 to $749
○ $325 to $349   ○ $750 to $999
○ $350 to $374   ○ $1,000 or more

b. Does the monthly rent include any meals?

○ Yes   ○ No

FOR CENSUS USE

A. Total persons

B. Type of unit

Occupied	Vacant
First form ○	Regular ○
Cont'n ○	Usual home elsewhere ○

C1. Vacancy status

○ For rent   ○ For seas/
○ For sale only   rec/occ
○ Rented or   ○ For migrant
sold, not   workers
occupied   ○ Other vacant

C2. Is this unit boarded up?

○ Yes   ○ No

D. Months vacant

○ Less than 1   ○ 6 up to 12
○ 1 up to 2   ○ 12 up to 24
○ 2 up to 6   ○ 24 or more

E. Complete after

○ LR ○ TC ○ QA   JIC 1
○ P/F ○ RE ○ I/T
○ MV ○ ED ○ EN

○ P0 ○ P3 ○ P6
○ P1 ○ P4 ○ 1A   JIC 2
○ P2 ○ P5 ○ SM

F. Cov.

○ 1b ○ 1a ○ 7   H1

G. DO   ID

（數字欄位 0-9）

圖10-4　1990年的簡式普查問卷（續）

所設計，何氏後來成爲國際商業機器公司的創辦人之一。一九六〇年的普查採用高速電動設備，並設計出種種問卷，如此，輸入電腦之軟片視感設計（film optical sensing device for input to computers）方能詳「讀」資訊，並消除打卡作業時人爲的錯誤。

像美國普查這樣龐大作業過程，耗費可觀勢所難免。一九九〇年的普查，從設計到出版，共花費二十五億美金，在一個對赤字敏感的國家，此一代價引起廣泛非議。換言之，蒐集、歸結、分析，及出版兩億五千萬人之資料，每人約花費美金十元。納稅人的花費是否值得，乃是爭論的一個焦點，但對於一個現代國家而言，推動各種事務而無普查，自當困難重重。各級政府、許多商業組織及學者，現在均視普查爲不可或缺的大事。

❀ **信賴普查** ❀

一個全國性的事實調查機構，有公共關係及技術等雙重問題。在許多國家，人民逃避普查員的訪問，或提供假的資料。大多數的西歐國家，於一九八〇年代初進行普查，但在西德，政治抗議與法律行動，使普查從一九八一年延到一九八七年舉行，增加了經費，但減少所問之問題。同時，政府官員、學者與商界人士，必須以一九七〇年的普查及對此一長時間內發生之改變所作之不可靠估計，爲其計畫設計之基礎。抵制普查之進行，以荷蘭最爲激烈，自一九七〇年以來，即無普查行動。

美國的普查較無此種問題。有一項民衆對一九七〇年的普查反應調查發現，在威斯康辛州的回答樣本中，一般均對普查持肯定態度，而以郵寄調查之方式，尤其明顯（Sharp and Schnore, 1971）。此種支持態度，與一般新聞報導的印象恰成對比，而新聞報導至少每十年爲普查局帶來一次困擾。

爲了使聯邦資金以人口爲基礎之分配得以持續，市政官員對於普查數字顯示人口由主要城市流向市郊，提出抗議。嗣後連續之調查經常顯示，主要城市之人口確有式微之勢。然而，所有的普查都可能少算了人口數字。傑佛遜（Thomas Jefferson）認爲，第一次普查人口爲 3,929,326 人算少了，美國這個新興國家之人口，絕對在四百萬以上。最近普查少算之人口比，估計是：

一九五〇年爲百分之四點四
一九六〇年爲百分之三點三
一九七〇年爲百分之二點九
一九八〇年爲百分之一點四

像一七九〇年與一九八〇年，以及

上述兩年之間的種種普查一樣，一九九
○年普查少算之人口，在百分之一以
上。少算不可等閒視之，因為不只許多
人被遺漏，而是遺漏之人不是因為隨機
樣本（ random sample ）之過。他們
可能是青年人、老年人、流動人口、窮
人，以及集中在主要城市中的少數民族
團體。一個黑人或西裔美人被遺漏，可
能比白人多三或四倍。因為被遺漏者中
包括許多需要社會服務之人，故這些疏
失，使此種團體之救助為之減少。

有些人擔心，他們提供有關自己之
實情會被公諸於世，或遭濫用。他們完
全不信普查對其隱私之尊重，但控制美
國普查的種種法律，保障隱私達七十二
年之久。即使在戰時的壓力下，普查局
仍拒絕將紀錄開放給政府機構，以便在
第二次世界大戰期間重新安置日裔美
人。但侵害隱私及個人資料被濫用之可
能永遠存在，尤其在此一電腦時代為
然。

❋ 普查中的樣本 ❋

抽樣技術之廣泛應用，是普查局蒐
集各種項目大量資料的一種經濟方法。
一九四○年，抽樣只用於某些項目，一
九五○年後，大多數的資料均以樣本為
根據，此在普查報告中可以證明。全部
人口的基本簡式問卷，見圖 10-4 。但

二十六個補充的人口問題與十九個額外
的住宅問題，包含在一個百分之十七的
家庭樣本的長表中。這些問題，涉及到
公民身分、教育年限、英語流利程度及
在家中所說之語言、兵役、身心缺陷、
職業與就業、所得，以及住宅與公用設
施之性質、品質及費用。

從樣本估計整數，是機率的事。例
如，假如普查發現：在一個百分之二十
的樣本中，年在二十五歲以上的男性，
有百分之十七點六完成了四年高中學
業。根據此一樣本，我們可以估計 750
萬男性，或總人口中年在二十五歲以上
之全部男性的百分之十七點六，已經高
中畢業，但這並不是說全國數字確為
750 萬。此一數字是一個相當狹小範圍
的中點，是在整個人口中位於 750 萬
加上 5,440 與 750 萬減去 5,440 人之間
── 即 在 7,505,440 與 7,494,560 之
間，其機會約三分之二的條件下，方可
應用（機率的程度與準距，由統計數學
推論之）。

從一種意義而言，基於樣本的數字
永難正確。只有在實際數字與計算數字
接近的條件下，方可運用。然而，另一
方面，它們又非常精確，因為一旦準距
確定，機率的程度（如 2 比 1 的勝
算）也能確定。全美的樣本統計與人口
全部計算所獲得的結果，頗為接近，因

為樣本設計良好，而且樣本與母體均　　相當大之故。

第二節
生育力與死亡

出生與死亡對於整個社會的影響，像對家庭一樣的重大。人口老化和遞減的法國，以減稅、育嬰假及免服兵役等鼓勵家庭生育子女。而對人口數量難以負荷的中國大陸，則為限制一家一個子女而努力。面對高出生率和大量的人口，以額外收入、優先配屋，以及特別之健康、教育與年金福利，獎勵接受一個子女政策的家庭。對於不遵從者，則給予威脅與懲罰。

一、 生育力

生育力（ fertility ）一詞係指實際上之生殖，而**生殖力**（ fecundity ）指可能的生殖──即可能生育的生物最高數量。在工業國家，生育力只是生殖力的一小部分。即使在出生率高的開發中國家，生育力亦未達到生物的最高極限（ Bongaarts, 1975 ）。

測量生育力的簡單方法，是以出生數與人口規模相比較。此種**粗出生率**（ crude birthrate ），以每千人口之比率表示之，其計算方式如下：

$$\frac{一年中出生之人數}{年中人口總數} \times 1,000 = 粗出生率$$

試以一九八七年美國之出生數與美國居住人口數代入此一公式，粗出生率為 15.7 （ Monthly Vital Statistics Report [MVSR] 36, July 29, 1988: 1 ）：

$$\frac{3,829,000}{234,400,000} \times 1,000 = 15.7$$

在撰述有關人口之問題時，粗出生率最為常用。蓋計算方便而容易，可是這畢竟是一種粗略的計算方式。一個國家因男性人口或老人多，生育年齡之婦女少，粗出生率便低。但如果出生數與少數生育年齡之婦女有關，則生育力必高。某一出生率是高是低，決定於人口中生育年齡的婦女人數。事實上，美國婦女的生育力比粗出生率所顯示者低，因為生育年齡的婦女占人口的大部分。在早期，大多數的人在生育年齡以下，

正如今天開發中國家的情況一樣。

(一) 人口風險

考慮到年齡差別，與性別組合之後，人口學家便基於「人口風險」（population at risk，譯按：生育之婦女，僅在某一年齡階段，故含風險之義），應用更為精確的生育力測量法。人口風險包括年在十五至四十四歲之間可能生育的婦女，在此一年齡等級中，每千婦女之生育數，稱為一般生育率（general fertility rate）。就美國而言，一九八五年的一般生育率為六十五，一九五五年為一一八。

因為大部分婦女的生育係在非常狹小的年齡組內，尤其是在西方國家──大概二十歲到二十九歲──人口學家便計算出**年齡別出生率**（age specific birthrates）。此等比率之計算，係以特定年齡組的婦女總數，除此年齡組所生之活嬰人數，再乘 1,000。美國婦女在一九五五年及一九八五年，年齡別之出生率如下（Statistical Abstract, 1961: 52; MVSR 36, Sup., July 1987: 14）：

年　齡	1955	1985
10－14	0.9	1
15－19	90	51
20－24	242	109
25－29	190	111
30－34	116	68
35－39	59	24
40－44	16	4
45－49	1	0.2

生育子女的模式，隨着生活方式與就業模式而改變。例如，由數字顯示，在一九五五年，年在四十到四十四歲的每千位美國婦女，有十六人生育，而在一九八五年，同年齡組之婦女，每千人僅有四人生育。一般而言，上表顯示，愛好小家庭造成了生育期的提早結束。

除了年幼者外，生育力在所有的年齡組均已降低。年達二十歲的美國婦女，幾乎有百分之十至少懷孕一次，而懷孕之婦女幾乎有半數墮胎。此外，自一九七○年以來，單身母親的生育數急劇增加（Jones et al., 1986）。一九七○年，生育子女之黑人少女，其中百分之四十四為未婚母親，而白人少女則有百分之十八。到了一九八二年，此等數字增加一倍，即黑人為百分之八十七，白人為百分之三十七（Moore et al., 1986: 11, 14）。

(二) 總生育率

人口學家使用一種稱為**總生育率**（total fertility rate）的計量法，比較各國的生育力。就比較之目的論，較

粗出生率爲佳，因其考慮到年齡組合中之差異。總生育率是指一位婦女如果符合目前的年齡別出生率，其在生育年齡期間所生子女平均數之估計。例如，一九八八年美國婦女的總生育率爲 1.9，意指：如果一組假定的千名婦女，其出生率與一九八八年生育年齡人口的生育率相同，這些婦女大約有 1,900 個活嬰（或平均每名婦女有 1.9 人）。此乃假定所有的婦女均能活到生育期的結束（ Weller and Bouvier, 1981: 58; *1989 World Population Data Sheet* ）。

到了一九八〇年代末期，全世界的總生育率約爲 3.6。加拿大、日本及聯合王國（譯按：即大不列顛和北愛爾蘭）的數字，大約和美國的比率相同。但西德的總生育率只有 1.4，此種生育力低的現象，遂引起全國的關注。大多數開發中國家的總生育率，比已開發國家高出甚多——例如，墨西哥爲 3.8，而印度爲 4.3（ *1989 World Population Data Sheet* ）。從中國 2.4 的比率觀之，政府的人口政策確已發揮效應。

㈢ 生育力的差異

一個人口中的各個團體，生育率各不相同。在美國，若干更爲重要的差異是：鄉村居民比城市居民的生育力高、藍領家庭比白領家庭高、黑人比白人高、天主教徒比基督教徒高、窮人與教育程度低者之出生率，比富者及教育程度高者之出生率高、就業之婦女比未就業之婦女子女少。

自從一九六五年以來，團體間在節育上的差異已經縮小。白人與黑人、天主教徒與非天主教徒，彼此在所要之子女數與實際生育數上更加相似（ Henripin and Légaré, 1971; Mosher and Goldscheider, 1984 ）。不論虔誠與不虔誠之天主教徒，其生育力均在降低（ Jones and Westoff, 1979: 215 ）。一般言之，美國的猶太人與美國的人口類似，但猶太人的生育力比一般人口爲低（ DellaPergola, 1980; Goldschieder and Zuckermen, 1984 ）。

所得高與所得低的家庭，生育力差異也在縮小之中，但社會經濟地位低的婦女，子女依然較多。此種差異，在年輕之未婚母親之間尤大，她們常爲照顧子女而輟學。教育程度低是生育力高的原因：教育低的婦女，可能對於節育的知識少，有子女之單身婦女不可能就學（ *CPR*, P-20, No. 421, 1987 ）。

二、死　亡

死亡率的計算與生育率一樣。最常見的死亡率是**粗死亡率**（ crude death

rate），即每千人的死亡人數，其計
算方式如下：

$$\frac{一年中死亡人數}{年中人口總數} \times 1,000 = 粗死亡率$$

以一九八七年的數字代入公式，該
年美國居住人口的粗死亡率是
（ *MVSR* 36, July 29, 1988: 4 ）：

$$\frac{2,127,000}{243,400,000} \times 1,000 = 8.7$$

此一數字約爲一九〇〇年粗死亡率
17.2 的半數。如果粗出生率 15.7，減
去粗死亡率 8.7，則一九八七年每千人
的自然增加率爲 7.0。表 10-1 列舉一
九八〇年代末期若干國家估計的粗死亡
率。死亡率與出生率之間的差額，便是
自然增加（或減少）率。最後一行數
字，顯示一個人口倍增所需之時間，但
須假定其粗出生率與死亡率不變。

像生育率一樣，分析粗死亡率時，
需要考慮年齡問題。如果老人百分比高
的國家（如美國、加拿大、英國）與老
人百分比低的國家（如印度與奈及利
亞）比較，我們可以預期老人多的國家
死亡率高。可是事實證明，印度與奈及
利亞儘管人口年輕，粗死亡率卻較高。
換言之，即使年齡結構對低粗死亡率有
利，有些開發中的國家卻有高的年齡別

表 10-1　一九八〇年代末期部分國家之
概略粗出生率與死亡率、自然
增加及人口加倍的年數[a]

國　　家	出生	死亡	自然增加[b]	人口加倍年數[c]
世　　界	28	10	18	40
澳　　洲	15	7	8	88
巴　　西	28	8	20	34
加　拿　大	15	7	8	91
中　　國	21	7	14	49
埃　　及	38	9	29	24
西　　德	10	11	-1	-
印　　度	33	13	20	35
印　　尼	27	10	17	40
愛　爾　蘭	17	10	7	88
以　色　列	23	7	16	42
意　大　利	10	10	0	-
日　　本	11	6	5	133
墨　西　哥	30	6	24	29
紐　西　蘭	16	8	8	92
奈　及　利亞	46	17	29	24
波　　蘭	17	10	7	100
西　班　牙	12	8	4	154
蘇　　聯	20	10	10	68
聯　合　王國	13	12	1	408
美　　國	16	9	7	99

a 每千人口比
b 自然增加乃粗出生率減去粗死亡率
c 估計人口加倍之年數，在假設自然增加所
　指之比率，繼續不變

Source: Population Reference Bureau, *1988 World Population Data Sheet.*

死亡率。

㈠ 嬰兒死亡

嬰兒死亡率（infant mortality rate）是每千活嬰第一年之內死亡的人數，是一個國家之社會與經濟福祉標準的一種明確測量。此外，沒有單一的統計能更好地表示「一個富足社會與一個窮困社會之間的差別」（Newland, 1981: 5）。嬰兒死亡率從某些拉丁美洲、非洲及亞洲等開發中國家的 150 以上，到低如日本的 4.9，芬蘭的 5.8 及瑞典的 5.7（*1989 World Population Data Sheet*），差別極其懸殊。

蘇聯官方發表的嬰兒死亡率高達二十五。可是，此一比率尚嫌不足，因為不包括出生七天內死亡的嬰兒，以及在鄉村地區嬰兒死亡少報之故（Anderson and Silver, 1987）。嬰兒死亡率高的原因，主要是產婦健康照顧欠佳、過分擁擠、污染、生育年齡之婦女酗酒、抽煙，以及許多蘇聯婦女必須從事勞力之工作等。（Davis and Feshbach, 1980: 11; Feshbach, cited in Murphy, 1983: 38）。

加拿大、澳洲及大多數之西歐國家，其嬰兒死亡率均較美國的 10 為低。但美國的比率約為 1935 年的六分之一（MVSR, July 29, 1988）。近四十年來，白人與黑人的嬰兒死亡率均減少一半，但由於孀居、離婚、所得低，及胎兒照顧欠缺、營養欠佳等因素之差異，黑人的嬰兒死亡率仍比白人高出百分之七十二（Adamchak, 1979; Bouvier and van der Tak, 1976）。

㈡ 產婦死亡率

美國全部的**產婦死亡率**（maternal mortality rate），大約每十萬名產婦為 7.8 人，從一九三五年的 582 人急劇下降（DHEW, *PHS* 79－1222, 1978: 8; *MVSR* 36, Sup., August 28, 1987: 8）。白人產婦死亡率約為 5.2；黑人為 20.4，大約與一九六五年白人產婦死亡率相同。此乃黑人衛生改善比白人落後之另一實例。高齡產婦初次生產對於母親最為危險的流行看法，可由統計數字得到證實。生育最安全的年齡為二十多歲，產婦年齡愈高，生育的危險愈大。

三、預期壽命

預期壽命（life expectancy）是對壽命剩餘年限平均數之估計。以生命表統計為依據，如只為人壽保險公司提供之人壽統計是。預期壽命可以從任何年齡加以計算，但出生時之估計，常於研究趨勢或作各國比較之用。預期是平

均數，而且，假定目前的年齡別死亡率（age-specific death rates）在未來繼續不變。許多人並未活到平均壽命的年限，但其他之人，當然可能壽比南山。在近幾十年來，年齡別死亡率已經迅速改進；所以，保險公司賺取大量金錢，因為它們估算很快就要給付死亡受益費，故以早期之死亡率收取較高之保費。但它們也未料到成長快速之「老老」人口的健康支出（見第九章）。

㈠ 長壽與短命

在史前時期，人的平均壽命為十八至二十五歲。羅馬帝國時代，此數字僅升至二十到三十歲。到了一八八〇年，生於北歐與西歐之人，預期壽命在四十五歲左右；至於生在南歐與東歐之人，則在三十五歲上下，但世界上的大部分地區，仍然在二十五歲上下。自一八八〇年代末期起，預期壽命的增長，比自史前時期以來之全部增長還大（Preston, 1977: 163−165）。然而，死亡的平均年齡在地區與經濟發展層次之間，卻有極大的差別。

在目前，西歐（尤其是斯堪地那維亞半島國家——譯按：指丹麥、挪威、芬蘭、瑞典等國）、北美、日本、澳洲，及紐西蘭等國，預期壽命在七十五歲左右。在美國，一九八七年出生時之預期壽命為 74.9 歲（*MVSR*, July 29, 1988: 6）。墨西哥、巴西、中國近幾年來大有進步，現約在六十五歲上下；然而，印度只有五十歲，許多非洲國家的預期壽命更短（*1989 World Population Data Sheet*）。

工業國家的女性比男性長壽，而性別間的差距，從一八〇〇年代大約二或三歲，增加到今天的七或八歲。例如加拿大與澳洲，一九八〇年代初，出生時計算的預期壽命：女人七十九歲，男人七十二歲。在美國，一歲以上的每一年齡層，男人的死亡率均比女人高。婦女長壽可能得自天生，但文化對於婦女生活方式之維持，也有助於婦女之長壽。至少到目前為止，大多數的婦女生活在更有保障的環境之下，很少暴露在危險的工作之中，同時不受自殺性惡習之吸引，如抽煙與酗酒。但從婦女肺癌之增加顯示，她們已將從前生活方式之種種優點，棄諸不顧，其較長之預期壽命，開始縮短。婦女的生存與其社會地位有關。在婦女受到嚴厲控制的地方（尤其在中東伊斯蘭教國家），其比男人長壽的可能微乎其微（Weeks 1986: 158; citing Retherford 1975）。

自一八五〇年至今，生存增進可由圖 10-5 顯示之。在一八五〇年，美國四分之三的新生兒只能活到五週歲；一

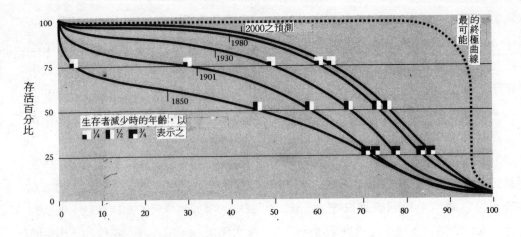

Source: For 1850, 1901, and 1930 Metropolitan Life Insurance Company, Statistical Bulletin, March 1952. The current curve is compiled from Monthly Vital Statistics Reports. That for 2000 is compiled and computed from unpublished data supplied by the U.S. Bureau of Census, National Population Estimates and Projections Branch.. The "ultimate" hypothetical curve is from Hayflick, 1980:60.

圖10-5
1850年至2000年美國全部出生人口存活百分比,及假設之最大生存曲線。

九○一年,有四分之三可達到二十四歲,而現在,同一比例則活到六十歲以上。有一半新生兒的存活年齡,由一八五○年的四十五歲增至現今的七十四歲。此種進步的社會影響,有以下幾點:

1. 有更多的人活過工作年齡,因此,增加了經濟生產力。

2. 有更多人活到老年,因此,增加了老年依賴的負擔。

3. 由於年輕人死亡較少,為維持人口穩定,減少生育誠屬必要。

(二) 夭折

　　圖 10-5 的圖型模式顯示,改善營養、醫療科學,及公共衛生服務等,可使大部分人口的死亡延後。在上一個世紀,工業國家因傳染及寄生蟲造成的死亡,由於現代化而銳減。一九○○年,主要的死亡原因是肺炎、肺結核、下痢及相關之疾病。在今天已開發的國家,這些疾病沒有一種列入五種主要的死亡

原因。最近，幾乎百分之七十的死亡是
由於心臟病、癌症，及中風造成的
（ Israel et al., 1986: 161 ）。因為這
些疾病是老人死亡的主要原因，故控制
慢性病方面的進步，比起車禍死亡之減
少，亦不過延長幾年的生命而已
（ Keyfitz, 1982: 241 ）。

在美國，現在青年死於意外、自殺
及凶殺者比死於疾病者為多。年在十五
至二十四歲之間因暴力而死亡者，占四
分之三以上（ Blum, 1987: 3391 ）。
社會正確地認識到，青年人過早死亡是
人類資源的一種浪費，也是對家庭與社
會結構的一種損失。所以，這些提早之
死亡，不僅應視為是一條人命的喪失，
而且是未來許多生命歲月的浪費。

愛滋病（後天性免疫不全症候羣）
的流行，直撲青年人，已使提早死亡的
數量大增。一九八七年，衛生部（ De-
partment of Health and Human Ser-
vices ）發現有必要提出一種新的死亡
資料分類── 人類免疫不全病毒感染
（ human immunodeficiency virus
infetion 簡稱 HIV 感染）。該病是當
時美國第十五大死亡原因（ *MVSR,*
July 29, 1988: 8 ）。

統計人員對於任何不名譽疾病的眞
正發生率，很難肯定，所以常常對整數
或在極廣之範圍內略作估計。因為愛滋

1720年法國發生瘟疫時，醫生恐懼傳染
病是一種合理的顧慮（上），但對於
1988年救護車的工作員，運送一名香港
的愛滋病患，則非如此。（下）

病症狀的潛伏期可長達數年之久,因此,估計受感染的人數,尤其困難。當症狀初次出現時,病人也許勉強地接受醫療。爲了保護病人的隱私,醫生可能不同意發布病情,而且可能假列死亡原因,以免病人的家庭受到誣衊。此外,窮無立錐之人,也許永遠無法接受醫療,因之,對於患此病而死者,便無從計算。有了此種愼審的考慮之後,我們方能了解最近有關愛滋病及人類免疫不全病毒感染率之資料。

美國疾病防治中心估計,到一九八九年中期,大約有一百萬美國人感染愛滋病。其中五萬四千人已經撒手人寰——約與美國在越戰陣亡的人數相同。全世界感染愛滋病之人數,並不可靠,但世界衛生組織(WHO)於一九八九年六月各國統計要覽中估計,愛滋病例共有五十萬。目前對全世界愛滋病患的估計,從五百萬到一千萬不等,其中大多數尚無病兆。世界衛生組織推斷,到西元二千年,將有一千五百萬新的成人感染病例,其中六百萬人的愛滋病症狀全然呈顯,或呈活動症狀(見文選2-3)。

四、變遷的成分

本節所要討論的生育力與死亡,以及下節對於人口遷徙的處理,均在扼要說明造成人口變動的種種力量。出生、死亡、人口內移,及人口外移等四個要素,構成了以比率表示變遷的成分(每千人中的人數)。出生減去死亡係淨自然增加(或減少)。移入人數減去移出人數,乃淨移入人口(net immigration;或移出人口)。由自然原因造成的人口增加或減少,和由遷移造成的淨變遷合在一起,可得出人口的淨成長或減少。

圖10-6顯示,一九三〇年以來美國人口成分之如何變動。爲簡化計,移入與移出人口的各別曲線未予納入。由出生與死亡顯示的淨變遷亦予省略,因爲看起來像淨成長率一樣,是所有四種成分合在一起的結果。注意,淨增加率之如何嚴密,由出生率中之改變控制之。經濟蕭條期間,出生率下降,第二次世界大戰之後,突然增加,自此之後,日漸衰退。死亡率已降到相當穩定的層次。在開發的國家,除非有戰爭或其他主要災害,死亡率少有變化。

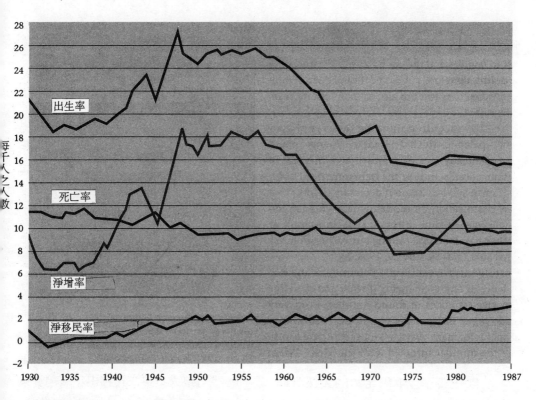

Sources: U.S. Immigration and Naturalization Service, *Statistical Yearbook*, annual; Monthly Vital Statistic Reports; *CPR*, P-25, No. 545, 1975, No. 706, 1977, and monthly estimates.

圖10-6

美國人口變遷的成分,1930-1987

第三節
遷　移

從遠古時期起,人類即栖栖惶惶,不斷遷徙。史前期的遷移,通常是對千萬年來環境與氣候改變的逐步反應。新大陸最初的人類,即當今美國印地安的祖先,進入西半球已有極長的一段時間——約始於三萬年前。小批的游牧者,冒險跨過連接西伯利亞和阿拉斯加的陸

橋，散佈於南北美洲（Benditt, 1988: 28, 30）。在遷移者帶來的石器時代的文化基礎上，其後代便在新的和不同的環境中，創立了美國的本土文化與文明。

現代的遷移，常起於社會與政治力量之逼迫與個人的動機，而非環境與氣候之改變。人民遷徙，旨在逃避政治迫害或宗教與種族歧視，並尋求工作及教育。本節探討過去與現在的國際移徙，變動中的美國移民政策、美國國內遷移，以及遷移的主要社會影響，包括都市化在內。

一、國際遷移

自一三〇〇年代開始的大探險期間，建立了歐洲人民數百年來的遷移與殖民時代。即使如葡萄牙者，尚派人冒險犯難，航行各處，在全世界探險並建立殖民地：到中國沿海、印度次大陸、非洲，以及現代的巴西。然而在一八〇〇年之前，洲際之間最大的遷移，並非歐洲人自願移到美洲大陸，而是強迫運送一千到二千萬非洲奴隸到新大陸（Curtin, 1969）。彼時，來自歐洲的移民可能不及來自非洲奴隸之半數。

㈠ 最大的歐洲移民

歐洲人口向西半球大量的外移，始於一八〇〇年代之初。在歷史上，此一最大的洲際遷移，使多達七千五百萬移民進入美洲，其中部分原因是受歐洲人口快速增長的刺激。表 10-2 是此一時期移民來源與目的地之估算。自一八四六年到一九三二年之間，在五千三百多萬移民中，僅有百分之三來自歐洲。其中四分之三以上之移民來自五個國家：不列顛羣島（包括愛爾蘭）、義大利、奧匈帝國、德國及西班牙。表中數字包含一一一年之內移人口，但只有八十六年之外移人口。所以，全部內移人口（5千920萬）與外移人口（5千350萬）之間，幾乎有六百萬之差距，部分是由於涵蓋的時間面不同。數字差別，也可以人口移入比移出紀錄翔實來解釋之。有些國家，如當今之阿爾巴尼亞和東德（譯按：指共產政權被推翻之前而言），對於人口外移稽查翔實，但大部分時間，各國對於誰進入國界比對誰離開國界更為關心。美國自一九五〇年代以來，對於外移人口即無系統之登錄方式。

前面已經指出，人口主要輸出國是歐洲，主要輸入國是美洲諸國，單就美國而言，五分之三的外移人口以此為目的地。自一八二一年到一九二四年之間進入美國的移民，約有百分之三十回歸祖國。阿根廷的移民，則有百分之四十

一九〇六年移民抵達艾利斯（譯按：位於紐約灣內）

七重返家園（Carr-Saunders, 1936: 49）。一八〇〇年代之初，海上航行依然漫長、艱苦，且時有危險；然而，許多移民卻願意落葉歸根，重返家園。今天，當合法之遷移快速、方便與安全之時，許多人為尋找工作和接受教育而暫時移入。

大量而持續的內移人口進入北美，為開發天然資源、農場，及工業帶來了大批勞工。來自許多國家的移民，對於加拿大與美國的全國文化與經濟，有其持久之貢獻，而新移民也加深了兩國之中文化的分歧。

自一八六〇年到一九二〇年之間，國外出生之美國人口占總數的百分之十三到十五之間。在一九三〇年代經濟蕭條和一九四〇年代戰爭時期，內移人口下降，但第二次世界大戰之後，移民的步伐再度加快。一九八〇年普查時計算，他國出生者約為一千四百萬，略占總人口的百分之六。

(二) 推拉的因素

個人決定遷移，可分為來自原住地的推因（push factors），和移民地之拉因（pull factors）（Lee, 1966; Ravenstein, 1885）。推因之中，有失業與經濟困苦、食物缺乏、種族與宗教歧視、政治壓迫、環境惡劣及擁擠等。拉因包括工作便利、廉價土地（在

表 10-2 最大的洲際遷移

原 始 國	外移人口百分比[a]
不列顛群島	34
意大利	19
奧匈帝國	10
德 國	9
西班牙	9
斯堪地那維亞諸國	5
蘇 俄	4
葡萄牙	3
其他之歐洲國家	4
非歐洲國家	3
外移人口總數	53,450,000

目 的 國	內移人口百分比[b]
美 國	58
阿根廷	11
加拿大與紐芬蘭	9
巴 西	7
其他美洲國家	6
澳洲與紐西蘭	6
其他非美洲國家	3
內移人口總數	59,167,000

a 1846-1932 期間之外移人口。

b 1821-1932 期間內移美國、加拿大及巴西之人
　口。其他各國年代不一。

Source: Computed from A. M. Carr-Sanders,
World Population (Oxford: Clarendon Press,
1936), p. 49.

早期土地免費）、政治與宗教自由，以及受教育的機會。推拉兩種因素，對於不同之可能移民有其選擇上之作用。個人對於家庭所在的環境有困厄、沮喪之感，便會到處尋找改善命運的種種方法。但有時縱有沮喪，仍不願離開故土與朋友，習慣力量可能使其安土重遷，不作遠行。大規模的移民，大多是在國家間的經濟發展水準，或就業機會差別明顯時進行的 —— 例如，一邊是大多數的拉丁美洲國家，另一邊是加拿大與美國。迫使國際移動的種種力量，也會影響一個國家之內、區域之間，或鄉村與城市之間等地區的流動。

對於政治趨勢之關心，常能激發遷移之念。在納粹德國開始種族迫害之時，猶太人與非猶太人均逃亡他去，雖然，很少人預料，執行希特勒計畫的一個德國死亡集中營，會整肅猶太人。今天，有些香港居民為了保護財產，倒非為生命安全而離開香港，因其對一九九七年香港回歸中國之後的一切，惴惴不安。最可能喪失一切的中產階級的經理和專業技術人員，開始在海外創造事業或從事工作。他們的目標國是加拿大與澳洲，因其歡迎有技術、有資本之移民，其次才是美國。對於移民關心的「再見文化」（ good-bye culture ）已在香港形成。賣給觀光客的「稻田娃

娃」，帶有一份移民申請表和一封要求海外接受的懇求函。而「太空人」是在海外家庭與香港事業之間，穿梭來往的人（ *The Economist*, Sept. 26, 1987: 41; Jones, 1988: 14 ）。

二、變動的移民政策

美國自殖民時代起，各州即鼓勵人口內移，以為邊界地區、農場與工廠之廉價勞工尋找來源。可是，到了十九世紀末葉，亞洲工人成了一股明顯的移民潮，於是西部各州之官民雙方，開始遊說國會，制定限制移民的立法。種族偏見加上工作競爭，導致了一八八二年的排華法案，這是禁止整個民族移民的第一項法律。嗣後立法的目標指向其他亞洲人，包括日本人與若干太平洋島國之人。

一九二四年的國籍法案（ National Origins Act ），以一八九〇年生於外國或居於美國而有外國血統之百分比為基礎，制定國家配額，以限制來自南歐及東歐之移民。配額法規定複雜，鼓勵西歐與北歐移民，限制南歐及東歐移民，而排斥亞洲移民。一九六五年之新法，繼續配額精神，但允許國家配額已滿的「優先」（ preference ）移民，使用未滿之配額。優先移民，包括想與家人團聚，或有優良技術與才能者。對

於技術移民之規定，受到了批評。因為它把別國極度需要的合格工人挖掘一空。准許亞歐兩洲之各國醫事人員與科學家進入美國，亦引起「人才外流」（ brain-drain ）之爭（ Keely and Kraly, 1974 ）。

一九六五年之立法，於一九六八年放寬，擴大對亞洲人、美國公民之直系親屬、特殊移民、西半球之土著、流亡人士，以及難民之簽證。因此，移民模式為之改變。在一九六〇年，移民主要來自墨西哥、西德、加拿大及大不列顛（ *Immigration and Naturalization Service [INS], 1960 Statistical Yearbook*. 18 ）。到了一九八八年，主要的移民來源是墨西哥、菲律賓、海地、韓國及中國（ INS, *Immigration Statistics: Fiscal Year 1988—Advance Report*, April 1989: Table 3 ）。

國會已考慮立法保護早期修訂的移民法，並為最近移民之家庭成員，保留大量簽證。立法也強調可能「獨立」移民的品質，其教育程度要高或擁有特殊之技能。此外，尚鼓勵「製造就業之投資者」（ employment-generating investors ）移民——換言之，即將其財富與企業技術帶入美國的人。此一立法與澳洲、加拿大及其他國家之立法類似，唯批評者宣稱，美國不應做「出

賣」移民許可之買賣。支持者則謂，法律不會讓人買移民許可進入美國為之濫用（Yang, 1988: 12）。

(一) 難 民

在一九六〇及七〇年代進入美國的大量難民，以來自古巴為最多。七〇年代有二十五萬古巴人湧入美國。一九八〇年代，越南人與其他亞洲人（主要是東南亞地區）進入美國者，占所有難民的四分之三（*INS 1986 Statistical Yearbook*. xxiii）。一九八〇年「船民」（boat people）的艱險情況，使許多人久久不能釋懷，此不過是來自東南亞全部難民的一小部分而已。自一九七五年以來，百萬以上之中南半島人民，或遭驅逐或者逃亡，而試圖逃亡，卻喪命者，更不知其數。數以萬計的人，依然在東南亞的難民營中等待安置，這些難民營主要在泰國與馬來西亞；其他之難民，則由若干國家加以收留。其中以中國與美國收留者最多。如果難民以接納國之人口比例計算，則香港、澳洲、美國、法國，及加拿大是最為開明的國家。日本、瑞典、荷蘭及英國，則是接納最少的國家。

但正確言之，何謂難民？美國對於難民的定義是，「任何一位在其祖國之外，由於迫害或一種有充分根據之迫害恐懼，而不能或不願回到該國之人」（*INS 1986 Statistical Yearbook*. xxii）。在其祖國之內，因政治理由而容易遭受虐待或處死之人，可以請求難民身分，但只為逃避絕望之經濟情況者，則不在難民身分之列。

海地船民，有的中途折返，有的於抵達佛羅里達之前喪身大海，說明了此一定義所引發的問題。除非他們有家人在美或有其他之移民特權，否則即被遣返或遭拘留。以任何的尺度而言，海地政府確曾鎮壓人民，獨裁濫權。海地也是西半球最窮之國家，每個人都希望逃往他鄉，以改善經濟命運。但許多進入美國的海地人，其政治難民身分卻遭否決。許多申請難民身分的中美洲人士，發現他們遇到類似的法律衝突：他們申請政治難民身分，但其主要動機可能是經濟的。

(二) 移民控制

目前移民美國的水準，尚未正確了解，因為廉價的空中旅行，和國境長而巡防不周，致使成千上萬「無正式許可」之移民，湧入美國。這些「非法者」，大多來自墨西哥、中美洲，及加勒比海一帶，一旦進入美國，便消失在擁擠的民族社羣之中。遏制非法外人之流入，及阻止雇主或地主不擇手段之剝

削，可能超越了移民主管部門與執法機構的現有權限，以及美國政府的意願。

墨西哥人占非法移民的大部分。有些資料來源估計，在美國未有正式移民許可之墨西哥人，多達一千二百萬人。然而，仔細推究，此一數字不足採信（Heer, 1979; Keely and Kraly, 1978; Passel and Woodrow, 1984）。被捕並遞解出境的人數，是了解非法入境數量的線索——一九八六年超過一百萬人，尚不包括從前被驅逐出境者（Statistical Abstract, 1988: 167）。移民官員宣稱，每逮捕一個無正式許可之移民，則有二、三個被逃脫，而且幾乎

都留在美國。然而，這些說法也令人懷疑。許多移民返回祖國，尤其像美、墨兩國共有一條國界。因此，在粗（gross）流入，即進入美國之總數，與淨（net）流入，即依然留在美國之總數，其間有着一種相當大之差異。

此外，合法與非法移民多次進出，乃屬常事。對於國界兩邊交通的種種研究，及細查美國人口的年齡與民族特徵可以顯示，一九八〇年有二百萬到四百萬非法之墨西哥人留居美國（Bean et al., 1983; Bean et al., 1985; Heer, 1979; Keely and Kraly, 1978; Passel and Woodrow, 1984）。此一數字，

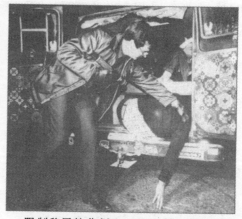

限制移民的悲劇：1948-1984（譯按：有些墨西哥人在設法偷渡入美時，不幸在封閉的車箱內窒息而死）。

極具意義，但與一千五百萬之非法移民，相差極大。美國國會預算局估計，目前所有之非法外國居民，在五百萬到六百萬之間。

(三) 大　赦

許多非法移民已在美國落地生根，生男育女（子女爲美國公民），有着正常工作，繳納稅款。簡言之，是社區中有用的、穩定的一分子。可是他們卻不能以合法移民自居，因此，時有被遣返之虞。他們容易受法律制裁，故最容易受雇主或他人的剝削。他們是一般不良分子的誘惑目標，因其避免在銀行開戶，故有時身懷巨款，引起彼等之歹念。

爲應付此種複雜的情況，一九八六年的移民改革與控制法案（ Immigrant Reform and Control Act ）規定，非法移民能證明其在一九八二年元月一日前進入美國，並能證實在此時期取得工作者，可以獲得合法居留的身分。三年之後，即可成爲合格的永久居民。幾乎有二百五十萬外國人——絕大部分是墨西哥人——在赦免法的規定下，申請了永久居留（ INS, "Provisional Legalization Application Statistics," July 28, 1988 ）。雖然這些移民有機會住在美國，無需恐懼，赦免法卻有其他方面的牴觸：在許多家庭之中，一位配偶合於赦免，而其他則否。因此，如果法律嚴格執行，則必威脅家庭的團聚。

該法規定，雇主有雇用合法居民之義務。無論此法對於穩定的長期居民有何益處，新聞界指出，對於減少非法移民，效果不彰（ Rohter, 1988 ）。僞造文書者出售社會安全卡與工作許可證明或「綠卡」，不足爲奇。有些執法機構，敦促國會建立一種國民身分證制度，或製訂一種很難仿照的社會安全卡。但民權自由分子與其他人士，則反對嚴密的身分制度，因其可能侵犯守法公民的隱私。

三、國內遷移

美國人以區域流動之頻繁，見稱於世，而統計數字亦支持此種看法。自從「當前人口調查」（ Current Population Survey ）於一九四八年初次研究國內遷移以來，每年發現大約有百分之二十的人口改變住所。在同一郡內遷移者至少有三分之二，但約五分之一遷往他州。州間移民半數以上與職業有關。與一般印象相反的是，只有百分之五的州間遷移者，以改換氣候爲主要理由。大約百分之七移到親戚附近，而其他與家庭有關之原因，則占百分之十

（ Long and Hansen, 1979: 6 ）。

(一) 重分佈

區域流動並非漫無目的，它可重新擬訂人口的前景。一般而言，近幾年來中部各州及東北各工業地區人口流失，此種趨勢早在一九六〇年代即已顯現。同時，西部，尤其是南部，人口增加（ Kasarda, 1980: 374−380 ）。在一九七五年與一九八〇年之間，東北與中北部地區流失之人口，超過兩百五十萬，南部增加一百八十萬，西部增加九十萬。地區間的遷移，黑人與白人均無例外，而黑人遷移南方似更迅速（ *Statistical Abstract*, 1981: 13 ）。一九八〇年與一九八六年之間，南部人口幾乎增加四百萬人，而西部增加兩百六十萬，其中包括國際移民與地區之間的移動在內（ *Statistical Abstract*, 1988: 21 ）。

(二) 都市化

重分佈涉及定居形式及區域轉變。以居住、工業以及生活方式而言，美國的都市程度極高。在一九二〇年，美國之被稱爲都市化國家，乃在其半數以上之人口居於都市之中。今天，大約四分之三的美國人是都市居民。然此非意味着人口集中在主要都市之中。事實上，

美國大多數的主要大都市，近幾年來人口增加不多，有些不增反減。但在都市核心以外的都會區域，卻擴展迅速。

在都會區域、主要都市及其相關連的周圍地區之外，人口亦有大量增長之跡象。一九八〇年的普查顯示，非都會區比都會區增加迅速（ Long and DeAre, 1982 ）。然而，自一九八〇年以來，都會區人口再度快速成長，此顯示長期都市化的過程，正在持續進行之中（ Fuguitt et al., 1988 ）。未來美國人口在鄉村、都市及地區上的分佈，將受兩個主要推拉因素之約制：工作市場上的競爭，與人民選擇寬敞環境，又能接近都市設施的能力（ Long and DeAre, 1983 ）。

都市趨勢遍及全球，每一個工業發展之階段，均有都市現象之表現。工業化先進之國家，已經高度都市化。生育力高之開發中國家，現在的都市化極其迅速。低度開發國家中之都市成長，是由於不利的鄉村條件之推，都市中明顯機會之拉，以及都市中高自然增加率等因素所形成的結果（ Goldscheider, 1983: 8-9 ）。

都市化之趨勢，必然持續下去。一九八五年，人口在千萬以上之都市集中區有十一處。其中四個（墨西哥市、東京─橫濱、巴西之聖保羅，及紐約─紐

澤西東北）超過一千五百萬（*Stati-stical Abstract*, 1988: 801 ）。到了西元二〇二五年，預期墨西哥市與上海市是世界上最大的都市，各有人口三千七百萬左右。人口學家推斷，人口在二千萬以上的都市複合體，至少有十處。除了東京─橫濱之外，全部在開發中之國家；十個中有四個在印度，二個在中國（United Nations, 1982: Table 8）。對於此種高度集中之人口提供住屋、電力、飲水，及垃圾處理等問題所付出的經濟與生態代價，乃人口急劇增長引發廣泛問題之不祥之兆，詳情於下節討論。

第四節
人口與未來

雖然現代工業國家的人口增加緩慢，或毫無增加，而大多數低度開發之國家，則正在增加之中，並且將繼續快速增長若干年。即使有效的家庭計畫，廣泛推動，人口增加仍不可免，因為低度開發國家之年齡結構輕。在低度開發的世界中，大而快速的人口增長，對於有限的土地造成壓力，並耗盡永遠不能替代的各種資源。同時，已開發國家的人民，用盡相同的資源，以維持其特有的生活水準。由於這些人口與社會情況所造成的社會、生態、經濟及政治等問題，全世界以前從無先例。

為了傳達世界面臨人口挑戰的意義，本節簡要概述世界人口之長成，及人口轉變的模型。然後討論開發中國家的人口現狀，尤其是中國與印度，並與歐洲、亞洲及北美地區之開發國家作比較。最後，我們要探討所謂之「人口陷阱」（Demographic Trap ）。

一、世界人口的成長

一六五〇年，世界人口約有五億，大概兩個世紀的時間，便增一倍，達到十億。自一八五〇年到一九三〇年之間的八十年中，再增一倍。由於成長率之增加，不到五十年又再度增加一倍（Carr-Saunders, 1936: 43 ）。當前的人口已超過五十億，據此推斷，西元二〇〇〇年世界人口將增至六十三億，二〇二〇年增至八十三億，屆時本書的許多讀者已進入中年後期了（*1989*

World Population Data Sheet）。
圖 10-7 顯示自一七五〇到二一〇〇
年，歷史上的及推斷的人口成長情勢。

(一) 人口轉變的模型

在歐洲的工業與都市發展期間，以
及日後的其他工業化國家，人口變遷之
進行，可概括為一種所謂人口轉變模型
的三階段，即從高出生率與死亡率，到
低出生率與死亡率之模式改變：

第一階段幾乎包含全部之人。
高出生率被高死亡率抵銷，尤其被
高的嬰兒死亡率抵銷，人口規模相

當穩定。

第二階段是急劇成長時期，約
在一六五〇年始於歐洲。死亡率逐
漸下降，但出生率依然很高。

第三個階段是節育廣被接受之
有效期。出生率下降改變了人口的
年齡組合，兒童的百分比減少，出
生與死亡趨於平衡。

在出生率降低，接近死亡率之水準
時，人口始能完全轉變，如此人口才能
穩定或成長極緩，這種現象僅在最近幾
年於科技進步、教育良好，且喜好小家
庭的人口中出現。

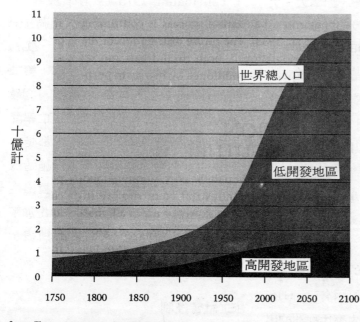

圖10-7
世界人口的增長
1750－2100年

Source: Thomas W. Merrick. "World Population in
Transition," *Population Bulletin* 41 (1986): 4.

食物太少抑孩子太多？

(二) 模型的限制

完全的**人口轉變**（demographic transition），已在歐洲、加拿大、美國、澳洲、紐西蘭，以及某些擁有豐富天然資源之南美國家出現。人口轉變是以開發國家所發生的為基礎，而建立的一種模型。並非所有國家皆不可免，歷史順序亦非規則。日本經歷的人口轉變，即迥然不同：與歐洲及北美之情況不同的是，出生率下降並未在死亡率下降之後。約在一九二〇年，出生率與死亡率同時下降（Muramatsu, 1971: 1）。

今天，在開發最低的國家，各階段的順序可能前後不接的原因有三：(1)在第二個階段期間，其出生率比歐洲的出生率高。例如，一八〇〇年代之初，英國估計之出生率每千人不到三十五，但在阿富汗與伊朗等國，則超過四十五（Teitelbaum, 1975）。若干國家——主要是在非洲，出生率每千人超過五十（*1989 World Population Data Sheet*）。由於此種高的出生率，第二階段必然是一個人口劇增的時期。(2)最窮的國家的死亡率，比歐洲的死亡率降的還快。這些急劇的下降，大都是由工業國家引進之健康與衛生設施造成的。(3)最窮的國家人口年輕，故出生率依然極高。所以，極高的人口增加率不可避免，並遠超過轉變模型所表示的。

(三) 社會控制

僅靠改善節育技術，不能解決人口

問題。世界未來的人口 —— 也許是人類的未來 —— 端賴人民，尤其是第三世界人民，是否有限制生育的知識、技術，與願望決定之。在許多貧窮的國家，有偏愛大家庭的傳統，而在富有國家的窮人之間，對於改變則頑強對抗。貧富國家之政治領袖有勇氣和智慧在第三世界投入資源、技能與知識嗎？他們能創造機會與生活條件，以說服窮人不依賴子女之勞力過活，並提供他們老年所需嗎？

人口成長與社會條件及政府政策不可分。人口變遷的每一成分，均與社會政策及個人行動的不同作風有關。政府以護照、簽證，及邊境檢查控制人口內移。有些人口外移，也以同樣方式控制。開發中國家的死亡率，大都依靠政府而非個人，因為政府能改進健康資訊、飲水品質、垃圾處理、控制傳染疾病，以及保證適當而穩定的食物供應等，使死亡大量減少。

另一方面，出生率常由上億人的決定而決定之。在工業國家廣泛使用之有效節育方法，可使個人決定何時生男育女，在這些國家裏，大多數人選擇小家庭。在開發中的國家，可靠的節育資訊與方法尚未普及，家庭計畫常和偏愛大家庭之既有傳統相牴觸。雖然如此，政府常不應許出生率由個人決定之；

它們對於生育力加以干涉或阻止。納粹德國和法西斯義大利，對於高出生率，均予支持；但中國、印度及其他之國家，則使用經濟與社會壓力，以限制生殖。

(四) 中國：人口的億萬富翁[1]

中國從一九八二年成為第一個人口十億的國家，幾乎為一九四九年人口的兩倍。在「中華人民共和國」建國之初（1949 年之後），縱使出生率接近每千人四十之大關，政治領導亦不擔心人口的增長。

> 馬克思的意識型態，並不把人類的痛苦歸咎於過度之人口成長，而歸罪於所得的分配不當與其他之社會缺陷。因為在共產主義之下，生產力比人口增加的快，所以，共產黨領導人不承認中國人口的規模是一個問題。（Orleans, 1972: 39）。

毛澤東「大躍進」（Great Leap Forward; 1958-1962）造成的社會與經濟變局，使死亡率驟增、生育力驟降。農業生產力暴跌，中國人賴以為生

---

[1]此處所討論者，多引自 Tien 氏（1983）之言，人口的億萬富翁乃彼所用之詞。

的穀物，處置失當（ Peng, 1987 ）。大躍進之後，出生率立即跳回每千人約四十之高水平（總生育率為每一婦女生七點五人），雖然，早期的死亡並未被出生之增加所抵銷。

大躍進過去、人口突增之後，出生率於一九七〇年大約降到三十二，中國開始提倡人口控制，以為其現代化計畫的基礎（ Jaffe and Oakley, 1978: 103-107 ）。政府提倡節育、遲婚，及小家庭制。避孕、結紮、墮胎，到處可見而且免費。現在的家庭計畫活動是世界上最廣泛、最深入者之一。政府以財力補助及較佳之生活居所，獎勵僅有一個子女的家庭，而這個唯一的子女則給予營養、教育及工作之選擇權利（ Chen, 1979 ）。

但以社會工程（ social enginee-ring ）減少生育力，即使在極權社會也難望其完全成功，其原因不一：

1.當青年人接到遲婚命令時，便憤恨不已，尤其以社會價值禁止婚外性關係時為然。婚前懷孕業已增加。根據對新婚夫婦所作的調查顯示，百分之八十八的中國婦女於婚後一年內懷孕，所以生育力之降低，未如遲婚所期望的大。

2.在傳統上中國人喜歡男孩。此種偏好危及到一個子女的計畫，因為在第一個男孩出世之前，可能已生了一個或多個女孩。

3.中國依然是一個以鄉村為主的國家，農家重視額外子女的工作，尤其在新開放之市場可能有利可圖時為然。

4.國家的財力資源有限，政府對於一個子女的家庭及其子女所給予的報酬，受到限制。

不論原因何在，與許多開發的國家比較，一個子女的中國家庭依然甚少（ Poston and Yu, 1986 ）。龐大的人口規模及其年輕之年齡組合，對於未來社會控制與家庭適應造成的嚴重問題，依然存在。每年出生率至少為二十一，而自然增加率為一點四，據推斷，中國人口於本世紀末為十二億，西元二〇二〇年，則為十三億六千萬。新近估計，增加率會更高，因為政府可能放寬一個子女的政策（ Brophy, 1989a, 1989b; Tien, 1989 ）。

中國政府要把出生率降到十七或十八，如此可將人口成長減到每年百分之一。他們希望生育力長期的降低，能達到減少人口的目的。中國的家庭計畫方案，正受到自然增加率高的第三世界國家之密切注意。然而，社會學家與人口學家都懷疑中國政策與實務之可行性，即使成功，能否轉移到各種極其不同之社會，亦在未定之數。

㈤ 印度：未來的人口億萬富翁

雖然印度的人口比中國少很多，但不久之將來，也會成為一個人口億萬富翁。有一段時期，了解避孕之中層階級都市居民，有選擇小家庭之傾向，但未及於鄉村地區。重視大家庭的鄉村印度人，對於逐漸推廣之節育資訊及小家庭宣傳，反應遲緩。在少數幾個鄉村地區推動的節育與絕育活動，對於全國影響不大。

早在一九五二年，印度政府即宣佈出生率應該降低，並應努力遏阻人口之增長。一九六二年到一九七八年之間，政府訂立了一個個的出生率之目標，但沒有一個是實際的，所有目標均未達成。例如，一九六二年的出生率為四十三時，政府即訂立一九七三年的目標為二十五，而一九七三年的實際出生率超過了三十七。一九七八年出生率為三十六時，一九八三年的目標為三十，但即使更為現實之目標，亦未達成，一九八三年的出生率大約為三十三，而非三十。

在一九七〇年代中期，總理甘地夫人（ Prime Minister Indira Gandhi ）的政府，以一種主要的宣傳活動，大膽地攻擊大家庭制，包括強制絕育、財務報酬，以及對有小家庭的人優先分配工作。有些印度省份，以三個孩子為標準。這是全國第一次為配合印度的人口問題，動員其衛生與宣傳資源——全國的、省的以及地方的。由於宣傳與經濟誘惑之刺激，數以百萬計從前無動於衷之人，光臨了節育診所。

由於節育運動的大力推動，使許多印度人把人口問題當作是個人的事。數以百萬欠缺教育的鄉村印度人，熟悉了絕育的觀念，其中許多實行絕育。然而，一位美國人口學家預言，「強制措施，可能會使政府垮台，而非出生率下降」（ Notestein, quoted in Landman, 1977: 103 ）。事實上，甘地夫人政府在一九七七年的失敗，部分原因是其子桑賈伊（ Sanjay ）對節育運動推展笨拙造成的。政府政策宜集權少、包容大，表現對個人尊嚴及傳統價值之更加尊重，就可能以最少之政治代價達成目標。

一九七七年取代甘地的德賽（ Desai ）政府，採取鼓勵個人選擇的低調政策，但其效果不彰。雖然依舊關心人口的規模及其快速之成長，德賽政府並未使用經濟制裁或公開強制。嗣後的政府使用更為積極的策略，但不如一九七〇年代中期的有效。

現在印度的人口超過八億，每年成長百分之 2.2 。以目前的自然增加率觀之，印度將於本世紀末成為人口億萬富

翁。據推斷，二〇二〇年印度人口將達十四億，與中國之人口數接近（1989 World Population Data Sheet）。不久之後，印度有可能取代中國，成為世界上最大的國家。

二、生育力的趨勢

在富裕的國家，大多數人——尤其是富有之人——能控制子女出生之時間與人數，生育力大都自我控制。此等人能很快改變生殖行為，以因應戰爭、繁榮或蕭條，以及社會價值的轉變，（Dorn, 1950: 332）。第二次世界大戰後發生在美國的嬰兒潮，原因不一：戰爭使生育延期，結婚率增加，婚後無子女或一個子女之人數減少（Westoff, 1978: 37）。嬰兒潮以後，出生率驟降（見圖 10-6，頁 446），在全世界先進之工業化國家生育力低之長期趨勢，再度恢復。

(一) 避孕革命

在美國所作的各種全國性的調查，均顯示出人對於小家庭的願望，及有效節育技術應用之增加（Ryder and Westoff, 1971; Westoff and Jones, 1977; Westoff and Ryder, 1977）。婦女從未節育的百分比，穩定地下降，到了一九七〇年代中期，幾乎所有結婚的婦女，有時都使用某種節育的方式。高度有效技術（口服避孕藥、結紮、子宮避孕器），應用更廣。在開發的國家，「避孕革命」（contraceptive revolution）乃是生活的一項事實。

在一九六五年與一九七五年之間，口服避孕藥為常用的節育方法，但使用結紮手術不斷增加，到了一九七五年，幾乎與使用口服避孕藥不相上下。不欲再生子女的夫婦，或夫或妻喜愛結紮者，幾乎二對一。在一九八〇年代，很少婦女使用子宮避孕器，然而由於對愛滋病之逐漸關心，或為健康，或為節育，均鼓勵避孕套使用之增加。

(二) 日本人例外

正如日本人口轉變的原因與其他工業國家不同一樣，日本人自第二次世界大戰以來，在如何限制生育力上，與其他國家亦有不同。在一九五〇年代，像西方嬰兒潮一樣的日本嬰兒潮，並未出現。雖然日本的總生育率於一九四七年高達 4.5，一九五七年穩定地下降至 2.0，一九八三年降到 1.8，與目前 1.7 之比率頗為接近（1989 World Population Data Sheet）。

日本人在控制人口的技術上，使用傳統的而非現代的方式：避孕套與體外射精。日本婦女比西方國家的婦女結婚

遲；例如一九八〇年，二十到二十四歲的日本女性，有百分之七十六待字閨中，而美國則為百分之五十七。強大的日本工作倫理，與新娘無怨無尤盡瘁家事的義務，造成女人遲婚傾向。

此外，墮胎合法，因之墮胎率高。日本人逐漸意識到，蕞爾島國，又缺乏天然資源的一億二千三百萬人口，需有足夠之食物。他們承認，人口必須加以限制，方可阻止生活條件的進一步惡化，同時，對於都市生活的擁擠情況，也逐漸公開討論（"Digest," 1987）。因此，日本人的生育力低，是文化與社會因素的結果，而不是現代節育技術的一項成就。

(三) 支持成長之政策

大多數的人口政策，與限制人口成長有關。然而在出生率下降的國家，有些政治人物與壓力團體認為，任何的人口衰退，均屬不利。他們辯稱，經濟成長將受限制。從軍事觀點看，國勢將衰退，一般言之，少即是弱。奧地利、丹麥、（前）西德、匈牙利等國之死亡率超過出生率。有幾個國家處在生死之平衡點上，而全歐洲，只有阿爾巴尼亞和土耳其每年的自然增加率超過百分之一。如果目前的趨勢持續不變，在本世紀末，整個歐洲之人口將趨減少。這些曾經稱為「第二次人口轉變」的模式，可能將高度重視自我實現和獨立決策的個人規範，表示出來（van de Kaa, 1987）。

有些國家以誘導和宣傳，試圖扭轉此種趨勢。法國把國家的聲譽與人口規模相提並論，並將許多支持人口成長之政策，提出來討論。（前）東德用幾種支持人口增長的措施，把其粗出生率自一九七五年的 10.6，提高到一九七七年的 13.3，如無息貸款 10,000 元購買房屋或家具。「欠款可於八年之內生育一個子女，減少 1,000 元，生育第二個孩子減少 1,500 元，生育第三個孩子則完全減免……根據一項報告指出，有九萬婦女……接受政府的邀請，從事生男育女的工作」（Westoff, 1978: 40）。

此種支持人口增長的政策，對於印度、中國，以及其他人口快速增長國家的政治領袖而言，似乎是一種奢侈。以全世界的人口而言，法國、（前）東德以及其他的工業國家是否增加一點，或減少一些，無關宏旨。然而，就世界的生態而言，卻不可等閒視之，因為富有國家的人民，耗盡大量的物質資源，比起第三世界同數量的人民，其給予環境的負擔，尤其沉重。

三、人口陷阱②

人口控制的步驟，所有社會均屬相同：(1)有小家庭的意願，(2)有效節育方法的廣泛使用，(3)以節育方法達到小家庭和間隔生育的覺醒與接受。如果人口成長欲加控制，這些步驟均需採用。

幾乎所有的開發國家，實際上均能使其人口穩定或下降。在新興之工業化國家，如台灣、南韓、香港等，以提升教育和生活標準來降低生育力，甚至在家庭計畫實施之前，生育力即開始下降。然而，穩定的人口尚未可見。許多非洲、中美洲和東南亞的國家，「仍然陷入文盲與貧窮，以及受傳統行為支配的泥淖之中」，前景滯礙重重（Hauser, 1971: 453）。這些地區發展緩慢或停頓，故控制生育力需要大量的國際援助，和強而有力的教育與宣傳。

在人口高度成長的第一個階段，大多數的環境，尚能維持人口日增的需求（Brown and Jacobson, 1986: 16）。但過了一段時間之後，人口繼續成長時，糧食生產便達極限，不適宜的土地濫加墾殖，牛羊數目過多，以致野無寸草。青草與灌木的保護層消失了，

───────────────

②此一名詞由布朗（Brown）與雅各布森（Jacobson, 1986 年）提出的。本節討論，多所借重，謹此致謝。

土地腐蝕，並喪失其「最大容量」（carrying capacity）——此一地區供應牛、燃料、食物與水之數量。換言之，土地不能維持眾多人口之生活。最後，人為了生存起見，便一步一步砍樹、拔苗，結果赤地千里，加速土地的腐蝕。絕望之餘，他們被迫在其居處之外尋找食物與土地。於是窮人便與同病相憐鄰居發生衝突，或者完全依賴富有國家的緊急災難救濟。而「緊危」可能是永久的。

世界上的國家，主要可分成兩類：第一，人口成長緩慢或不成長的國家，生活條件日益改善；第二，人口成長迅速之國家，生活條件日趨惡劣，或隨時都有惡化之危險。第二類國家，目前正值人口快速成長的第四個十年期……在某些國家，其危險在於死亡率開始上升，以反應日趨低落的生活水準。（Brown and Jacobson, 1986: 7）。

如果開發最低的國家不能擺脫高生育力與快速增加之模式，生態學家則擔心，愈來愈多的國家可能「破壞地方性的維生體系……導致生態惡化與生活水準下降」（Brown and Jacobson, 1986: 5）在人口增加極度惡劣的情況

下，環境腐敗與經濟衰退交相作用，把此地區推進**人口陷阱**（demographic trap）之中。傳統式的領袖在面臨前所未有的複雜難題時，幾近束手無策。他們的傳統知識歷經數代而成，旨在應付頗為穩定的人口與環境模式。工業社會可能不願意提供幫助，以對付大規模之挑戰。如果環境在難以容忍人口密度之負擔下崩潰，政治不穩與社會結構解體即隨之而來。整個體系的失敗，就是生活水準下降與死亡增加之信號。

三十年前，在對開發中國家所做的人口壓力調查時，人口學家即警告，「死亡的升高顯示出吾人的一切努力，均屬白費」（Notestein et al., 1963）。現在的學者擔心，死亡增加的不祥之兆，在許多貧窮國家，步步逼近。

馬爾薩斯（Thomas Malthus, 1766－1834）在1798年提出人口無限增加與生存方法緩慢成長的問題。他認為，人口有增至糧食供應極限之趨勢，因之阻礙生活水準之提升。在其著作之最後幾版中，他將經驗資料合在一起，發展出積極抑制（positive checks）的觀念，以免於人口成長達到幾何比率。積極抑制即飢餓、疾病、戰爭，與罪惡。他也認為，預防抑制（preventive checks）：遲婚與禁慾，可以緩和出生率之增加。

主要名詞：

年齡別出生率 age specific birthrate	普查 census
同期羣 cohort	粗出生率 crude birthrate
粗死亡率 crude death rate	人口轉變 demographic transition
人口陷阱 demographic trap	人口學 demography
依賴比 dependency ratio	流行病學 epidemiology
生殖力 fecundity	生育力 fertility
嬰兒死亡率 infant mortality rate	產婦死亡率 maternal mortality rate
人口金字塔 population pyramid	人口登記 population registers
性比例 sex ratio	總生育率 total fertility rate
生命統計 vital statistics	

補充讀物

Brown, Lester R., and the staff of the Worldwatch Institute. annual. *State of the World.* New York: Norton. Annual reports, first published in 1984, on ecological and demographic policy issues such as energy, species extinction, and land degradation.

Jones, Elise F., Jacqueline Darroch Forrest, Noreen Goldman, Stanley K. Henshaw, Richard Lincoln, Jeannie I. Rosoff, Charles F. Westoff, and Deidre Wulf. 1986. *Teenage Pregnancy in Industrialized Countries.* New Haven, Conn.: Yale University. A comparative study of the causes and consequences of teenage pregnancy in 37 industrialized countries. It demonstrates the importance of effective sex-education programs and confidential contraceptive services.

Long, Larry. 1988. Migration and Residential Mobility in the United States. New York: Russell Sage Foundation. A broad review of internal migration trends since the Great Depression and the impact of migration on the social landscape.

Population Bulletin. Washington, D.C.: Population Reference Bureau. Recent examples of brief but authoritative summaries include the following: Hendry,

Peter. April 1988. "Food and population: beyond five billion." Merrick, Thomas W. July 1986. "*Population pressures in Latin America.*" Merrick, Thomas W. April 1986. "World population in transition." Mosley, W. Henry, and Peter Cowley. December 1991. "The challenge of world health." Tien, H. Yuan, with Zhang Tianlu, Ping Yu, Li Jingneng, and Liang Zhongtang. June 1992. "China's demographic dilemmas." van de Kaa, Dirk J. March 1987. "Europe's second demographic transition." Weeks, John R. December 1988. "The demography of Islamic nations." Ravenholt, R. T 1990. "Tobacco's global death march." *Population and Development Review.* Vol. 16, No.2.

Weeks, John R. 1986. 3d ed. *Population: An Introduction to Concepts and Issues.* Belmont, Calif.: Wadsworth. A basic text covering the major areas of population studies, including descriptive, policy, and technical topics.

名　詞　詮　釋

第一章

先賦：見「成就」。

核心：見「緩衝」。

調查：使用一種問卷或訪問表，對一個人口樣本的態度、意見或其他特徵之資料，作系統蒐集。

假設：兩個或兩個以上之變數間，存有一種關係的試驗叙述。

樣本：選擇少數事件或個人，代替大的類屬。

團體：一羣由於共同利益或彼此依賴而結合在一起的人，與他人分道揚鑣，不相隸屬。

體系：交相關連的一種網絡，單獨探究其中的一部分，對於體系無法了解。

實驗：一種研究設計，其中被比較之對象，除了「實驗變數」之外，其他一切完全相同。

邊陲：見「緩衝」。

反功能：社會體系的各個部分不能配合；破壞體系的種種力量。

功能論：一種理論觀點，視社會組織爲一種體系，由彼此支持之相互關連部分所組成，並視體系爲一整體。

共識觀：強調社會穩定，相互依賴，及共有觀念持續存在的一種探究方法。

社會學：研究社會、團體及社會行爲的科學。

特定性與通盤性：將界定完整，義務有限的（特定的）關係與無限的（通盤的）關係加以對照的一對模式變數。

抒情的：見「工具的」。

特殊的：見「普遍的」。

通盤性：見「特定性」。

潛功能：非有意的與未被認定的社會功能。與顯功能比較之。

顯功能：一種可見的與有意發揮的社會功能。與潛功能比較之。

衝突觀：強調統治與剝削爲社會組織之中心特質的探究方法。

人際關係：兩個或多人之間的一種社會連繫。

世界體系：一種多國家、多國公司、國際聯盟，以及合作機構之網絡。

社會類屬：人的統計聚體，他們共有一種特徵，如年齡或職業。

個體分析：見「總體分析」。

個案研究：對於一種單一社會情境或社會單位所作之深入探究。

家族社會：一種社會類型，其中家庭是主要的社會團體：生產貨物、履行宗教義務，對成員的公開行爲負責，親戚

彼此依靠。

控制變數：為了消除影響其他變數間關係的可能性，而考慮到的一個變數。

研究設計：一種調查計畫或策略，其設計在解答研究人員提出的種種問題。

理論觀點：理論家對於社會生活所作之假設及其應如何加以研究。

評價研究：探討一項社會方案或政策，是否達成其計畫目標之種種研究設計。

模式變數：成對對比的社會組織模式，如：成就與先賦、工具與抒情、普遍與特殊、特定與擴散。

虛假關係：兩個變數之間存在的關係，不是因為其中一個影響另一個，而是因為兩者均受第三因素之影響。

參預觀察：個人變成其所研究之社會情境的一部分，從而蒐集資料。

經驗指標：個人、團體，或社會的一些看不見之特徵的可見象徵。

符號互動論：一種理論觀點，重在過程而非結構，並發現社會現實之核心，重在個人解釋來自他人及社會情境中的線索。

全社會分析：一種討論整個社區或社會的社會學分析層次，意在發現社會秩序與社會衝突的一般模式。

成就與先賦：一對模式變數，根據個人表現（成就）與預定標示（先賦）之比較，對照個人的價值。

工具的與抒情的：一對模式變數，俾使一種理性的、實際的探究（工具的），與一種更為自然的探究（抒情的）相對照。

普遍的與特殊的：一對模式變數，把用於團體全體成員（普遍論）的一般規則，與依據個人之特殊考慮（特定論）兩相對照。

自變數與應變數：由一種假設要求之兩個相互關連的變數；自變數能影響應變數。

緩衝、核心、邊陲：用於世界體系分析中的名詞，以確認國家的國際位置；核心國家支配世界體系；邊陲國家係依賴性的第三世界國家；緩衝國家係緩和或轉移來自核心國家壓力的國家。

總體分析與個體分析：較小分析單位與較大分析單位之間的區別。個體分析主要以個人或小團體為中心，總體分析側重較大的社會結構與過程。

第二章

文化：共有的思想、信仰、了解及感覺方式，透過社會團體中的共同經驗而獲得，並由一代傳至另一代。

涵化：經與其他民族接觸，而採用外來文化模式的過程。

民俗：社會風俗；可以違背而無嚴重後果之規範。與民德比較之。

民德：最重要的文化規範，如禁止殺人。
　　　與民俗比較之。

規範：在一種特定情境中的行為文化指
　　　南。

符號：代表或表示其他事物的事物。

次文化：係一種生活方式，在重要方式
　　　上，差異顯著，但與主文化多所類
　　　同。

文化失調：一項技術的發明與對此發明的
　　　文化適應差距。

文化傳播：把一個文化的觀念、價值，及
　　　實務傳佈到另一個文化。

文化震驚：當基本的文化價值與信仰受到
　　　挑戰時，可能產生的困惑、憂慮與挫
　　　折之感。

文化價值：一種普遍共有的信念，為社會
　　　行為的一種標準。

共同演化：不同之有機體，彼此直接互動
　　　而演化的過程。

社會組織：個人與團體關係之持久模式。

抒情符號：係指一種觀念或感情之符號。
　　　與參考符號比較之。

刻板印象：對於一個團體成員之過分簡
　　　化，且常帶有偏見的信念。

關連符號：指示（表示）一種特定事物的
　　　符號。與抒情符號比較之。

文化普遍性：所有文化普遍存在的一種特
　　　殊思想。

文化相對論：每一個文化必須根據其自己

的語義評價之信念——即對於文化、
　　　價值或規範之評價，並無普遍之標
　　　準。

自族優越感：否定其他文化價值的一種價
　　　值體系，並鼓勵抵制不同傳統中長大
　　　的人。

社會生物學：對社會行為之生物基礎，作
　　　系統研究之學科。

第三章

內化：使規範與價值，成為個人自己思考
　　　方式成分的過程。

自我：見「本我」。

超我：見「本我」。

地位：社會體系中的一個職位。又（第七
　　　章）社會中一個位置或一個團體的等
　　　級。

成熟：一個生物有機體的發展。

角色：與特殊地位關連之權利、義務與行
　　　為。

鏡我：我們想像別人看我們和我們的行動
　　　方式，以及我們怎樣認為他們判斷那
　　　種情況。

塑造：由觀察他人並模倣其行為的學習。

社會化：發展一種人格，成為一個社會
　　　人，以適應新環境的終生過程。

全控機構：一種與廣大社區迥然不同，並
　　　孤立於社區之外的環境，如監獄或修
　　　道院等。

自我概念：我們每個人對於我們自己作爲一個人的種種意象。

再社會化：個人放棄一種生活方式，而接受另種生活方式的過程，兩者之間迥然不同。

核心家庭：父母及其子女一起生活之家庭。

認知發展論：把兒童心智發展分爲四個明顯階段的思想學派：感覺運動階段、前運作階段、具體運作階段及正式運作階段。

壓抑社會化：一種強調服從與懲罰之社會化模式。

社會化的機構：對社會化過程有貢獻之個人、團體、組織及制度。

參預的社會化：一種社會的模式，重在兒童對好行爲的參預與酬賞。

「主我」與「客我」：米德把自我（self）分成兩部分的觀念。「主我」是更爲主動的成分；而「客我」是更加因襲的或社會控制的部分。

本我、個我與超我：係弗洛依德對自我之劃分。本我代表衝動，個我代表理性的自衛，而超我代表順從。

第四章

污名：一種對於可見之動作或特性予以高度否定之標誌，並將有此標誌之人與常人分別對待。

偏差：與流行的社會規範不相符合之行爲。

工業化：以機械生產取代手工業與農業。

主地位：一種突出的社會職位，個人生活的大部分由是組成。

交換論：一種社會互動之理論，重在追求利潤和個人利益趨向。

俗民論：對人日常的、視爲當然的了解所做之研究。

科層化：正式組織的興起，用以協調大規模的社會與經濟活動。

都市化：都市中人口的集中。

先賦地位：由繼承或不變之特質，所指派的社會職位，如性別或種族。

次級關係：見「初級關係」。

社會網絡：個人、職位或組織之間，直接及間接關係的一種模式。

社會變遷：社會關係的既定模式中所發生之主要改變。

社會控制：確保社會成員以被接受與贊同之方式表現行爲的種種努力。

社會互動：了解他人，並對他人反應的方式予以反應的行動過程。

成就地位：經由個人努力與表現而獲致的社會職位。

角色理論：地位與角色如何影響個人行爲的系統探究。

角色衝突：角色基於矛盾期望時所產生的困擾。

角色表現：一個角色如何實行。

角色組合：與一地位關連的角色排列。

角色緊張：個人未能達成與不同角色相連之所有期望時，所經歷的苦痛。

差別結合：一種偏差行為理論，強調與有偏差價值者經常且深入來往，所產生的影響。

結合社會：見「共同社會」。

情境釋義：對於社會互動賦予意義與秩序之社會事實，所作的一種解釋。

理想類型：代表社會組織邏輯極端情況的種種概念，以其明顯的特徵或模式為基礎——例如，初級關係與次級關係，及共同社會與結合社會。

感覺角色：一個人對其所占之特定職位的界定與了解。

指定角色：與某一地位關連之社會期望。

對等規範：在交換關係中，與相互義務有關的一種期望。

標誌論：被社會界定為「偏差者」，極易形成偏差認同的一種觀點。

共同社會與結合社會：係對照的社會理想類型：共同社會是基於共有傳統與親屬感的一種社區；結合社會主要是基於有目的之組織與次級關係的一種社會。

初級關係與次級關係：兩種理想關係類型間的區別。初級關係之特徵：對全人反應、溝通深入、個人滿足。次級關係之特徵：對他人之特殊面作反應，溝通面淺。

第五章

分工：對一個組織的不同部分或職位，指派不同的功能或任務。

分割：組織各次單位間的權利劃分。

科技：使物體改變的知識總體。

疏離：一種自我與社會分離之感；一種疏遠與無力之感。

層級：某些個人與團體對他人發號施令的指揮鏈。

權威：個人能夠指揮行動或決定，而他人願意遵從的一種關係。

科層制：一種正式的社會結構，其中明確界定之活動模式，與組織目標息息相關。

權變論：認為外在因素對正式結構與組織政策的影響，比內在壓力更為強大的一種觀點。

正式組織：有意協調種種活動的一種體系，其建立在達成特定的目標。

正式結構：一種官方核定的權威、規則、任務分工，以及目標之系統模式。

非私人性：一般化標準的應用，而非在特定關係或情境中，對特殊個人重要的標準之應用。

法理權威：基於規則與界定清楚之程序與權限的科層權威。

非正式結構：在一個組織之內，個人與團體的模式互動，可能與正式的規定相牴觸。與「正式結構」比較之。

科學管理：研究時間與動作，以發現完成任務的最佳方式，俾達到工資高而勞力少的一種哲學與技術。

開放體系：一個相互關連的活動網絡，允許社會環境中的成分進入其中，依序加以處理，再並將某種結果送回環境之中。

感召權威：以相信一位特殊人物的感人特質為基礎所產生之權威。

參考團體：個人據以比較與評價自身之團體或社會類屬。

傳統權威：以風俗與被接受的實務為基礎之權威。

第六章

世俗：普通物體、活動及經驗之範疇。與「神聖」比較之。

民主：一種政治體制，其中決策者可以選舉方式和平取代，同時反對黨可以自由地爭取一個選舉區之選票。

抗議：反對一項政策或狀態的非常規活動。

宗派：主張道德或教義純潔的一種宗教團體。高度之抒情行為，乃其特質。與教會及教派比較之。

制度：規範與價值的一種既定模式，將社會生活加以組織，以發揮社會功能。

教會：一種有正式組織的宗教團體，與國家及經濟結構密切關連。與「教派」及「宗派」比較之。

教派：係一宗教組織，信徒主要來自本身的家庭成員，所需之奉獻比其他類型之宗教團體為少。與「教會」及「宗派」比較之。

神聖：超凡脫俗的領域，包括在日常事物中超越一切的存在力量。與世俗比較之。

精英：控制絕大多數價值的小團體（如財富、願望與權力）。

儀式：象徵神聖觀念或感情的規定動作。

權力：控制別人行為的能力。

多元論：當許多團體的力量足以彼此制衡，並能限制政府的權威時，自由方可獲得保障的觀念。此外（第八章），在同一社會中，不同團體能一起工作並共享報酬之原理。

多面結合：與一個以上的團體相認同或相隸屬。

社會運動：一種有某種持續的集體行動，以促進或對抗其社會或團體的變遷。

意識型態：要求解釋和證明社會安排的一種思想與信仰體系。

極權主義：國家與社會的一種融合，其中政府能影響個人的全部活動與結合。

擴大家庭：係一種家庭形式，其中三代或

多代，或數個核心家庭住在一起，像一個功能單位。

第七章

政黨：爭取社會與政治權力之有組織的團體。

階級：大約位於社會中同一經濟層次之上的家庭或個人。有時用作社會階層的同義詞，但通常與財富、所得或權力相連，而非與等級之其他標準有關，如聲望或生活方式。

聲望：社會對於行為或特質所賜予的名譽或尊重，以反應文化價值或社區理想。

不平等：在社會中，某些團體或個人接受數量不同之社會價值的程度：如所得、財富、聲望或權力。

水平流動：通常係指職業方面的改變，不涉及社會等級中之主要垂直移動。

人力資本：由於教育、訓練、健康或遷移上之投資，而在經濟上所獲得的寶貴技術。

下層階級：長期失業或未充分就業者，被社會所孤立，感覺遭到排斥，並拒絕社會的價值。

代間流動：子女與其父母在社會等級改變上的比較。

地位團體：有共同生活方式、消費模式，以及程度相似之社會名譽或榮譽的人。

社會流動：在社會職位、生活機會，以及生活方式上的重大改變。

社會階層：在某些社會等級方面，家庭或個人大約位於相同的層次之上，如所得、財富、權力或聲望。

垂直流動：個人或團體的社會等級，向上或向下之變動。

結構流動：由於工業或科技變遷而導致的社會等級改變。與「循環流動」比較之。

事業流動：個人一生中，社會等級之改變。

無產階級：大多數除了勞力而一無所有的人。與「資產階級」比較之。

階級意識：屬於一種階級的覺悟。在馬克思主義的著作中，工人階級的成員體認到其情況與資產階級間有矛盾。

循環流動：當個人取代別人的子女，而進入比自己父母的職業層次高或低時，所發生之社會等級改變。與「結構流動」比較之。

資產階級：擁有財產的階級，包括經商之農民，他們擁有生產工具。與「無產階級」比較之。

雙重勞力：認為勞力市場不是一種單一的機會結構，而可分成兩部分的一種觀點，一部分比他部分有更好之工資、工作條件、工作穩定及晉升機會。

社會階層化：由社會既定方式而來的一種
　　階層層級，決定誰得到什麼、爲什
　　麼。

第八章

同化：隨著個別身分之喪失，一個民族人
　　口——通常是移民的後裔，被吸收於
　　優勢社會之中。

歧視：把一個團體或社會類屬，從全部社
　　會參預中排除的行動。例如在住所、
　　工作或敎育方面所行之者。

偏見：基於刻板印象，對於一個團體或任
　　何成員的一種憎惡之感。

種族：由生物遺傳特質識別的一個人口，
　　如膚色。

少數團體：一個個別的，通常是附屬的，
　　但非必然是數量較少的人口。

民族團體：以社會的與文化的特徵，如語
　　言、宗教及血統，加以區別的一個人
　　口；有時常包括種族人口。

肯定行動：在增進少數團體與婦女就業及
　　敎育機會上，政府所下達的指令。

殖民主義：基於一個民族對另一民族的經
　　濟與政治優勢，所生的一種社會秩
　　序。

種族隔離：是南非白人用以控制黑人，並
　　縮小種族接觸的一種體制。

第九章

性別：男女之間生物差別的總和。與「性
　　相」比較之。

性相：造成男女有別之社會的與心理的特
　　質。與「性別」比較之。

脫離論：指不同年齡組之成員互相擺脫，
　　是一種爲死亡作功能準備的觀念。

生命過程：由社會的及生物的變遷所界定
　　的階段順序，以角色之獲得與喪失表
　　示之。

過渡儀式：由一個年齡級的地位，轉移到
　　另一個年齡級的地位所作的禮儀認
　　定。

年齡歧視：對於一個年齡類屬之偏見與歧
　　視，主要是對於老人的貶抑。

性別歧視：以偏見與歧視方式，表示對女
　　性的貶抑。

性相身分：一種社會指定的是男是女的標
　　示，及個人的自我定義。

性相階層化：婦女在權力與社會經濟資源
　　分配方面的不利地位。

第十章

生殖：在生物上，生育的最高人數。

普查：對於一個人口及其特徵作定期性的
　　數算。

人口學：研究人口及其組合、生命統計與
　　趨勢之學科。

生育力：生育的實際人數。

性比例：在一個人口中，男女人數間的關

係，通常係以每一〇〇女性的男性數表示之。

依賴率：工作年齡人口與老幼人口之間的一種關係，一般指十五歲以下之人口加上六十五歲以上之人口，除以十五歲到六十四歲之間的人口總數。

人口轉變：係一種模型，要在叙述由高出生率與死亡率，經過死亡率下降的快速人口增長，到低出生率與死亡率之變遷模式。

人口陷阱：在一種極度惡劣的情況下，人口增加、環境腐敗、經濟衰退，因而導致生活水準之可能崩潰和死亡之增加。

人口登記：在一個人口之中，對每個人生活的特徵與改變所作之連續紀錄。

生命統計：出生、死亡、結婚、離婚，及其他生命事實方面的資料。

流行病學：研究一個人口中特殊疾病的頻繁與分佈趨勢。

粗出生率：在某一期間之內，通常為一年，每千人的出生人數。

粗死亡率：在某一期間之內，每千人的死亡人數。

總生育率：如果一位婦女在當前之年齡別生育率內生育子女，則在結束生育時，其平均生育子女人數的一種估計。

人口金字塔：在一個特定的時間上，一個人口年齡與性別組合的關係。

產婦死亡率：每十萬活嬰，母親之死亡人數。

嬰兒死亡率：每千位出生之嬰兒，其於第一年內死亡的人數。

年齡別出生率：在某一特定之年齡組中母親的生育數，以該年齡之組婦女人數除之，乘以一、〇〇〇。

名詞索引

H

Q

巨流圖書公司　📖 圖書簡介

女性主義觀點的社會學

An Introduction to Sociology
—Feminist Perspectives

Pamela Abbot & Claire Wallace 著

俞智敏　陳光達　陳素梅　張君玫　譯

. . . . 女思潮系列 . . . .

女性主義整體而言是一場致力於解放女人的運動。女人處在男流的社會中，往往被忽略、扭曲和邊緣化，換句話說，劣居從屬的地位。為了解放女人，必須瞭解、進而扭轉這種從屬的狀況。女性主義就從這一點出發，重建知識的生產途徑，破除男流社會的迷思。女性主義的知識，解釋了女人身為女人的經驗。

女性主義並不是社會學中的一種理論觀點，但女性主義從根本挑戰了男流社會學自以為是的理論假設，並主張社會學的理論、方法和解釋有重新建構的必要。本書就從顛覆男流「教科書」著手，一點一滴剖析女性主義如何改寫男流社會學的版圖。

● 書類：社會學 ＼ 女性主義

社會學──概念與應用

Jonathan H. Turner 著

張君玫 譯

　　這是一本名家撰寫的微型教科書，特別適用於「通識、外系及一學期」的社會學課程，以及社會人士瞭解社會學的天空。微型指的是它的篇幅小，敘述直接了當，不多贅語，但所有標準教科書的基本主題盡皆涵納其中。

　　作者任教社會學通論課程凡二十五年，他認為社會學本身就很有趣，重的是理解，為什麼要把教和學都變成負擔？本書就是這種理念的實踐；簡潔、明晰而有趣。由於這是一本小而美的教科書，師生遊刃之餘更可共同吟詠其他社會學啓蒙經典，一探社會學的底蘊。

📕 書類：社會學

社會學與台灣社會

王振寰、瞿海源　主編

　　本書的出版是台灣社會學界的重要里程碑。它是第一本以台灣社會題材為主的基礎社會學教科書，集結了台灣社會學界重要的學者，分章撰寫專長領域，結合西方理論和台灣既有的研究成果，使讀者除了能充分理解社會學基本概念以外，又能分享台灣社會發展的經驗。這是第一本本土化的社會學教科書，對於社會學的學生，老師，以及關心台灣社會發展的人士而言，將是最佳的選擇。

● 書類：社會學

🌀 巨流圖書公司書目

● 社會學

社會學—概念與應用 *Sociology: Concepts and Uses*	張君玫 譯 Jonathan H. Turner 著
女性主義觀點的社會學 *An Introduction to Sociology: Feminist Perspectives*	俞智敏、陳光達 陳素梅、張君玫 合譯 P. Abbott & C. Wallace 著
社會學 (上/下冊) *Sociology*	林義男 譯 D. Light, Jr. & S. Keller 合著
社會學 (精節本) *Sociology*	林義男 譯 D. Light, Jr. & S. Keller 合著
社會學	謝高橋 編著
社會學 *Sociology --A Core Text with Adapted Readings*	張承漢 譯 Leonard Broom 等著
社會原理	張德勝 著
社會學的想像 *The Sociological Imagination*	張君玫、劉鈐佑 譯 孫中興 校訂及導讀 C. Wright Mills 著
知識社會學—社會實體的建構 *The Social Construction of Reality* *—A treatise in the Sociology of Knowledge*	鄒理民譯　蕭新煌校訂 P.L. Berger & T. Luckmann 著
社會學導引 --人文取向的透視 *Invitation to Sociology --A Humanistic Perspective*	黃樹仁、劉雅靈 譯 Peter Berger 著
社會學是什麼(修訂版) *What is Sociology*	黃瑞祺 譯 Alex Inkeles 著
社會心理學新論	瞿海源 編著
社會學理論 (上/下冊) *Sociological Theory*	馬康莊、陳信木 合譯 George Ritzer 著
法律社會學 *The Sociology of Law:* *A Social-Structural Perspective*	鄭哲民 譯 William M. Evan 著
法律與社會 *Law and Society: An Introduction*	吳錫堂、楊滿郁 譯 L. M. Friedman 著

●社會工作／社會福利

●研究法/統計學

●人類學

●大師特寫

●中國文化/ 中國人

●阿蓋爾作品集: 英國牛津學派心理學